中华优秀传统文化传承发展工程

Project for Transmission and
Development of Fine Traditional
Chinese Culture

中国
民间文学
大系

长诗

Treasury of
Chinese Folk Literature

Collection of Long Poems

6-45

广西卷(一)　　　　Guangxi Volume I

中国文学艺术界联合会　中国民间文艺家协会　总编纂

中国文联出版社
http://www.clapnet.cn

图书在版编目（CIP）数据

中国民间文学大系 . 长诗 . 广西卷 . 一 / 中国文学
艺术界联合会 , 中国民间文艺家协会总编纂 . -- 北京：
中国文联出版社 , 2023.6
ISBN 978-7-5190-5142-6

Ⅰ . ①中… Ⅱ . ①中… ②中… Ⅲ . ①民间文学 – 作
品综合集 – 中国②叙事诗 – 诗集 – 中国 Ⅳ . ① I277

中国国家版本馆 CIP 数据核字 (2023) 第 086905 号

中国民间文学大系·长诗·广西卷（一）

Zhongguo Minjian Wenxue Daxi
Changshi Guangxi Juan (Yi)

总编纂	中国文学艺术界联合会 中国民间文艺家协会
终审人	邓友女
复审人	王素珍
责任编辑	朱彦玲
责任校对	胡世勋　方　悦
书籍设计	XXL Studio
排版制作	水行时代文化
责任印制	陈　晨
出版发行	中国文联出版社有限公司
地址	北京市朝阳区农展馆南里 10 号，100125
电话	010-85923025（发行部），010-85923091（总编室）
印刷	北京顶佳世纪印刷有限公司
开本	635×965，1/8
字数	896 千字
印张	82
版次	2023 年 6 月第 1 版
印次	2023 年 6 月第 1 次印刷
书号	ISBN 978-7-5190-5142-6
定价	840.00 元

中华优秀传统文化传承发展工程

中国民间文学大系出版工程领导小组

组长	铁　凝　李　屹
副组长	徐永军　董耀鹏　俞　峰　诸　迪　张雁彬 张　宏　黄豆豆　冯骥才　潘鲁生
办公室主任	张雁彬（兼）
办公室副主任	邱运华（常务）　韩新安　杨发航　邓光辉 谢　力　周由强　暴淑艳　尹　兴
成员	各省区市和新疆兵团宣传部分管领导和文联党组书记； 有关文艺家协会分党组书记；学术委员会主任、编纂出 版工作委员会主任和中国文联出版社社长等。

中国民间文学大系出版工程学术委员会

中国民间文学大系出版工程编纂出版工作委员会

总序

  5000 多年的中华文化源远流长、灿烂辉煌，滋养着中华民族生生不息、发展壮大，积淀着中华民族最深沉的精神追求，镌刻着中华民族独特的精神标识，也蕴藏着解决当代人类面临难题的传统智慧，是涵养社会主义核心价值观的精神之源，更是我们在世界文化中站稳脚跟的坚实根基。中华优秀传统文化是我们必须世代传承的文化根脉、文化基因，在实现"两个一百年"奋斗目标和中华民族伟大复兴中国梦的历史进程中，追溯中华文化的源流、探究中华文化的传续、前瞻中华文化的走向，对于为中华民族精神家园立根铸魂、为新时代中国特色社会主义事业发展凝心聚力，具有重大意义。

  编纂出版《中国民间文学大系》（以下简称《大系》）是新时代传承发展中华优秀传统文化的国家级重点工程。党的十八大以来，以习近平同志为核心的党中央高度重视中华文化的传承发展。2017 年 1 月，中央印发《关于实施中华优秀传统文化传承发展工程的意见》（以下简称《意见》），编纂出版《大系》列为其中的重大工程。《意见》从建设社会主义文化强国，增强国家文化软实力，实现中华民族伟大复兴中国梦的高度，深刻阐述了中华优秀传统文化传承发展的重要意义、指导思想、基本原则和总体目标，对传承发展工程的主要内容、重点任务、组织实施和保障措施等作出了重要部署，是当前和今后一个时期指导我们传承发展好中华优秀传统文化的重要遵循。民间文学是中华优秀传统文化中最主要的基础资源之一，它鲜明而又直接地反映着人民群众的日常生活和价值观、审美观。中国民间文学大系出版工程（以下简称大系出版工程）由中国文联负责组织实施，是中华优秀传统文化传承发展工程的重点项目之一，也是中国民间文学遗产抢救保护与传承的民心工程。这一工程的主要任务是以客观、科学、理性的态度，收集整理民间口头文学作品及理论方面的原创文献，编纂出版《大系》大型文库，完善中国口头文学遗产数据库，为中华民族保留珍贵鲜活的民间文化记忆。在编纂同时，开展一系列以中国民间文学为主题的社会宣传活动，促进全社会共同参与民间文学的发掘、传播、保护，形成全社会热爱、传承优秀传统民间文学的热潮，形成德在民间、艺在民间、文在民间的共识，推动民间文学知识普及与对外交流传播。

民间文学产生于民间，流传于民间，具有与生俱来的人民性。习近平总书记在文艺工作座谈会上的讲话中指出，"人民既是历史的创造者、也是历史的见证者，既是历史的'剧中人'、也是历史的'剧作者'"。因为民间文学活动本身就是人民的审美生活，是人民不可缺少的生活样式，具有浓厚的生活属性。民众在表演和传播民间文学时，就是在经历一种独特的生活方式。人民创作、人民传播和人民享受，是民间文学人民性的具体表现。

民间文学是培育和践行社会主义核心价值观的重要载体。首先，民间文学是宝贵的历史文化遗产，是中华民族祖祖辈辈集体智慧的结晶，积淀着中华民族特有的极为丰富的思想道德和文化意识形态。其次，民间文学是人民群众自己的文学和学问，具有最为广泛的人民性，没有哪一种文学艺术形式拥有如此众多的作者和观众。它对人们的生活方式和思想观念所产生的潜移默化影响也是最为深刻和久远的。再次，民间文学是人民群众最为喜闻乐见和熟悉的审美方式，也是最为便利的文学活动形式。每个地方都有祖辈延续下来的传说、故事、歌谣、谚语、小戏、说唱等等，为当地人耳熟能详。这些民间文学一旦进入当地人的生活世界，便释放出强大的感化能量。

新中国成立后，党和政府十分重视民间文艺的传承保护。民间文学搜集抢救整理成果丰硕，为编纂出版《大系》奠定了坚实基础。1950 年 3 月，我国民间文学、民间戏剧、民间音乐、民间美术、民间舞蹈等领域的文艺家与研究家发起成立了中国民间文艺研究会（以下简称民研会；1987 年更名为中国民间文艺家协会），开始在全国范围内统一组织实施中国民间文艺的传承与研究工作。在民研会成立大会上，代表们讨论并通过了《征集民间文艺资料办法》。1979 年 9 月，全国少数民族民间歌手、民间诗人座谈会在京召开，众多民间歌手和艺人恢复名誉，抢救保护民族民间文化遗产工作也随之重启。1984 年 2 月，中宣部印发《关于加强少数民族文学研究和资料搜集工作的通知》。同年 5 月，文化部、国家民委、民研会印发《关于编辑出版〈中国民间故事集成〉〈中国歌谣集成〉〈中国谚语集成〉的通知》，全国各地大批民间文艺专家和民间文艺工作者代表们会聚起来，形成强大的学术力量和社会力量，开始了民间文学抢救整理工作。1987 年至 2009 年，在全国普查、采录的基础上，全国各地民间文学"三套集成"陆续编辑出版。"三套集成"从酝酿、立项到全面实施，历经近 30 年，全国 30 个省市自治区（不含重庆、港澳台）编纂出版 90 卷（102 册），总计 1 亿多字，一大批珍贵的各民族神话、传说、故事、歌谣、谚语等民间口头文学作品，成为民间文学爱好者和研究者的通用读本。进入新世纪以来，中国民间文化遗产抢救、中国民族民间文化遗产保护等工程又相继开展，取得扎实而宝贵的工作进展。为了进一步适应今后文化发展以及科学技术进步带来的阅读、研究与利用的实际需要，2010 年 12 月，中国民间文艺家协会启动实施了中国口头文学遗产数字化工程，已陆续完成 10 多亿字民间口头文学记录文本的数字化存录，最终将形成体系完备的"中国口头文学遗产数据库"，以有效避免因各种因素造成的纸质资料遗失和损坏，并使阅读、检索和利用这些作品及资料变得更为方便、快捷和准确，从而实现更大范围的资源共享。新中国成立 70 年来民间文艺工作的实践与经验，数十亿字民间文艺资料的积累与储备，数十万民间文艺工作者的心血和智慧，是我国民间文艺事业发展的宝贵财富，也为《大系》的编纂工作确立了综合实力和巨大优势。

大系出版工程是新时代中国民间文学保护、传承工作的扩充、延伸、深化、升华，更是民间文学创造性转化和创新性发展的理论探索和实践行动。《大系》文库按照神话、史诗、传说、故事、歌谣、长诗、说唱、小戏、谚语、谜语、俗语、理论 12 个门类进行编纂，计划到 2025 年出版大型文库 1000 卷，每卷 100 万字，共 10 亿字。该工程制订的长期规划、分步骤分阶段分类别的运作策略和实施举措，保障了项目的可持续性发展和科学化运用。

《大系》既是有史以来记录民间文学数量最多、内容最丰富、种类最齐全、形式最多样、最具活态性的文库，也是在民间文学搜集整理领域开展的新时代综合性成果总结、示范性的本土文化实践活动。它将几千年来在民间普遍传承的无形精神遗产变为有形的文化财富，从而避免在全球化语境下民间文学遭遇民众文化失语和传统经典样式失忆的尴尬与窘境，为世人了解中国民间文艺发展规律、应对社会转型和变革所带来的传统文化衰微之势，提供了文化复兴的有效良方和经验范式。

《大系》充分吸收当代民间文学研究的新成果、新理念，在选编标准上，始终坚持正确的政治导向，坚持优秀传统文化的标准，萃取经典，服务当代。各分卷编委会着力还原民间文学的本真形态，忠实保持各民族作品原文意蕴，在内容、形式、类型等方面力求反映出民族风格和当地口承文化传统特点，按照科学性、广泛性、地域性、代表性的"四性"原则，在各类文本中，精心编纂出具有民间文化传统精神和当代人文意识的优秀作品文库。

编纂出版《大系》，我们始终坚持具有鲜明导向的指导思想和基本原则。《大系》汇集全国各地民间文艺领域上千名专家、学者，计划用 8 年的时间对民间文学 12 个门类进行搜集整理、编纂出版，是一项复杂的系统工程。《大系》既是党中央交给中国文联的一项重要的文化建设任务，又是民间文艺界的一项重大学术研究活动；既是一项中华民族大型文化精品创建工程，又是一次中国民间文学主题实践宣传活动；既要深入田间地头调查搜集采录第一手资料，又要坐在书斋静下心来进行归纳整理研究。《大系》具有很强的政治性、学术性、专业性、群众性。我们的指导思想是，始终高举中国特色社会主义伟大旗帜，全面贯彻落实习近平新时代中国特色社会主义思想和党的十九大精神，紧紧围绕实现中华民族伟大复兴中国梦，深入贯彻新发展理念，坚持以人民为中心的工作导向，坚持以社会主义核心价值观为引领，坚持创造性转化、创新性发展，坚定文化自信，增强文化自觉，树立正确的价值观、历史观、审美观，积极思考和探索民间文学的继承与发展等时代命题，坚持交流互鉴、开放包容，关注民间文学新的时代内涵和现代表达形式，使我们民族创造的民间文艺更接地气、更有底气、更具生气。

《大系》编纂出版工作确立了"三个坚持"的基本原则：一是坚持社会主义先进文化前进方向和正确价值取向，对民族民间文学中的制度风俗、思想观念、价值理念、乡规家风等加以梳理和诠释，去粗取精、去伪存真，发掘民间文学蕴含的核心价值观，充分发挥民间文学在"美教化、厚人伦、移风俗"等方面的特殊作用；二是坚持广泛性和代表性相结合，在广泛普查和科学分类的基础上，加强对各民族民间文学精神与思想内涵的挖掘和阐发，把强调先进价值观与突出地域文化特色、民族风格密切结合起来，推动建设中华民族和合一体的共同精神家园；三是坚持学术性与普及性相结合，以民间文学理论研究成果和当代文化思想为学术指导，加强民间文学各类别经典文本呈现、精品范本出版，促进民间文学的创造性转化和创新性发展，并注重与时代发展相适应，实现从口耳相传到多媒体传播的时代变化，激活其当代价值，高标准、高质量、高要求地打造体现中国精神、中国形象、中国文化、中国表达的经典传世精品。

编纂出版《大系》是新时代赋予我们的光荣职责和神圣使命。我国各民族民间文艺积淀深厚，灿烂博大，与人民生活紧密联系着，是中华优秀传统文化的土壤和基石。千百年来，我国民间文学薪火相传、生生不息，深深融入中华民族的血脉，深刻影响着中国人的精神世界，印刻着中华民族独特的文化记忆，鲜明地表现着广大人民群众的精神向往、道德准则和价值取向，充分彰显着中国人的气质、智慧、灵气、想象力和创造力，是中华文化的亮丽瑰宝和鲜明标志，不论过去还是现在，都有其永不褪色的价值。但同时也要看到，民间文学又是脆弱的。随着转型期社会的深刻变革和城镇化带来的高速发展，民间文学赖以生存的土壤正在迅速流失，不少优秀民间文学正在成为绝唱，更多的民间文学资源业已消失。因此，抢救与保护散落在中国大地上各区域、各民族现存的不可再生的文化遗产，按照当代学术规范和学科准则，大规模开展民间文学的搜集、整理、出版、推广、研究，激发全社会对我国优秀民间文学的热爱和珍视之情，促进民间文学保护、传承与发展，延续中华文脉，造福人民大众，为繁荣发展社会主义文艺事业提供民间文学精致文本和精彩样式，已成为热爱中华优秀传统文化有识之士的共同心声。

当前，中国特色社会主义步入新时代，在以习近平同志为核心的党中央领导下，各级党委和政府更加自觉、更加主动推动中华优秀传统文化的传承与发展，开展了一系列富有创新、富有成效的工作，有力增强了中华优秀传统文化的凝聚力、影响力、创造力。进一步发扬优秀传统，充分尊重人民群众的思想观念、风俗习惯、生活方式、民族情感、表达形式，充分尊重一代又一代民间文艺创造者、传承者的经验智慧与劳动成果，进一步凝聚共识，精耕细作，落实好、完成好大系出版工程的各项工作，不断书写出中国民间文学新的辉煌，既是新时代赋予广大民间文艺工作者的光荣职责，更是我们共同担当的神圣使命。

我们郑重呼吁：全社会都行动起来，共同承担起抢救中华民族民间文学遗产的神圣职责！

中国文学艺术界联合会

中国民间文艺家协会

2019 年 3 月 5 日

General Prologue

The splendid culture of China, with a time-honored history of more than 5000 years, has ensured the lineage, development, and growth of the Chinese nation, encompassed the deepest intellectual pursuit of the Chinese nation, engraved the distinctive cultural identity of the Chinese nation, containing the traditional wisdom to tackle today's problems faced by humanity. Moreover, the profound culture of China constitutes the spiritual source for cultivating the core socialist values, laying down a solid foundation for us to stand firm in the diverse global cultures. Fine traditional Chinese culture comprises the cultural root and gene that we must transmit from generation to generation. In the historical process of achieving the Two Centenary Goals and realizing the Chinese Dream of rejuvenation of the Chinese nation, China's fine traditional culture is of great significance in tracing the source and course of the culture of the Chinese nation while gaining a foresight of its future direction, so as to reinforce the rootedness and soulfulness of the spiritual homeland for the Chinese nation, and to pool the wisdom and strength for developing the socialism with Chinese characteristics in the new era.

The compilation and publication of the *Treasury of Chinese Folk Literature* (hereafter referred to as "the *Treasury*") is one of the national key projects for transmitting and promoting China's fine traditional culture in the new era. Since the 18th National Congress of the Communist Party of China (CPC), the CPC Central Committee with Comrade Xi Jinping at its core has been attaching great importance to the transmission and development of traditional Chinese culture. In January 2017, the central authorities issued the Opinions on Implementing the Project for Transmission and Development of Fine Traditional Chinese Culture (hereafter referred to as "the Opinions") in which the compilation and publication of the *Treasury* is included as one of the key projects. With a perspective of building China into a country with a strong socialist culture, strengthening its cultural soft power, and realizing the Chinese Dream of the rejuvenation of the Chinese nation, the Opinions not only profoundly expounds the significance, guiding ideology, basic principles, and the overall objectives of transmitting and developing China's fine traditional culture, but also conceives a holistic strategy for a series of projects on their main content, key tasks, organizational implementation, and supporting measures. It is, accordingly, a crucial guideline for us to better transmit and develop fine traditional Chinese culture at present and in the near future.

As one of the most fundamental resources in China's fine traditional culture, folk literature reflects, directly yet vibrantly, the daily life, values, and aesthetics of the people. The Publishing Project for the *Treasury of Chinese Folk Literature* (hereinafter referred to as "the Project"), organized and implemented by China Federation of Literary and Art Circles (CFLAC), is one of the key projects under the framework of the Projects for Transmission and Development of Fine Chinese Traditional Culture, and also a people-to-people exchange project for salvaging, preserving, and transmitting Chinese folk literary heritage. In an objective, scientific, and rational manner, the main tasks of the Project are 1) collect and collate the first-hand materials of folk oral literature and original documents of theoretical studies, 2) set up a large-scale textual library through compiling and publishing the *Treasury*, 3) enrich the Chinese Oral Literature Heritage Database, and 4) keep folk cultural memories alive for the Chinese nation. At the same time of compilation, a series of social publicity activities centered on the theme of Chinese folk literature should be carried out to promote the participation of the whole society in the exploration, dissemination, and safeguarding of folk literature, to unfold vigorous mass campaign for practicing and transmitting the fine traditional Chinese culture, and to reach the consensus that the people are the source of morality, art, and literature, giving impetus both to the popularization of folk literature knowledge and cultural exchanges and communication with foreign countries.

It is precisely because its origin is in the people while its spread is among the people, folk literature stands in the immanent affinity to the people. General Secretary Xi Jinping of the CPC Central Committee pointed out in his speech at the Forum on Literature and Art, "The people are both the creators and the observers of history, and both its protagonists and playwrights." Since folk literary activity itself has shaped not only the aesthetic life of the people, but also the indispensable life model of the people, it bears a strong life-attribute. When people perform and disseminate folk literature, they are experiencing a specific way of life itself. The affinity to the people of folk literature is alive in the concrete manifestations that it has been created, transmitted, and enjoyed by the people.

Folk literature is an important carrier for fostering and practicing core socialist values. Firstly, folk literature is the irreplaceable historical and cultural heritage, representing a crystallization of the collective wisdom handed down for generations of the Chinese nation, while testifying the accumulation of the distinctive and profound philosophical thoughts, moral essence, and cultural ideology attributed to the Chinese nation. Secondly, folk literature stands for people's own literature and learning and boasts the most extensive affinity to the people. No form in literature can match folk literature in terms of the number of creators and audience, and no literary form has exerted such profound and long-lasting yet subtle influence on people's mode of life and way of thinking as folk literature. Thirdly, folk literature is one of the most celebrated aesthetic means that is familiar to the average people and is also the most easily-accessible form of literature. No matter where it is, there must be legend, tale, song and ballad, proverb, drama, telling and singing, as well as other oral genres that are widely known to the local people for generations. Accordingly, once entering the life-world, folk literature will release powerful inspirational appeals.

Since the People's Republic of China was founded in 1949, the CPC and the competent authorities of government at all levels have been attaching importance to transmitting and promoting folk literature and art. The work of collecting, salvaging, and collating folk literature has yielded fruitful results, which lays a solid foundation for the compilation and publication of the *Treasury*. In March 1950, with the initiative of artists and researchers from related fields, such as folk literature, folk operas, folk music, folk fine art, folk dance, and so forth, the Chinese Society for Folk Literature and Art Research (hereafter referred to as "the Society," which was officially renamed as the Chinese Folk Literature and Art Association in 1987) was established. The Society immediately embarked on organizing and implementing the promotion and research work of folk literature and art in a unified way throughout the country. The "Measures for Collecting Materials of Folk Literature and Art" was discussed and adopted at the founding assembly of the Society. In September 1979, the National Symposium of Ethnic Folk Singers and Folk Poets was held in Beijing, with the aim of restoring the reputation of folk singers and artists who had been degraded during the Cultural Revolution, and the work of salvage and preservation of the folk cultural heritage was also resumed along the event. In February 1984, the Publicity Department of the CPC Central Committee issued the Notice on Strengthening the Research and Data-Collection of Ethnic Literature. In May 1984, the Ministry of Culture, the National Ethnic Affairs Commission, and the Society jointly issued the Notice on Compilating and Publishing *The Collection of Chinese Folktales, The Collection of Chinese Songs and Ballads, and The Collection of Chinese Proverbs*. Many experts and workers devoted to folk literature and art from all over the country were convened to form a strong academic force and social synergy and started to dedicate themselves to salvaging and collating folk literature. From 1987 to 2009, the Three Collections of Folk Literature were successively compiled and published on the basis of the nation-wide survey and collection. After nearly 30 years from preparation, project approval to full implementation, the Three Collections finally came into view of readers in 90 volumes (102 copies) in 30 provinces and autonomous regions (apart from volumes of Chongqing, Hong Kong, Macao, and Taiwan), with a total of more than 100 million characters in Chinese. Since then, a great amount of folk oral literary texts, such as myth, legend, folktale, folk song and ballad, proverb, and so forth, have become the general readers both for folk literature enthusiasts and scholars.

Since the beginning of the new century, the Project for Salvaging Chinese Folk Literature and the Project for Safeguarding Chinese Ethnic Folk Cultural Heritage have both been implemented by the Chinese Folk Literature and Art Association (CFLAA) and made remarkable achievements. In order to further adapt to the actual needs of reading, research, and utilization brought about by cultural development along with scientific and technological advancement in the future, in December 2010, the CFLAA initiated and implemented the Project for the Digitization of Chinese Oral Literature Heritage and has hitherto completed the digitization of the folk oral literature of over one billion Chinese characters. The goal of the digitization project is to create a well-established system of the Chinese Oral Literature Heritage Database, to effectively avoid the loss and damage of printed materials caused by various factors, to make reading, retrieving, and using these texts and materials more convenient, fast, and accurate, thereby enabling a wider range of resource sharing.

Over the past 70 years, the practices and experiences of folk literature and art, the accumulation and preservation of folk literary data in billions of Chinese characters, as well as the efforts and wisdom of hundreds of thousands of cultural workers, have constituted the invaluable assets for the development of Chinese folk literature and art, and also established the comprehensive strength and considerable advantage for the compilation of the *Treasury*.

The Project is not only the augmentation, extension, intensification, and sublimation of the preservation work of Chinese folk literature in the new era, but also the theoretical exploration and practical action in transforming and boosting folk literature in a creative way. The *Treasury* is to be compiled under 12 categories, namely myth, epic, legend, folktale, song and ballad, long poem, telling and singing, folk drama, proverb, riddle, folk adage, and theory. It is planned that by 2025, 1000 volumes with one million characters each and one billion characters in total will be registered. The sustainable development and scientific applying value of the Project will be ensured by its long-term planning and holistic measures with operation strategies for implementation in phases, steps, and categories.

The *Treasury* is not only the library that documents the largest number of folk literary texts with unprecedented resources in terms of content, genre, form, style, and living nature throughout history, but also provides a summarization of the comprehensive achievements in the field of collecting and collating folk literature, demonstrating local cultural practices in the new era. It turns the intangible spiritual legacy that has been generally transmitted for millenniums among the masses into tangible cultural wealth, thereby obviating the dilemma and predicament of folk literature suffering both from cultural aphasia of the folks and amnesia of the fine traditional patterns in the context of globalization. To understand the laws governing the evolution of Chinese folk literature and art, to cope with the decline of traditional culture brought about by social transformation, the *Treasury* provides an effective prescription and experience paradigm for cultural rejuvenation.

The *Treasury* fully draws on the new achievements and new conceptions gained in contemporary folk literature research. With regard to the selection criteria, it always adheres to the orientation of the people-centered and the standards of fine traditional culture to make the past serve the present. The editorial committees of each collection and each volume strive to represent the cultural reality and diverse implication of folk literature collected from Chinese people of all ethnic groups, giving specific attention to maintaining ethnic characteristics and local feature of oral-based cultural tradition in terms of content, form, genre, type, and so forth. In accordance with the Four Principles, namely, Scientificity, Extensiveness, Locality, and Representativeness, the well-elaborated Treasury collects fine folk literature works from all kinds of texts that are embedded with traditional cultural ethos and contemporary humanistic perception.

The compilation and publication of the *Treasury* always upholds the guiding ideology and basic principles with well-defined orientation. As a collaborative undertaking of thousands of experts and scholars in the field of folk literature and art across the country, it is a complicated systematic project that is planned to take 8 years to collect, clarify, collate, compile, and publish the folk literature materials under 12 categories. The *Treasury* is not only a crucial task entrusted to the CFLAC by the CPC Central Committee, but also a significant academic research project in the field of folk literature and art; it is not only a large-scale cultural project for promoting fine works of the Chinese nation, but also a promotional activity in practice highlighting the theme of Chinese folk literature; it is thus necessary both to go deep into the field to investigate, collect, and document the first-hand data, and to sit down at the desk to conduct induction, collation, and research with a will.

The *Treasury* is highly political, academic, professional with a strong connection to the grass-roots. Our guiding ideology includes to uphold socialism with Chinese characteristics and comprehensively implement Xi Jinping's Thought on Socialism with Chinese Characteristics for a New Era and the guiding principles of the 19th CPC National Congress; to make the unremitting endeavor to the realization of the Chinese Dream of national rejuvenation and push forward the new development concepts in an all-round way; to adhere to the people-centered approach, the guidance of the core socialist values, and transform and boost traditional culture in a creative way; to have full confidence in culture, enhance cultural consciousness, foster sound values and outlooks of history and aesthetics, and actively ponder over and explore into propositions put forward by the times, including the transmission and development of folk literature; to persist in deepening exchanges and mutual learning in a spirit of openness and inclusiveness, while ensuring the attentiveness of new connotation of the times and the contemporary form of expressions introduced in folk literature. In accordance with the above-mentioned guiding principles, the folk literature created by the Chinese nation should be more grounded, more uplifted, and more energetic.

The compilation and publication of the *Treasury* has established the basic principles of the Three Adherences. First, to adhere to leading direction of advanced Socialist culture and sound value orientation. In the process of clarifying and annotating the conventional custom, idea, conception, and family tradition carried in the ethnic and folk literature, we should discard the dross and keep the essential, eliminate the false and retain the true, explore the core values contained in folk literature, and to give full play to the special role of folk literature in the aspects of "giving depth to human relation, fostering sound moral values, and breaking with undesirable customs." Second, to adhere to the combination of extensiveness and representativeness. On the basis of extensive survey and scientific classification, we should strengthen the exploration and elucidation of the literary spirits and ideological connotation of folk literature among various ethnic groups, integrate the manifestation of sound values with prominent regional cultural characteristics and ethnic features, and promote the construction of a common spiritual homeland of harmony and unity for the Chinese nation. Third, to adhere to the combination of academicity and popularization. Under the professional guidance of the theoretical research results of folk literature and contemporary cultural thoughts, we should strengthen the presentation of fine texts in various categories of folk literature and the publication of quality model-texts, promote the creative transformation and innovative development of folk literature, and lay stress on keeping pace with the times, facilitating the appropriate transition from word of mouth to multimedia communication, and activating its contemporary value. With high standards, high quality, and high requirements, the *Treasury* aims to create a fine library that exemplifies Chinese spirit, Chinese image, Chinese culture, and Chinese expression that will be handed on from age to age.

The compilation and publication of the *Treasury* is the glorious duty and sacred mission delivered to us by the new era. Closely connected to the people's lives, folk literature and art of all ethnic groups of Chinese nation are profoundly developed and accumulated with its splendid, extensive, and broad spectrums, offering soil and cornerstone for the growth of fine traditional culture with Chinese features. For thousands of years, the Chinese folk literature has been passed on from generation to generation, running deep in the blood of the Chinese nation with great influence on the spiritual world of the Chinese people, and thus establishing the Chinese nation an imprint of the distinctive cultural memory. The folk literature in China thus evidently represents the spiritual aspirations, moral principles, and value orientations of the broad masses of the people, fully demonstrating the temperament, wisdom, intelligence, imagination, and creativity of Chinese people, thereby, endowing Chinese culture with the bright gem and distinctive symbol, which has its values that never faded, no matter in the past or at present. At the same time, however, we should be aware of the fact that folk literature is fragile. With the profound transformation of society and the rapid development brought about by urbanization during the transitional period, the soil that folk literature lives on is rapidly losing; many expressions of fine folk literature are becoming swan songs, and more and more folk literary resources have disappeared. Therefore, it has become the shared aspirations of those of vision to salvage and safeguard the existing nonrenewable cultural heritage scattered in various regions and ethnic groups in China, to undertake collection, collation, publication, promotion, and research of folk literature on a large scale in accordance with contemporary academic norms and disciplinary criteria, to motivate the whole society to love and cherish China's fine folk literature, to strengthen the protection, transmission, and development of folk literature so as to continue the lifeline of Chinese culture, and benefit the people's wellbeing, as well as to provide exquisite texts and wonderful formats of folk literature for the prosperity and development of socialist literature and art.

At present, the socialism with Chinese characteristics has entered a new era, the CPC committees and governments at all levels, under the leadership of the CPC Central Committee with Comrade Xi Jinping at its core, have been more conscious and more active in promoting the transmission and development of fine traditional Chinese culture, and launched a series of innovative and productive work, which has effectively enhanced the cohesion, influence, and creativity of fine traditional Chinese culture. In order to further carry forward the fine traditions, we should 1) fully respect the people's ideological concepts, customs and folkways, lifestyles, feelings and sentiments, as well as their ways of expressions, 2) fully respect the experience, wisdom, and labor outcomes of bearers and practitioners of folk literature and art in generations, 3) further consolidate consensus to carry out intensive and meticulous operations, to implement and complete all the work of the Project, and to make new achievements in Chinese folk literature. All these tasks are not only the honorable responsibilities of the practitioners of folk literature and art in the new era, but also the noble mission that we share.

We hereby earnestly call on the whole society to take actions together on the solemn duty of salvaging folk literary heritage of the Chinese nation.

China Federation of Literary and Art Circles (CFLAC)
Chinese Folk Literature and Art Association (CFLAA)
March 5, 2019

（陈婷婷　安德明　巴莫曲布嫫 译；侯海强 审订）

中国民间文学大系出版工程编纂出版工作委员会
"民间长诗"编辑专家组

组长　　　　　　向柏松

副组长　　　　　郑土有　　孟慧英　　毕　桪

组员　　　　　　（按姓氏笔画排序）

王小龙　　　乌·纳钦　　刘亚虎　　　巫　达
李惠芬　　　杨　春　　　吴　刚　　　汪立珍
陈金文　　　郎雅娟　　　哈　斯　　　钟　措
姚　慧　　　黄龙光　　　意　娜

联络员　　　　　黄龙光

序言

中国各民族民间长诗蕴藏丰富，尤其一些少数民族有以歌代言的传统，他们的叙事长诗犹如汉族的长篇小说，在本民族文学史上占有重要的地位。如傣族有著名的"五大诗王"，在本民族中相当于汉族四大名著，影响深远。中国少数民族民间长诗分布较广，总的可分为北方民间长诗和南方民间长诗。北方民间长诗以森林草原、戈壁沙漠为背景，主要反映民族的迁徙和征战；南方民间长诗以山寨竹楼、月光溪水为背景，突出表现儿女情长、离合悲欢。北方民间长诗发达的民族有蒙古族、哈萨克族等，南方则有傣族、彝族等。中国各民族民间长诗风格有异，但在结构上相似，大多采用单线递进的方式。在形象塑造上多采用直接的肖像描写和行动描写，善于在曲折动人的矛盾冲突中展示人物的命运和性格。在语言运用上多采用民间口头语言，呈现出活泼自然的特色。

一、中国各民族民间长诗的发展脉络

人类较早时期叙事形态的产生，可能与生产实践和跟生产实践紧密结合的神秘仪式相关。原始采集、狩猎时代，人们或者为了表达自己采集、狩猎收获的愉悦，或者为了互相交流而讲述过程、传授经验，创造了最早的带叙事性质的诗歌。如记载于汉代赵晔《吴越春秋·勾践阴谋外传》里的《弹歌》，"断竹，续竹；飞土，逐宍"，就是公认的"太古之作"。它高度凝练地表现了从砍竹、制弓、发弹到逐兽的整个过程，语言简洁，富于跳跃感。二拍子节奏，也与往往由一来一往两个动作合成的原始操作相适应，体现了早期诗歌内在节奏和韵律孕育于劳动中的规律。这一类诗歌，在一些少数民族中还流传着。如彝族的《撵山歌》："追麂子，扑麂子，敲石子，烧麂子。围拢来，作作作。""作"是彝语"吃"的意思。这大概是氏族时期人们集体围猎捕获麂子后共同烧吃麂子时所发出的欢呼。简短、朴实的语言，展现了一个先民集体劳动、共同分享的欢乐场面。

中国各民族在各个历史时期都产生过丰富的民间叙事诗。中国民间叙事诗的萌芽可上溯到商周时期，最早的文字记载见于《诗经》，里面不少的篇章已经显示出初步的叙事功能，大都叙述事件的一个片断或一个侧面，还缺乏完整的故事情节、鲜明的人物形象、较大的场面描述。如《邶风·谷风》《卫风·氓》等，已能比较完整地讲述一段"弃妇"的故事，叙事与抒情、议论结合，可称这一时期短篇叙事诗的代表作。

汉代承续前制，设立乐府掌管音乐，这个机构一个重要的使命便是广泛采集民间歌辞，其中不少是叙事性作品。汉乐府叙事诗里，"怨战"这一传统主题表现得更为深沉忧愤，如《十五从军征》；还有许多诗篇直接触及统治者对劳动人民的残酷盘剥，如《刺巴郡守诗》；一些作品更生动地反映了人们的反抗，如《东门行》。另一突出内容，是对下层民众艰难痛苦的日常生活的真实描述，如《病妇行》。在艺术上，汉乐府叙事诗善于抓住典型的事件、人物、场景集中描写，并开始运用多种艺术手法、从多种角度切入展开叙述，如《陌上桑》不断地转换角度，对女主人公秦罗敷的外貌美、人格美、智慧美进行多侧面的描写。汉乐府叙事诗的高峰，是表现爱情悲剧的《孔雀东南飞》。全诗结构完整，形象动人，情节紧凑，极富艺术魅力。

南北朝是继周（《诗经》）、汉（"汉乐府"）之后民间歌谣搜集、保存最多的一个时期。这一时期被朝廷乐府收录的民歌称南北朝"乐府民歌"。南方山清水秀，经贸发达，民歌以表达儿女情长居多，呈阴柔之美，叙事诗有《田蚕事已毕》《君既为侬死》等；北方地广人稀，战争频繁，民歌以赞颂英雄为主，溢阳刚之气，叙事诗有《并州歌》《陇上歌》等，而成就最高、影响最大的是《木兰诗》，它以传奇的情节、浪漫的色彩、朴素生动的语言，描述了一名叫木兰的年轻女子女扮男装、替父从军的故事，与《孔雀东南飞》一并被誉为"乐府双璧"。

隋唐时期，汉族民间叙事诗出现分流，一支沿传统方向生成传播；一支融入讲唱文学，在变文、词文等文体中得到发展，这类作品如《伍子胥变文》《王昭君变文》《董永变文》《孟姜女变文》《张义潮变文》等。

唐至元代，少数民族民间长诗兴起。傣族先民于公元12世纪建立景陇金殿国地方政权，封建领主为了巩固统治，把民间演唱纳入为统治者服务的轨道，一些取材于从部落（部落联盟）到建立地方政权过程中兼并或统一战争、带英雄史诗性质的叙事诗应运而生，如《相勐》等；其他叙事诗也大都以歌颂贤明君主与佛教功德为主，代表作品有《召树屯》以及"阿銮"系列（佛本生故事与傣族英雄故事融合的产物）叙事诗等。壮族先民也创编了带英雄史诗性质的叙事诗《莫一大王》。蒙古族叙事诗由一系列关于成吉思汗的传说与英雄史诗相融合并吸收祝贺词及民歌的某些成分演化而成，散韵结合，以韵为主，有《征服三百泰亦赤兀惕人》《孤儿传》《成吉思汗的两匹骏马》等。

明代，汉族地区通俗文学和民歌时曲活跃，辑集山歌成为时尚。冯梦龙编辑的《山歌》收有不少叙事诗，如《烧香娘娘》等。南方地区封建领主制政权由兴盛走向衰落，社会矛盾激化，产生不少反映宫廷内讧及下层民众生活的民间长诗，如傣族《松帕敏和嘎西娜》和《宛纳帕丽》、彝族《阿诗玛》、壮族《唱离乱》、土家族《锦鸡》等。西北地区少数民族民间长诗丰富。哈萨克族产生爱情叙事诗《少年阔孜和少女巴颜》，叙述了一个因毁约造成热恋青年生死离别、后来又死而复生结为夫妻的神奇故事，被誉为东方的《罗密欧与朱丽叶》；维吾尔族《艾里甫与赛乃姆》叙述了一个国王之女与宰相之子之间由于男方家境变化而造成的爱情悲剧；柯尔克孜族出现不少以这一时期抗击卡勒玛克侵略者斗争为背景的英雄叙事诗，如《库尔曼别克》等。它们共同构成了中华民间长诗花园里艳丽的一簇。

清代及近代，反映婚姻爱情的民间长诗出现新的特点：幻想色彩逐渐消退，现实感逐渐加强，显示出更为深刻的思想内涵。这一类民间长诗，有汉族《双合莲》和《五姑娘》、傣族《娥并与桑洛》等三大悲剧、侗族《娘梅歌》、傈僳族《重逢调》、哈萨克族《萨里哈与萨曼》、维吾尔族《帕塔姆汗》、回族《马五哥与尕豆妹》、裕固族《黄黛琛》等；反映民众生活苦情的民间长诗更广泛地触及了社会现实，更深入地呼出了人们的心声，如毛南族《枫蛾歌》、白族《青姑娘》、壮族《达稳之歌》等；而表现各民族人民反抗封建统治和外来侵略的起义斗争的作品日益增多，形成为一种重要的品类。它们大都以真实历史事件为根据，史实中有创造。如汉族《华抱山》和《钟九闹漕》、布依族《伍焕林》和《罗华先》、苗族《张秀眉之歌》、蒙古族《陶克陶胡》和《嘎达梅林》等。

我国少数民族有着丰富的民间长诗资源，主要原因：1. 社会生活的日益复杂化为民间长诗的产生和发展提供了社会条件和创作题材。2. 各民族喜歌喜唱的传统是民间长诗产生和发展的温床。3. 各族民间歌手在民间长诗的产生和发展中发挥重要作用。

哈萨克族拥有 200 部以上民间叙事长诗。傣族有"阿銮的长诗"，多达 550 部。阿銮的长诗中如《召树屯》《兰嘎西贺》等都很有名。许多部长达四五千行乃至数万行，最短的也有千行以上，如《兰嘎西贺》就有上万余行，550 部，每部 2000 行即达 110 万行。少数民族叙事长诗既有本民族独立产生的，也有受到汉族民间文学的影响的。如《梁山伯与祝英台》本是汉族民间文学中的精品，随着汉族与壮族在明清两代交流频繁，也被壮族人民所接受，但却加上了自己的民族特色。

二、民间长诗的界定

体裁被视为诗学和文学史的交汇点，体裁的发展问题是文学史的根本问题。文学史上所说的叙事诗包括了具有创世、人类起源和英雄业绩内容的长篇叙事诗歌以及民间长诗在内的不同类型的叙事诗歌。这些不同类型的诗歌，它们在文学形式上的发展过程，可以从文献资料中得到考证；它们作为口头文学的起源，无疑要追溯至人类的史前时代。有些学者认为，运用诗歌形式讲述故事起源于吟唱与宗教仪式有关的神话。

传统上人们从社会历史内容、演述以及艺术形式来界定民间长诗。相对于韵文体的神话和史诗所表现的创世、人类起源、英雄业绩的庄严性和神圣性而言，民间长诗大多表现现实世界的社会人生主题，对传承者以及演唱时间、地点、情境等并无特殊的要求，就艺术而言，韵文体的形式（或散韵结合）、完整的故事情节、鲜明的人物形象，是它的三项基本要素。民间长诗多为近代社会的产物，大多反映后世社会的一些局部历史事件（如贫民造反）和日常生活故事（如婚姻爱情、家庭纷争等）。民间长诗不同于民间歌谣。从形态而言，民间长诗属于民间歌谣的范畴，差异主要体现在：一是篇幅长短，二是内容方面民间长诗以叙事内容为主。

相对于民间长诗的性质而言，史诗的基本特点还是比较突出的：

1. 史诗的产生比狭义的民间叙事长诗早，它是艺术发展的不发达阶段上的产物，大都出现在各民族社会发展的转折时期。史诗主要产生于原始社会晚期和国家形成时期，有的是在神话的基础上产生的；史诗往往记叙一个民族早期有关天地形成、人类起源、民族迁徙、民族战争和民族英雄业绩等重大事件，具有"崇高""神圣"的品性。

2. 史诗在内容上所表现出来的不是个人的遭遇，而是关系到整个氏族或民族生死存亡的大事，较之狭义民间叙事长诗，其题材更重大，主题更严肃，格调更庄重。

3. 史诗在形式上集各类口头文学之大成，其规模比狭义民间叙事长诗更为宏大。

4. 史诗在发展过程中多以口头—书面—口头、书面并存的方式流传，在口头性和书面性关系上，体现得比狭义民间叙事长诗更紧密。

在中国民间文学大系民间长诗编纂过程中，根据体例的要求，我们对民间长诗作了操作性的界定。民间长诗是指由民众群体创作、长期流传于民间的长篇韵文类作品，大多具有完整的故事情节，也称为"故事歌"；少数侧重抒情，但也有一定的叙事成分。

本套《大系》收入"长诗"的篇幅原则上在 500 行以上。本套《大系》收入"民间长诗"的范围：汉族地区全部的民间长诗（遵循目前汉族地区尚未发现史诗的观点），少数民族地区除了史诗以外的民间长诗。

三、民间长诗的分类

按照一般现代文学理论通行的分类，即叙事、抒情、戏剧三分法，或基本表现手法分类，民间长诗包括民间叙事长诗、民间抒情长诗和民间戏剧体长诗。考虑到民间还有大量说理性的长诗，因此，民间长诗包括四类，以叙述事件和描绘人物为主的民间叙事长诗，以抒发人民群众关于生产劳动和生活习俗等方面的浓厚的思想感情为主的民间抒情长诗，以作品主人公实景对话形式构成的民间戏剧体长诗，以及作为社会规范和道德解释信条的民间说理长诗。

1. 民间叙事长诗是以叙事作为基本表现手法的民间长诗。根据题材内容分为以下四类：（1）英雄类：以讲述英雄故事、塑造英雄人物为中心。如《武松打店》《嘎达梅林》等。它和史诗的差别在于这里的英雄不再是神灵或者半人半神，而是现实世界的英雄。傣族叙事诗主要有三种类型，即佛本生型、神话型、英雄型。代表性作品有《阿銮和他的弓箭》《九颗珍珠》《七头七尾象》《金牙象》《千瓣莲花》《金皇冠阿銮》《金岩羊阿銮》《维先塔蜡》《五个神蛋的故事》《只有头的阿銮》等等。蒙古族作品主要有《征服三百泰亦赤兀惕人》《孤儿传》《箭筒士阿尔嘎聪》《成吉思汗的两匹骏马》等。彝族的《可俣古城传奇》《红白杜鹃花》《布米笃汝》《呗勒娶亲记》《则谷阿列与依妮》，布依族的《六月六》，土家族的《摆手歌》《挖土锣鼓歌》《哭嫁歌》，壮族的《串寨调》。（2）时政类：是除了英雄叙事长诗以外与时政有关的叙事长诗。如表现反抗斗争的《嘎达梅林》（蒙古族）、《钟九闹漕》（汉族）。（3）婚姻爱情类：以人类婚姻爱情为题材的民间叙事长诗。表现爱情悲剧的《娥并与桑洛》（傣族）、《崇阳双合莲》（汉族）、《阿诗玛》（彝族撒尼人）、《马五哥与尕豆妹》（回族）、《黄黛琛》（裕固族）、《仰阿莎》（苗族）等。傣族爱情叙事诗《召树屯》《兰嘎西贺》《巴塔麻嘎捧尚罗》《乌沙麻罗》《粘巴西顿》《粘响》《宛纳帕丽》《南波冠》等。其他民族如彝族、哈萨克族、维吾尔族、纳西族、柯尔克孜族、东乡族、土族、乌孜别克族、苗族、壮族、土家族等等都有精品流传。彝族的《阿诗玛》即是影响最著的一篇。哈萨克族《少年阔孜和少女巴颜》《巴合提亚尔的四十支系》，维吾尔族民间叙事诗出现了鲁提菲的《古丽与诺鲁兹》、艾利希尔·纳瓦依的《五卷诗集》，以及阿亚兹·西凯斯泰的《世事记》等。民间创作出现了《艾里甫与赛乃姆》《塔依尔与祖赫拉》《优素甫——阿合麦特》等新作。纳西族《鲁般鲁饶》、柯尔克孜族的《库尔曼别克》《江额里·木尔扎》、东乡族的《米拉尕黑》、土族的《拉仁布与且门索》、乌孜别克族的《阿依苏曼》、苗族的《仰阿莎》、壮族的《唱离乱》、土家族的《锦鸡》等等。（4）日常生活类：表现人类日常生活的喜怒哀乐的民间叙事长诗。例如汉族的《光棍苦》《荒年记》等。

2. 民间抒情长诗是以抒情作为基本表现手法的民间长诗。根据题材内容分为以下几

A025

类：（1）婚姻爱情类：以人类婚姻爱情为题材，例如彝族《我的幺表妹》等。（2）日常生活类：以日常生活为题材。例如壮族的《特华之歌》《达稳之歌》等。（3）生产劳动类：如湘西土家族流行《挖土锣鼓调》，土家族人民生活于鄂、湘、川山区，劳动时成群结队敲锣打鼓。如《洪水荒古歌》《嘉庆十八年歌》《孟姜女寻夫》《梁祝》等。（4）仪式生活类：包括特定民族或地区婚丧喜庆、节令仪式中演唱或念诵的各种类型的民间长诗（歌），这是民间抒情长诗中内容最繁、数量最多的一种类别。其中以婚歌和丧歌为最多。婚歌中最有名的为湘西土家族《哭嫁歌》。云南纳西族中有"相会调""殉情调"，傈僳族有"逃婚调"。

3．民间戏剧体长诗（剧诗）是以作品主人公实景对话形式构成的民间长诗作品，但是不化妆，无动作表演。根据题材分为两类：（1）婚姻爱情类：例如傈僳族的《重逢调》《逃婚调》等。（2）日常生活类：如《生产调》《虎咬鹰啄调》等。

4．民间说理长诗。 民间说理长诗是以说明道理、宣扬道德戒律，约束人们行为为主要内容，因此把此类长诗称为民间说理长诗。维吾尔族哲理长诗《真理的入门》（12—13世纪诗人阿合买提·玉格乃克诗作）、《心之所钟》（纳瓦依诗作）、《斯德克之书》（热失德诗作，1785—1786年间写成）、《福乐智慧》（11世纪诗人优素甫·哈斯·哈吉甫的诗作）、《正直人惊愕》（纳瓦依诗作）、《解脱的食粮》（18—19世纪诗人尼扎里诗作）等。壮族有《欢传扬》（欢者，歌也），是哲理性长诗，共20章，175首，525节，2100行。苗族的"议榔词"，瑶族的"石牌话"，侗族的"约法款词"。（"榔""款"、石牌都是一种社会组织形式。）

这次民间文学大系长诗卷，根据编纂体例和文学实践以及工作操作实际，以人物、历史事件、婚姻爱情、日常生活及其他等5个类型作出划分。

1．人物叙事长诗。围绕一个中心人物而展开的叙事作品。如《嘎达梅林》《华抱山》《钟九闹漕》等。这个人物可能是一个民族历史上的英雄、著名人物，也可能是普通小人物。如果是英雄，它和史诗的差别在于这里的英雄不再是神或者半人半神，而是现实世界的英雄，但他们通常具有超常的智能和非凡的勇气。普通小人物类型较多，有的是农民起义领袖，有的是普通女性，如《孟姜女》。该类作品的最明显特点是以人物为中心、结合历史事件而展开叙事。傣族叙事诗代表性作品有《阿銮和他的弓箭》《九颗珍珠》《七头七尾象》《金牙象》《千瓣莲花》《金皇冠阿銮》《金岩羊阿銮》《维先塔蜡》《五个神蛋的故事》《只有头的阿銮》等等。 蒙古族作品主要有《征服三百泰亦赤兀惕人》《孤儿传》《箭筒士阿尔嘎聪》《成吉思汗的两匹骏马》等。 彝族的《可俅古城传奇》《红白杜鹃花》《布米笃汝》《呗勒娶亲记》《则谷阿列与依妮》。

2．史事叙事长诗。该类作品围绕某一事件展开叙事，没有一个中心人物。如杨家将长诗、太平天国长诗等。

3．婚姻爱情长诗。该类作品以婚姻、爱情为题材，围绕男女主人公曲折的爱情故事而展开，分布最广，数量最多。是以人类婚姻爱情为题材的民间叙事长诗。表现爱情悲剧的有《娥并与桑洛》（傣族）、《崇阳双合莲》（汉族）、《阿诗玛》（彝族撒尼人）、《马五哥与尕豆妹》（回族）、《黄黛琛》（裕固族）、《仰阿莎》（苗族）等。傣族爱情叙事诗《召树屯》《兰嘎西贺》《巴塔麻嘎捧尚罗》《乌沙麻罗》《粘巴西顿》《粘响》《宛纳帕丽》《南波冠》等。其他民族如彝族、哈萨克族、维吾尔族、纳西族、柯尔克孜族、东乡族、土族、乌孜别克族、苗族、壮族、土家族等等都有精品流传。如彝族的《阿诗玛》即是影响最大的一篇。哈萨克族则有《少年阔孜和少女巴颜》《巴合提亚尔的四十支系》。维吾尔族出现了鲁提菲的《古丽与诺鲁兹》。纳西族的《鲁般鲁饶》、东乡族的《米拉尕黑》、土族的《拉仁布与且门索》、乌孜别克族的《阿依苏曼》等等。

4．日常生活长诗。表现人类日常生活的喜怒哀乐的民间叙事长诗，如苦情主题的、劝世主题的，其中反映家庭生活的作品居多。例如汉族的《光棍苦》《荒年记》等。

5．其他。包括其他各种不易分类的长诗。例如壮族的《特华之歌》《达稳之歌》，汉族和其他民族的《哭嫁歌》等。生产劳动类。如湘西土家族流行《挖土锣鼓调》，土家族人民生活于鄂、湘、川山区，劳动时成群结队敲锣打鼓。如《洪水荒古歌》《嘉庆十八年歌》《孟姜女寻夫》《梁祝》等。仪式生活类。包括特定民族或地区婚丧喜庆、节令仪式中演唱或念诵的各种类型的民间长诗（歌），这是民间抒情长诗中内容最繁、数量最多的一种类别。其中以婚歌和丧歌为最多。婚歌中最有名的为湘西土家族《哭嫁歌》。云南纳西族中有"相会调""殉情调"，傈僳族有"逃婚调"。

民间长诗作为民间文学体裁之一，指的是一种具有比较完整的故事情节的韵文或散韵结合的民间诗歌。叙事性是民间叙事诗的突出特点。在民间长诗的创作和传播中，巫师、艺人、歌手等起着比较重要的作用，有些重要作品还有专业的歌唱人员。这类诗歌除以口头形式流传外，有的还有手抄本。

四、民间长诗的搜集、整理和出版

中国各民族民间长诗在群众中流传广泛，近现代很早就引起国内外学者、传教士的注意。如19世纪70—80年代，以法国传教士为主的一批人对云南彝族撒尼人语言、文字与宗教等进行调查，发现了一首广为流传的无名诗歌，一个叫保禄·维亚尔的法国人回国以

A027

后于 1898 年发表《撒尼倮倮》一文，在介绍当地文化时引用了一大段这首诗歌，近年据学者考证即彝族撒尼人叙事诗《阿诗玛》。20 世纪 30—40 年代抗日战争时期，许多大学和科研机构被迫迁徙到西南边疆。在缺少典籍的情况下，西南联大等学校大批人文学者转而对云南等地区少数民族文化展开田野调查和综合研究。他们吸收人类学、社会学、考古学、训诂学、文化学等相关学科的成果和方法，将其融为一体，收集了许多珍贵的资料，并撰写了不少有质量的调查报告和学术论著，其中涉及一些民间长诗。

中华人民共和国成立以后，由于党的文化政策和民族政策的深刻影响，各民族民间文学得到空前重视，各民族民间文学包括民间长诗的搜集与出版也逐步展开。如《阿诗玛》，经杨放与一位撒尼大爹合作用汉语记录以后，1950 年就以《圭山撒尼人的叙事诗〈阿斯玛〉——献给撒尼人的兄弟姐妹们》为标题发表在《诗歌与散文》当年 9 月号上。随后，朱德普整理的《美丽的阿斯玛》发表。1953 年 5 月，云南省人民文艺工作团组成一个共有十人的工作组，到撒尼人聚居区——路南县圭山区进行更为深入的发掘翻译整理工作，收集到《阿诗玛》20 份异文。1954 年，整理出来的《阿诗玛》首发于《云南日报》。蒙古族民间长诗《嘎达梅林》1948 年就开始由陈清漳等人进行蒙文、汉文整理，汉文整理本 1950 年首发于《人民文学》第一卷第三期（1950 年 1 月），1951 年由上海海燕书店出版。

而全国规模的各民族民间文学包括民间长诗的搜集始于 1956 年。当年，全国展开各民族社会历史情况调查研究，调查的对象包含了长诗、歌谣等民间文学作品，有的重要作品还组织了专门调查小组；1958 年，开始了三选一史（民间故事选、民间叙事长诗选、民间歌谣选、少数民族文学史）编写，由此比较有系统地对各民族民间文学作品进行资料梳理和学术归纳。

由于自上而下的重视，应该说，从 20 世纪 50 年代初开始至 60 年代中期，各民族民间文学（包括民间长诗等）的搜集与出版还是取得很大的成绩，一些重要的少数民族民间长诗作品第一次以报刊发表、书籍出版等形式展示在全国人民面前，得到人们的喜爱。如蒙古族的《嘎达梅林》（1950 年），维吾尔族的《阿那尔汉的歌声》（1950 年），彝族《阿诗玛》（1954 年）、《妈妈的女儿》《我的幺表妹》（1960 年），傣族《召树屯》（1956 年）、《松帕敏和嘎西娜》（1958 年）、《娥并与桑洛》（1959 年）、《苏文纳和她的儿子》《葫芦信》（1960 年）、《朗鲸布》《线秀》（1962 年），土家族《锦鸡》（1958 年），纳西族《蜂花相会》（1961 年），傈僳族《逃婚调》《重逢调》（1963 年）等。其中，一些地方例如云南在民间长诗的搜集过程中继承了西南联大等学校的传统，在深入搜集文本的同时，往往还附带写出调查报告式的关于流传语境等的描述。70 年代末以后，各民族民间文学（包括民间长诗等）的搜集与出版更进入一个新阶段。

中国各民族民间长诗发表、出版以后在国内国外都有很大的影响。20 世纪 60、80 年代，彝族长诗《阿诗玛》、傣族长诗《召树屯》分别拍摄成电影《阿诗玛》（杨丽坤、包斯尔主演）、《孔雀公主》（李秀明、唐国强主演），公映后几乎家喻户晓。彝族长诗《阿诗玛》还被翻译成英、法、日、韩、俄、德、捷克、罗马尼亚等文字，在世界各地有 30 多种译本，成为中国民间文学中最具有世界知名度的作品之一。2004 年 8 月 6 日至 8 月 9 日，中央民族大学与石林彝族自治县政府在石林联合举行了"阿诗玛国际学术研讨会"，日本学者樱井龙彦在会上说，《阿诗玛》是地方性的"地域文化"和"民族文化"升华为国家性的"国民文化"的最成功最典型的例子。《阿诗玛》之所以能实现这样的升华，关键是新中国成立后的民族政策促成了《阿诗玛》的升华。而在这种升华的过程中，50 年代对《阿诗玛》的搜集整理工作功不可没。《梁山伯与祝英台》《红楼梦》等也许不为日本孩子所知，但阿诗玛却为日本孩子所喜爱。

从 20 世纪 50 年代以来，我国各地区各民族民间文艺工作者搜集、整理、刊印、出版了数量可观的民间长诗作品，为《大系》"长诗"卷的编纂奠定了坚实的基础。但这些作品以不同的形式散存各地，不少还是手抄、内部资料本，出版物也多为选本，不能全面、充分地反映我国各民族民间长诗的丰富蕴藏。《大系》"长诗"卷的编纂弥补了这一缺陷。

《大系》"长诗"卷的编纂充分尊重前人的成果，避免重复工作；同时认识到以往民间文学搜集整理既有的局限，如受限于时代的认识，搜集的科学性相对欠缺，对讲述语境和讲述者相对忽视等，将在已有的搜集整理基础上，注重搜集整理的科学性和专业性，力争在相对较短的时间内搜集到更多的长诗文本，发现更多新的传承人，记录更鲜活的长诗演述行为。搜集要注重对各类民间长诗的采录，注意新发现的民间长诗，对著名长诗要注意新发现的异文。有些民间长诗存在于民间仪式生活中，对这样的活态传承的长诗要进行田野调查，对文本加以搜集整理并描述其演述形态，以更全面地展现我国各民族长诗的整体风貌。

《大系》"长诗"卷根据编纂体例和操作实践，划分为人物、历史事件、婚姻爱情、日常生活、其他等 5 个类型。人物叙事长诗，围绕一个中心人物并结合历史事件展开叙事。这个人物可能是一个民族历史上的英雄或著名人物，也可能是普通小人物；史事叙事长诗，围绕某一事件展开叙事；婚姻爱情长诗，以婚姻、爱情为题材，围绕男女主人公曲折的爱情故事而展开；日常生活长诗，表现人类日常生活的喜怒哀乐，如反映苦情、劝世主题等，其中反映家庭生活的作品居多；其他，包括其他各种不易分类的长诗，如生产劳动类、仪式生活类等。

《大系》"长诗"卷收入长诗作品的篇幅原则上在 500 行以上，收入范围为汉族地区全部的民间长诗（遵循目前汉族地区尚未发现史诗的观点），少数民族地区除了史诗以外的民间长诗。所收不包括古代文学作品，也不包括由现代当代作家创作的长诗作品。历年搜集、记录的作品如少数民族文字经籍里的一些篇章，只要的确是民间长诗，无论何时搜集整理均可择优收录。

尹虎彬

本卷主编　过　竹

中国民间文学大系出版工程广西壮族自治区工作领导小组

组长   严 霜

副组长   韦苏文   石才夫

成员   （按姓氏笔画排序）
                        严 琴   杨佩新   房永明

办公室   （设在广西民间文艺家协会）

主任   严 琴

成员   郑春玲   吴嘉欣

中国民间文学大系出版工程广西壮族自治区专家委员会

主任   严 霜

副主任   韦苏文   严 琴

委员   （按姓氏笔画排序）
                        韦如柱   过 竹   杨树喆   邵志忠   奉仰崇   罗世才
                        罗树杰   郑天雄   黄桂秋   黄赠荣   覃祥周   蓝芝同
                        廖明君   黎浩邦

1

壮族歌圩（王梦祥摄，1983年·广西那坡县）

2

壮族师公演奏天琴（李桐摄，1995年·广西龙州县）

3

壮族夜歌会（区用诚摄，1985年·广西东兰县）

4

汉族六甲歌（过竹摄，2005年·广西三江侗族自治县）

5

汉族莲花落（过竹摄，1998年·广西资源县）

6

瑶族师公（伍炳培摄，1984年·广西金秀瑶族自治县）

7

度戒法事（过竹摄，2006年·广西金秀瑶族自治县）

8

瑶族歌会（李桐摄，1994年·广西都安县）

9

　　侗族行歌坐夜（文国安摄，1986 年·广西三江侗族自治县）

10

　　侗族年初一唱耶（过竹摄，2005 年·广西融水苗族自治县）

11

　　苗族坐妹（杨文确摄，2003 年·广西融水苗族自治县）

12

　　融水苗族吹木叶歌（张大光摄，1986 年·广西融水苗族自治县）

13

仫佬族婚礼歌堂（罗日泽摄，1983 年·广西罗城仫佬族自治县）

14

仫佬族二声部民歌（余亚万摄，1982 年·广西罗城仫佬族自治县）

15

毛南族吊坛（张武至摄，1988 年·广西环江毛南族自治县）

16

毛南族家庭歌会（张武至摄，1988 年·广西环江毛南族自治县）

17

京族哈妹唱哈（过竹摄，2001年·广西东兴市）

18

京族独弦琴（李桐摄，1998年·广西东兴市）

19

仡佬族歌坡（李桐摄，1999年·广西隆林各族自治县）

20

彝族火把节歌会（区用诚摄，1997年·广西隆林各族自治县）

21

仫佬族婚礼歌堂（罗日泽摄，1983 年·广西罗城仫佬族自治县）

22

壮族歌书抄本（过竹摄，2020 年）

23

壮族歌书抄本（过竹摄，2020 年）

24

壮族歌书抄本（过竹摄，2020 年）

25

　　壮族歌书抄本（过竹摄，2020 年）

26

　　壮族歌书抄本（过竹摄，2020 年）

27

　　壮族歌书抄本（过竹摄，2020 年）

目录

概述

民间长诗是广西民歌的主要类别。民间长诗隐含着广西民族民间文化的信息之码，是了解广西民族传统文化的重要窗口。广西民间长诗分布呈现如下特点：各民族分布不均匀、各类别分布不均匀、各地区分布不均匀和少数民族与汉族文化交流密切、叙述本民族人物事件的作品占比过半数、用汉语西南官话方言演唱的作品近半数等。

一、广西民间长诗产生的人文背景

广西是歌海，广西壮族自治区首府南宁市被誉为"天下民歌眷恋的地方"，每年举办的国际民歌节，成为天下民歌的盛会。广西各族人民以歌传情、寄歌达意、用歌叙事、借歌记史，在民族繁衍过程中，依托民歌传承民族文脉。

广西民歌起于何时无从考证。最早记述广西歌谣的古籍是西汉刘向《说苑》[1] 卷十一《善说》第十三则"襄成君始封之日"篇："今夕何夕兮搴舟中流，今日何日兮得与王子同舟，蒙羞被好兮不訾诟耻，心几烦而不绝兮得知王子，山有木兮木有枝，心悦君兮君不知。"不少学者论证该歌谣为壮族先民之作。[2]

广西 12 个世居民族[3] 在社会发展过程中创造了丰富多彩的歌谣文化，他们以歌传情，

[1] 王天海、杨秀岚译注：《说苑》，中华书局，2019 年 12 月。
[2] 韦庆稳：《〈越人歌〉与壮语的关系试探》，《民族语文论集》，中国社会科学出版社，1981 年；白耀天：《〈榜枻越人歌〉的译读及其有关问题》，《广西民族研究》，1985 年第 1 期；欧阳若修、陆干波：《关于〈越人歌〉研究的几个问题》，《广西师范大学学报（哲学社会科学版）》，1987 年第 4 期；郑超雄：《壮族〈嘹歌〉的起源及其发展的社会历史条件》，《广西民族研究》，2005 年第 1 期；覃彩銮：《骆越语言文字述论》，《广西社会主义学院学报》，2020 年第 3 期。
[3] 广西 12 个世居民族：壮族、瑶族、苗族、侗族、仫佬族、毛南族、回族、京族、彝族、水族、仡佬族和汉族。

以歌抒情。正如侗族民歌《歌养心》唱道：

> 我们留恋年轻的时代，
> 我们羡慕你们的青春，
> 年老了也要唱歌哟，
> 一直唱到尸骨变成灰烬。
>
> 不种田地无法把命来养活，
> 不唱山歌日子怎么过？
> 饭养身子歌养心哟，
> 活路要做也要唱山歌。[1]

饭养身子歌养心是产生刘三姐文化的广西歌海的最好诠释。

喜爱唱歌的风习至今依然保留在广西民间，特别是广大的乡村，人们将民歌视为生命的一个不可或缺的组成部分。柳州市鱼峰山的山歌会，由群众自发形成，经年不衰；刘三姐故乡宜州区中心中山公园每天晚上的山歌活动风雨无阻；田阳区敢壮山的万人歌圩……都是极具文化象征的例子。据广西民间文艺家协会名誉主席、广西师范学院教授过伟先生初步统计，广西 40 个县市计有 642 个歌圩。[2] 一叶知秋，足见广西歌海之浩瀚。

民歌是社会生活与文化发展的重要组成部分。"从原始社会起，歌谣就一直伴随和记载着历史。没有文字的民族尤其如此。民歌、叙事诗简直就成为这个民族诞生、迁徙、劳动、生存等一部口传的历史。"民歌已渗透到社会生活的各个层面，举凡劳动生产、恋爱婚姻、宗教信仰、图腾崇拜、民间组织、民族节日、民间礼仪等等，均留下民歌的踪迹。"歌谣在人民群众中产生、传播和应用，也可以说是人民的第二种语言，即升华为诗歌化了的语言。"[3]

民歌是一部民族历史的教科书，我们从《布洛陀经诗》（壮族）、《密洛陀》（瑶族）、《嘎茫莽道时嘉》（侗族）、《苗族古歌》等了解有关民族生存繁衍的历史。民歌是一部民族经济生产的教科书，我们从各类生产劳动歌中了解到有关民族传统的乡村生产知识。如："春来下谷种，秧田要选好。若挑山冲田，秧不愁水喝。秧田在山冲，脚长白细细。秧田选哪好，莫选山坡田。山坡田育秧，只怕秧受渴。插秧莫儿戏，种好收才旺。如果插太密，禾矮谷穗短。如果插疏了，费田费工夫。插秧要讲究，横插要对苋。直插行对行，株株相

[1] 过伟、王佑夫、王弋丁主编：《少数民族古代文论选释》，新疆人民出版社，1993 年 12 月，第 219 页。
[2] 潘其旭：《壮族歌圩研究》，广西人民出版社，1991 年 4 月，第 281 页。
[3] 贾芝：《中国歌谣集成·总序》，载《中国歌谣集成·广西卷》，中国社会科学出版社，1992 年 7 月，第 1—2 页。

间隔，疏密要适当。"[1]

歌谣是一部民族文化的教科书，其内容丰富多彩、形式多种多样，呈现广西本土文化的乡土韵律。

同时，广西11个世居少数民族的本土文化，在历史发展长河中，一方面不断地在内部进行民族间的自我文化的融合、重组与再生，如广西三江侗族自治县的草苗唱的民族山歌是侗歌，环江毛南族自治县的毛南族的民族山歌是壮歌，等等；另一方面又不断地与外来民族汉族进行文化的融合、重组与再生，产生出既有本土文化元素，又具备时代气息的现代民族文化，最明显的是广西11个世居少数民族把汉族的春节当成了一年之中最重要的节日。

此外，以民歌为例，广西11个世居少数民族都把汉语西南官话民歌当成自己山歌文化的组成部分。可以这么说，广西文化的发展伴随着广西民族文化的内部与外部不断地融合、重组与再生。

中原农耕文化的引入，先进的科学观与生产技术以及"金铁、田器、马、牛、羊"等对本土的"刀耕火种"大换血，极大地提高了岭南地区农业生产水平，缩小了岭南与中原农耕技术上的差距。此效应是直接的、巨大的。"尝到中原汉族经济文化'甜头'的越人毫不迟疑地走上汉越文化融和、重构与再生之路。"[2]

民族文化的融合、重组与再生在民间长诗中的反映便是大量中原地区的传说故事被编写成民歌（含民间长诗），中原地区的民间长诗在广西各地流传，如《梁山伯与祝英台》《孟姜女》《白蛇传》等。

二、文本选择、篇目及分布情况

广西12个世居民族（特别是11个世居少数民族）对长诗约定俗成的认知：100行以上称为"长歌"（长诗）。基于此，在编纂时，编纂组将"中国民间文学大系·长诗卷编纂体例"与广西长诗流传的实际情况相结合，将300行以上的作品选编入《中国民间文学大系·长诗·广西卷》（以下简称《广西卷》）。

[1] 农冠品主编：《中国歌谣集成·广西卷》，中国社会科学出版社，1992年7月，第305页。
[2] 邵志忠：《壮族文化重组与再生》，广西人民出版社，1994年8月，第5页。

《广西卷》共收录民间长诗 65 首，其中 500 行以上 38 首，400—499 行 8 首，300—399 行 19 首。

（一）文本选择

《广西卷》所收录的民间长诗文本多源。65 首叙事长诗分别选自《广西民间叙事长诗集成》[1]（21 首）、《中国歌谣集成·广西卷·融水县歌谣资料》[2]（6 首）、《民间叙事歌》[3]（5 首）、《中国歌谣集成·广西卷》[4]（4 首）、《民间文学》[5]（4 首）、《哈迈》[6]（3 首）、《京族民歌选》[7]（3 首）、《广西民间文学丛刊》[8]（2 首）、《广西少数民族与汉族民歌民间故事》[9]（2 首）、《侗族民歌选》[10]（1 首）、《毛南族民歌选》[11]（1 首）、《僮族民间歌谣资料》[12]（1 首）、《罗城歌谣集》[13]（1 首）、《长歌集》[14]（1 首）、《侗族琵琶歌》[15]（1 首）、《龙溪》[16]（1 首）、《散花仙岭》[17]（1 首）、《三蝶奇缘》[18]（1 首）、《南方民族文化探幽》[19]（1 首）等，单行本 2 首，独立抄本 1 首，首次刊发 2 首。

（二）篇目

婚姻爱情长诗 32 首：《达妍与日驾》、《七姑》、《甫娅》、《唱秀英》、《买臣与窦女》、《十朋和玉莲》、《文龙与肖妮》、《鸳鸯岩》、《望郎石》、《再世情缘》、《排歌》、《山伯与英台》、《英台传》、《梁山伯与祝英台》（2 首）、《西湖借伞》、《覃青与十娘》、《娓生和阿根》、《私奔歌》、《乌金记》、《娘梅歌》、《梅岛》、《独郎与茶妹》、《雄当和配莉》、《友蓉伴依》、《冷祥》、《枫蛾歌》、《宋珍和陈菊花》、《卡桑内和蜜翁塞米》、《车龙花灯记》、《高文举》、《韩云贞》。

[1]　韦守德、韦苏文主编，广西民族出版社，2012 年 12 月。

[2]　广西民间文艺家协会，1985 年编印。

[3]　苏胜兴主编，金秀瑶族自治县民间文学三套集成领导小组编印，1987 年 10 月。

[4]　农冠品主编，中国社会科学出版社，1992 年 7 月。

[5]　月刊，中国民间文艺家协会编辑出版。

[6]　肖甘牛、覃桂清整理，作家出版社，1958 年 9 月。

[7]　苏维光、王弋丁、过伟编，广西民族出版社，1988 年 4 月。

[8]　广西民间文学研究会编印。

[9]　南宁师范学院广西民族民间文学研究室编印。

[10]　杨通山、蒙光朝、过伟、郑光松编，上海文艺出版社，1980 年 12 月。

[11]　袁凤辰等编，广西民族出版社，1987 年 9 月。

[12]　广西僮族自治区科学工作委员会僮族文学史编辑室编印，1959 年 7 月。

[13]　罗城仫佬族自治县民间文学集成办公室编印，1987 年 8 月。

[14]　柳江县民间文学三套集成办公室编印，1987 年。

[15]　三江侗族自治县古籍整理办公室编印，1987 年 12 月。

[16]　马山县文联编印。

[17]　赵斌才主编，广西民族出版社，1996 年 10 月。

[18]　广西民间文艺家协会，1985 年编印。

[19]　过竹著，广西人民出版社，1995 年 12 月。

人物叙事长诗10首：《瓦氏夫人》《八姑传》《马骨胡之歌》《唱文秀》《文秀兰英传》《苏大臣》《哈梅》《蔡伯阶》《苏英记》《孟姜女》。

史事叙事长诗1首：《控告土官歌》。

日常生活长诗10首：《张氏女卖花记》《卖花记》《三姑记》《阴阳歌》《顺妻记》《卖妈记》《卖儿记》《凤凰记》《蟒蛇记》《苦竹娘》。

其他长诗12首：《达架》《云梯歌》《梅娟》《妹桃歌》《贤女传》《琴仙》《斩龙传》《十三哥卖鬼》《张四姐下凡》《目连郎》《舜儿》《陈白笔》。

（三）分布情况

从《广西卷》收录的长诗来看，广西的长诗呈现3个方面的分布不均匀。

（1）各民族分布不均匀。
《广西卷》共收录65首民间长诗，其中——

壮族20首：《瓦氏夫人》《八姑传》《马骨胡之歌》《唱文秀》《孟姜女》《控告土官歌》《达妍与日驾》《七姑》《甫娅》《唱秀英》《买臣与窦女》《十朋和玉莲》《文龙与肖妮》《鸳鸯岩》《望郎石》《再世情缘》《排歌》《山伯与英台》《达架》《卖花记》。

苗族12首：《文秀兰英传》《苏大臣》《哈梅》《梁山伯与祝英台》《西湖借伞》《雄当和配莉》《友蓉伴依》《冷祥》《顺妻记》《卖妈记》《卖儿记》《贤女传》。

瑶族9首：《蔡伯阶》《英台传》《覃青与十娘》《娓生和阿根》《私奔歌》《乌金记》《三姑记》《张氏女卖花记》《云梯歌》。

汉族12首：《苏英记》《梁山伯与祝英台》《车龙花灯记》《高文举》《韩云贞》《凤凰记》《蟒蛇记》《苦竹娘》《张四姐下凡》《目连郎》《舜儿》《陈白笔》。

侗族6首：《娘梅歌》《梅岛》《独郎与茶妹》《梅娟》《妹桃歌》《阴阳歌》。

京族4首：《宋珍和陈菊花》《琴仙》《斩龙传》《十三哥卖鬼》。

毛南族1首：《枫蛾歌》。

彝族 1 首：《卡桑内和蜜翁塞米》。

仫佬族 0 首。

回族 0 首。

水族 0 首。

仡佬族 0 首。

（2）各类别分布不均匀。

《广西卷》65 首民间长诗中，婚姻爱情长诗 32 首，人物叙事长诗 10 首，史事叙事长诗 1 首，日常生活长诗 10 首，其他长诗 12 首。

（3）各地区分布不均匀。

《广西卷》共收录 65 首民间长诗，其中：南宁市 3 首，柳州市 17 首，桂林市 3 首，梧州市 0 首，贺州市 4 首，来宾市 9 首，河池市 6 首，百色市 6 首，玉林市 1 首，贵港市 3 首，崇左市 1 首，钦州市 0 首，北海市 1 首，防城港市 4 首。此外，南宁市、来宾市、河池市共享 1 首，柳州市、来宾市共享 2 首，百色市、河池市共享 2 首，柳州市、桂林市共享 1 首。

表 1 　《广西卷》12 个世居民族民间长诗分布情况表

民族	婚姻爱情	人物叙事	史事叙事	日常生活	其他	合计
壮族	12	5	1	1	1	20
瑶族	5	1		2	1	9
侗族	3			1	2	6
苗族	5	3		3	1	12
仫佬族						
毛南族	1					1
京族	1				3	4
彝族	1					1
水族						
仡佬族						
回族						
汉族	4	1		3	4	12
小计	32	10	1	10	12	65

三、广西民间长诗的主要特点

由于地缘、自然与人文环境诸般因素的影响，广西民间长诗呈现如下特性。

（一）少数民族与汉族文化交流密切

广西少数民族聚居区多流传汉族题材的民间长诗。既有《梁山伯与祝英台》《白蛇传》《孟姜女》等家喻户晓的名篇，亦有《唱文秀》《卖花记》等作品。

《广西卷》收入广西 11 个世居少数民族的汉族题材民间长诗 21 首，其中，壮族 8 首、瑶族 5 首、苗族 8 首，占收录广西 11 个世居少数民族长诗总数（53 首）的 39.62%。

汉族题材的民间长诗在广西少数民族地区流传，是民族文化交流的结果。

表 2 汉族题材婚姻爱情长诗一览表

篇名	长诗类型	传唱民族	流传地区	采集地点
买臣与窦女	婚姻爱情	壮族	南宁市武鸣区	武鸣区灵马镇
山伯与英台	婚姻爱情	壮族	武宣县	武宣县通挽镇
文龙与肖妮	婚姻爱情	壮族	东兰、凤山、都安、凌云、乐业等县	凤山县
再世情缘	婚姻爱情	壮族	马山、上林、武鸣县	马山县
覃青与十娘	婚姻爱情	瑶族	金秀瑶族自治县	金秀罗香、六巷乡
乌金记	婚姻爱情	瑶族	富川瑶族自治县	富川富阳镇
英台传	婚姻爱情	瑶族	富川瑶族自治县	富川富阳镇
梁山伯与祝英台	婚姻爱情	苗族	融水苗族自治县	融水香粉乡
西湖借伞	婚姻爱情	苗族	融水苗族自治县	融水香粉乡

表 3 汉族题材人物叙事长诗一览表

篇名	长诗类型	传唱民族	流传地区	采集地点
孟姜女	人物叙事	壮族	金秀瑶族自治县	金秀七建乡
唱文秀	人物叙事	壮族	柳州、来宾	合山矿务局溯河矿
马骨胡之歌	人物叙事	壮族	柳州、来宾	柳州市城区
蔡伯阶	人物叙事	瑶族	金秀瑶族自治县	金秀三角乡
文秀兰英传	人物叙事	苗族	融水苗族自治县	融水香粉乡
苏大臣	人物叙事	苗族	融水苗族自治县	融水香粉乡

表 4 汉族题材日常生活长诗一览表

篇名	长诗类型	传唱民族	流传地区	采集地点
卖花记	日常生活	壮族	金秀瑶族自治县	金秀七建乡
张氏女卖花记	日常生活	瑶族	全州县咸水乡	全州咸水乡
顺妻记	日常生活	苗族	融水苗族自治县	融水香粉乡
卖妈记	日常生活	苗族	融水苗族自治县	融水香粉乡
卖儿记	日常生活	苗族	融水苗族自治县	融水香粉乡

表 5 汉族题材其他长诗一览表

篇名	长诗类型	传唱民族	流传地区	采集地点
贤女传	其他	苗族	融水苗族自治县	融水香粉乡

（二）叙述本民族人物事件的作品占比过半数

《广西卷》收录的 65 首民间长诗中，广西 11 个世居少数民族叙述本民族人物事件的作品计 26 首，占收录广西 11 个世居少数民族民间长诗总数（53 首）的 49.06%。

表 6 叙述本民族人物事件的作品一览表

民族	婚姻爱情	人物叙事	史事叙事	日常生活	其他	小计
壮族	达妍与日驾、甫娅、十朋和玉莲、鸳鸯岩、望郎石、排歌	瓦氏夫人	控告土官歌		达架	9
瑶族	娓生和阿根、私奔歌				云梯歌	3
侗族	娘梅歌、梅岛、独郎与茶妹				梅娟、妹桃歌	5
苗族	雄当和配莉、冷祥	哈梅				3
毛南族	枫蛾歌					1
京族	宋珍和陈菊花				琴仙、斩龙传、十三哥卖鬼	4
彝族	卡桑内和蜜翁塞米					1
合计	16	2	1		7	26

（三）用汉语西南官话方言演唱近半数

《广西卷》收录的 65 首民间长诗中，广西 11 个世居少数民族采用汉语西南官话方言[1]演唱的民间长诗22首，占收录广西11个世居少数民族民间长诗总数（53首）的41.5%。

表7 采用汉语西南官话方言演唱的作品一览表

民族	婚姻爱情	人物叙事	史事叙事	日常生活	其他	小计
壮族	买臣与窦女、山伯与英台、文龙与肖妮、再世情缘	孟姜女、唱文秀、马骨胡之歌		卖花记		8
瑶族	覃青与十娘、乌金记、英台传	蔡伯阶		张氏女卖花记		5
侗族						
苗族	梁山伯与祝英台、西湖借伞	文秀兰英传、苏大臣		顺妻记、卖妈记、卖儿记	贤女传	8
合计	9	6		5	1	21

四、广西民间长诗的演唱特色

广西民间长诗的演唱特色主要有：体例多样、比喻起兴、重复排比、夸张双关、乐器伴唱。

（一）体例多样

广西民间长诗体例多样，有七言体、五言体、混杂体、自由体、说唱体等。

1. 七言体

多为汉语西南官话方言民间长诗，也有汉语粤方言民间长诗。

如《歌仙刘三姐》（壮族）：

> 三姐世居在罗城，生养在那古立村。
> 爹娘生下哥和姐，刘家三代是农民。

如《唱鲁班》（瑶族）：

---

[1] 《中国语言地图集》里给出的西南官话的定义是：西南地区以及附近的，入声整体归派到某一声调或者四声调值与成都、武汉、重庆、常德、贵阳、昆明、桂林相近的汉语方言。

鲁班原是郑家子，随娘去嫁鲁家男，

鲁班原是天仙骨，第八星君化鲁班。

2. 五言体

汉语西南官话方言民间长诗，也有本民族语言民间长诗。

如《黄羊哭妻》（壮族）：

我俩情意深，今日竟离分，

忧伤吐心血，日夜泪纷纷。

如《田横孝母》（壮族）：

唱着赞颂歌，怀念父母情；

母爱儿情深，永远记心灵。

3. 混杂体

汉语西南官话方言民间长诗，也有本民族语言民间长诗。

如《卖妈记》：

已字反反又另改，马劲生花又另宗，

如下有歌且慢唱，且唱《龙图公案》中；

七十二，　　　　样样行行唱得通。

如《琴仙》：

八月初十近中秋，船船鱼虾驶回岛；

家家捧出木瓜酒，人人歌唱庆丰收。

封封月饼摆船头，葫芦香茶放糖泡；

香蕉似弯弯的金条子，鱿鱼有煨又有炒。

4. 自由体

多为本民族语言民间长诗。

如《鹦哥王》：

唱支鹦哥王的歌，歌里只有悲哀没有欢乐。

吹起唢呐打起鼓敲起锣，让歌的河流从人们心中流过。

5.说唱体

多为本民族语言民间长诗。

如《娘梅歌》：

> 在古州三保那个地方，有位侗族姑娘，名叫秦娘梅。她聪明坚强，人才漂亮，名传四方。
> 经常有人从远地专程前来看望，装饭的竹壳摆满她的屋旁。每到晚上，行歌坐夜的后生，来
> 来往往。屋里的歌声呀，动听悠扬：
>
> "喜鹊爱落大树上哟，
> 鱼爱游深水塘，
> 星星陪伴月亮走咧，
> 我陪同伴来走巷，
> 木楼上坐着的姑娘哟，
> 影子好像金凤凰，
> 有情的人呀请快把门开，
> 我有满怀欢歌对你唱。……"

（二）比喻起兴

广西民间长诗中大量运用比喻起兴这一民歌的特殊句式形式。

如《马骨胡之歌》写何文秀"直似桃榔树，高比木棉花，嗷嗷小文秀，长成后生家"。
桃榔树，为乔木，茎粗壮，不分枝，高达 12 米。木棉花，高大乔木，高可达 33 米，壮硕
的躯干，顶天立地的姿态，英雄般的壮观。一个人（何文秀）"直似桃榔树，高比木棉花"，
足见《马骨胡之歌》对主人公的赞誉程度，更体现广大听众对主人公的喜爱。

如《刘梅歌》通过"妹过高山百鸟见了同声唱，妹过江边百鱼见了齐欢腾。油茶花开
难比妹笑脸，画眉啼鸣难比妹歌声……""哥扛杉木翻山岭，汗珠滚滚像雨淋，若得阿妹
问一声，千斤重木也嫌轻……"对侗家姑娘刘梅之美的赞扬，远比"美女""靓女"之类
的直白词语更具艺术魅力。

而《七姑》对主人公的赞美，更是超越了静态美的范畴："六丘月下看七妹，七妹长
得十分乖，走路好比风摆柳，坐下好比莲花开。"通过"走路好比风摆柳，坐下好比莲花
开"把主人公的美活态地展现出来。

（三）重复排比

广西民间长诗中大量运用重复句排比句这一民歌的特殊语言形式。

如《排歌》，以20行诗句为复唱单位的重复结构，20句有4句诗重复出现，同时还有10个相同的词出现：

> 诗的根怎样唱？
> 诗的根从哪说起？
> 诗的根是在客地，
> 诗的根是在京城，
> 诗的根在南宁。
> 客人从外地来，
> 带来了好的诗，
> 带来了青年谈情的诗。
> 我们要唱就唱吧，
> 唱排诗几句，
> 唱排诗几句，
> 唱几段给妹妹你，
> 唱几段给妹妹你，
> 妹妹你要听好啊，
> 不要当成耳边风，
> 不能头昏而不听。
> 头昏为哥是好的，
> 头昏是因想念成。
> 相亲相爱是好的，
> 我俩今晚来合亲。

（四）夸张双关

广西民间长诗中大量运用夸张双关这一民歌的特殊表达形式。

如《瓦氏夫人》叙唱：

> 瓦氏自年幼，舞剑又挥刀；
> 身材如笋长[1]，武深艺高超。
>
> 二十斤铁棒，如扇摇手中；

[1]　传说瓦氏夫人身高六尺多。

上山打得虎，下水擒得龙。

用"二十斤铁棒，如扇摇手中"的夸张的词句来赞颂抗倭英雄瓦氏英武。

如《七姑》叙唱：

苏木泡在坛子里，看清你是假心红。

用"苏木"相关"红"，"坛子"相关"假心"。

（五）乐器伴唱

民间长诗以乐器伴唱的主要有壮族、侗族、苗族、毛南族、京族。

壮族的民间长诗，通常由师公[1]在从事民间宗教活动时配乐演唱，有的民间长诗是壮族师公戏的唱本。

侗族的民间长诗，多为"琵琶歌"类型。琵琶歌流行于贵州、广西、湖南的侗族居住地区，收入国家级非物质文化遗产名录。琵琶歌以弦乐器琵琶弹奏，边叙边唱，唱叙结合。

苗族的民间长诗，演唱时，多以"果哈[2]"或苗笛伴奏演唱。

毛南族的民间长诗，也有由师公在从事民间宗教活动时配乐演唱的，通常是在娱神乐人时演唱。

京族的民间长诗，有由师公在从事民间宗教活动时配乐演唱的，也有用京族特有的独弦琴[3]伴唱的。

五、广西民间长诗的传承特点

一直以来，能够叙唱民间长诗者均为少数。叙唱民间长诗"小众群体"进入的门槛很

[1]　师公：壮族民间宗教神职人员。
[2]　果哈：类似牛腿琴。
[3]　独弦琴：独弦琴又称独弦匏琴、一弦琴，京语称之为"睹演旦匏"。独弦琴由琴体、摇杆、弦轴及挑棒等构件组成，全长均为110厘米左右，分为竹制和木制两种。

高，需要具备"歌才"，即掌握本民族丰富、生动、形象的民歌语言，熟知本民族的文化历史、地方掌故、风土人情等，同时具备很强的记忆能力与文学叙事技巧。

（一）传承特点

广西各民族民间长诗的传承多为小众传承。

不少民间长诗是师公唱本，有的一首长诗即为一个唱本，有时是一个唱本包括若干首叙事长诗。师公唱本通常掌握在师公手中，其传承多在师公群体中进行。这在壮族师公、瑶族师公、毛南族师公、京族师公中尤其典型。

如金秀瑶族自治县长垌乡的师公班子（3—5人），在举行度戒[1]仪式时，多有叙唱民间长诗。一般的民间歌手不怎么会唱民间长诗。

又如侗族地区，一般的民间歌手不一定掌握民间长诗，民间长诗多掌握在歌手中的佼佼者"歌师"手中。通常歌师将民间长诗传承给弟子。如三江侗族自治县的歌师群体，曾经每个侗族聚居的乡镇都有知名歌师。

而苗族的民间长诗也不是普通民间歌手能够传唱的，也是"歌师"级的人物才能传唱。如融水苗族自治县苗族古歌协会，人数不多，但在老歌师贾龙迷[2]、贾美波[3]的传帮带下，孵育出苗族古歌新传承人梁翠荣[4]等市级、县级苗族古歌传承人。

（二）传承方式

广西民间长诗的传承，主要为师徒传承，以口口相传为主，兼有部分为抄录传承。比如师公唱本。现存的师公唱本主要在壮族师公、瑶族师公、毛南族师公、京族师公的手中。同时，民间壮剧[5]剧团也是民间长诗的重要的传承场所。此外，民间抄本（歌本）也是传承的主要方式。传承人一般为歌手，他们都是在良好的文化环境中熏陶出来的，有的自己家庭长辈就是歌手。他们从小受到家族长辈的培养，成为能够比较完美地演唱长诗的歌手。同时，兼有部分为抄录传承与民俗传承。民俗传承则是指通过特定的社会集体活动或场

---

[1] 瑶族（盘瑶）成年礼。在瑶族（盘瑶）传统习俗中，年满13—14岁的男孩要举行由师公主持的度戒仪式。

[2] 第四批（2015年12月）广西自治区级非物质文化遗产苗族古歌项目传承人。

[3] 第五批（2017年9月）广西自治区级非物质文化遗产苗族古歌项目传承人。

[4] 第三批（2016年12月）广西柳州市级非物质文化遗产苗族古歌项目传承人。

[5] 壮剧：广西壮族自治区地方传统戏剧，列入国家级非物质文化遗产名录。壮剧又叫"壮戏"，是在壮族民间文学、歌舞和说唱技艺的基础上发展而成的，因方言、音乐唱腔、表演风格和流行地区不同而分为广西壮剧（北路壮剧、南路壮剧、壮师剧）、云南壮剧（富宁壮剧、广南壮剧）。其多用当地壮族方言演出，唱腔曲调丰富。

所，如歌会、歌圩、婚娶嫁丧仪式、度戒仪式等传承。

六、广西民间长诗的传承现状

由于广西 11 个世居少数民族没有自己的传统文字[1]，因此，少数民族民间长诗多依靠口传。

由于传承人老去（许多已经过世），乡村文化的承载者——中青年人多外出务工，师承断代、传承后继乏人，传承内容逐渐消亡，传承场所消失，使得民间长诗的传承正逐渐消亡。这也是本书收录的民间长诗大多已鲜见传承人的主要原因。

（一）师承断代，传承后继乏人

师承断代，传承后继乏人问题严重。

一首民间长诗的篇幅短者几百行，长者上千行，普通人很难背诵与演唱。能演唱者，特别需要有深厚的民族文化积淀，有歌才，通晓本民族的历史传说、地方掌故、风情民俗等。具备条件者，多为资深民间歌师、师公、道公等。许多老歌师、老师公、道公年老过世，如侗族歌师吴浩、吴永勋，京族民间文艺家苏维光，毛南族民间文艺家蒙国荣等，不少民间长诗也就随之而去。如京族民间文艺家苏维光过世之后，其传承并整理收入本卷的京族长诗《宋珍和陈菊花》《琴仙》《斩龙传》《十三哥卖鬼》在京族地区鲜有会演唱者。编纂组到广西东兴市京族三岛田野调研，苏维光的三女儿苏海珍[2]遗憾地表示她不会唱《宋珍和陈菊花》《琴仙》《斩龙传》《十三哥卖鬼》等京族民间长诗作品。

民间长诗的口传性使得传承者熟练掌握需要较长时间，而多数村民因生计而常年外出打工，只有逢年过节才有可能返家小住几日，很难有时间与精力来从事民间长诗的传承工作，因而鲜有中青年人学习和传承民间长诗。随着那些老歌师、师公、道公的相继去世，民间长诗的失传也就成为现实。

广西山歌学会、广西歌圩协会等自治区级民歌社团组织，基本上专注于各类民歌竞赛或配合形势开展山歌活动。而县级民歌社团组织也多从事民歌竞赛或配合形势开展山歌活

[1] 壮文、瑶文、侗文、苗文等少数民族文字是 20 世纪 50 年代创造的拉丁文式的民族文字，未能全面推广应用。壮族民间有方块古壮文，也仅为少数人群如师公掌握。
[2] 京族独弦琴广西自治区级非物质文化遗产传承人、东兴市非物质文化遗产中心主任。

动。目前，仅发现融水苗族古歌协会在传唱苗族古歌，如本书收录的《哈梅》《雄当和配莉》《冷祥》等，显得尤为珍贵。

（二）传承内容逐渐消亡

民间长诗以口传为主，兼有手抄本或刻本流传。民间长诗的叙事内容、故事情节、传唱方式、艺术氛围等与当代文化艺术场域、当代审美情趣严重脱节，难以满足中青年和少儿群体的精神文化需求，故而受众越来越少，传播范围越来越小，导致民间长诗的传承逐渐消逝。

（三）传承场所消失

随着城镇化进程的加快，大量的乡村中青年外出务工，他们逐渐会聚于城镇，住宅小区取代传统村落，单元楼房替换庭院农舍，一村一地的村寨汇聚、一房一舍的家族围聚已经不再，作为民间长诗的传承场所也随之逐渐消失，民间长诗的活态传承也将越来越困难。

七、广西民间长诗的收集与研究

广西民间长诗的采集工作从 20 世纪 50 年代开始。热心于民间文学事业的民间文艺工作者深入少数民族地区采集作品。其中突出者如当时在广西宜山专区宜山高中担任教师的肖甘牛[1]，数度进融水苗山采风。他与覃桂清[2]合作，收集整理并出版苗族民歌集《哈迈》[3]。

那个时候，民间文学作品的传承已经开始出现问题。"经过十个多月的搜集整理，我们终于把这几个大苗山苗族民歌整理出来了。""这几支苗族民歌在大苗山长久地普遍地流传着；可是，现在除了一些老歌手外，能唱得完全的人不多了。"[4]

广西民间文学研究会[5]成立之初，就把民间文学作品的采集当作中心工作来抓。1961

[1] 肖甘牛，壮族民间文艺家、作家，中国民间文艺家协会会员、中国作家协会会员。毕业于上海大学文学院中文系。毕业后任平乐中学、梧州中学、桂林中学、永福中学文学教师，中华人民共和国成立后历任临桂中学、来宝中学、宜山高中语文教师，后为专业作家。广西民间文学先行者。

[2] 覃桂清，壮族民间文艺家，中国民间文艺家协会会员，当时在大苗山苗族自治县（今融水苗族自治县）文化馆任创作员、文艺辅导员。

[3] 覃桂清、肖甘牛等整理：《哈迈》，作家出版社，1958 年 9 月。

[4] 肖甘牛：《哈迈·后记》，作家出版社，1958 年 9 月。

[5] 1987 年以前称"广西民间文学研究会"，1987 年更名为"中国民间文艺家协会广西分会"，1995 年改为"广西民间文艺家协会"。

年派人员深入大苗山进一步搜集、记录苗族长诗。那次进山，主要在白云区[1]活动，他们走村进寨，访问歌手。1961年6月5日，在上邦寨记录《哈迈》《友蓉伴侬》[2]两首长诗。6月6日上午至晚上11时，在同一寨子记录《兄当与别莉》[3]。6月8日于高孝寨记录苗族创世古歌《顶落》[4]。他们逐个访问了歌手潘老祥、莫清总，共记录了13首长诗。1962年7月，由广西民间文学研究会编印第一集《苗族长歌资料》（蜡板刻油印本）。1962年10月，广西民间文学研究会再次派人员进大苗山，还到三江的苗族地区重点搜集、记录几首苗族叙事长诗：《哈蔑》[5]记录4份、《别列亨兄》记录5份、《友蓉配衣》[6]记录9份。另外还记录到《冷祥》等14份长诗、古歌资料。同年12月由广西民间文学研究会编印成《苗族长歌资料》（蜡板刻油印本）第二、三集。[7]

大规模搜集、记录、翻译、整理广西各民族民间文学（包括民间叙事长诗）始于20世纪50年代。1953年，全国人大民族委员会和中央民族事务委员会组织进行全国性的民族识别调查，1956年又开始少数民族语言、少数民族社会历史调查。民间文学是调查内容之一。调查资料后来陆续纳入《中国少数民族社会历史调查资料丛刊》（修订本）计划，分别出版。[8]

20世纪70年代末，上海文艺出版社出版中国民间文学大系，广西民间文学研究会积极响应，组织人力编纂《侗族民歌选》[9]《瑶族民歌选》[10]等民间文学作品。特别是80年代中国民间文学三套集成的启动，广西各县（市、区）纷纷成立民间文学三套集成办公室，系统采集本县（市、区）民间文学作品（当然包括民间叙事长诗）。本卷收录的作品，半数以上出自民间文学三套集成的成果。

民间长诗研究，也取得较大成果。《壮族文学史》[11]《瑶族文学史》[12]《仫佬族文学史》[13]《毛南族文学史》[14]《京族文学史》[15]均有民间长诗的相关论述。

[1] 白云区：原属三江县，1952年11月，成立大苗山苗族自治区（县级）时划入，后改设乡级人民政府。
[2] 苗族歌手杨文盛演唱。
[3] 苗族歌手贾老绍演唱。
[4] 遗漏演唱者姓名。
[5] 也称《哈迈》或《哈梅》。
[6] 也称《友蓉伴侬》。
[7] 农冠品：《广西民间长诗初探》，载《广西民间叙事长诗集成》，广西民族出版社，2012年12月，第1002—1003页。
[8] 《广西壮族社会历史调查》（多卷本）、《广西瑶族社会历史调查》（多卷本）、《广西侗族社会历史调查》、《广西苗族社会历史调查》等，分别由民族出版社，2009年出版。
[9] 杨通山等编：《侗族民歌选》，上海文艺出版社，1980年。
[10] 苏胜兴等编：《瑶族民歌选》，上海文艺出版社，1982年。
[11] 欧阳若修等编著：《壮族文学史》，广西人民出版社，1986年。
[12] 黄书光等编著：《瑶族文学史》，广西人民出版社，1988年。
[13] 龙殿宝等著：《仫佬族文学史》，广西教育出版社，1993年。
[14] 蒙国荣等著：《毛南族文学史》，广西人民出版社，1992年。
[15] 苏维光等著：《京族文学史》，广西教育出版社，1993年。

"广西各族民间文艺研究丛书[1]"的出版,其中《壮族民间文学概观》(韦其麟)、《瑶族歌堂诗述论》(蓝怀昌、李荣贞)、《侗族民间文艺美论》(朱慧珍)、《彝族歌谣探微》(王光荣)、《侗族歌谣研究》(吴浩、张泽忠)、《广西客家山歌研究》(严永通、凌火金)、《苗族歌谣文化》(杨通江)、《壮师剧概论》(蒙光朝)等,多有涉及民间长诗的论述。

民间长诗是一种地方文化、民族文化信息容量很多的口传文学样本,十分值得学界深入研究。

《中国民间文学大系 · 长诗 · 广西卷》编委会

过竹 执笔

---

[1] 广西各族民间文艺研究丛书:3辑30本,范阳主编,广西人民出版社,1988—1995年。

凡例

一、 《广西卷》采用"中国民间叙事长诗编纂体例"的分类标准进行分类。

二、 《广西卷》收录的民间叙事长诗,大部分作品是在 20 世纪 50 年代、60 年代、80 年代采录的作品,诸多信息如演唱者、采集者、整理者不详细,在编纂《广西卷》过程中尽量补充完善。

三、 收录作品原则上尊重所选用的文本,文字明显有误之处予以改正,有歧义或疑问处加注说明。

四、 作品出处在该作品后面加以说明。篇末凡注有提供者、演唱者、搜集翻译者年龄的,均为采录时的年龄。

五、 注解、附记采用原资料本所表述的内容。个别文字繁杂之处或核实确系有误的内容选编时作适度修订。

六、 同一长诗存在不同版本,人物事件、情节基本相同的,只选相对具有代表性的版本,同时也收录符合收录条件的异文。

七、 各民族入选的篇目,均从实际出发,凡能搜集到的并且达到收录条件的尽量收录。

八、 广西民间叙事长诗多"不长",因此,在选编时,结合广西实际,300 行以上的作品选编入《广西卷》。

长诗章节提示

采录者提示

文中注释位置提示

附记提示

C021

C023

婚姻爱情长诗

达妍与日驾

（壮族）

一、财主有个独生女

金鸡山下龙河旁，
龙家村寨好风光，
肥沃田畴平展展，
果熟鱼肥稻花香。

村里有个龙财主，
牛羊满栏谷满仓，
金银财宝数不尽，
单缺一个好儿郎。

园中好花只一朵，
独生一个巧姑娘，
姑娘名字叫达妍，
美貌赛过红牡丹！

两眼好比青铜镜，
抬头照亮九重山，
达妍长到十八岁，
好似玉兰喷喷香。

花香引来千里蝶，
姑娘美名传四方，
远村近寨媒人到，
踏破门槛说亲忙。

媒婆嘴抹三层油，

半句话儿也不香，
达妍摇头吐口水，
没有一个配得上。

不是达妍眼角高，
不是自夸比人强，
皆因她有心上人，
布鞋早已送情郎。

财主夫妻商量好，
叫唤女儿到身旁，
先叫女儿倒茶水，
再把话儿说端详。

鱼儿靠水瓜靠秧，
孩儿就靠爹娘养，
爹娘辛苦养了你，
如今长成大姑娘。

我们年已过半百，
担心无人在身旁，
病了哪个送茶水？
晚年怎样度时光？

思前想后定主意，
招个女婿进屋堂，
芝麻撒进蜜糖罐，
幸福生活甜又香。

盼望今日花结果，
盼望今日柳成行，
秀才日八贵子弟，
武士日犬富儿郎。

他们有钱又有势，
人品相貌也相当，

两人当中选一个，
挑个少爷做新郎！

达妍听过爹娘话，
两朵红云飞脸上，
低下头来细细想，
回答爹娘开了腔。

父母之恩儿当报，
达妍不忘爹和娘，
今日女儿终身事，
不用爹娘挂心肠！

爹娘听了锁双眉，
急得心里着了慌，
园中栽花有人看，
女儿婚事爹娘管。

莫非鸟儿已成对？
为何瞒着爹和娘？
到底迷上哪一个？
爹娘面前你快讲！

爹娘慢慢听我说，
花儿成对鸟成双，
日驾是我心上人，
我要和他结鸳鸯。

爹娘听了吓一跳，
老脸拉了三尺长，
亏你是个富家女，
为何说话欠思量？

是你神经错乱了，
还是喝下迷魂汤？
女儿神经没错乱，

也没喝下迷魂汤。

儿说句句是真话，
爹娘面前不撒谎。
财主夫妻怒气生，
说起话来嗡嗡响。

金鞍岂能配木马，
牡丹不插牛粪上，
金银财宝我们有，
荣华富贵名远扬。

你是龙家贵小姐，
配今少爷理应当，
你今爱上牛和马，
龙家脸面你扫光。

公子少爷好多个，
为何偏爱穷家郎？
若是忠言你不听，
从今不准叫爹娘。

夫妻越说越恼火，
达妍静静坐一旁，
等到爹娘都讲了，
据理争辩又开腔。

没有穷人种田地，
我们哪会有米粮？
没有穷人来种棉，
我们哪来衣满箱？

我爱日驾穷苦人，
喝水甜过吃蜜糖，
女儿说的可在理？
请爹和娘细思量。

打开天窗说亮话，
日八日犬我不想，
爹娘听了达妍话，
气得心中似火烫。

女儿不可太任性，
一切听从爹和娘，
从今不许找日驾，
一刀两断把他忘。

财主说完走开去，
屋里留下母女俩，
达妍扑进娘怀里，
哭声哀哀震厅堂。

达妍娘怀声声诉，
听得娘心慌慌张，
娘听女儿哭声惨，
好比利刀割断肠……

二、入地种子破土生

龙家有个女佣人，
人们叫她韦大婶，
四十多岁丈夫死，
她才走进龙家门。

达妍呱呱刚落地，
爹娘就交韦大婶，
吃奶穿衣由她管，
屎屎尿尿在她身。

为了养好龙家女，

大婶日夜费苦心，
辛勤栽树树长大，
达妍日益长成人。

大婶把她当亲女，
样样事情讲她听，
讲了富人为何富，
讲了自己为何穷。

她教达妍学劳动，
纺纱织布又耕耘，
她教达妍莫偷懒，
要做一个勤劳人。

大婶心血化雨露，
入地种子破土生，
达妍从小爱劳动，
心灵手巧广传闻：

她能挑担能割草，
走起路来脚生风，
学会犁田和耙地，
栽的秧苗嫩又青。

从小能织好壮锦，
绣得鹧鸪凤凰鸣，
唱歌赛过画眉鸟，
高山回响水回声。

好个达妍富家女，
乡亲齐口赞不停，
赞她是个勤劳妹，
夸她心里有穷人。

龙家长工几十个，
有个名字叫日驾，

他比达妍大三岁，
精明能干众人夸。

父亲是个好猎手，
豺狼虎豹都怕他，
山珍野味天天有，
张张兽皮墙上挂。

只恨世上富人狠，
富人把山来独霸，
林中恶鸟不许打，
山上野兔不准抓。

日驾他爸怒火起，
气炸心肺咬碎牙，
搭箭欲射狗财主，
反被财主开枪杀。

从此日驾无依靠，
打工度日在龙家，
天天上山打柴火，
这坡滚来那山爬。

出门不忘带弓箭，
飞禽走兽当活靶，
学得父亲硬本领，
练就一手好枪法。

碰着老虎射虎眼，
只只老虎眼睛瞎，
见了恶狼射狼尾，
只只恶狼断尾巴。

毒蛇出洞张开嘴，
一箭要它掉毒牙，
箭箭击落空中鸟，

只只飞鸟头开花。

达妍看见点头笑，
心里十分钦佩他，
收工帮他扛柴火，
下地帮他扛犁耙。

衣服破了帮他补，
病了帮他送饭茶，
热天帮他补蚊帐，
冷天帮他做鞋袜。

这天日头当空照，
日驾打柴回到家，
肚子饿得咕噜响，
豆大汗珠满脸颊。

挑柴进到院子里，
忽然头昏眼又花，
踉跄向前欲摔倒，
撞对[1]日犬和日八。

日八日犬在龙府，
吃喝玩乐把人骂，
大骂日驾是贱货，
好比山下烂南瓜。

骂他蠢笨不识字，
应做牛马拉犁耙，
每次听到辱骂声，
日驾气得肺要炸。

回击日八和日犬，
字字句句如火辣，

[1] 撞对：撞中。

你们莫夸自己乖，
为何天天闹笑话？

三月下田收谷子，
九月牵牛把田耙，
十月初十种花生，
腊月下地种棉花。

你们比牛还要蠢，
不会使用犁和耙，
若还日驾不劳动，
你们抓屎进嘴巴。

针锋对着麦芒刺，
日八日犬恨透他，
肉中之刺要拔掉，
冲着日驾龇黄牙。

看你这个叫花老，
死了无人把坑挖，
太岁头上敢动土，
今日给你严惩罚！

话落日犬飞起脚，
趁人不备把桩下，
日犬的心真是毒，
日驾趔趄便倒下。

日八幸灾又乐祸，
站在一旁笑哈哈。
日驾忽然翻身起，
大吼一声如雷炸。

手握扁担冲过去，
狠揍日犬和日八，
只听噼啪一阵响，

打得他俩叫爹妈。

财主夫妻都不在，
奴仆长工心开花，
达妍闻声赶来到，
怒容满面火气大。

日八日犬见达妍，
跑到跟前忙说话，
恶人告状先开口，
黑白颠倒嘴生花。

小姐你看这穷鬼，
动手打人在龙家，
若不把他赶出去，
分明日后祸害大。

不等日驾来争辩，
达妍两眼进火花，
此事我已看清楚，
谁是谁非好回答。

达妍向前跨两步，
指着日犬和日八，
贼喊捉贼是你们，
还有脸面说假话！

日犬日八发了呆，
双脚打抖眼发花，
他们做梦没想到，
日头西起东山下。

两人缩头溜回去，
满头满脸火辣辣，
日驾跟后啐口水，
扛起柴火进了家。

日驾进屋放柴火，
回到草棚找水喝，
拿起木瓢正舀水，
背后有人扯衣角。

一碗米粥送到手，
温暖话语入心头，
光喝冷水哥挨饿，
喝碗米粥解困忧。

日驾心里甜如蜜，
接过米粥他就喝，
热上加热头冒汗，
滴滴热汗往下落。

喝罢稀粥抹抹汗，
真心话儿出心窝，
多谢小姐来关心，
有话不知怎样说？

日后莫叫我小姐，
有何话语你就说，
只要龙家有我在，
栏里的马难生角。

达妍几句贴心话，
说得日驾眼泪落，
这时大婶门前过，
见此情景喜心窝。

达妍见了韦大婶，
面红耳赤手哆嗦，
大婶对她扮鬼脸，
你来找他做什么？

水泡泥墙根基露，

达妍自知露马脚，
不知如何来答话，
只好低头跺双脚。

三、草棚底下定良缘

三月初三歌节到，
壮家男女喜盈盈，
大小同赶歌圩去，
四乡云集黄花岭。

财主吃了五色饭，
夫妻双双也动身，
带着达妍一起走，
日八日犬跟着行。

游山玩水观春色，
不觉来到黄花岭，
黄花岭上人如海，
此起彼伏尽歌声。

达妍放眼四处找，
没有看见心上人，
日八日犬怀鬼胎，
对着达妍把歌吟：

多好听，
满山满岭唱歌人，
人家唱歌对连对，
哥妹如今还单身。

多好听，
句句山歌打动心，

哥今只想妹一个，
想和娇娥连真情。

达妍不说也不笑，
见她脸上露愁云，
人在歌圩心不在，
匆匆忙忙往前行。

趁着歌圩人拥挤，
三拐两转出人群，
她走小路回家了，
满袖春风脚步轻。

达妍回家为哪样？
只因思念心上人，
趁着爹娘赶歌圩，
要和日驾吐真情。

回家急忙开箱子，
取对新鞋送情人，
她捧新鞋细细看，
情意绵绵牵动心。

新鞋是妹亲手做，
一针一线连真情，
一线一针连真意，
针针连着妹的心。

本想早日送日驾，
因无勇气未动身，
难得今天好日子，
双手捧给心上人。

日驾住在马栏旁，
身居茅棚度时光，
前天上山割马草，

不幸跌崖脚受伤。

日驾脚伤心头闷，
日夜坐卧不安宁，
银镯一对捧在手，
红布包了一层层。

天天盼着歌节到，
对歌送给心上人，
可惜今日脚伤痛，
想赶歌圩赶不成。

银镯藏到哪时候？
哪时才有戴镯人？
这时达妍正来到，
双脚踏进草房门。

日驾看见达妍到，
忙把银镯藏在身，
手拿利刀削扁担，
低头问妹声连声。

今日歌节人欢笑，
山里山外传歌声，
为何不去黄花岭？
进我茅屋为哪门？

今天画眉都展翅，
独有一只难飞行，
我为此事来找你，
你制扁担为何因？

长工活着靠扁担，
这个道理你不明？
跌崖脚伤还未好，
打柴挑担怎能行？

日驾一天不做工，
请问谁来养我命？
假如有人来养你，
问你相信不相信？

不信不信我不信，
世上哪有这种人？
你说真有这种人，
给我讲出名和姓！

亏你是个男子汉，
为何讲话欠思忖？
不在天边在眼前，
你猜我讲是谁人？

达妍的话未落音，
日驾已经发了怔，
他怕耳朵听错了，
又叫达妍讲分明。

达妍又再说一遍，
字字句句吐得清，
日驾还是当做梦，
连连摇头又开声。

妹是园中牡丹花，
哥是牛粪落野岭，
牡丹插在牛粪上，
枉你受苦一世人。

树高有花哥难攀，
仙桃好吃哥难寻，
感谢阿妹好心意，
阿哥不忘妹恩情。

劝妹莫要把哥想，

莫把南瓜当铜铃，
受苦无心把花采，
受难无心把柳寻。

油灯不比月儿亮，
牛马怎能比麒麟？
妹是芙蓉花一朵，
园里早有摘花人。

妹是园中一枝花，
哥是辛勤栽花人，
早上是哥来培土，
晚上是哥把花淋。

哥妹都是爹娘生，
只因分有富和贫，
哥你人穷志不短，
锤打钢钎响叮叮。

青冈木好不在外，
阿哥你好全在心，
妹今虽是富家女，
偏爱阿哥受苦人。

少爷要想来摘花，
海里捞针难找寻，
金银财宝妹不想，
单想哥是摘花人。

日驾还是把头摇，
哪有龙虾结成亲？
妹是金龙在海里，
哥是小虾塘里沉。

你爹是个大财主，
哪会同意这门亲？

你想我俩结成对，
除非日头西边升。

哥你说话太偏心，
出口句句不公平，
光看妹是富家女，
不知妹是有心人！

劝哥莫要再犹豫，
妹爱阿哥铁了心，
真金不怕火来炼，
磐石不怕雨来淋。

妹与哥交是真心，
今生来世是哥人，
爹娘由我来对付，
妹劝阿哥莫操心！

达妍取出新布鞋，
送给日驾表忠诚，
草棚里面来盟誓，
布鞋一对定终身。

妹今三番吐真情，
话儿句句动哥心，
妹你人好心更好，
生在富家不嫌贫。

妹心好比天上月，
皎洁如银亮晶晶，
妹心好比山泉水，
常年四季清又清。

世上姑娘千万个，
要算阿妹最坚贞，
生前我俩共盆水，

死后我俩共堆坟！

日驾取出银手镯，
送给达妍表忠诚，
草棚里面来盟誓，
银镯一对定终身。

四、有心不怕路途遥

鸳鸯水面紧相依，
达妍日驾永不离，
财主夫妻心操碎，
挖空心思把计施。

日八他会舞笔杆，
能给龙家写颂诗，
日犬武术能超众，
保我龙家得安居。

日驾勤劳又能干，
会用耙来会用犁，
三人各有各本领，
个个都可当女婿。

常说好钢炉火炼，
好谷好种过筛箕，
谁要讨得龙家女，
先把功夫试一试。

要他仨人做件事，
各显神通比高低，
时间限在三天内，
看谁大名列第一。

三人都到思恩去，
往返路途几百里，
明早三人齐出动，
你走东来他走西。

日八去要纸和笔，
十篇文章写正体，
每篇千字不能少，
文笔优美又流利。

日犬去要弓和箭，
两树桃花射落地，
人树相离十步远，
半朵不留全扫齐。

给他日驾要雷鼓，
鼓声一响似霹雳，
雷鼓挂在厅堂上，
振兴门庭添新喜。

三件事情谁胜负，
定在三月十三日，
那天日头落西山，
看谁给我先报喜。

看谁夺得头一名，
你就和他结夫妻，
爹娘认他做女婿，
大摆酒席来贺喜。

屋漏偏碰天下雨，
行船恰遇顶头风，
日驾脚伤未治好，
急得心中如火焚。

取鼓看来成梦幻，

竹篮打水一场空，
可他想到达妍妹，
浑身上下力无穷。

坚贞爱情金难买，
一股热浪涌心中，
哪怕路上有刀丛，
死活也去要雷鼓。

山上若是出猛虎，
上山我敢把虎打，
海中如果生蛟龙，
下海我能把龙擒！

日驾明早要启程，
达妍叹气声连声，
半夜偷偷找日驾，
共同对付这事情。

却说日驾未入睡，
灯下整理草鞋绳，
敷药医伤修拐杖，
准备明日上路程。

达妍看了这情景，
不用查问心里明，
她摸草鞋摸拐杖，
摸哥伤口泪纷纷。

达妍低头掉下泪，
日驾劝她莫伤悲，
日驾人穷骨头硬，
断翅小鸟要高飞。

为着我俩终身事，
雷劈火烧不后退，

有心不怕路途远，
不怕生命有垂危。

阿妹在家耐心等，
等哥回来把鼓搋，
听了日驾铁心话，
达妍满脸放光辉。

奔出门去找韦婶，
给哥上路作准备，
动手烧火架锅头，
又淘米来又舀水。

连夜蒸了香糯饭，
达妍微笑喜心扉，
次日东边刚发白，
金鸡报晓声声脆。

清晨达妍到门口，
大婶后面紧跟随，
一个包袱一顶帽，
一包糯饭一壶水。

送了日驾出村口，
叮咛一回又一回，
但愿路上多保重，
取得雷鼓快快回！

五、三人路上遇仙翁

老鼠出洞两边瞅，
一个跟随一个溜，
日八日犬穿马褂，

飞身上马出村口。

日八日犬有马骑，
日驾拄着拐杖走，
带着糯饭背弓箭，
累得一身汗水流。

想起达妍贴心话，
腰弯腿断也要走，
走呀走到黑龙沟，
一条毒蛇挡路口。

日驾立刻搭弓箭，
一箭射穿毒蛇喉，
走呀走到野猪林，
一只老虎大声吼。

日驾立刻搭弓箭，
一箭射进老虎口，
翻过九十九座山，
跨过九十九条沟。

日驾翻山又涉水，
不觉走到五里丘，
忽听蹄声嘚嘚响，
日八呼呼到身后。

日驾身边打马过，
笑他乌龟老黄牛，
日驾向他啐口水，
举起拐杖指背后。

莫道你今有马骑，
笑我日驾徒步走，
画眉落到谁人手？
你莫高兴在前头。

日八挥鞭跑过去，
日犬呼呼到身后，
日驾身边打马过，
笑他老牛爬山沟。

蛤蟆张嘴呱呱叫，
莫想吃上天鹅肉，
日八日犬往前跑，
得意洋洋鼻子翘。

日驾后面跛脚走，
急得心头如火燎，
不觉来到金龙洞，
青松翠竹绿水绕。

一位老翁路边坐，
满头白发银须飘，
衣裤烂成破渔网，
一条布带缠身腰。

白发老翁面朝土，
细细捡来细细瞧，
原来芝麻倒下地，
捡回芝麻正心焦。

日八打马走上来，
老翁捋着胡子笑，
阿公今早过这儿，
一袋芝麻被碰倒。

求你少爷帮帮手，
恩情我老记得牢，
日八高傲不理睬，
口沫横飞就骂道。

看你这个老不死，

莫要啰唆来挡道，
我有急事火烧眉，
芝麻绿豆管不了。

说着挥鞭拍马跑，
蹄声嘚嘚过山腰，
日犬打马赶上来，
老翁捋着胡子笑。

阿公今早过这儿，
一袋芝麻被碰倒，
求你少爷帮帮手，
恩情我老记得牢。

看见老翁衣破烂，
鼓着双眼就骂道，
看你这个老不死，
人家赶路你挡道。

今日我有要紧事，
误过时候就糟糕，
说着挥鞭拍快马，
冲着老翁朝前跑。

老翁愤愤看日犬，
一团怒火心中烧，
日驾步步走上来，
老翁捋着胡子笑。

阿公今早过这儿，
一袋芝麻被碰倒，
求你给我帮帮手，
恩情我老记得牢。

日驾看见老阿公，
衣着褴褛打赤脚，

好似一蔸老枯树，
枯枝败叶随风飘。

我今也是穷小子，
无依无靠独根苗，
同是天涯沦落人，
路上相逢多凑巧。

日驾走到老翁前，
先叫一声阿公好，
蹲到地上捡芝麻，
和蔼可亲面带笑。

老翁一旁细细看，
要把底细弄明了，
你家住在哪个村？
如今年纪有多少？

家里还有什么人？
日子过得好不好？
脚上为何受伤了？
今日出门为哪条？

若是有事办不了，
阿公跟你同肩挑，
老翁问话声连声，
问得日驾揪心疼。

边捡芝麻他边讲，
一五一十吐真情，
日驾今年二十二，
十岁爹娘命归阴。

孤儿无靠当牛马，
出卖苦力来养命，
财主有个独生女，

达妍就是她的名。

她爹为着招女婿，
请来少爷两个人，
名叫日八和日犬，
一文一武有名声。

少爷武夫她不爱，
偏爱日驾受苦人，
财主为此施诡计，
说来实在太无情。

他要各人做件事，
限期三天来完成，
秀才日八写文章，
三天要写十篇整。

武夫日犬来射箭，
两树桃花要射清，
给我日驾要雷鼓，
击鼓给他闹门庭。

今天大家都出动，
三人一齐上思恩，
日八写书去要纸，
日犬射花要弓箭。

日驾我去要雷鼓，
三人比赛看谁赢，
谁若夺得第一名，
就与达妍结成亲。

前天上山打柴草，
跌崖脚伤受折腾，
叫羊与马来赛跑，
三头六臂也难赢。

0015

财主这样来摆布，
全是恶意非好心，
想要达妍抛开我，
浪打船头两边分。

可我日驾为达妍，
不顾脚伤赶路程，
日八日犬骑大马，
我拄拐杖拼命跟。

好花不会轮到我，
到手凤凰飞回林，
我今就为这件事，
风雨无阻把路行。

日八日犬有马骑，
笑我日驾徒步走，
万望仁慈老阿公，
为我这事共操心。

六、天有眼睛地有耳

日驾倾吐心中事，
老翁听了知端详，
自古人间分贫富，
贫的受欺富逞强。

天有眼睛地有耳，
你捡芝麻莫心慌，
这事包在我身上，
天塌地陷我承当。

老翁的话似盆火，

日驾感到暖心房，
他帮老翁捡芝麻，
捡到日头落西山。

日驾拿出香糯饭，
席地同吃甜又香，
吃着糯饭心在想，
如见达妍在身旁。

明月当空星眨眼，
天当蚊帐地当床，
石头做枕靠背睡，
醒来红日上东山。

日头冉冉东山起，
光芒四射多灿烂，
日驾想到取雷鼓，
顿时心里又发慌。

正想开口问老翁，
忽闻马蹄声声响，
老少两人抬头看，
日八日犬已回还。

日八打马前头跑，
日犬后面紧跟上，
两匹大马咴咴叫，
一路飞奔尘土扬。

气得日驾恨满腔，
火烧眉毛心发烫，
老翁当做没有事，
红光满面露慈祥。

他带日驾往前走，
来到龙洞清泉旁，

拉着日驾指泉水，
快泡下脚治好伤。

日驾听了阿公话，
伸脚入水坐泉旁，
顿时疼脚治好了，
走起路来如平常。

喜跟阿公往前走，
越走洞里越明亮，
忽听"咚"的一声响，
一只雷鼓落地上。

眼看雷鼓金闪闪，
喜得日驾泪盈眶，
捧起雷鼓喊阿公，
阿公不知到何方。

莫非是我做了梦？
莫非人间变天堂？
不是做梦天地变，
天上神仙下了凡。

神仙就是老阿公，
他到人间赐吉祥，
日八日犬回来了，
龙家院里又增威。

选定女婿在他俩，
财主夫妻笑微微，
日八日犬回来了，
有人欢喜有人悲。

不见日驾回家转，
达妍焦急心要碎，
是他肚饿走不动，

还是病倒命垂危？

是他跌在哪座山，
还是落下哪条水？
是他走路走错了，
还是闯祸不得回？

是他雷鼓找不到，
还是路上吃了亏？
达妍思念心上人，
日夜盼哥快点回！

七、击鼓射花结成双

翻过山坡跨过水，
日驾带着雷鼓回，
三步并做一步走，
好比山鹰展翅飞。

饿了就吃香糯饭，
渴了就喝清泉水，
步步急来步步紧，
汗流浃背背鼓回。

胜负决定在今朝，
心中好似把鼓擂，
想到家中达妍妹，
只恨无翅难飞回。

好个达妍心上人，
日驾想你在心扉，
天冷你可穿得暖，
一日三餐可有味？

白天休息好不好？

漫漫长夜可安睡？

日八日犬可欺你？

爹娘怎样辨是非？

地上河水你快流，

天上白云你快飞，

先去告诉我阿妹，

代我向她来安慰。

好阿妹哟好阿妹，

莫要为哥心操碎，

阿哥这次出远门，

好比鱼儿逢春水。

路上神仙赠雷鼓，

喜得阿哥掉热泪，

阿哥今天就回到，

哥妹双双又相会。

山风插翅快些去，

苍鹰凌空快些飞，

快去告诉我阿妹，

代我给她先安慰。

走呀走到卧龙桥，

日头快下西山背，

村村屋上炊烟起，

龙家楼阁闪金辉。

走呀走到龙河边，

牛角"嘟嘟"响声脆，

龙家村里鸡鸭叫，

成群牛羊把家回。

日头快要落山了，

急得日八冷汗飙，

十篇文章写九篇，

还有一篇写不了。

日头快要落山了，

急得日犬冷汗飙，

射落桃花花又开，

两树桃花射不了。

日头快要落山了，

急得达妍冷汗飙，

日驾今天不回来，

达妍落进火坑了。

天阴阴啊人心闷，

龙家院内静悄悄，

忽然平地春雷响，

声声春雷震九霄。

不是天空春雷鸣，

日驾击鼓回来了，

达妍听到雷鼓声，

愁眉舒开双眼笑。

财主夫妻闻鼓声，

双双坐着发呆了，

日八听到雷鼓声，

手中笔杆往下掉。

日犬听到雷鼓声，

弓箭落地发抖了，

日驾双手捧雷鼓，

满心欢喜上眉梢。

登楼去见龙财主，

心头敲鼓突突跳，

担心财主来反悔，
舌头一转耍花招。

自古牛角扳不直，
谁见石头水上漂？
谁见日头[1]从西起？
谁见月亮往东落？

日驾捧鼓到跟前，
叫声老爷夫人好，
财主双手接雷鼓，
夫妻两人对着笑。

这时达妍到门外，
细心听来细心瞄，
细心听来细心想，
不知情况妙不妙？

财主屋里转了转，
他对日驾又说道，
三人比艺已揭晓，
日八日犬落后了。

若你真有硬本事，
当众再考你一条，
日犬射花射不了，
全交给你来射掉。

拿着你的弓和箭，
只限发射二十支，
二十支箭两树花，
看你怎样射得了。

刚刚松弦又拉紧，

风欲平来浪又高，
财主说话刚落音，
门外达妍又心焦。

担心日驾难过关，
两树桃花射不掉，
日驾听了财主话，
脸不变色心不跳。

转身跑回茅棚里，
拿着弓箭跑来了，
弓箭交到阿哥手，
嘱咐日驾用心射。

全村老小齐出动，
争先恐后围着瞧，
财主夫妻前面坐，
日八日犬也来瞄。

日驾当众射桃花，
双双眼睛瞪着瞧，
只听"噼叭"一阵响，
两树桃花全扫掉。

在场众人皆惊喜，
齐声赞他武艺巧，
别人一箭射一朵，
他一箭一串嫌少。

两树桃花齐射掉，
二十条箭剩一条，
此时乌鸦头上飞，
日驾举弓射落了。

众人爆发欢呼声，
笑声歌声如浪涛，

[1] 日头：方言，即太阳。

0019

乐得群山跳起舞，
喜得流水唱歌谣。

日八日犬低着头，
卷起包袱夹尾逃，
财主夫妻齐称赞，
钦佩日驾武艺高。

青松不怕霜雪打，
真金经得烈火烧，
算你日驾有骨气，
算你日驾本领高。

我们讲话不反悔，
鸟儿成对落树梢，
你和达妍配佳偶，
花好月圆在今朝。

日驾听闻热泪涌，
一下喜得呆站了，
手里弓箭忘记放，
"阿爸""阿妈"连声叫。

达妍羞涩伸双臂，
连蹦带跳赶来到，
一头扑进娘怀里，
又惊又喜笑声高。

梁上燕子来做窝，
树上喜鹊来做巢，
达妍日驾成双对，
龙家村里乐陶陶。

堂上雷鼓咚咚敲，
男女老少都来到，
频频举杯喝喜酒，

笑声歌声冲九霄。

男女老少乐开怀，
祝贺吉星永高照，
但愿人间无苦果，
多结菠萝和蜜桃。

流传地区：

东兰县、凤山县

传唱者：

佚名

搜集者：

马永全（壮族）

翻译整理者：

覃绍宽（壮族）

搜集地点：

东兰县

时间：

1985 年

原载《广西民间叙事长诗集成》，韦守德、韦苏文主编，
广西民族出版社，2012 年 12 月。

附记

《达妍与日驾》曾在东兰县流传。通常在歌圩、歌会中由资深歌
师演唱。

《达妍与日驾》是壮族比较有代表性的婚姻爱情长诗。长诗叙述
财主独生女儿达妍与穷人家的孩子日驾相恋的故事。达妍恋日驾必
然遭到父母的反对："你是龙家贵小姐，配令少爷理应当，你今爱上
牛和马，龙家脸面你扫光。"经过达妍、日驾的不懈努力，终于击鼓
射花结成双，"梁上燕子来做窝，树上喜鹊来做巢，达妍日驾成双对，
龙家村里乐陶陶"。

该长诗搜集地今鲜有《达妍与日驾》的传唱者。（过竹、邵志忠）

七姑

（壮族）

一、遇仙

红水河，深又深，
弯弯绕过知眉村；
两岸长满红棉树，
村里住着壮家人。

青竹蛇牙马蜂针，
最毒不过财主心；
村里有个毒财主，
芦婆就是她的名。

芦婆生男不育女，
接过达七当亲生；
达七聪明又伶俐，
好比仙姑下凡尘。

别人眼里看达七，
金盆独插花一枝；
芦婆家人看达七，
小草生在烂湿泥。

达七从小受熬煎，
黄连捞饭苦连连；
牡丹长在刺蓬里，
左钉右刺花不鲜。

一把芝麻撒上天，

壮家穷人万万千；
有个穷人叫六丘，
世世代代吃黄连。

种菜的人吃野菜，
种树的人无棺材；
六丘爸爸当长工，
饿死田中无钱埋。

山羊还有跪乳恩，
六丘念父养育情；
九岁卖身来葬父，
卖到韦家顶小工。

清早叫去挖芋头，
下午叫把红薯收；
肚饿眼花割伤手，
唱曲山歌诉苦愁。

黄连猪胆一锅煮，
同人打工苦上苦；
刀割手伤血直淌，
好比喷泉止不住。

牛耕田地牛吃草，
马不耕田马吃谷；
穷人做工累到死，
财主全家享清福……

达七织布闻歌声，
心急如火赶出门；
不怕旁人三只眼，
只问六丘疼不疼。

口吃梅子[1]酸进肚，
刀割指头痛到心；
我来给哥包扎好，
鲜血流多会伤身。

冷死不烤灯前火，
饿死不同猫共餐；
雨淋菩萨两行泪，
谁要你这假心肝？

好柴不该烧烂灶，
好马不该闷鞭抽；
我有什么得罪哥，
泼瓢冷水淋我头？

说来阵阵痛心怀，
我爸饿死无钱埋；
卖身葬父到贵府，
小鸡赶进狼窝来。

来到你家苦难言，
不得吃来不得穿；
一条小衣七斤重，
六月日头晒九天。

阴沟洗手假干净，
猫哭老鼠假慈心；
多谢小姐好心意，
狼狗给鸡当医生。

莫怪我，
我你都是受苦人；
养娘待我心狠毒，
巴豆结子苦在心。

韦家用钱把我买，
小鸡捉进狼窝宰；
养女长工一样苦，
两兜黄连同坑栽。

麻篮挑水上高山，
做人养女实在难；
织布又骂布不细，
做鞋又骂不合穿。

全家穿戴做不够，
一年四季忙到头；
几多歌圩不给赶，
几多眼泪肚里流……

听了姑娘诉根由，
错怪好人心难受；
伸手让妹轻轻扎，
从此哥妹心相投。

芦婆看见厉声吼，
小姐手帕你敢偷；
一天罚挑十车粪，
少挑砍下你狗头。

六丘本想说分明，
又怕达七受苦刑；
不忍鲜花遭暴雨，
自己受屈也甘心。

六丘挑粪步难行，
狗腿棒打如雨淋；
打伤还逼去挑粪，
韭菜割苗又挖根。

富人的命比金贵，

---

[1] 梅子：杨梅，又称圣生梅、白蒂梅、树梅。

穷人的命像泥尘；
抬头请问老苍天，
为何要分富和贫……

白发仙翁恻心动，
为救六丘下凡尘；
赐给仙桃治伤痛，
赐给宝刀显神通。

一阵狂风雾气腾，
白发仙翁不见影；
六丘喜吃仙桃果，
身体复原人精神。

站起用力跳三跳，
脚印陷下三尺深；
挑起粪担快如飞，
走路好似飘彩云。

二、反抗

六丘身上有宝刀，
不怕芦婆财主嚣；
罚他挑粪他不理，
狗腿跑来把门敲。

罚你挑粪你睡觉，
要吊要打由你挑；
没有白米哪来糕？
没有扁担怎去挑？

狗腿拿来竹扁担，
六丘一敲就断了；

狗腿抬来大杉木，
六丘一按变两条。

狗腿叫来强打手，
抬来铁梁一大条；
扁担合用粪箕小，
六丘还是不去挑。

抬来两个大车箩，
六丘这才出去挑；
十车牛粪挑五担，
半天把粪挑完了。

芦婆嘴硬心打战，
急叫打手到厅前；
打手挥刀亮闪闪，
达七心像滚油煎。

芦婆坐在厅中央，
凶像一条吃人狼；
六丘你的本事大，
给我上天摘月亮！

莫说山顶高难攀，
山顶长树顶着天；
莫说树顶是最高，
画眉[1] 站在树尖尖。

画眉教鸡斗老鹰，
达七教哥斗妖精；
六丘得计心有数，
一语出口话惊人。

[1]　画眉：雀形目画眉科的鸟类。栖息于山丘的灌丛和村落附近的灌丛或竹林中，机敏而胆怯，常在林下的草丛中觅食，不善作远距离飞翔。雄鸟在繁殖期常单独藏匿在杂草及树枝间，极善鸣啭，声音十分洪亮，歌声悠扬婉转，非常动听，是有名的笼鸟。

天上月亮大又大，
你不搬家装不下；
快快给我搬开走，
不走压成烂泥巴。

蚱蜢气死老乌鸦，
芦婆气得叫喳喳；
吆喝打手一齐上，
举刀就要把人杀。

眼看六丘要丧命，
达七飞步出大门；
手帕是我给他扎，
不准冤枉杀好人！

乌龟进庙变灵神，
板凳上墙成妖精；
吃里爬外死丫头，
羽毛未干想飞腾。

眼看达七遭毒打，
六丘心中像刀插；
娇花怎能经暴雨？
怎让暴雨打娇花？

天崩当它瓜棚倒，
一跳拉断二横梁；
芦婆看见身发抖，
打手吓得尿筛糠。

你们还敢再作恶，
一棒打碎狗脑壳；
卖身葬父期已满，
我要离开这狼窝。

患难相助情义深，

六丘达七难离分；
后园告别相对望，
两双泪眼哭断魂。

交好心思心相挨，
新打剪刀口难开；
约好歌圩再相会，
熟透芝麻口自开。

三、歌圩

中秋晚上月光光，
圩上歌手一双双；
双双纵情把歌唱，
唱出对对好鸳鸯。

六丘来到歌圩上，
惊动圩上众姑娘；
姑娘双双多情眼，
把他上下来打量。

青丝头巾红腰带，
蓝布[1]衣衫蝙蝠鞋[2]；
满面笑容脸红润，
好比金童下凡来。

姑娘向他来招手，
面生不愿把头抬；

[1] 蓝布：蓝靛染的布。在机织布没有流行的年代，壮族妇女以能掌握到精湛的蓝靛染布手艺为人生目标，因为蓝靛染布手艺精湛程度，影响到能不能嫁到好婆家。姑娘从嫁人那天起，就要负起全家人的染布和缝衣的重任，所以挑媳妇当然要找那些心灵手巧的好姑娘。因此，不少人十几岁就跟着母亲学习蓝靛染布。

[2] 蝙蝠鞋：自制的一种布鞋。

姑娘逗他把歌唱，
不见达七口难开。

达七赴会心欢畅，
来到圩上歌声扬；
六丘眼开眉又笑，
心中好似泡蜜糖。

白云为何打旋转？
达七歌声掠云间；
河水为何冒上岸？
达七歌声落河边。

画眉为何林里躲？
害怕达七邀对歌；
牡丹为何纷纷落？
比不上达七羞愧多。

六丘月下看七妹，
七妹长得十分乖；
走路好比风摆柳，
坐下好比莲花开。

七妹长得十分乖，
蛾眉凤眼好人才；
下塘洗手鱼生蛋，
路过青山百花开。

七妹长得赛观音，
脸如桃花细雨淋；
两只眼睛会说话，
两个笑窝能倾城。

七妹月下看六丘，
英雄威武赛天神；
金鸡看见金鸡叫，

凤凰看见凤凰鸣。

六丘长得好人才，
姑娘见了心花开；
观音见了追出庙，
嫦娥见了下凡来。

六丘长得好英俊，
身材魁伟脸红润；
眼睛好比青铜镜，
一眼看透姑娘心。

两人同跳绣球舞，
身如柔柳迎风吹；
手舞好比鸟扑翅，
脚步好比腾云飞。

两人同跳鸳鸯舞，
身如柔柳迎风吹；
塘里鸳鸯忘戏水，
天上彩云不敢飞。

两人开声相对唱，
山上百鸟怕开腔；
后生姑娘侧耳听，
耳油流出三寸长。

哥哥锄地想起你，
锄对脚尖哥不知；
哥哥吃饭想起你，
筷条咬断几多支。

妹妹白天想起你，
绣凤忘记点眼珠；
妹妹晚上想起你，
床底泪水养得鱼。

怕妹怄气伤身体，
怕妹老实受人欺；
想妹好比刀割肉，
想到几时痛几时。

怕哥粗心中毒计，
怕哥单身受孤凄；
箱子里头点蜡烛，
暗中流泪哥不知。

日也想妹夜也思，
抓把黄泥捏个鸡；
泥鸡放在米缸里，
鸡会吃米才不思。

日也想哥夜也想，
手拿花针绣凤凰；
凤凰挂在厅堂上，
哪时会飞哪时忘。

看见人园柑果黄，
想摘一个又隔墙；
我俩谈得有心意，
哥哥家穷难成双。

爱情才是无价宝，
钱财当它狗屎干；
只要我俩有心意，
讨饭度日心也甘。

妹妹虽然有情义，
就怕妹娘狠毒心；
要是妹娘毒打妹，
问妹断情不断情？

蜘蛛到死丝不断，

我俩断头不断情；
只要哥哥实心意，
天崩当它落灰尘。

万把钥匙交你手，
把把开得妹的心；
得知妹妹实心意，
灯草架桥哥也行。

三两牛皮下锅煮，
两人添柴把火烧；
烧了九天又九夜，
熬来熬去结成胶（交）。

他俩相爱又相亲，
人人赞美好婚姻；
天为媒来地为证，
他俩自主来订婚。

哥送扁担表心意，
妹送壮锦表真情；
水爱鱼来鱼爱水，
鱼水永远不离分。

扁担雕得像画廊，
花花鸟鸟配相当；
鸟为香花把歌唱，
花为鸟儿吐清香。

壮锦绣花鲜又艳，
引得蜂蝶飞来缠；
蜂蝶恋花团团转，
花为蜂蝶开更鲜。

红水河呀深又深，
水深哪比爱情深？

河水深深总有底，
我俩爱情无底深。

红水河呀长又长，
水长哪比爱情长？
河水长长有尽头，
我俩爱情无限长。

红河水呀甜又甜，
水甜哪比爱情甜？
情话绵绵谈不尽，
可惜已过五更天。

四、定计

土司少爷叫莫琼，
鼻梁歪歪眼窝深；
酒肉桌上过日子，
牡丹花下度光阴。

听说达七长得美，
口水流到脚后跟；
派人去把达七抢，
不光要人更要心。

带了百件好宝贝，
带了千两好黄金；
金银宝贝舍得用，
木炭也要转发青。

金牌挂在观音颈，
神鬼见财也心动；
看见土司金银担，

芦婆哈腰把亲应。

乖女快听妈的话，
你是为娘心上花；
好花还要绿叶配，
莫琼配你人人夸。

鸡仔黄狼[1]怎同住？
画眉鹞鹰怎同飞？
烂桃外面多鲜红，
心里毛虫一大堆。

菠萝种在甘草根，
开花结果香喷喷；
你和少爷成婚配，
香过菠萝十二分。

你莫贪财迷了心，
莫琼是个什么人？
黄狼心肝毒蛇嘴，
吸人骨髓连骨吞。

他爸地方是一霸，
刮风下雨都由他；
你若不从打死你，
丢下红河喂鱼虾。

砍头当它风吹帽，
抽筋当它拔汗毛；
宁做眉山断头鬼，
不做奴狗把尾摇。

莫琼叫人献财宝，
达七一扫落大厅；

[1]　黄狼：黄鼠狼。

黄金买得田和地，
难买达七这颗心。

芦婆听来脾性发，
唤来打手叫喳喳；
马不抽鞭不肯跑，
牛不穿鼻不听拉。

莫琼假意来阻挡，
对她动武欠思量；
为了得到她欢心，
硬柴要用软藤绑。

莫琼芦婆定毒计，
眼看大祸从天降；
芦婆笑脸唤达七，
口蜜腹剑耍花腔：

你爹临终把愿许，
今日还愿理应当；
谁送南海红宝鲤，
你就和他结成双。

纸剪金鸡假的凤，
笔画南蛇假的龙；
苏木^[1]泡在坛子里，
看清你是假心红。

达七眼亮心里明，
狼狈为奸看得清；
急找六丘来商议，
三步拿来一步行。

他们借刀来杀人，

限要宝鲤做聘金；
我们快逃出虎口，
逃出虎口去投生。

六丘正把达七想，
盘算早娶妹进门；
忽听达七叫逃走，
顿时好比箭穿心。

为了我俩得成双，
六丘哪怕天大难；
刮风下雨随你便，
青松何惧白头霜^[2]。

到处都有虎和狼，
我俩逃到哪一方；
龙潭虎穴我敢闯，
要找宝鲤又何妨。

哥哥胆大有决心，
眉山石头也变金；
荆棘铺路妹敢走，
攀上刀山妹敢跟。

五、落海

六丘出海找宝鲤，
达七难舍又难分；
边送边唱边吩咐，
句句歌儿不离情。

---

[1] 苏木：小乔木。

[2] 白头霜：极冷的霜称为白头霜。

送哥送到柑果[1]林，
风吹柑果叮咚叮；
说哥出门心要细，
提防暗处刮妖风。

妹送哥到吃水坑，
坑里螃蟹鼓眼睛；
说妹走路莫大意，
提防螃蟹来横行。

送哥送到分水岭，
岭上水路两边分；
只恨古人造分字，
妹为分字泪纷纷。

妹送哥到分水岭，
岭上水路分两旁；
妹为分字流眼泪，
哥为分字断肝肠。

送哥送到红豆园，
满园红豆红艳艳；
抓把红豆送给哥，
见豆如见妹容颜。

妹送哥到红豆冲，
越送我俩情越浓；
哥把红豆吞下肚，
几多相思在心中。

两人来到大桥头，
大桥下面水倒流；
河水也知离别苦，
未流三步又回头。

两人来到凤凰河，
凤凰离别泪簌簌；
泪水深知离别苦，
它比河水流更多。

飞马后面扬灰尘，
六丘上路像腾云；
别了达七去南海，
找回宝鲤就成亲。

双双鸟儿飞下来，
争给六丘把路带；
朵朵白云聚合拢，
争给六丘把伞开。

路旁花果香喷喷，
争给六丘做点心；
山涧流水叮咚响，
喜为六丘来弹琴。

想吃龙眼不怕远，
想吃仙桃不怕高；
想得早日成双对，
千日路程当半朝。

一群飞虎扑过来，
六丘去路受堵截；
为了早日成双对，
脚踩南蛇[2]当草鞋。

棍棒好比风车转，
打死飞虎[3]满山洞；
一棍打倒四五个，

[1] 柑果：柑橘。

[2] 南蛇：蟒蛇。
[3] 飞虎：蝙蝠。

问你猛虎有几千。

六丘闯出卧虎冈，
树点头来花放香；
百鸟朝他来歌唱，
山风给他来扇凉。

马儿飞云又走雨，
四脚落地嘚嘚响；
跑过高山变平路，
穿过平路见海洋。

南海茫茫不平静，
风如龙卷浪如山；
狂涛滚滚猛扑岸，
威吓六丘快回转。

想起达七盼成亲，
想起达七受欺凌；
为救达七出苦海，
万丈狂涛要踏平。

六丘快快扎竹排，
扎好竹排下南海；
乘风破浪去撒网，
要把宝鲤捉上来。

风更大来浪更高，
浪头掀起冲云霄；
站在排头把网撒，
网随浪头云里飘。

仙翁云头看得清，
摆一摆手停了风；
摆两摆手水让路，
六丘一跳入海中。

六丘一跳入海中，
海水让路又合拢；
海风依旧吹得狂，
海浪照样翻得凶。

老天降下毛毛雨，
为我六丘泪淋淋；
高山默默低下头，
为我六丘含悲愤。

六丘下海不回返，
乡亲父老心悲伤；
莫琼听了哈哈笑：
"达七是我美娇娘。"

六、抢亲

听说虎关已闯过，
达七乐像小阳雀；
赶织壮锦心欢喜，
嘴里轻轻唱起歌。

实难挡来实难拦，
石板难挡竹笋尖；
浮萍[1] 难挡春江水，
乌云难挡月团圆。

群群蜜蜂把蜜酿，
双双燕子造新房；
六丘找回红宝鲤，

[1] 浮萍：又称青萍、田萍、浮萍草、水浮萍、水萍草，天南星目浮萍科浮萍属水
面浮生植物。

我俩如愿结成双。

忽听六丘落下海，
好比万箭射穿心；
旧恨新仇何处诉，
天旋地转暗沉沉。

歌圩对歌定终身，
百年到老不离分；
如今喜事成泡影，
十根愁肠断九根。

分水滩头俩约定，
得回宝鲤就成亲；
如今哥哥落大海，
十根肝肠断十根。

走到绝壁崖难爬，
偏遇饿虎张獠牙；
忽报莫家来抢亲，
眼里泪花变火花。

我和六丘早定亲，
生死我是他的人；
莫琼满身血腥味，
死也不嫁这种人。

如今六丘已落海，
生人怎能嫁死人？
生米已经煮成饭，
少爷就要来接亲。

青松哪怕压枝雪？
秋梅哪怕白头霜？
达七哪怕坏心眼？
想出巧计退恶狼：

妈呀请你莫生气，
爹爹遗言怎忘记？
谁送南海红宝鲤，
先交宝鲤后娶妻。

麻篮挑水算难了，
想要宝鲤还要难；
如今由娘来做主，
谁送厚礼就高攀。

爹爹许愿不照行，
恐怕日后降灾星；
要他跪祭三日夜，
求求我爹来应承。

人说世上金最贵，
土司少爷贵过金；
土司少爷比金贵，
要他拜跪万不能。

笔直青松长山顶，
要它弯曲枉费心；
要是莫琼不答应，
女儿碰死孝父亲。

莫琼听来头筋涨，
床底劈柴上下难；
为了得到美娇女，
跪祭三天又何妨？

莫琼跪祭七姑喜，
赶快逃走莫延迟；
阿莲扮成达七样，
坐在房中假哭啼。

莫琼跪到第二天，

膝盖脱皮血鲜鲜；
莫琼跪到第三天，
不见达七见阿莲。

莫琼气得脸发白，
叫把达七追回来；
村里马嘶人乱叫，
狗腿丢袜又掉鞋。

达七巧计扮阿莲，
画眉出笼飞上天；
纵马急奔向南海，
快马还要猛加鞭。

石板上面撒芝麻，
生死我要找到他；
雷劈下来当雨打，
老虎拦路当猫抓。

石板上面栽红莲，
生死也要结同年；
砍头好比风吹帽，
坐监好比坐花园。

冬梅开在石山上，
哪怕风雪把它伤？
达七长在红河畔，
滔天风浪又何妨？

灯盏无油靠月光，
谁知乌云又遮天；
达七巧计得出走，
谁知狗腿拦面前。

九把铜锁连成排，
紧把达七锁起来；

布伯[1]擒雷有本领，
难退大水泡天涯。

听闻外面唢呐响，
听闻叫人抬嫁妆；
硬赶羊羔进虎洞，
恨火烧断九回肠。

借刀杀人不应当，
可恨芦婆坏心肠；
可恨莫琼坏心眼，
要把六丘命来伤。

可惜了，
阴沟栽藕可惜莲；
芙蓉种在罐子里，
好花不得出头天。

枉费了，
灯草架桥枉费工；
下海打鱼丧了命，
水底捞月一场空。

断了断，
箩筐断耳耳断绳；
眉山断了哥脚印，
歌圩断了哥声音。

断了断，
利刀切藕藕断丝；
刀切藕断丝也断，

[1] 布伯：壮族英雄神。为拯救人类，他与雷王展开英勇顽强的斗争。相传布伯知道雷王故意制造干旱以后，忍无可忍，便带领一班人上天去劈开天河的铜闸放水。雷王率雷兵雷将下来要劈死布伯，反被布伯用计擒住。雷王逃走后，制造洪水漫天，企图毁灭人类。布伯在洪水中与之搏斗，砍断了他的一只脚（传说中雷王是跛脚的），最后布伯壮烈牺牲，化成天上的启明星。

唯独难断妹相思。

石灰 [1] 里头打筋斗，
讲好成双到白头；
岂料今天哥落海，
横盖被窝不到头。

勤浇水来勤捉虫，
指望牡丹花更红；
谁知牡丹雪打死，
竹篮打水一场空。

恶人打烂青铜镜，
这回不见对脸人；
铁打秤钩吞下肚，
早钩肠肚夜钩心。

手拿扁担痛心怀，
扁担在手人分开；
想起哥哥心绞痛，
泪如泉水涌出来。

如今妹是眉山凤，
哥哥是那南海龙；
凤在山头龙在海，
龙凤几时得相逢？

早早爬上眉山望，
两眼望瞎不见回；
好对鸳鸯被拆散，
几时能得比翼飞？

想起歌圩共谈心，

种下情根海样深；
哥你讲出心里话，
妹我含羞表真情。

妹妹是那藤上瓜，
哥哥就是长瓜藤；
如今人把藤割断，
叫瓜怎样活得成？

哥哥是那塘中水，
妹妹就是水中鱼；
如今塘水人车干，
水干鱼死哥不知。

相思树下把球绣，
红豆落在绣球里；
绣球里面装红豆，
暗里相思哥不知。

清水河 [2] 呀深万丈，
红水河呀万丈深；
清红两河汇一起，
不比达七苦海深。

清水河呀长万丈，
红水河呀万丈长；
清红两河加一起，
难有达七苦水长。

红河水涨泡沙洲，
肚里愁多塞心头；
水涨筑坝能拦挡，
哪有利刀割断愁？

[1] 石灰：石灰石等碳酸钙含量高的矿物质经 900—1100℃煅烧而成。石灰是人类
最早应用的胶凝材料。石灰在土木工程中应用范围很广。

[2] 清水河：红水河流至广西来宾市象州县石龙镇与柳江汇合，民间柳江称为清
水河。

红河水涨泡阳桥，
阳桥上面水滔滔；
水泡阳桥有时退，
心中愁恨几时消？

唢呐响来彩旗扬，
花轿抬到大厅堂；
山上鸟儿无声响，
白天太阳暗无光。

三姑六婆进房门，
梳妆打扮忙不停；
梳掉头发千万根，
梳不掉达七这颗心。

三姑六婆进房门，
唱歌威威献殷勤；
任你唱得嗓音变，
唱不变达七这颗心。

锣鼓唢呐声连声，
莫琼仗势来抢亲；
草木石头齐挡路，
不许虎狼来横行。

七、招亲

南海有个海龙宫，
宫殿矗立在海中；
楼阁亭台亮闪闪，
雕栏玉柱红彤彤。

金条柱子银砖墙，

金片做瓦闪金光；
玛瑙桌子水晶椅，
白玉银砖铺厅堂。

珍珠海宝堆满宫，
宝贝闪亮珊瑚红；
龙楼凤阁多精美，
富丽堂皇赛天宫。

绿彩红灯耀眼明，
佳肴美酒香喷喷；
吹的吹来打的打，
龙王公主正招亲。

螃蟹将军钳子大，
乌贼将军黑吓人；
虾公大臣年纪老，
谁也不称公主心。

公主低头泪满腮，
臣将个个发了呆；
龙王一声命令下，
全宫美男上殿来。

全宫美男上殿来，
好比茶花朵朵开；
公主一看就摆手，
没有一个中心怀。

公主低头不开腔，
臣将个个发了慌；
宫前宫后都议论，
龙王一时无主张。

公主低头不高兴，
臣将个个正担心；

忽闻虾兵来禀报，
凡间来个美男人。

听说来个美郎君，
龙王下令快召进；
虾兵蟹将齐出动，
蜂拥六丘入龙门。

六丘走进龙王宫，
继续在把宝鲤寻；
谁知人家选驸马，
把他当做大贵人。

公主细看六丘样，
脸如朝阳发红光；
眼比龙珠还透明，
臂膀宽宽颈脖长。

陆地生来陆地长，
湖水圆圆是面庞；
明山高高是头脑，
红水弯弯是肚肠。

公主越看越喜欢，
公主越看心越甜；
这样后生天下少，
哪来这样好青年？

看见六丘好人才，
公主吃吃笑[1]起来；
公主轻轻唱起来，
公主翩翩舞起来。

六丘抬头见公主，

脸上两个酒杯窝；
面如桃花淋细雨，
金枝玉叶娇嫩多。

公主长得十分乖，
鼻如悬胆吊下来；
眉像银河眼像月，
嘴像芙蓉花正开。

公主羞把六丘瞧，
心中蜜话在眉梢；
我的容貌美不美？
我的体态娇不娇？

你的容貌如花美，
达七比你美万分；
关怀体贴说不尽，
胡椒煨[2]茶暖透心。

我俩天生好姻缘，
好比塘中并蒂莲；
你今要我当驸马，
心中好比万箭穿。

山珍海味吃不完，
金银宝贝堆成山；
丫鬟舞女千千万，
驸马为何不喜欢？

山珍海味不想吃，
金银宝贝不喜欢；
舞女娇娇不解闷，
想起七妹泪汪汪。

---

[1]　吃吃笑：喜悦、愉快地轻笑。

[2]　煨：小火慢煮。

叫声我的驸马郎，
今天何故泪汪汪？
你要金银有几库，
你要宝贝有几仓。

新打剪刀难开口，
生打芝麻口难开；
六丘低头不说话，
公主难测又难猜。

再问我的驸马郎，
为何问你不搭腔？
你若想要当皇帝，
父王让贤给你当。

新打剪刀难开口，
生打芝麻口难开；
六丘还是不答话，
公主伤心哭起来。

三叫我的驸马郎，
到底为何不开腔？
是我长得不相配，
还是父王礼不当？

金银宝贝我不想，
皇帝驸马我不当；
公主长得比花美，
龙王待我胜爹娘……

六丘答话到这里，
两眼不禁泪汪汪；
公主着急大声嚷，
你说到底为哪桩？

六丘面上有难色，

心有隐言口难张；
告诉我的好公主，
我心已给七姑娘——

她是财主苦养女，
我是财主苦长工；
我帮她来她帮我，
患难相交情意浓。

患难相交情意长，
好比一对美鸳鸯；
歌圩上面同发誓，
生死我俩要成双。

毒蛇追来我俩打，
猛虎拦路我俩冲；
天崩下来我俩顶，
大地裂开我俩缝。

我俩好比鱼和水，
鱼水分开活不成；
我俩好比骨和肉，
骨肉分开命难存。

我俩决定要成亲，
谁知财主下毒心；
半夜梳头出暗髻（计），
限要宝鲤做聘金。

为她才来要宝鲤，
为要宝鲤才分离；
花猫吃对鲤鱼胆，
苦在心头人不知。

为她才来要宝鲤，
为要宝鲤才分离；

三寸钢刀吞下肚，
割断肝肠你不知。

求叫一声好公主，
请你莫要把我逼；
若还逼我当驸马，
我愿头身两分离。

若还逼我当驸马，
我愿头身两分离；
五马分尸我也愿，
碎尸万段我也依……

六丘说来欲断肠，
公主感动泪盈眶；
殿上宝珠失光彩，
洞房花烛也失光。

公主细想又细思：
他心已经给达七；
生按牛头不吃水，
硬扳牛角扳不直。

世间真有这种人，
恩爱情义值千金；
泰山压顶不改意，
海枯石烂不变心。

世间真有这种人，
爱情好比白玉纯；
宝贝美人都不要，
只要真诚一颗心。

世间真有这种人，
不重钱财只重情；
坚贞爱情无价宝，

荣华富贵当浮云。

世间真有这种人，
爱情实在太坚贞；
为情不要富和贵，
就是死了也甘心。

他心已给好情人，
米煮成饭香喷喷；
怎能私心为自己，
拆散人家好婚姻？

他心已给七姑娘，
木已成舟水上航；
怎能私心为自己，
棒打人家美鸳鸯？

他心早已给达七，
铁钉进木难拉出；
怎能私心为自己，
破坏人家美夫妻？

我怎能做那种人，
不讲理来不讲情；
夺人所爱害人命，
用人骨头建花厅？

公主思前又想后，
又同情来又可怜；
心上挖肉忍住痛，
要给他俩来成全。

我们不能结成双，
结成兄妹是应当；
我把宝鲤送给你，
希望你们早成双！

我们不能成双对，
结成兄妹永不忘；
我把宝刀送给你，
遇难时候它闪光。

一日相聚百日恩，
临别难舍又难分；
金银宝贝送给你，
希望你们早成亲。

公主一声命令下，
虾兵蟹将送行忙；
吹的吹来打的打，
欢送六丘回家乡。

雪中送炭真高尚，
六丘感动泪汪汪；
多谢公主好妹妹，
哥哥永世不能忘。

八、团圆

红河水，
长又长，
两岸百花千里香；
如今宝鲤得回了，
我和达七结成双。

山山岭岭来祝贺，
四邻亲友来闹房；
气死莫琼癞皮狗，
气坏芦婆毒母狼。

气坏芦婆毒母狼，
乐坏达七好姑娘；
我耕田来她织锦，
日子香过芝麻糖。

日子香过芝麻糖，
六丘心里喜洋洋；
岂知达七被抢走，
今晚莫家做新娘？

抢亲队伍似虎狼，
吹吹打打震山冈；
达七坐在花轿里，
想起六丘断肝肠。

丘哥我的心上人，
可知妹今受苦情？
你若回来迟一步，
只能见尸不见人。

莫望了，
塘干藕死莫望莲；
六月莫望山头雪，
今生莫望再团圆。

气死我，
月亮晒禾气死天；
生来不能成双对，
阎王殿下再团圆。

花轿抬到红河边，
达七肚痛喊连天；
下得轿来马上跑，
一跳跳下急水滩。

一群狗腿大声喊，

新娘跳下急水滩；
恶浪滔滔猛拍岸，
莫琼见了心胆寒。

六丘回到红河边，
心花开放喜连连；
忽听有人喊救命，
六丘飞步跑上前。

六丘上前看端详，
才知七妹落了难；
为救亲人跳下河，
水里潜来浪里翻。

六丘愤怒叫一声，
山摇地动鬼神惊；
海浪闻声吓破胆，
马上浪静又风平。

劈波斩浪斗凶顽，
谁说这是丢命滩；
六丘打退勾魂浪，
救起达七上河岸。

达七醒来睁眼睛，
见了六丘喜又惊；
这是真情还是梦？
你是鬼呀还是人？

我是人呀不是鬼，
为救妹妹特赶回；
莫琼害人心狠毒，
叫声莫怕我的妹。

自哥落海那一天，
莫琼到屋乱蛮缠；

蚂蟥钻进螺蛳肚，
他想搞坏妹心肝。

他想搞乱妹心窝，
软捧硬压诡计多；
说我不从把我抢，
硬拉妹妹进狼窝。

盼你来救来不了，
心想逃跑又难逃；
油炸猪肝过了火，
你讲心焦不心焦？

芥菜生高砍了表，
出头无望起横心；
我俩生时不成对，
死到海里去共坟。

条条大路通南海，
陆路不通走江河；
千求万请红河水，
带到南海会哥哥。

果真会见好哥哥，
死里把我来救活；
世上最高数天顶，
天下最好数哥哥……

叫声妹妹莫要气，
狼狗猖狂要收拾；
四处塞窿提螃蟹，
看他横行到几时！

看见达七被救醒，
莫琼又要来抢人；
饿狗想吃天鹅肉，

张嘴汪汪叫不停。

聘金你家已收下，
你早就是我的花；
你若不愿上花轿，
小心敲断你门牙。

达七听来心气愤，
说起话来像雷鸣；
你若要我嫁给你，
我把条件讲你听。

一要抽出你骨髓，
二要抠出你眼睛，
三要割下你肝胆，
四要挖出你狼心。

请了大厨来摆弄，
早晚给我做点心；
这些你若办不到，
请等太阳从西升。

莫琼听罢肝火盛，
怒气冲冲要杀人；
想偷到牛先打狗，
杀了六丘再求亲。

莫琼眨眼动眉毛，
打手挥枪又舞刀；
六丘宝刀来抵挡，
猛过关公耍大刀。

莫琼喊杀冲九天，
包围六丘在中间；
六丘剖开墨鱼肚，
看清这副黑心肝。

莫琼打手逞凶狂，
六丘宝刀闪红光；
红光一闪敌头落，
莫琼挨刀见阎王。

大树倒来猢狲散，
达七六丘得团圆；
千人祝来万人贺，
众人拾柴火更燃。

众人拾柴火更燃，
太阳晒花花更鲜；
喜事越办越欢喜，
欢歌越唱心越甜。

千日造船今渡河，
千年铁树花满坡；
千里乌云今朝散，
千山万弄都是歌。

同心送走漫长夜，
合力捧出艳阳天；
千重难关一闯过，
他俩成双美名传。

美名传扬遍壮家，
个个赞来人人夸：
冬梅哪怕霜雪打，
雪里开出并蒂花。

流传地区：

柳州地区来宾县[1]

唱本保存者：

佚名

搜集翻译整理者：

蒙光朝（壮族）

搜集地点：

来宾县

时间：

1980 年

原载《民间文学》，1981 年第 6 期。

附
记

《七姑》，原名《达七六丘》，最早的形式是师公调。

师公，壮语称"公筛"，即巫师，男性。广西壮族聚居区曾普遍盛行"梅山教"（或称"三元教""师教"），多神信仰。

在壮族地区，大凡天旱求雨、丰收酬神、驱鬼逐疫或料理丧事，须请师公主持盛大的祭祀仪式。这种仪式的称谓各地不一，有"打醮"、"做斋"、"古筛"（壮语译音，意为做师）、"调芒庙"（壮语译音，意为跳庙神）、"调筛"（跳师的谐音）、"唱师"等称谓。师公在祭祀仪式中，进行念咒、卜卦、请神、驱鬼等巫术活动，戴面具跳神，以师公调唱一些咒语或宗教故事等，边歌边舞，多跳壮族民间神"莫一大王""甘王""三界公"等。师公将傩祭与当地的唱歌吟诗的风俗相结合，形成了自己独有的风格。

壮族著名文献《布洛陀经诗》来源于师公唱本。

师公所表演的各种跳神舞蹈称之为"师公舞"。

师公所表演"莫一大王""甘王""三界公"等叙事性强的跳神舞蹈称为"师公戏"。壮族师公戏简称"壮师戏"或"壮师剧"，1987年广西壮族自治区文化主管部门正式定名为"壮师剧"。

师公戏由壮族师公在跳神中的"唱筛"演变而成。据考证，师公戏从明正统十年（1445）发轫至今已有五百多年历史。

师公戏原为一人唱故事，后发展为一人多角唱故事及跳面具舞，到了清朝同治年间（1862—1874）开始分角色演故事。

师公戏是壮族特有的剧种。鼎盛时期，在来宾市兴宾区、武宣县、象州县、合山市等桂中地区壮族聚居村落，几乎都有壮师戏班或壮师戏演员。他们除演传统剧目外，还编演反映群众生产生活的剧目，每逢佳节喜庆，都有演出活动，深受群众喜爱。

2002 年 8 月，武宣县通挽镇被广西壮族自治区文化厅授予"广西壮师戏之乡"的荣誉称号。

2007 年 1 月，广西壮族自治区人民政府将来宾市申报的"壮族师公戏"列入第一批广西壮族自治区级非物质文化遗产保护名录。

搜集翻译整理者蒙光朝当时没有找到《达七六丘》传承歌师。

该长诗搜集地今鲜有《七姑》传唱者。（过竹、邵志忠）

[1]　来宾县：今来宾市兴宾区。

甫娅

（壮族）

一、开春

青青的山坡上，
小小的村庄边，
太阳暖暖地照，
南风轻轻地吹，
小鸟在林中玩耍，
白云在山头飘游，
甫娅在山坡上锄地，
甫娅在山坡上唱歌。

甫：　　咳，老娅呀，
　　　　二月交春树叶青，
　　　　我们一同来锄地。
　　　　锄地格其空[1]，
　　　　锄地空其格[2]。
　　　　辛辛苦苦为什么？
　　　　为了养活我们自己。
　　　　锄地锄多少？
　　　　两垄不算多，
　　　　一垄不算少。
　　　　种一垄棉花，
　　　　种一垄玉米。

娅：　　咳，老甫呀，
　　　　不要把荒地都开完，

不要把芒草全割光，
留一丛芒草在地边，
五月六月太阳猛，
我们俩老好遮阴。

咳，老甫呀，
锄的地不要全撒棉籽，
锄的地不要都种玉米，
留一块种芭蕉，
留一块种生姜，
女儿坐月的时候，
要芭蕉喂娃娃，
要生姜煮鸡吃。

甫：　　三月撒棉籽，
　　　　六七月除草，
　　　　八月棉桃开，
　　　　棉花遍地白，
　　　　九月十月摘棉花，
　　　　填满背篓装满筐。

夜深人们睡得甜，
我们俩老把棉选，
选了一箩又一箩，
选了一晚又一晚。
深夜人们睡得香，
我们俩老来轧棉，
我摇轧机你送棉，
棉籽棉絮分两边。

古人真聪明，
造了弹棉弓，
弹上又弹下，
棉花白蓬蓬。
松松的棉花铺板上，
轻轻的手板快快搓，

[1][2]　格其空、空其格：锄地的声音。

搓成棉条纺成线，
纺成线团络成绺。

娅：　你去请上家的伯母，
　　　我去请下家的婶娘，
　　　在谷仓下立柱，
　　　一同来挂纱，
　　　把棉纱绕在织轴上，
　　　把织轴装在织机上，
　　　两脚上下踩，
　　　双手左右摆，
　　　梭子飞来又飞去，
　　　像只穿云的燕子。

织得白布一匹匹，
染成蓝布一捆捆，
拿一匹给女儿缝襁褓[1]，
拿一匹给娃娃做衣裳。

二、赞歌

一位远方的后生，
撑伞来到山坡上。

后生：　清清的流水，
　　　绿绿的山林，
　　　这是什么村寨？
　　　这是什么地方？
　　　田地多肥美，
　　　村寨好风光。

娅：　撑伞去哪里，后生哥？
　　　穿得漂漂亮亮住何方？
　　　是卖针线的远客？
　　　是贩盐巴的老板？

后生：　我不卖针线，
　　　我不贩盐巴，
　　　我去上街赶圩[2]，
　　　我到下圩游玩。
　　　走累了找不到歇脚的地方，
　　　口渴了找不到饮茶的人家，
　　　想在婆婆家里歇歇脚，
　　　想到婆婆家里喝口茶。

娅：　婆婆的房子是三根竹子撑起来的，
　　　婆婆的房子是六根艾梗架起来的，
　　　像田边看水的茅寮[3]，
　　　像地头遮阴的草棚。
　　　家中无床又无凳，
　　　家中没酒又没茶，
　　　没有地方让贵客歇脚，
　　　没有酒菜来招待贵客。

后生：　油盐我随身带，
　　　米酒我自己有，
　　　只求个地方放伞，
　　　只求个角落歇脚，
　　　好客的人家，
　　　屋子虽小也住得下，
　　　小气的人家，
　　　房子再宽也住不下。

[1]　襁褓：襁，指背负婴儿用的宽带；褓，指包裹婴儿的被子。

[2]　赶圩：亦称赶街，即赶集。圩，乡村一定区域范围聚集交易农副产品与工业品的场所。

[3]　茅寮：茅草搭建的房屋、棚屋。

娅：　　放下伞吧，

　　　　歇歇脚吧，

　　　　婆婆的房子虽然不宽敞，

　　　　也还有招待客人的地方。

　　　　卖针线的远客来住过，

　　　　来唱歌的后生也住过，

　　　　假如不嫌弃，

　　　　就请到我家。

后生：　我从远方来，

　　　　路上的泥泞够膝盖，

　　　　鞋子弄脏了，

　　　　丝带沾泥了，

　　　　哪儿通河边？

　　　　到哪里去洗？

娅：　　穿过那边的树林，

　　　　就看见一片芦苇，

　　　　那儿有一条小溪，

　　　　可以到那儿去洗。

后生：　那儿有没有遮阴的大树？

　　　　那儿有没有乘凉的石凳？

　　　　那里有没有鸳鸯晒翅膀？

　　　　那里有没有龙女在玩耍？

　　　　河边有没有姑娘洗衣裳？

娅：　　坡下的榕树像绿伞，

　　　　溪边的石凳滑如镜，

　　　　那里常有戏水的鸳鸯，

　　　　那里常有龙女洗衣裳，

　　　　后生常在那儿游玩，

　　　　姑娘常在那儿歌唱。

三、媒引

　　　　小溪边，

　　　　树荫下，

　　　　有个姑娘在捞虾，

　　　　溪水淙淙地流，

　　　　姑娘悠悠地唱。

　　　　后生走下山坡，

　　　　后生走向溪边，

　　　　他看见了姑娘的身影，

　　　　他听见了姑娘的歌声。

后生：　这是下凡的仙女，

　　　　还是人间的姑娘？

　　　　歌声好似流淌的清泉，

　　　　身影好似轻飘的彩云。

　　　　鞋子脏了明天再洗，

　　　　回去问婆婆这是谁家的姑娘，

　　　　丝带污了明天再洗，

　　　　回去请婆婆给我做个牵线人。

娅：　　是丝带被水冲走啦，后生哥？

　　　　是鞋子沉落水底啦，年轻人？

　　　　是踩着马蜂窝？

　　　　是碰见了老虎？

　　　　为什么这样惊慌失措？

　　　　为什么这样神魂不定？

后生：　不是踩着马蜂窝，

　　　　不是碰见了老虎，

　　　　我急急忙忙赶回来，

　　　　有一件事情问婆婆，

　　　　我刚才下坡去的时候，

　　　　看见溪边有一位姑娘，

　　　　穿着蓝色的裙子，

穿着黑色的上衣，

歌声像画眉唱的一样好听，

身影像彩云飘过一样轻盈，

她是哪家伯伯的女儿？

她是哪家婶婶的明珠？

娅：　　穿黑衣蓝裙的姑娘，

　　　　是邻家伯伯的女儿，

　　　　她骂了你啦？

　　　　她得罪你啦？

后生：　咳，婆婆呀，

　　　　我家太穷苦，

　　　　连一只报晓的公鸡都没有，

　　　　我孤孤单单，

　　　　连一条抹汗的手巾都没有，

　　　　想向姑娘要条手巾，

　　　　请婆婆帮我问一问，

　　　　请婆婆帮我讲一声。

娅：　　听了你的话，

　　　　婆婆心高兴，

　　　　翻过篱笆快快走，

　　　　穿过围墙急急跑，

　　　　翻过篱笆去和她讲，

　　　　穿过围墙去和她说。

　　　　你们是同辈人，

　　　　你们才貌相称，

　　　　如果姑娘应承，

　　　　就是你的福分。

　　　　姑娘呀姑娘，

　　　　鸡进菜园了，

　　　　鸡吃韭菜了，

　　　　快来把鸡赶。

姑娘：　韭菜和韭菜长在一垄，

葱蒜和葱蒜种在一起，

我的菜园是种葱蒜的，

我的菜园不种韭菜哩！

鸡吃韭菜你就赶，

我忙着做工不得闲。

娅：　　我这个大媒做不成了，

　　　　我缺牙的嘴讲不灵了，

　　　　你到别处去吧，后生哥，

　　　　你找别人去吧，年轻人。

后生：　是不是未请婆婆喝过酒？

　　　　是不是未给婆婆吃槟榔？

　　　　未喝过酒嘴巴涩，

　　　　未吃槟榔舌头硬？

　　　　无心为我做媒人，

　　　　无意为我把路引？

　　　　削一刀怎能做成一双筷子？

　　　　说一次怎能就得一条手巾？

　　　　请婆婆再去一趟，

　　　　请婆婆再说一次，

　　　　摆十碗十碟，

　　　　重重谢婆婆。

　　　　有心请婆婆饮酒，

　　　　现在就敬一碗吧，

　　　　来日饮姜酒[1]，

　　　　婆婆已老了。

　　　　（后生从身上取下葫芦，把酒斟了满满的一碗。）

后生：　这是娘酿的糯米酒，

　　　　埋在床头已三年了。

　　　　比娘的奶汁还甜，

[1]　饮姜酒：壮族生育习俗，孩子出世后满一个月，做父母的就要为孩子做满月，俗称满月酒。特别要请外公、外婆。宴请必饮姜酒。外公外婆要送颈圈、背带链、手镯、脚轭以及裙衫、背带。其他亲友则送糖、衣服等。

0046

比山上的桂花还香，

舅舅来了爹也未饮过，

姐夫来了娘也不准喝。

爹说这是专为我请大媒酿的，

娘说这是专为我办喜事留的。

上好的酒敬上好的人，

请婆婆喝干这一碗吧。

娅：　　酒是醇香的酒，

人是有心的人。

把酒放下吧，

婆婆喝醉了，

谁来做媒人？

婆婆再去一趟，

婆婆再说一次，

望她满口应承，

那是你的福分。

（婆婆又走下山坡，故意向姑娘唱歌。）

娅：　　谁的蓝布晒在沙滩上？

谁的棉纱晾在小河边？

牛群从树林出来了，

蓝布给水中踩烂啦，

牛群从山上下去了，

棉纱给黄牛舐污啦！

姑娘：　我的蓝布晒在沙滩上，

我的棉纱晾在小河边，

牛群来了请你赶一赶，

我正忙着做工没空闲。

后生：　麻烦你了，婆婆，

我要走了，婆婆，

我到别村去玩了，

我到别村去游了，

因为贵村的姑娘，

个个都是金鱼嘴，

不会唱歌只会吃。

娅：　　讲得对了，后生哥，

我们这里是金鱼地，

全村的公鸡不会啼，

全村的母鸡不下蛋，

全村的姑娘不唱歌。

姑娘：　哪里来的后生这样没有礼？

哪里来的后生出口把人伤？

讨厌的老娅呀，

你安的什么心？

帮闲把自家的女儿欺，

把牛粪涂上我们的脸！

赌气的话把姑娘气坏了，

赌气的话把姑娘激愤了，

后生的歌把姑娘引出来了，

婆婆的话把姑娘逗出来了。

娅：　　到这儿来坐吧，姑娘，

婆婆有话同你讲，

婆婆的发根痒得紧，

快来给婆婆捉虱子。

姑娘：　婆婆的头发已经白了，

讲话还这么不正经，

哪有工夫给你捉虱子，

人家的活路忙得要命。

娅：　　姑娘，你别生气，

婆婆给你讲个故事。

古时没有河流，

大水冲过山坳，

大水围在山谷。

0047

古人不会唱歌，

十九岁的姑娘没人伴，

二十岁的后生孤单单。

盘古造了日月星辰，

人间才有了光明；

蒙伦[1]教会人唱歌，

后人才增添欢乐。

从那时候起，

男女相爱结同心，

男女相爱做夫妻。

从那时候起，

男女相逢就唱歌，

男女唱歌结情谊，

谁不唱歌就无礼。

祖母对我这样说过，

母亲对我这样说过，

我自己亲身经历过，

唱歌使人心里明亮，

唱歌使人得到幸福。

姑娘： 我明白了，婆婆，

我知道了，婆婆，

你说嫦娥心里明亮，

你说唱歌得到幸福，

为什么又把客人放走？

为什么不把客人挽留？

娅： 不是婆婆不挽留，

是你自己把他赶走。

你知道就好了，

你明白就好了，

有心的人能得到幸福，

有情的人就不会孤独。

[1] 蒙伦：传说中的古代歌手，对歌是由他创始的。

后生哥，不要在林中徘徊了，

年轻人，不要在山坡闷坐了，

吹起好听的木叶吧，

快唱起真情的歌。

唱那蛟龙双双入大海，

唱那凤凰双双飞上天，

唱那画眉恋山林，

唱那彩蝶伴花眠。

四、相逢

后生： 想要不开口，

又压不住心中的情意，

想要不唱歌，

又怕错过唱歌的时光。

清清的泉水潺潺响，

是赞美泉边的丹茶，

远方的后生来唱歌，

是为了美丽的姑娘。

姑娘： 丹茶野生又野长，

自古到今无人采，

值不得泉水赞美。

姑娘生来嘴巴笨，

从小学歌不会唱，

值不得贵客夸奖。

后生： 移步过来吧，姑娘，

你像露出东山的太阳，

把山坡照得光光亮亮。

移步上前吧，姑娘，

你每一步都值十两银子，

你每一步都比千金还贵。

你像蛋壳一样洁白，

你像荔枝一样鲜红，

你像星星一样明亮，

你像玉石一样晶莹。

蝴蝶绕着你的花头巾飞舞，

清风舍不得离开你的衣裙。

你手上的银镯闪闪发光，

你耳边的耳环轻轻摇荡。

你说的话谁都会记在心里，

宁愿把皇帝的圣旨丢在一旁，

如果你喜欢天上的星星，

人们也会争着上天去摘星星。

姑娘：　远方的客人呀，

你的话虽甜，

但不能把烂铜说得变成黄金，

也不能把山鸡说得变成凤凰。

一棵大树还分枝，

一条竹子也有节，

你我饮水不同井，

你我天地各一方。

你到这儿和我相会，

像天上飘游的浮云，

早晨在天的这一方，

晚上又在地的那一方。

后生：　我看见一枝丹茶花，

生在高高的石崖上，

长在深深的潭边，

花枝伸到水面上，

映得水面画一般。

绿绿的叶映在水里，

红红的花映在水里，

鱼儿想吃它的嫩叶吃不到，

鱼儿想吃它的花瓣吃不着，

弄得鱼儿沉下又浮起，

弄得鱼儿转来又转去。

我盛了一盆清水，

不指望把花插在盆里，

若能把水浇在花根上，

我就十分高兴了。

我从远处来到这里，

不指望和你结情义，

若能讲一两句知心话，

我就心满意足了。

姑娘：　崖上的丹茶花，

任着风吹雨打，

绿绿的叶子不甜，

红红的花朵不香，

鱼儿何必为它花心思？

鱼儿何必为它费精神？

潭边长的丹茶花，

自有天上雨水淋，

不需清水浇花根。

野生的花不好看，

娘生的女不伶俐，

不懂得和远客谈心。

后生：　有只可怜黄蝴蝶，

会飞就去找花蜜，

日间翩翩飞得高，

飞高又被大风吹，

夜间转转飞得低，

飞低又怕碰树枝。

可怜那只黄蝴蝶，

日日夜夜飞不歇，

年年都见花满枝，

不曾伴花飞一时。

我从家里到贵村，

为了唱歌出远门，
走过一山又一岭，
走过一村又一村，
来到这儿碰见你，
来到这儿和你唱，
可惜唱歌唱不好，
实难唱得你心动。

姑娘：　蝴蝶有翼到处飞，
花朵哪能离花枝？
只要蝴蝶有心来，
蝴蝶有心花就开。

小树成荫要几年，
玉米结苞需时日，
刚种下的树，
哪会马上结果子？
刚开声唱歌，
哪知真心不真心？

后生：　蝴蝶飞过山，
蝴蝶飞过河，
不怕山高路远，
不怕风吹雨淋，
寻花一片真心。

一片真心和你唱，
一片真情同你讲，
不知唱到什么时候，
你才唱一首真情的歌？
不知讲到什么时候，
你才讲一句知心的话？

姑娘：　岩坚不怕大雨淋，
山青不怕无柴烧，
真情是翅膀，

要上青天能飞上；
诚心是渡船，
要过大海能过去。

早晨大雾白蒙蒙，
初升日头看不清，
落尽叶儿苦楝树，
未到春暖不返青。
我们刚刚见面，
我们刚刚相识，
真情的歌从哪儿唱起？
知心的话从哪儿讲起？

后生：　从哪儿唱起？
从相逢的时候唱起。
从哪儿讲起？
从相见的时候讲起。
从相逢唱到我们成家，
从相见讲到心里开花。

姑娘：　从相逢的时候唱起，
从相见的时候讲起，
让我们唱相逢的歌吧，
让我们唱相见的歌吧。

哥和妹相逢，
好比蜜蜂遇花丛；
妹和哥相会，
好比鱼儿逢春水。
我们相逢好似两条河水相汇，
我们相会好似两棵大树相连，
我们相逢胜过牡丹伴芙蓉，
我们相会胜过彩凤会蛟龙。

五、问巾

后生：　感谢姑娘的心意，
　　　　感谢姑娘的情义，
　　　　我家穷又苦，
　　　　我家苦又穷，
　　　　穷得像一张光溜溜的木叶，
　　　　早晨没有一只报晓的公鸡。
　　　　几代人没有包头的头巾，
　　　　几世人没有抹汗的手巾。
　　　　去饮喜酒的时候就忧心，
　　　　去赶歌圩的时候也忧心，
　　　　同伴们样样都有，
　　　　难跟同伴一起走，
　　　　说起来真是凄凉，
　　　　说起来真是难过。
　　　　想问姑娘赠我一条手巾，
　　　　又不知道你肯不肯答应。

姑娘：　我家也贫穷，
　　　　没有田地种。
　　　　山上开块地，
　　　　棉籽撒在岭顶上，
　　　　乌鸦天天采，
　　　　撒下棉籽全扒光，
　　　　收不上一把棉，
　　　　怎能织手巾？

后生：　鸡不叮黄豆，
　　　　狗不咬芋头，
　　　　猫不下水捉鱼，
　　　　乌鸦不吃棉籽，
　　　　我家也种棉，
　　　　你莫把人骗，
　　　　去年棉花得丰收，

你家收上千百箩，
黑布白布堆满箱，
头巾手巾装满柜。
想要一条手巾都不应允，
叫我伤心得真想哭一场，
哭自己的伶仃，
哭自己的凄凉。

姑娘：　不要伤心不要哭，
　　　　莫叹伶仃说凄凉，
　　　　眼泪掉了是收不回的，
　　　　伤心是没有药医的，
　　　　你要手巾拿钱来，
　　　　我拿钱去给你买，
　　　　上家的婶婶有上好的头巾，
　　　　下家的伯母有漂亮的手巾。

后生：　莫非妹是爱钱人？
　　　　我家贫寒没银钱，
　　　　只有祖传的一支银簪，
　　　　只有娘留下一双银镯，
　　　　如果不嫌弃，
　　　　就请你收下。

姑娘：　祖传的银簪哥珍藏，
　　　　哥的银镯请送别人，
　　　　妹不是做买卖，
　　　　妹不是爱钱人。
　　　　只恨自己手脚笨，
　　　　织的手巾难见人。
　　　　妹纺的纱像扁担那么粗，
　　　　妹织的布像篱笆那么疏，
　　　　要用梯子来做隔纱机，
　　　　要用猪槽来做梭子。

后生：　谁不知妹妹聪明又伶俐，

0051

长诗·广西卷（一）
婚姻爱情长诗

妹妹的手艺仙女也难比，

妹织的头巾像蝉的翅膀，

妹织的手巾像飘的彩云，

得妹的头巾来包头，

三伏暑天也凉爽，

用妹的手巾抹一回，

一生一世都难忘。

姑娘： 我的手巾实在不成样，

我的手巾实在太难看，

手巾是用大麻织的，

巾尾是用野草结的。

哥讲的话虽好听，

不知真心不真心？

有心想送哥一条，

又怕哥把手巾丢，

将妹的手巾丢屋外，

给哥的心上人来踩。

六、相谑

后生： 倒是我忘记问，

妹的夫婿是高还是矮？

刚才我忘记问，

妹的夫婿是乖还是呆？

乖的邀他和我去同游，

呆的请他和我认老同。

姑娘： 你说妹有丈夫，

你去问村头的榕树，

如果榕树会答话，

妹就有丈夫。

你说妹有夫婿，

你去问河边的石头，

如果石头会答话，

妹就许了人。

后生： 妹说没有丈夫，

哥哪能相信？

床底为何摆着两双鞋？

床头为何放着两个枕头？

姑娘： 哥你多心不会想，

哥你心细不会猜，

一双鞋是我自己穿，

一双准备送给有心人；

一只枕头我自己垫，

一只准备送给有情人。

后生： 刚才下山坡，

听见妹唱歌，

问妹同谁唱，

叫妹同谁讲，

若妹不是成双人，

为何独自把歌唱？

姑娘： 妹同林中画眉唱，

妹同河里鸳鸯讲，

我问林中画眉鸟，

哪日有人同妹成双飞？

我问河里鸳鸯鸟，

哪日有人伴妹成双游？

可惜画眉不识话，

可惜鸳鸯不会讲。

后生： 画眉鸳鸯不会讲，

妹你何必独自唱，

你家门前有头牛，

你家门前有匹马，

水牛你爹耕田用，

白马装鞍谁人骑？

姑娘：　我爹年纪大，

山高路陡难出门，

我家那匹马，

留给我爹出门骑。

妹虽手脚笨，

还会耙田会犁畬[1]，

我家那头牛，

和妹一同耕田地。

哥你如今出来玩，

哥你当春出来游，

放下田工无人做，

放下犁耙无人理，

不怕家中妻子生气？

不怕家中妻子骂你？

后生：　你说没有丈夫，

那日经过你门口，

是他走出大门，

脑袋像饭篓，

眼睛似蚬肉，

手如搅火棍，

脚像烟筒竹，

牙齿像门板，

开口像山洞。

山猪见了认他做哥哥，

野牛见了叫他做叔叔。

姑娘：　你的妻子我也见过，

那日我走过你门前，

见她坐在火塘边，

脸像藕叶大，

耳朵像把扇，

坐下来像个妖怪，

站起来像个猴子。

后生：　你说你的丈夫好，

吃饭时抓腰带的虱子放到嘴里咬，

山顶上的人听见以为是枪响，

山麓下的人听见以为有强盗，

吓得脸变忙逃跑，

跌断手来跌断脚。

姑娘：　你说你的妻子好，

额头上搓得出污垢三十斤，

做糍粑不用去找芝麻了，

污垢撒落糍粑里，

夫妻吃得香又甜，

边吃边赞糍粑做得好。

后生：　妹你去买马，

挑得一匹蹩脚马，

妹你找丈夫，

找得个跛脚货，

走路像条跛脚狗，

难为你看得惯。

姑娘：　哥你一年到头找爱人，

找得一个獠牙的娇妻，

两颗牙齿翘出像狗牙，

难为你的一双眼睛。

后生：　妹你说我有妻子，

请你同哥回家走，

如果我娘尚未请媒人，

如果我爹还未有媳妇，

我就不放你回来，

[1]　畬：畬地。

就要你在我家住。

姑娘：　你还没有妻子，

我已有了丈夫，

我丈夫是匹蹩脚马，

直到如今未出世，

我丈夫是个跛脚货，

从小跌下河死了！

多心的哥啊，

左说右说你不相信，

狠心的哥啊，

要怎样说你才放心？

后生：　如果妹的丈夫未出世，

如果妹的丈夫已经跌死，

我就回家去卖田，

我就回家去卖地，

请人给你爹娘送聘礼，

抬轿上你家门来娶你。

姑娘：　妹是单身女，

哥是独身郎，

我们正好配成一担，

我们正好配成一双。

若得哥叫我娘做岳母，

妹的心里甜过糖，

我若能叫你爹做公公，

妹的心像盛开的桐油花一样。

没有聘礼不要紧，

只盼花轿早早来。

不用爹来叫，

不用娘来催，

花轿刚刚到村边，

妹就移步出门前。

七、结义

后生：　如果妹真心，

我们就双双把花栽，

我们就双双把果种，

花朵开满枝，

果子结满树，

让天上的云彩都失色，

让天下的人们齐赞美。

姑娘：　如果哥诚意，

愿同哥一起把花栽，

愿同哥一起把果种。

让花开满枝，

让果结满树，

让天上的云彩都失色，

让天下的人们齐赞美。

后生：　只要妹真心，

我俩就起誓结义，

等到鲜花开满枝，

等到果子结满树，

彩蝶双双飞花间，

凤凰对对宿枝头。

姑娘：　只要哥诚意，

我俩就起誓结义，

我俩的情义山样重，

我俩的情义海样深，

愿栽下的花早结果，

愿种下的树早成林。

后生：　哥妹双双来结义，

结义在花前，

情义永似花样鲜，

结义在树前，

情义永似果样甜，

结义磐石边，

情义永似磐石坚，

结义在泉边，

情义长久似流泉。

姑娘：　哥妹双双来结义，

结义在花前，

情义的花朵永远不凋谢，

结义在树前，

情义的果子永远不离枝，

结义在山头，

大风吹不动，

大雨打不散，

结义日头下，

千年不断晴（情），

万代情不断。

后生：　只要真心相爱，

只要我俩成亲，

在石山顶做屋子也行，

在大树上做房子也行。

做官的人在房下走过，

如果他问起我们：

这是谁家的房子？

我俩就一同回答：

这是一对相亲相爱的人的房子，

比起官府衙门还要舒服，

我们相亲相爱过日子，

比起当官的还光明幸福。

姑娘：　只要真心相爱，

只要我俩成亲，

两片茅草遮身都情愿，

三条柱起间房子也称心。

三天吃一餐饭也好，

九天喝一碗茶也行，

哪怕五天共吃一粒葫芦籽，

哪怕九天共吃一颗黄瓜红，

艾叶苦麦也吃得甜津津，

芥菜茼蒿也吃得香喷喷。

如果别人夫妻吵嘴，

我们就手拉手去劝解，

如果别人夫妻打架，

我们就肩并肩去劝开。

假如有人问我们，

日子怎样过得这样美？

我们就一同回答：

相亲相爱日子就过得甜美。

后生：　只要真心相爱，

只要我俩成亲，

泥地做床也暖，

凉水泡饭也甜。

姑娘：　只要我们成亲，

早上一同出门去，

晚上一同回家来。

耘田两人同把伞，

车水两人同架车，

一边耘田一边谈笑，

一边车水一边唱歌。

我们在田里的时候，

斑鸠双双飞来田边，

我们在家里的时候，

喜鹊对对停在屋顶。

我们的脸上常有笑容，

我们的心里常常欢乐，

我们的生活时时美满，

我们的日子永远快活。

娅： 祝你们的日子快活，

　　　　祝你们的生活美满，

　　　　但愿别把婆婆忘记，

　　　　但望把婆婆记心头。

　　　　将来有日饮喜酒，

　　　　请婆婆去饮一杯，

　　　　来日有个小宝宝，

　　　　让婆婆去抱一抱。

后生、姑娘：若是竹篙再长叶，

　　　　我们就会把婆婆忘记，

　　　　若是马头能出角，

　　　　我们就会把婆婆忘掉。

　　　　将来有日饮喜酒，

　　　　当敬婆婆第一杯；

　　　　来日有个小宝宝，

　　　　定请婆婆来先抱。

　　　　祝婆婆像山上的松树，

　　　　千年枝叶长青青，

　　　　祝婆婆像山中的泉水，

　　　　万载长流永不断。

流传地区：

　　百色县[1]

传唱者：

　　杨正芳（壮族）

搜集整理者：

　　覃建真（壮族）、黄立业（壮族）、韦其麟（壮族）、杨仕衡（壮族）

搜集地点：

　　百色县世加乡

时间：

　　1959 年

原载《广西民间文学丛刊》，1980 年 9 月第 4 期，广西民间文学研究会编印。

附记

《甫娅》是田林壮戏的一个口头唱本，流传于田林、凌云、乐业、右江一带。现今《甫娅》仍在田林县各个壮剧剧团中演唱。《甫娅》等壮剧唱本不是师徒单线传承，而是剧团集体传承。

1959 年根据百色县世加乡 70 多岁的老艺人杨正芳口述汉译，并参考了其他一些异本。原歌以五言为主，亦有两言、七言、十一言的，每首歌句数不拘，有的长达二三十行。整理时，基本保持了原来比较自由的歌体。

1980 年，在 1959 年整理本的基础上再整理。除词句的修饰外，某些地方根据原始材料有所增删，较大的变动是保留了原始材料本来有的，而在 1959 年整理时删去了的男女双方互相戏谑的部分。这些戏谑的歌，互相讥讽对方的爱人（实际上不存在）如何如何丑怪，这种情况，在壮族青年男女对唱中是常有的。这种歌也许并不优美，但对于人们认识和了解壮族男女青年的社交活动的习俗，还是有着一定的价值。

唱本通过男女青年的对唱，表现了人们对美好爱情和幸福生活的追求和向往。从他们相见到定情结义的歌唱中，可以看到壮族某些社会风俗、生活习惯、心理状态和思想感情。这些歌，有的大胆热烈，有的柔媚委婉，大都优美动人。比喻是丰富而生动的，语言是朴实无华的。浓郁的乡土气息和独特的生活情调，使人感到作品的民族色彩是鲜明的。

这虽然是壮戏的唱本，但却是情歌表演唱。据了解，过去民间演

[1]　百色县：今百色市右江区。

出这个唱本时唱腔也不是壮戏的唱腔，而是民歌的曲调。民间流传的《甫娅》口头唱本，虽然都同样表现了男女青年从相见到定情的过程，但由于没有严密的结构和故事情节，在各章节所唱的歌可多可少，因而这些口头流传的唱本是长短不一的。

壮剧，广西壮族自治区地方传统戏剧，国家级非物质文化遗产之一。壮剧又叫"壮戏"，壮族自称"布托"。壮剧是在壮族民间文学、歌舞和说唱技艺的基础上发展而成的，多用当地壮族方言演出，唱腔曲调丰富。因方言、音乐唱腔、表演风格和流行地区不同而分为北路壮剧、南路壮剧、壮诗剧（广西壮剧）、富宁壮剧、广南壮剧（云南壮剧）。

该长诗今常在田林壮剧团演唱。（过竹、邵志忠）

唱秀英

（壮族）

开场歌

唱开场，
开场锣鼓纷纷响，
银锣声声众人听，
铜鼓声声传四方。

四方传音音有情，
世上悲欢数不清，
悲欢离合千千万，
单唱苦女林秀英，

一、讲香不过玉兰香

讲香不过玉兰香，
讲长不过流水长，
讲好不过秀英好，
四乡八村无二双。

秀英生来手脚勤，
夜夜搓麻[1]到更深，
每天做工早出门，
日头落山才回村。

秀英聪明又伶俐，
又会耙田又会犁，
插秧直过墨斗线，
手灵好比鸡叮米。

秀英掌犁又掌耙，
几多男子不如她，
犁头犁出千条路，
耙齿耙出水面花。

秀英麻利样样会，
绣花绣彩描谷穗，
织出壮锦人人夸，
蜜蜂蝴蝶身边飞。

秀英无哥也无弟，
左无亲来右无戚，
阿舅远住龙山沟，
阿叔出门无信息。

心想起，
那年年景真苦凄，
山洪淹死田中禾，
家中无钱又无米。

家中无米也无粮，
鼎锅生锈在屋梁，
财主逼租又逼债，
阿爸跳崖把命丧！

真悲凉，
五尺破席来送葬，
后门送葬哭声悲，
前门闯进山中狼！

吃人山狼把人害，

---

[1] 搓麻：织麻布前，要将麻皮搓揉，并细分成麻丝。

西村有个刘正才，
家财万贯谷满仓，
年年收租又放债。

催租逼债比狼恶，
秀英母女怎度过？
猪胆拌着黄连煮，
苦楝做柴灶底火。

二、断线风筝又有主

村里有个黄三哥，
住在村尾近山脚，
从小就同秀英玩，
同跟歌师学唱歌。

黄三秀英同年生，
好比苦楝结苦果，
苦楝树上结双对，
风里雨里同度过。

话讲起，
黄家林家齐苦凄，
生男生女同年景，
阿波[1]抱娃长叹息！

有钱人家喜添丁，
穷人添丁添愁意，
苦儿苦女心头肉，
苦水养儿共育女！

林家阿妹爱黄三，
苦奶喂给苦娃吃，
黄家阿姆[2]爱秀英，
苦奶喂给苦妹吃。

两双奶头同心意，
滴滴奶水似苦雨，
苦雨苦苦是人血，
脉管相通流一起！

一岁男孩一岁妹，
竹丝摇篮一起睡，
竹丝摇篮轻轻摇，
催眠歌儿唱几回？

苦叶苦枝共条根，
吃罢苦奶好好睡，
睡里梦里变金鸟，
蓝蓝天上并排飞！

三岁男娃三岁妹，
苦楝木盆装苦水，
苦楝木盆泪汪汪，
几次洗凉共盆水！

苦日苦夜共苦海，
苦日苦夜泡苦水，
园边芭蕉共条心，
火烧雷劈不成灰！

树上结出石榴果，
好比灯笼点着火，
两位阿妹喜在心，

[1] 阿波：阿爸。

[2] 阿姆：阿妈。

勒波[1]勒娟[2]常认错！

常认错，
背起妹仔寻外婆，
秀英当做黄三背，
外婆笑得牙齿脱！

常认错，
抱回男仔共被窝，
黄三当做秀英抱，
睡醒见了笑哈哈！

穷人头上降灾祸，
黄三阿姆遇病魔，
得病无钱去求医，
命落黄泉唱悲歌！

小小黄三死了娘，
父子孤苦怎熬过？
腊月无衣来遮身，
禾秆堆里把身躲！

一灾过了二灾来，
那年饥荒苦难挨，
七岁黄三跟阿爸，
攀山过崖摘野菜——

肚饿口渴腿发软，
忽然地转又天旋，
阿爸跌下百丈崖，
穷人命丧在深涧！

苦难言，

好比风筝断了线，
断线风筝是黄三，
孤儿飘零在人间！

苦难语，
好比路边鹅蛋石，
光身孤石是黄三，
人来人往谁捡起？

苦难熬，
好比崖上铁石鸟，
独飞独跳刺蓬中，
风吹雨打谁知道？

知情要数秀英妈，
茅屋接进苦娃娃，
黄三当做亲生儿，
辛酸凉热关照他。

秀英端来热水盆，
招呼黄三洗洗尘，
招呼黄三洗洗脸，
黄三泪水落纷纷！

秀英手托出衣衫，
叫声三哥把衣换，
叫声三哥把衣更，
衣衫虽破能御寒！

日月飞梭不停留，
飞过一春又一秋，
秀英长到十八岁，
妹对三哥情意厚。

秀英种棉又纺纱，
一天织布三丈八，

[1] 勒波：小伙子。
[2] 勒娟：姑娘。

新布缝衣三哥穿，
针针缝出并蒂花！

蓝靛缸里染布定，
由浅变深在眼底，
秀英三哥恩爱深，
好比形影难分离。

下地做工同盘歌[1]，
你问我答心热火，
你答我问不停嘴，
歌声落岭又落坡。

歌落岭顶不长草，
凤尾翠竹高又高，
歌落坡上变得美，
一对凤凰绕竹梢！

竹筒里头装种子，
总有一天要发芽，
春风送暖到人间，
一树红花满枝丫！

枧木长在高山崖，
百歌千载好木材，
三哥云中去砍树，
给妹做床表心怀。

根根枧木细心刨，
有心不用笔来描，
一锉一刀费心机，
雕花新床真精巧。

四边床架雕金雀，

成双成对唱喜歌，
声声唱来声声和，
连情歌声永不落！

床沿彩蝶翩翩飞，
木棉花开红绯绯，
风吹雨打永不败，
苦海花开分外美！

连情花开在人间，
日晒雨淋红艳艳，
阿妹眼看心里想，
橄榄在嘴味儿甜。

味儿甘，
十八二十花正艳，
秀英婚事已讲定，
阿姆心中喜连连。

阿哥心喜笑满脸，
千条愁丝一刀剪，
忙去找人择吉日，
找个好人牵红线。

择得吉日办喜事，
青梅竹马情绵绵，
找个好人点香烛，
结发夫妻到百年！

[1]　盘歌：对唱山歌之意。

三、井底蚂蚓[1] 想天鹅

树上斑鸠叫咕咕，
专吃地里狗尾粟，
千颗万粒吞下肚，
长得一身都是肉。

不耕不种享清福，
鸟兽哪知人间苦，
人间叫苦它叫乐，
黑白相分两条路！

井底蚂蚓叫声声，
望见天鹅不转睛，
望见天鹅不眨眼，
妄想跳起一口吞！

井底蚂蚓叫连连，
它叫天鹅莫飞天，
它叫天鹅到井底，
与它子孙结姻缘！

斑鸠吃粟人人恨，
千憎万恨西村人，
心黑莫过刘正才，
好比果树缠毒藤！

刘家田地片连片，
鸟飞半日不到边，
家丁家奴一大帮，
金银财宝满家园。

有钱有势数刘家，

老爷今年六十八，
做寿做了几多回，
只愁少爷未成家。

未成家，
找花相配他茂芳，
只怨独儿生来晚，
又笨又丑怪模样！

丑怪了，
眼深鼻大嘴巴长，
人们说他是野狸，
人们说他像猪郎。

金丝雀儿见野狸，
远走高飞进林里，
勒娟看见刘茂芳，
恶心三天呕不止！

花朵遇着丑猪郎，
十天十夜不闻香，
勒娟遇到刘茂芳，
口水口口吐路旁！

正才老爷爱儿郎，
睡里常把梦话讲，
金堆银堆任你挑，
有钱能买花中王！

老爷常对别人夸，
谁嫁我儿福气大，
我家祖辈享清福，
田契能煮百罐茶！

[1]　蚂蚓：青蛙。

四、古坚花不移别处栽

石缝长出花一蓬，
还比园中牡丹红，
还比盆中海棠艳，
花朵淋雨又经风。

经风雨，
狂风越吹花越丽，
任你风吹花不谢，
山花就爱山中石。

石头相伴古坚花，
秀英就爱穷人家，
黑心贼眼莫伸手，
花有利刺把你扎！

正才老爷请媒婆，
媒婆来到厅堂坐，
少爷婚事你费心，
烦劳先把八字合！

合八字，
秀英八字属财星，
娶得财星配少爷，
刘家门庭万代兴！

媒婆手中拿槟榔，
锦袋金银响叮当，
老脸带笑进林家，
正好见到秀英娘。

串门来，
串得门来送福音，
刘家少爷爱秀英，

点灯难找这号人！

刘家有田又有地，
不愁穿来不愁食，
冬住厢房夏住楼，
不愁寒来不怕暑！

破锣掉地响怪声，
夜半敲门人心惊，
媒婆走进林家门，
茅屋上头起愁云！

不是福音是祸音，
阿妈一听脸发青，
阿妈一听怒冲发，
辫子一甩来回敬。

万不能，
刘家与我冤仇深，
灾年逼死我男人，
冤家枉想来攀亲！

快回转，
手拿槟榔快回程，
手提金银回刘家，
少爷婚事另找寻！

白矾下缸水就清，
横竖曲直都讲明，
媒婆耍赖不讲理，
硬塞金银进手心。

讲你听，
今日讲定这门亲，
甜糍不吃吃炒豆，
秀英她属刘家人！

两相推，

推过槟榔推过银，

拒绝订婚断礼缘，

金银万担也不能！

两相推，

推过槟榔推过金，

媒婆满脸怒气生，

这门婚事就讲定！

屋里有人在争吵，

尖声传来穿林梢，

秀英黄三打柴回，

问明事因怒火烧。

黄三抽刀劈柱头，

谁敢不走就一刀！

秀英抢起赶猪棍，

谁敢不走打断腰！

媒婆脸上变土色，

又喊又骂打哆嗦，

黄狗生来身无毛，

别想张口吃天鹅！

马蜂伸刺螫人身，

针针刺痛黄三心，

财佬激起穷人愤，

黄三挥拳不留情！

拳打媒婆老门牙，

油嘴漏油又漏风，

边滚带喊急回转，

好像一只滚屎虫！

滚回刘家告一状，

老爷气得像发疯，

移花不成反着刺，

咬牙暗算在心中！

五、豺狼闯入穷家门

天上无风不起云，

水上无风不起浪，

人间风浪多不平，

穷苦人家受祸殃！

灾星落，

三更半夜有夜摸[1]，

半夜三更埋打手，

豺狼伏在菜园角！

菜园旁边小茅屋，

孤身住着黄三哥，

门旁挂起野狸皮，

辣椒串串红似火。

池塘青蛙叫不停，

咕咕呱呱伴鼾声，

黄三床上正入梦，

屋外忽闪小火星。

火星不是萤火闪，

香火做号夜捉人，

打手抽开篱笆门，

豺狼扑向绵羊身！

[1] 有夜摸：指有悄悄的、见不得光的活动。

佬财打手害三哥，
五花大绑用棕索，
黑布蒙眼天更暗，
棉花塞嘴话难说！

今夜深，
今夜天上无星星，
今夜人间刮阴风，
天昏地暗黑沉沉。

今夜长，
今夜天上无月亮，
今夜世间愁杀人，
遮天挡道是豺狼！

心中想，
黄三心中想秀英，
和妹相隔篱笆墙，
好比相隔万里程！

呼亲人，
嘴不能张呼在心，
嘴不能开情难断，
黄泉下面忆姣情！

何处走？
后推前拉哥不走，
前拉后推哥不离，
把我埋在石山口！

石山朝东墓朝阳，
坟旁四季闻花香，
愿化蝴蝶恋花丛，
古坚花开见俏娘！

春蚕吐丝细又长，

丝断哪时又接上？
打手连夜害黄三，
推他站在险崖旁。

被陷害，
黄三身落百丈崖，
山风悲呼山泉泣，
不见哥影飞天来！

不见哥魂回家转，
只见山崖野花开，
只闻锦鸡声声啼，
声声啼来声声哀……

六、处处踏遍寻三哥

耳边传来村鸡鸣，
村鸡啼叫声连声，
秀英醒来望窗外，
远处蒙蒙是山影。

近在园边小茅屋，
不闻三哥打鼾声，
山间静静心不静，
床上睁眼待天明！

天未净亮就起身，
问句"三哥你早醒？"
喊句"三哥"无人答，
莫非挑水踏露行？

秀英点起芦苇人，
"三哥三哥"喊不停，

去到床前仔细看，
只见被窝不见人！

秀英细看三哥房，
床底还有鞋一双，
竹墙还挂三哥衫，
心生疑团发了慌！

疑团沉沉心上压，
秀英细看竹篱笆，
昨夜谁抽篱笆门？
园边树苗谁人踏？

疑团成串无人答，
秀英查看犁和耙，
栏里黄牛正嚼草，
犁耙还在屋檐挂！

秀英去把水桶查，
水桶扁担无人拿，
缸里清水昨天挑，
风吹水面起纹花！

秀英跑出家门外，
高喊三哥无人答，
秀英跑到地里喊，
不见三哥来回话！

红棉树下寻三哥，
只见花朵纷纷落，
木棉当年两人种，
树下两人并排坐……

跑到溪边找三哥，
只见流水山前过，
平时两人到溪旁，

清水泡脚同唱歌……

秀英跑到烧窑地，
不见三哥在那里！
想起小时同放牛，
堆土烧窑煨红薯[1]……

秀英爬上相思树，
喊声亲人哪里去，
不见亲人回答声，
只见山风摇树枝！

想起与哥去种地，
八个斗篷挡过雨，
想起与哥去插秧，
竹丝蜡帽共遮日……

秀英爬上老鹰岭，
喊声三哥在哪里，
不见亲人不见影，
山中杜鹃泣血啼！

喊声声来呼声声，
天高地阔没人应，
地阔天广不见哥，
莫非昨夜出人命？

喊声声来哭声声，
山不知情水不应，
扑面清风阵阵吹，
远远传来锦鸡鸣。

[1]　堆土烧窑煨红薯：壮族饮食习俗，堆土成窑，大小根据需要而定。土窑堆好后，
在窑中烧火，直至窑土变红，然后放进红薯，把窑压实，窑土热气将红薯焖烤
熟。窑煨的红薯焦香爽口。

秀英倾听锦鸡啼，
莫非三哥唱歌声？
像是三哥吹木叶？
似是非是分不清。

深山锦鸡深山鸣，
秀英日夜留神听，
但愿是人不是鸟，
三哥打猎转回程……

七、金凤落入猎人手

可怜留下妹孤身，
孤身孤影似丢魂，
阿妈气得躺病床，
茅屋四周冷清清。

不见哥，
不见三哥笑脸迎，
不见三哥打柴归，
秀英夜夜伴孤灯！

穷人伤心泪淋淋，
佬财心欢笑淫淫，
九月十五是吉日，
骑马抬轿去接亲！

乌鸦一叫人心惊，
名说接亲实抢亲，
彩轿大马纷纷来，
林家门口聚狼群！

秀英扑到娘胸怀，

死也不进刘家门！
娘抚女儿话出口，
苦花从小早连根！

苦瓜苦藤早相连，
秀英单恋心上人，
死变青蛙共个洞，
黄泉百年共度春！

催声紧，
不许秀英念故人，
红衣玉镯摆眼前，
聘礼有金又有银。

是金是银当堆粪，
红衣难买女儿心！
玉镯难套穷家女，
鸟展双翼入翠林！

飞不了，
红花新娘进彩轿，
抬花抬妹进刘家，
洞房花烛照天烧！

我不嫁，
我不骑马不坐轿，
孤女从小受苦辛，
打柴种田自逍遥！

母女相依愁满腔，
刘家动手把人抢，
金凤落入猎人手，
铁笼锁住金翅膀！

锁住翅膀难锁心，
宁可玉碎来殉情，

宁肯破镜下黄泉，
死后与哥结成亲！

秀英指天骂乌鸦，
脚踩地上恨刘家，
有冤有仇比海深，
烧死成灰也不嫁！

秀英踢轿骂连连，
上踢下跺闹翻天，
阿妈呼女拦去路，
吐血断气倒路边！

可恨刘家一群狼，
抢走穷家好姑娘，
一路哭声止不住，
一路悲歌动四乡……

八、死到黄泉也不嫁

彩轿抬进刘家门，
八音齐奏响纷纷，
佬财欢喜穷人悲，
人不同心难知音！

刘家红衣少爷郎，
撩开轿帘迎新娘，
鹞鹰看见锦鸡鸟，
口水流得三尺长！

藤是藤来花是花，
毒藤莫想攀红花，
毒藤攀花花就谢，

花开藤伸莫相搭！

新郎手把新娘攀，
同跨马鞍心才甘！
又拉又拖死不肯，
秀英脚踢马鞍翻。

新郎手把新娘拖，
同过炉火无灾祸！
又拉又拖死不过，
秀英踢翻炉中火。

又拉新娘拜天地，
菩萨面前结夫妻！
管他菩萨或观音，
一脚踢翻变堆泥！

秀英踢烂泥菩萨，
八音不奏变哑巴，
只闻堂中骂声高，
死到黄泉也不嫁！

红烛照天天不亮，
檀香吐雾不闻香，
红巾蒙住秀英脸，
推推拉拉入洞房。

进洞房，
秀英好比进刑场，
花床不睡站通宵，
鸳鸯枕头甩一旁。

闭嘴不嚼槟榔果，
槟榔入口是砒霜，
秀英手扶铁窗望，
心想三哥情难忘。

心念三哥心不平，
妹今陷身在一方，
不平心思浪翻卷，
眼望天星寄愁肠。

三哥好，
愿哥变成草尾鸟，
飞到窗前来对唱，
日夜相伴影难消。

三哥亲，
愿哥变成青竹根，
窗前竹尾迎风摆，
时时相攀亲又亲……

九、我不癫来我不狂

秀英被关在新房，
秀英踢门响嘣嘣，
秀英踢着火砖墙，
秀英用牙咬铁窗。

少爷骂爹又怪娘，
为何娶个癫姑娘？
拜堂不成丢尽脸，
快求先生出主张！

请先生，
算命先生老发瘟，
佬财面前像条狗，
咬人又把骨头吞！

死发瘟，

算命问卦害穷人，
他说秀英闯灰鬼[1]，
驱除灰鬼性变温。

刘家请来喃麽公[2]，
麽公像只狗屎虫[3]，
进门好比苍蝇叫，
口里乱喃响嗡嗡。

麽公手舞青龙剑，
对着秀英划几圈，
口喷咒水在人身，
又把黄表[4]贴上脸。

秀英睁圆眼一双，
怒目对着麽公唱，
我不癫来我不狂，
只恨人间多豺狼！

秀英怒火烧胸膛，
扯烂麽公龙衣裳，
麽公慌得剑落地，
脸白如蜡脚筛糠……

无法治，
先生又出第二计，
派人去到南山寺，
请来老佛[5]把鬼驱。

老佛来，

[1] 闯灰鬼：形容脾气暴躁的人。
[2] 喃麽公：师公。
[3] 狗屎虫：也叫拱屎郎，即屎壳郎。学名蜣螂，属鞘翅目蜣螂科。体黑色或黑褐色，大中型昆虫。大多数蜣螂以动物粪便为食，有"自然界清道夫"的称号。
[4] 黄表：宗教神职人员用黄布或黄绢绘制的符箓。
[5] 老佛：和尚。

四根轿杠八人抬，

过山过水百里路，

螺蛳肠弯佛心歪：

妹莫癫，

黄三苦命下黄泉，

刘家接你享清福，

祝娘福寿到百年！

秀英一听火烧脸，

分明阴阳把人骗，

拉下袈裟撕在地，

木鱼砸碎成两边……

实难治，

先生又出鬼主意，

派人去求西山仙，

仙姑能把癫病医。

仙姑来，

仙姑入坐神仙台，

排排红烛照妖怪，

金子银子满桌摆……

花言巧语都说尽，

秀英性情决不改，

天下只爱黄三哥，

死后也要共坟埋！

十、火烧焦身心还在

桄榔[1]生来骨头硬，

不怕钢刀来剐根，

钢刀剐根枉费了，

剐断根来难断心！

竹笋不怕石压顶，

不能直生就横生，

冲开石板节节长，

顽石压顶枉称能！

仙姑麽公求不灵，

佬财费心又枉神，

佛法诡计丢下水，

野狸难夺金凤心！

少爷难挨秀英身，

要他气得像发瘟，

要他气得咬牙断，

要他气死命归阴！

仙姑麽公齐出计，

千诡万计害人深，

唯有天上王母娘，

治得人死又回生……

王母娘娘住天界，

龙门宫殿阴森森，

天上人间她总管，

今日亲自下凡尘。

一时乌云天地盖，

[1]　桄榔：棕榈科乔木，茎较粗壮。

灰发王母下凡来，
娘娘坐上飞天车，
天兵天卒两边排。

青龙黄旗风中摆，
风吹阵阵扫尘埃，
天女摇扇跟王母，
仙丹妙药随身带。

一头灰发插金花，
王母脸像大南瓜，
脸上像笑又像怒，
青龙手杖五尺八。

刘家搭起迎王台，
金银铺路做台阶，
娘娘降临坐高位，
喝令秀英来跪拜。

我是王母住天宫，
今日管事下凡来，
谁敢违抗我天规，
龙杖打身理应该！

好比铁树地上栽，
秀英不跪也不拜，
桄榔迎风不下弯，
穷女不把眼泪揩！

千不该来万不该，
龙杖打身你理歪，
还我三哥还我娘，
并蒂红花要常开！

莫再想，
我是王母老娘娘，

男婚女嫁由我管，
你配茂芳好夫郎！

真荒唐，
王母是熊又是狼，
是熊呼呼胡乱叫，
是狼开口把人伤！

野妹娘，
劝你莫要再癫狂，
天规王法你敢抗，
要你戴枷见阎王！

戴就戴，
上天下地我不慌，
上天是燕我会飞，
下地是水水流长！

王母气得脸蜡黄，
挥起手中青龙杖，
魔杖化做千斤石，
撞倒秀英昏地上。

妖石压身心不变，
梦中见到亲人面，
秀英三哥并排坐，
细细交谈笑连连。

笑连连来情绵绵，
十五月亮圆又圆，
手拿糍粑两人分，
哥一边来妹一边。

十五香糍香又甜，
芝麻蜜糖拌心间，
芝麻下肚千年香，

蜜糖甜甜心相连……

王母随身带仙方，
仙丹收在她魔掌，
仙丹放进秀英嘴，
秀英睁开眼一双……

王母娘娘喜若狂，
喊句秀英好妹娘，
救你还阳重做人，
往后莫把黄三想！

你枉想，
蜘蛛枉费空结网，
刘家枉费请王母，
王婆卖瓜枉讲香！

王母拿出青龙绳，
妖绳好比毒蛇身，
毒蛇缠脚又缠手，
缠得秀英难开声。

妖绳绞起可怜女，
苦女不哭也不呻，
不哭不呻情还在，
心恋黄三情意深！

秀英昏去又复醒，
醒来不见三哥影，
醒来不见三哥面，
只见相思泪淋淋。

毒藤绕树树不死，
秀英醒来不变心，
昏去醒来心一颗，
王母怒得暴青筋！

王母怒得放毒焰，
焰火熊熊烧人身，
烧得秀英手脚焦，
三天三夜苦呻吟。

任你烧，
任你烧骨又烧筋，
任你烧皮又烧肉，
难烧苦女连哥心！

仙丹吃过几多回，
仙汤灌过几多杯，
秀英死去又复生，
王母娘娘假慈悲。

要你变心你就变，
毁了旧心另换新，
刘家金银堆成山，
天配良缘难找寻！

你莫配，
小鸡莫把野狸配，
小羊莫配山中虎，
画眉莫配丑乌龟！

王母一听露獠牙，
张口要把人来吞，
王法用到后一招，
快架油锅煎她心！

十一、夺得仙丹救亲人

秀英梦里刚初醒，

看见油锅心不惊，
梦中见到三哥面，
三哥教妹斗妖精。

天宫王母害人深，
满头灰发藏祸心，
拉脱妖发摔在地，
火烧人间白骨精！

王母身带照妖镜，
镜子背后藏祸心，
夺得妖镜破两边，
王母娘娘露原形……

风吹竹叶响沙沙，
秀英声声喊王妈，
甜声蜜语脸微笑，
王母心欢笑哈哈。

变得乖，
好比春花刚刚开，
红花开在刘家院，
少爷把花一世栽！

变得灵，
你比天女还巧灵，
你与少爷结恩爱，
娘娘带你游天庭。

天上鲜花由你采，
天上仙桃由你吃，
天上美酒由你饮，
金银珠宝任你取！

变得灵来变得乖，
喜坏老爷刘正才，

拉过老婆咬耳朵，
好像老鼠咬干柴！

变得灵来变得乖，
喜得少爷嘴笑歪，
乌鸦换上锦鸡衣，
想哄画眉入胸怀……

隔层肚肠隔心音，
口里喊亲心不亲，
秀英给娘来梳头，
表我凡间女儿心……

王母听了笑不停，
又拿梳子又拿镜，
给娘理好乱头发，
金花插在我双鬓！

慢慢理来轻轻梳，
秀英嘴里唱着歌，
王母闭目来养神，
鼾声呼噜正睡着。

害人王母你莫嚣，
末日今时就来到！
秀英摔烂照妖镜，
砸碎祸心一举扫！

王母惊恐梦中醒，
青面獠牙露狰狞，
秀英拉脱灰妖发，
妖发一把握手心。

害人妖怪露原形，
口口声声求救命，
还我头发还我镜，

你要什么我应情。

你要珠宝给珠宝，
你要黄金给黄金，
你要月亮给一个，
送你天上万颗星！

不要金来不要银，
不要月亮和星星，
我要亲人回人世，
互相恩爱永相亲！

王母娘娘把头磕，
两颗仙丹用手托，
一颗救你亲生娘，
一颗救你黄三哥……

秀英夺得救生丹，
心中暗自乐悠悠，
乐在心头不忘恨，
苦女要报冤和仇！

灰发一把摔墙角，
刘家庭院起大火，
火烧王母害人精，
佬财一家命难脱……

十二、天上月亮笑微微

金凤挣脱铁笼锁，
飞过山来飞过坡，
秀英越山又过岭，
一路归程一路歌。

一路归程一路唱，
一路喜泪纷纷落，
一路心事一路想：
快救阿妈和三哥……

救娘救哥用仙药，
怀揣仙丹共两颗，
夺得仙丹脚生风，
路过重山跨江河。

道路两旁野花开，
秀英无心看花朵，
道路两旁泉水清，
口渴忘记要水喝……

急回村，
回到村里见众亲，
众亲问寒又问暖，
多少双手抹泪痕！

你娘埋在竹林底，
可怜埋时娘空身，
三哥被害落鹰崖，
高高山崖百丈深……

多谢了，
多谢乡亲来相告，
多谢乡亲一片情，
情重如山比天高！

多谢了，
多谢众亲来相助，
多谢众亲来相帮，
秀英一世记心窝！

秀英跑到竹林间，

扒开娘坟泪涟涟，
喂娘一颗回生丹，
亲娘慢慢睁开眼……

母女今日得相见，
两双泪眼对泪眼，
两张笑脸紧相贴，
死里回生得团圆！

秀英跑到鹰崖边，
呼喊三哥声声甜，
"三哥三哥你在哪？
阿妹救你回阳间！"

高山石崖百丈深，
不见三哥来回音，
不见三哥来答妹，
只闻山间杜鹃鸣。

百丈陡崖不怕高，
攀崖步步把哥找，
山藤引路妹有胆，
老虎拦路妹有刀！

百丈陡崖不怕险，
攀崖寻亲下深涧，
树枝伸手助把力，
山间花草把头点……

秀英下到鹰崖底，
喊声"三哥在哪里？"
一只杜鹃迎面飞，
飞到身旁不相离。

秀英捧它它不走，
秀英叫它它不飞，

杜鹃有情又有意，
会说会唱声音脆。

"我不走来我不飞，
秀英是个好心妹，
妹攀陡崖我相跟，
一路相伴把家回！"

秀英喊声"三哥哥！"
喜泪好比雨水落，
夺得仙丹来相救，
接哥回家种田禾……

杜鹃飞上秀英肩，
含情脉脉把头点，
金嘴轻啄妹头发，
锦羽轻抚妹蛋脸……

秀英拿出救生药，
手心托起珠一颗，
吃下仙丹得复生，
快快张嘴把丹啄！

杜鹃啄吃回生丸，
展翅飞进高山岩，
杜鹃飞去不见影，
忽见黄三出山间。

秀英呼喊黄三哥，
黄三呼喊秀英妹，
你呼我应声连声，
惊动高山和流水。

秀英像兔跑上山，
树木石林两边闪，
黄三像燕飞下山，

清风托翼送他还……

秀英黄三手拉手，
四面花开满山头，
高山让出一条路，
一对情人并排走。

一路走来一路笑，
蓬蓬山花齐点头，
一路走来一路唱，
云崖飞瀑把琴奏。

一路归，
一路过山又过水，
一路情思（丝）吐不尽，
天上月亮笑微微。

人间十五月团圆，
并蒂花开求相连，
连情花开在人世，
又悲又喜唱千年。

年年唱，
歌圩好比红河浪，
勒娇勒波抛绣球，
自由花开万年香！

流传地区：

　　柳州市、来宾市

传唱者：

　　佚名

搜集整理者：

　　农冠品、区农乐

搜集地点：

　　柳州地区来宾县

搜集时间：

　　1956 年

整理时间：

　　1980 年 7 月

原载《广西文学》，1980 年第 12 期。

附记

　　1956 年，区农乐在原柳州地区来宾县[1]搜集到师公唱本《唱秀英》（七言体唱词），并根据唱本作了初步翻译整理，刊载于《僮族民间歌谣资料》[2]。

　　1980 年整理时，主要由农冠品执笔，以区农乐的初稿为基础，也参看了其他内容的师公唱本，作为整理时艺术上的借鉴。章目是整理时加上的。此诗曾发表于《广西文学》1980 年第 12 期。

　　《唱秀英》曾流传于广西柳州地区来宾县一带壮族地区。它歌颂了一对壮族男女青年坚贞不屈的爱情以及反抗封建压迫和凌辱的斗争精神。在壮族民间长诗、长歌中，如果说《达稳之歌》《达备之歌》中的达稳和达备是壮族妇女在封建压迫下悲剧的典型的话，那么《唱秀英》中的主人公林秀英则是壮族妇女反抗封建制度、封建礼教的典型。

　　《唱秀英》的后半部甩脱了对客观现实的描写，采用神话的表现方法，写秀英和天上王母娘娘的斗争，以及最后取胜，救了死去的亲人还阳，重新团圆。对此，整理时予以保留。在封建礼教统治下，林秀英的这种反抗和斗争是自发性的，最后是不能取胜的。但人民群众为了寄托自己的理想和愿望，没有把长诗中的主人公描写成悲剧的结局，而是避开了现实主义的写法，让秀英制服和压倒天上人间的一切神仙妖魔，并从王母娘娘手里获得仙丹以救活自己被害的亲娘和情哥

[1]　来宾县：今来宾市兴宾区。

[2]　《僮族民间歌谣资料》：广西僮族自治区科学工作委员会僮族文学史编辑室编印，
　　　1959 年。

黄三，最后达到欢聚团圆。长诗里对立面人物刘正才和王母娘娘，都是代表封建社会的统治势力，而王母娘娘正是整个封建制度典型化的化身。让秀英不屈不挠地和她作斗争，最后战胜她，并统统消灭了人间和天上的吃人的妖怪……这恰恰是被压迫、受剥削的千千万万壮族人民以及所有劳动人民的愿望。长诗后半部的这种表现方法，并没有损害作品的主题，而是给作品增添了浪漫主义的色彩和艺术的感染力。

《唱秀英》现今仍作为师公唱本在柳（柳州）来（来宾）一带的壮师戏班中流传。（过竹、邵志忠）

买臣与窦女

（壮族）

一打锣鼓闹沉沉，
且唱当初朱买臣，
买臣原来东京住，
家有兄弟三个人。

大哥二哥均有嫂，
唯独买臣未娶妻，
父母祖业分三份，
买臣发奋读诗书。

读书读到二十岁，
不曾成婚身孤单，
闻得窦家有一女，
颜容美色正相当。

买臣请媒前去问，
还请先生合八字，
男命属金女属水，
五行八字正合适。

男家忙备猪羊酒，
女方办妥衣笼箱，
年头订婚年尾娶，
张灯结彩迎新娘。

祖宗灵前拜三拜，
夫妻互敬嚼槟榔，
又敬乡亲茶和酒，
新人双双入洞房。

窦女玉容多端正，
貌似观音坐殿堂，
叫声夫君娇滴滴，
买臣无心作文章。

买臣婚后日子好，
夫妻恩爱乐洋洋，
窦女陪夫读诗书，
左邻右舍齐赞扬。

买臣当日家富有，
田地牛马数不清，
只因连年考不第，
坐吃山崩好凄凉。

千万家财都散尽，
园中桃李尽橘枝，
良田美池都卖了，
买臣还想再读书。

为了生活担柴卖，
清清贫贫度时日，
窦女看见家穷困，
整日指狗来骂鸡。

买臣见妻多言语，
有苦难言好悲凄，
好言相劝渡难关，
窦女反目来相欺。

骂声买臣你发痴，
倾家荡产求官职，
担柴卖草有官做，
公鸡下蛋母鸡啼。

买臣不听妇人语，

一心只读圣贤书，
一日担柴在路上，
遇上先生王老吉。

看见买臣气无力，
先生上前问原因，
买臣无心把话讲，
先生叹息好可怜。

先生上前细打量，
说他是个好男人，
只是时机未曾到，
到时添翼去腾云。

买臣却步问先生，
你是神仙还是人，
是人闲话不多讲，
是仙保我家安平。

是人是仙先别讲，
坐下我们好谈心，
看你是个读书郎，
为何担柴来维生？

买臣答言先生道，
边叙边哭泪纷纷，
小生一世无他望，
只想一生读经纶。

当初家富人人敬，
琴棋书画好舒心，
如今家贫人人欺，
妻子骂我不是人。

不知前世得何罪，
今世叫我做苦人，

不知命运何时转，
高头大马路上奔。

先生上前看手相，
又问八字说年庚，
摇起龟壳来卜卦，
预测买臣下半生。

先生答言买臣道，
算来你命颇不平，
还要三年担柴卖，
以后发旺好做人。

再守三年有官做，
皇帝金榜有大名，
苦尽甘来不容易，
世间最怕有心人。

买臣再拜辞别去，
担柴下山好精神，
决心再读三年书，
担柴卖草也甘心。

窦女看见买臣回，
连哭带骂闹不停，
爹娘嫁我没嫁好，
今朝嫁给卖柴人。

问你何时读完书？
问你卖柴到几时？
问你何日有官做？
锅里何时才有米？

买臣答言妻子道，
贤妻听我说言词，
今日担柴大路上，

遇得先生把话提。

先生算我有官做，
再守三年亦不迟，
贤妻贤妻你莫闹，
苦尽甘来你不知。

窦女答言丈夫道，
你话分文也不值，
若你买臣有官做，
马头生角虎生蹄。

不信你这衰模样，
皇帝金榜把名题，
除非铁锅有三耳，
木马能进九重篱。

快写离书给我走，
随你做官到几时，
就算嫁给叫花子，
也不回头做你妻。

无钱说话人不信，
马瘦毛长没人骑，
行船偏遇顶头风，
屋漏又遭连夜雨。

仔细想来肝肠断，
为贫妻子要分离，
三三二二细思量，
无可奈何花落去。

说来劝去没有用，
买臣端出一张纸，
人写离书甲乙丙，
我写离书四句诗。

逆水滩头行船慢，
东边山高月出迟，
当初家富人来嫁，
今日家贫要分离。

窦女对镜梳长发，
穿上嫁时红花衣，
伸手接过离书去，
出门也题一首诗。

娘去恰似天边月，
阴晴圆缺永不归，
池中有水鸳鸯宿，
池中无水凤凰飞。

买臣挥泪追出门，
离愁别恨在心头，
眼看妻子出门去，
诚心又有诗一首。

池中若涨三重水，
鸳鸯思水可回头，
若我买臣有官做，
大轿抬你长街游。

窦女答言买臣道，
好马不吃回头草，
你做你的当官梦，
我走我的独木桥。

买臣泪落连珠子，
捶胸顿足好悲伤，
做官并非他本意，
为争口气赌一场。

话说窦女别了去，

沿街便唱柳州诗，
连罗哩哩连罗哩，
离了冤家好心舒。

嫁你十年零九月，
整月发愁为柴米，
今日分离得自由，
另嫁郎君不为迟。

离了城郭三五里，
遇得先生王老吉，
窦女上前深深拜，
便请先生把命提。

先生接过卦命钱，
问起八字同年庚，
摇动龟壳玲琅响，
预测窦女下半生。

你命原带南方炎，
光芒四射好辉煌，
因你泼下盆冷水，
你命黯然火无光。

窦女答言先生道，
我命苦乐你不知，
再添卦钱三十六，
请你再算要仔细。

先生又摇乌龟壳，
一一二二说窦女，
你原命好运来迟，
先苦后荣你不知。

命中本有夫人分，
只因你闹要分离，

再等三年富贵到，
先贫后富你不知。

窦女骂言先生道，
吃屎屙饭老狐狸，
你做先生看卦命，
枉作阴阳未曾知。

丈夫担柴有官做，
马头生角虎生蹄，
白痴能有出头日，
木马跳过九重篱。

窦女辞别先生去，
红日渐渐落归西，
山中百鸟归林宿，
窦女无家何处栖？

流浪街头无处去，
风吹落叶冷凄凄，
忽见院宅号张寓，
拍门讨饭来充饥。

张家开门问根由，
窦女泪落两行珠，
从头到尾说言词，
一一二二道根基。

张家好言来相劝，
人穷志壮不可欺，
再苦三年又何妨，
何必出走把家离。

窦女再拜张家道，
不是出走是弃离，
不信你来仔细看，

买臣亲笔写离书。

张氏无奈让进门，
安排食住好殷勤，
眼看窦女白细细，
秀丽端庄好可怜。

忽想杨家第三子，
年过四十未成婚，
若能说媒娶窦妇，
明日便可迎进门。

次日一早天大亮，
张公登门做媒人，
窦女得知心欢喜，
柳暗花明又一村。

杨家三郎相窦女，
得意驰马迎新春，
不择吉日不下礼，
今日便求要成婚。

杨家本是大富豪，
三郎年长未娶妻，
今日有幸娶窦女，
张灯结彩迎儿媳。

买臣听到杨家娶，
听到三郎娶我妻，
心乱如麻无头绪，
哭咒苍天苦泪滴。

时光过了半年多，
买臣担柴杨家过，
管家叫声要买柴，
买臣进了杨家宅。

窦女看见买臣到，
连忙回房换新衣，
又插金钗又戴花，
八幅罗裙拖一地。

扭扭捏捏下楼来，
走到买臣身边立，
句句说话都带刺，
有意要把买臣欺。

敢叫一声卖柴夫，
眼前站着我窦女，
山珍海味吃不完，
绫罗绸缎穿不及。

窦女去取碗馊饭，
又加一件破烂衣，
拿去拿去快拿去，
权当柴钱充肚饥。

买臣便对窦女说，
你今得志莫相欺，
饿死不吃猫狗饭，
冷死不穿反夫衣。

你数柴钱三十六，
由我肚饿到几时，
莫道今日风流好，
也是买臣遣出妻。

窦女见得买臣说，
连忙退步回屋去，
买臣拿着扁担走，
出门题了四句诗。

懒人吃尽贵人饭，

贱女穿破贵人衣，
莫道今日闹得欢，
最怕日后悔莫及。

三年苦读终过去，
赴京考试已到期，
背斗白米去考场，
未知前途凶与吉。

放下柴担并刀斧，
手提书卷去应试，
不怕风来不怕雨，
胸有成竹答考题。

进到考场见题目，
条条答对好心舒，
买臣掩卷送上去，
考官阅卷笑眯眯。

次日京城张皇榜，
买臣文章为第一，
龙虎榜上列首冠，
中得状元赐锦衣。

满朝文武相迎接，
春风得意马蹄疾，
当初担柴妻离去，
今日成名天下知。

买臣谋官三年整，
忽闻双亲体不舒，
思乡思亲情更切，
衣锦还乡好威武。

告示百姓来修路，
定要女人铺路石，

男人修路官不识，
女人担石见前妻。

来到前途大路上，
无数女子修路基，
一眼看出是窦女，
挑着一对烂泥箕。

锦绣罗衣不见了，
头上木梳三条齿，
满头乱发如鸡窝，
无精打采好悲凄。

买臣马上微微笑，
窦女何不穿罗衣？
请你抬头仔细看，
前夫归来你可知？

窦女上前深深拜，
恭贺前夫做官归，
杨家遭劫人财空，
遗下窦女无所依。

我夫今日身富贵，
莫计当初恶言语，
再苦三年有官做，
反而起意要分离。

买臣马上高声骂，
泼妇贱人好卑鄙，
恶语伤人不算数，
还要当众把人欺。

卖柴今日得官做，
马真生角虎生蹄，
铁锅偏生三只耳，

木马能跃九重篱。

窦女答言丈夫道，
莫提当初旧时语，
我重与你为夫妇，
从今悔改不为迟。

买臣下马进张家，
拿出盆水给窦女，
马头泼水能收回，
我俩重新做夫妻。

窦女得闻此言语，
心急如焚好欢喜，
走到马头一打泼，
收得半盆都是泥。

马头泼水难收回，
夫妻缘分已分离，
窦女回家咬舌死，
黄泉路上好清凄。

买臣得知前妻死，
出钱买棺葬窦女，
葬在赶圩大路上，
坟头立下一块碑。

碑上不说闲言语，
石上只刻四句诗，
不是有意弄笔墨，
只想奉劝众妇女。

夫妻有缘来相会，
莫为贫穷闹分离，
莫学买臣与窦女，
闹出人生大悲剧。

流传地区：

武鸣县[1]、马山县

传唱者：

佚名

采录者：

苏长仙（壮族）、林超庭（壮族）

翻译整理者：

苏长仙（壮族）

采录时间：

1958 年

采录地点：

武鸣县灵马乡

整理时间：

1983 年

整理地点：

南宁市

原载《广西民间叙事长诗集成》，韦守德、韦苏文主编，广西民族出版社，2012 年 12 月。

附
记

《买臣与窦女》曾在南宁市武鸣县、马山县一带流传。

朱买臣，西汉大臣，字翁子，苏州人。朱买臣家贫好学，四十岁仍然是个落魄儒生，常常靠砍柴卖掉以后换回粮食维持生计，其妻弃之另嫁。后经过同乡严助推荐，拜中大夫。向汉武帝进献平定东越的计策，获得信任，出任会稽太守。平定东越叛乱有功，授主爵都尉，位列九卿。

这原是流传于汉族地区的故事，壮族民间艺人把它编成山歌传唱，用以告诫"夫妻有缘来相会，莫为贫穷闹分离，莫学买臣与窦女，闹出人生大悲剧"。

该长诗搜集地今鲜有《买臣与窦女》的传唱者。（过竹、邵志忠）

[1] 武鸣县：今南宁市武鸣区。

十朋和玉莲

（壮族）

梁祝[1]佳话代代传，
生不得连死也连，
莫道壮家梁祝少，
请看十朋和玉莲。

一、青梅竹马

远远桂西南，
有座狮子山，
大山脚下狮子寨，
瓦房茅寮[2]间挨间。

一个池塘两种鱼，
一个屋檐两种燕，
狮子寨上两个姓，
一家姓王一姓钱。

王家有个王十朋，
钱家有个钱玉莲，
十朋玉莲毗邻住，
两家房檐对房檐。

两个橘子结两边，

一个苦酸一个甜，
王家难找一垄地，
钱家却有三峒田。

王家苦咧王家穷，
那年九九生十朋，
十朋落地哇哇叫，
头发黑黑脸红红。

出世三朝[3]爹爹死，
寡妇孤儿多苦情，
砧上没有半两肉，
王嫂坐月无荤腥。

小小菜园栽嫩葱，
小小水沟养雏龙，
十朋苦苗倒滥长，
脸儿圆圆像灯笼。

鞋子做来两成对，
豆角[4]生来结成双，
同一个月十天后，
钱家生个小姑娘。

梨树快老才结果，
钱家哥嫂乐如狂，
起个好名叫玉莲，
千拜万拜谢花王。

枝壮藤肥结瓜瘦，
玉莲母亲乳生疮，
婴儿无奶像腊雀，
哭到邻居心酸凉。

[1] 梁祝：梁山伯与祝英台。
[2] 茅寮：茅草屋、茅草棚。
[3] 三朝：三日。
[4] 豆角：属豇豆种中能形成长形豆荚的栽培种，一年生缠绕草本植物。

雨打芭蕉答答响，
水落心头滴滴凉，
十朋母亲最不忍，
抱来玉莲喂乳浆。

鸡落米囤嘴有福，
玉莲遇到好奶娘，
半月变了干瘪样，
肥过白藕出莲塘。

一个母鸡两个崽，
两个都在翅下藏，
一个在左一在右，
十朋玉莲好一双。

男女一双同长大，
未满周岁叫呀呀，
一声哥来一声妹，
一声婶来一声妈。

日升日落多少次，
几度梅花换桃花，
不觉嫩笋变嫩竹，
婴儿已变五岁娃。

六七八岁过得快，
同爬树木玩泥沙，
门口那棵柚子树，
硬被他俩溜到滑。

话说那年七八月，
柚果枝头个个大，
玉莲上树摘一个，
一根木刺把辫刮。

木刺尖又尖，

木刺尖尖二寸八，
木刺真好看，
玉莲心里乐开花。

尖尖柚树刺，
钩我辫子你真乖，
我要你做一根钗，
哥哥快来帮我摘。

十朋忙摘下，
往她辫上插，
自己快乐够，
还要戴去见妈妈。

这时来个小发癫，
名字叫做孙汝权，
他住狮子山北面，
他爹有势又有钱。

他来外婆家，
东溜又西玩，
偷瓜又偷果，
泼赖又刁顽。

来到柚树下，
又像小恶犬，
拽玉莲的黑黑辫，
拧玉莲的白白脸。

玉莲咿咿呀呀哭，
十朋怒火冲上天，
对他屁股踢一脚，
对他脊梁擂两拳。

十朋比他小两岁，
手臂大过他一圈，

汝权欺软实怕硬，
挨了两捶连喊天。

恶狗挨割两寸尾，
从此不敢来这边，
打狗的人被狗恨，
他恨十朋好几年。

铁木陀螺打最响，
男仔就数十朋强，
玉莲爹和妈，
也爱这个小儿郎。

玉莲爹妈想，
只恨门户不相当，
假如同根甜瓜秧，
对鸡[1]可合一笼装。

乳臭还在嘴巴上，
何必早早拿来讲，
一个鸡蛋两个黄，
孵出才知怎么样。

桄榔树苗出单株，
玉莲贵过掌上珠，
她爹悄对她妈讲，
要她变成女丈夫。

她爹请来老学究，
就在他家办私塾，
儿童不分男和女，
交得学米就来读。

四面学童纷纷至，

坐满玉莲左厢屋，
十朋推开后门望，
泪水流满一茶壶。

酸在肚，
不得上学为穷苦，
苦伶仃，
贫鸟独栖梧桐树。

哥莫忧，
有玉莲在哥莫愁，
玉莲白天学一课，
夜晚教哥读到熟。

十支松明点一夜，
半间草屋亮如昼，
火灰当纸筷当笔，
横划竖写快如流。

有心种豆就得豆，
想种石榴得石榴，
书诗好比石榴果，
十朋种了就得收。

苦发奋，
滴水也能穿石头，
谢了谢，
多谢玉莲为哥谋。

日月好比水流淌，
转眼又过七年长，
两人都满十四五，
男俊女俏正相当。

[1] 对鸡：指一对公鸡、母鸡。

男像桐果[1]银花白，
女如黄瓜金花香，
桐果黄瓜并排长，
银花金花正当阳。

亲过芒果皮和肉，
亲过襄衣伴脊梁，
早晚相随不相忘，
若要分别多心伤。

二、炊童岁月

河中卵石没有棱，
葫芦屁股光莹莹，
十朋家里如过水，
年年辛苦岁岁穷。

一年更比一年苦，
蜘蛛常把灶门封，
十朋那年十五岁，
便出远门去打工。

北部有个泗水城[2]，
那边办学早出名，
十朋去到泗城府，
想进书院当炊童。

近山才能学鸟语，
近水才能知蛟龙，
进得书院耳目染，

不得真读也闻声。

十朋哥哥要出门，
狮子山上雨蒙蒙，
连心柑果两边切，
利刀未割心先疼。

玉莲倚门手遮面，
低头暗暗问十朋，
哥哥还有甚话讲，
妹难跟哥到泗城。

山陇地湿早出笋，
热水泡谷芽早萌，
十朋有话难开口，
进出三遍才出声。

哥今离家不放心，
托妹照顾老母亲，
哥有信来妹帮念，
还做家书代笔人。

玉莲拔下柚刺钗，
低头交给哥十朋，
哥把柚钗随身带，
日后见钗如见人。

十朋接过手，
胸口如鹿跳腾腾，
钗连哥妹心两颗，
不知何时才相逢。

年纪虽少小，
那情是真又是纯，
依依双离别，
小燕单飞上凌云。

[1] 桐果：油桐树，亦称桐树、桐子树。
[2] 泗水城：今凌云县县城泗城镇。

十朋走五里，
走完五里停一停，
登高回头望，
只见山水不见人。

十朋走十里，
走完十里停一停，
青石板上坐，
心头不爽闷沉沉。

不是出门怕艰辛，
只因鸟飞恋旧林，
只因燕子难离伴，
只因牙齿恋嘴唇。

拿出柚刺钗，
十朋越看越分心，
瞻前顾后多少次，
几度想要起回程。

罢了罢，
莫想多了头发昏，
背起包袱急急走，
七天过后到泗城。

十朋进书院，
跪拜先生求恩典，
书院若还雇炊童，
试用小佫一两年。

也是有缘巧碰巧，
恰好厨房要添员，
先生便留十朋用，
挑水煮饭挣小钱。

来了一个外乡人，

满堂学子闹喧喧，
十朋刚进磨房住，
呼啦一帮到门前。

为首那一个，
瘦得像竹竿，
两颗眼珠像绿豆，
两片嘴唇像把钳。

鼻子像酶蒜，
吊着浓涕三寸三，
马褂交叉扣，
从头到脚一身酸。

好熟面，
十朋想起连忙喊：
"哥汝权，
不想在此又相见。"

汝权听闻愣半天，
好久他才记前缘，
癞狗不忘三鞭打，
恨不得飞一顿拳。

拳脚斗他斗不过，
在外又不比门前，
汝权眨眼生一计，
把这冤家当奴玩。

忽然雨天复晴天，
忽然苦脸笑开颜，
说美不美池中水，
我你结交泗水边。

结就结，
出门宁双不宁单，

十朋和他同挽手，
两人含笑共言欢。

桐油煮水共一缸，
不得同梦暂同床，
十朋借他书本看，
他叫十朋洗衣裳。

青虫屈身为伸张，
洗衣裳就洗衣裳，
借得书本埋头看，
乐似蚂蚁碰蔗糖。

这天午夜三更鼓，
先生下楼进厨房，
瞥见十朋窗口亮，
蹑步走近细端详。

从小窗口瞄眼看，
只见十朋写诗章，
摆个沙盘当白纸，
横竖撇捺不计行。

书写卧薪尝胆学先圣，
书写马行千里路途长，
书写蛟龙下海翻波浪，
书写鹰击长空任飞翔。

动心肠，
先生花眼放光芒，
原是千里小马驹，
亏他来到我身旁。

货不明摆人不懂，
话不明说人不详，
先生本是老进士，

专办私学育贤良。

伯乐得良马，
先生忘形喜若狂，
推门猛将十朋抱，
摇了三摇话当堂。

十朋有志求学问，
老夫收做学生郎，
本院弟子七十五，
你的书桌在末行。

屋边有梯好攀墙，
水里有船好渡江，
十朋从此半工读，
牛套双轭两倍忙。

恼真恼，
汝权常来胡乱聊，
狮子山上荔枝美，
不如泗城勒娟[1]妖。

狮子山上柚子圆，
不如泗城勒娟柚子好，
狮子山上杨桃鲜，
不如泗城勒娟杨桃妙。

讨厌了，
十朋骂他不知臊，
他说老弟你不晓，
读书不如抱小娇。

任你从头烂到脚，
葫芦哪里管得瓢？

[1]　勒娟：年轻姑娘。

勤工苦读日连夜，
逆水行船撑硬篙。

先生分槽来喂马，
谁好对谁苦心教，
十朋群书博览尽，
先生倍爱好根苗。

园里丛丛金丝竹，
野生还比种的娇，
七十五名贵子弟，
不如末行十朋高。

按下读书暂不言，
再讲十朋和玉莲，
不觉已别三年整，
书信来去篇接篇。

哥呀妹呀意缠绵，
如同水乳不相间，
情长不怕关山远，
两地遥遥一线牵。

这个炊童够寒酸，
为何书信这频繁？
公子哥儿猜不中，
问他他又不明言。

有果难瞒小猴狲，
十朋难瞒孙汝权，
汝权翻他枕头看，
几十封信露眼前。

汝权读信不释手，
嘴角流下三尺涎，
原来不是家常信，

寄书人是钱玉莲。

鸡鸭鱼肉他尝遍，
哪有野味这么鲜？
诗书易礼他读过，
未觉这样动心弦。

翻来读，
似闻玉莲声涓涓，
闺秀十八难独守，
情哥何时回家园？

日进三餐难下肚，
白米干饭如烂棉，
夜夜梦里同哥会，
醒来枕头湿半边。

躺下想，
好像杨桃挂嘴边。
眨眨眼，
似见玉莲来翩翩。

贪梦佳人美，
贪梦杨桃甜，
一团欲火攻上眼，
心中不酸又不咸。

猛坐起，
两个眼珠滚如丸，
这个南山叫花子，
倒得一朵千金莲。

我拆你的架，
我凿你的船，
人不心毒不长寿，
魂不奸鬼不升天。

0091

我装马屎溜溜外面圆，
我藏鱼笼倒刺里头尖，
我夺不得钱玉莲，
改名不叫孙汝权！

十朋蒙在鼓里边，
不知汝权拉暗弦，
攻读诗书勤如故，
思念情妹深如前。

攻读诗书费头脑，
思念情妹扯肝肠，
读书心贪嫌日短，
思念心急恨岁长。

捡豆落筒来计数，
又过两年好时光，
前前后后五年整，
十朋离家算久长。

当阳枧木长得快，
炊童变成高才郎，
那年恰逢办科考，
他要上京闯殿堂。

汝权也想装个样，
和王十朋同还乡，
定在下月十五日，
同登鹏程比高强。

三、意长情深

深燕归来，

五尺男儿投母怀，
母亲对看久别儿，
马高过桩树成材。

母亲看儿已成才，
人喜过度泪满腮，
男大须寻贤妻配，
大喜过后忧又来。

莫忧妈莫忧，
有福自然来，
十朋悄悄问，
玉莲在不在？

玉莲在，
半年深闺把人埋，
半载苦，
最怕媒婆上门来。

人静心不静，
倚窗北望情满怀，
常望西山观月落，
常对晨星手托腮。

常听夜莺屋角叫，
常听山歌动心怀，
日盼鸿雁几时到，
夜盼情哥几时来。

小小楼门扣铜锁，
钥匙不对门不开，
画眉鸟儿笼中困，
不闻知音头不抬。

知音早就来，
近在咫尺梦天外，

隔墙如隔九重岭，
十朋心急也无奈。

忽然起风落细雨，
一条妙策上心来，
捞了几条泥鳅鱼，
偷往玉莲瓦上甩。

甩上第一条，
十朋心好笑，
甩上第二条，
十朋心飘飘。

甩上第三条，
十朋心摇摇，
甩上第四条，
十朋心燎燎。

黄猫见小鱼，
飞腿蹿过来，
黑猫见小鱼，
纵身跳过来。

黄猫和黑猫，
同把小鱼逮，
你抢我夺好厉害，
几块瓦片被扒开。

瓦片被扒开，
细雨往下筛，
雨丝落到头顶上，
玉莲叫苦喊哎哎。

次日雾散天晴朗，
玉莲父亲不找差，
自己搭梯上瓦顶，

十朋急忙跑过来。

上前诈把缘由问，
看他计谋有几乖，
小侄帮捡便得了，
爬高怎叫大伯来！

大伯嘴笑眉也笑，
好似路旁捡横财，
十朋转身到屋后，
便将长梯搭起来。

屋漏之计实在高，
难料十朋这一招，
醉翁不为美酒醉，
只为那个千金娇。

十朋悄悄上瓦顶，
对着洞口往下瞄，
只见玉莲床沿坐，
飞针引线玉臂摇。

十四十五相别离，
那时童稚未曾消，
蓓蕾刚刚把花绽，
鸭崽刚刚脱绒毛。

两只酒窝点点大，
埋在嘴角常含笑，
一片荷叶刚出水，
一节嫩藕肉未饱。

真是女大十八变，
五年不见这么俏，
芳龄二十花开足，
淋淋漓漓一身娇。

隔窗看妹妹真好，
瓜子脸蛋白皎皎，
皎皎白脸浸红粉，
恰似枝上透熟桃。

看妹眼是丹凤眼，
看妹金嘴像樱桃，
看妹油黑单条辫，
从头垂到后衣梢。

看了妹脸看妹身，
妹身亭亭多潇条，
乳白罩衫花边裤，
橘红肤泽透衣表。

妹身美，
哪个看久眼乱缭？
妹身香，
哪个闻久醉陶陶？

蝴蝶进窗来，
围着玉莲盘又绕，
蜜蜂进窗来，
也把玉莲当花苞。

蝶醉了，
蜂醉了，
十朋哥哥也醉了，
醉得两颊泛红潮。

用的五彩线，
扎的七色绸，
绣上几多花和鸟，
几多心意在里头。

定情绣球扎完了，

个儿圆圆穗飘飘，
玉莲贴在心口上，
胸波起伏荡春涛。

血气高，
十朋狠将指头咬，
红血滴到绣球上，
变朵红花闪耀耀。

玉莲猛一震，
不敢抬头暗惊惶，
忙掏小圆镜，
低头反照破天窗。

照见瓦顶人的样，
玉莲心里乱又慌，
房上到底哪村汉？
房上到底哪家郎？

嘴笑眯眯又不讲，
两颊红红脸方方，
两撇眉毛像刀剑，
两颗眼珠不寻常。

阿哥为何不开口？
为何嘴角甜如糖？
为何揭瓦偷看妹？
含情脉脉为哪桩？

哥若连妹莫开口，
妹早私配十朋郎，
哥若捡漏快快捡，
免得邻里闲话长。

看见玉莲痴呆样，
十朋笑拉山歌腔，

一年想你十二月，
见面为何又彷徨？

玉莲闻声心跳荡，
莫非织女见牛郎？
翻身抬头仔细看，
哎吣吣吣我的娘！

玉莲跳上四脚凳，
仰头鼻梁对鼻梁，
多情眼对多情眼，
瓦桁难隔两情长。

玉莲抓住十朋手，
哥的手指为妹伤，
血从阿哥手上滴，
点点滴到妹心房。

十朋伸手微微笑，
哥的热血为妹淌，
哥不见妹血不流，
妹不见血头不昂。

玉莲努嘴瞪白眼，
掏出手绢来包伤，
绣花帕，
又添一朵更芬芳。

十朋拿出柚刺簪，
插回玉莲头发瓣，
天南地北五年整，
重逢彼此吐衷言。

阿哥别去在天边，
妹过一天当一年，
梦里同哥手把手，

醒来又隔几重天。

哥想情妹要发癫，
早起想到五更天，
人睡不着哪有梦？
不似贤妹得安眠。

想哥一年又一年，
妹吃甘蔗不见甜，
想哥出门来张望，
妹的眼睛早望穿。

妹想哥时嘴巴淡，
哥想妹时心里甜，
一日三餐常想妹，
煮菜不用放油盐。

照水只见妹的影，
不见阿哥在身边，
照镜只见妹的面，
不见阿哥容和颜。

日望妹来夜望妹，
难望得透万重山，
哥喊只闻山回响，
不闻阿妹回声甜。

诉思念，
难断难绝声侃侃，
日头已落西坡去，
半块烂瓦未曾捡。

玉莲欲罢不能罢，
附在耳边悄悄言，
阿哥今晚来相会，
后门妹用灯草拴。

无情隔墙如隔山，
有意天涯照样连，
待到月上东山时，
一曲恋歌又续弦。

十朋到屋后，
来回三几转，
伸手推门又不敢，
心跳咚咚如鼓点。

一怕小狗心怀恨，
咬住裤脚怎么办？
二怕大伯听见了，
蒲凳打来无脸面。

推不推门正两难，
迟迟疑疑转圈圈，
急了楼上玉莲妹，
坐床如同坐针毡。

坐床好比坐针毡，
起来开窗看了看，
看见十朋忙招手，
叫他莫要再迟延。

人生能有几回搏，
今夜挨咬也抵钱，
轻推后门闪进去，
小狗摇尾在墙边。

十朋摸摸小黄狗，
急急上楼会玉莲，
闺阁窗前双对月，
这时花好月正圆。

窗前坐，

同条板凳肩挨肩，
两团糯饭一块捏，
不知哪边是哪边。

几载相思梦断了，
今宵对月话团圆，
春蚕吐丝有时尽，
情话如泉永涓涓。

用火来点干茅草，
不吹不扇它也燃，
十朋玉莲谁点谁？
着火同在一瞬间。

稻子黄了就勾头，
蓖麻熟了就榨油，
哥哥呀，
我俩还等几春秋？

一根花针打把钩，
一只蚯蚓挂钩头，
妹妹呀，
只等金鱼来吞钩。

哥的钓钩妹来吞，
妹望金钩勾妹心，
鸟靠树林鱼靠水，
妹不靠哥靠谁人？

哪条灯草不吸油？
哪根彩线不穿针？
哪蔸木苗不靠水？
哥不靠妹靠谁人？

妹家有架纺纱机，
放在屋角无人理，

只等传带来套上，
好纺纱线把布织。

哥哥砍得两捆柴，
只等扦担串一起，
挑到长街去叫卖，
买回桑蚕来吐丝。

假若两捆连成担，
挑到哪里妹也欢，
两股麻绳结死扣，
哪头想掉也是难。

得连好妹结良缘，
得骑好马坐金鞍，
骑在马上又好看，
跌下马来也心甘。

只有小猫才怕姜，
蚂蚁情愿死在糖，
妹愿变成白粳米，
烂在锅里给哥尝。

妹是美酒哥得饮，
妹是香瓜哥得尝，
哥要醉死也为妹，
青蛙淹死也为塘。

妹和阿哥做一团，
月亮没有这么圆，
若能同吃一锅饭，
一餐吃够饱二年。

妹的花瓶真好看，
只怕有口没有心，
妹讲的话真好听，

只怕阴阳两边分。

卖猫论只不论斤，
开口就叫几多文，
知音连情不用秤，
莫用闲话刺妹心。

猪忌一来狗忌七，
连妹最忌心游移，
哥不说妹妹也知，
天丝不是真的丝。

树叶浮水才游移，
秤砣落水沉到底，
蚕吃桑叶吃到死，
吐出条条是真丝。

好多妹仔哥看够，
得了马肉想龙肉，
得了麻雀想鹏鸟，
得了羊羔想水牛。

得吃芝麻不想豆，
得喝香茶不想酒，
妹是山上青冈木，
不是河边随风柳。

心里想说哥就说，
只怕好话变泡沫，
竹衣当船给哥坐，
浮起的少沉的多。

修只木船同下海，
扎个竹筏同下河，
哥要是死妹也死，
哥要是活妹也活。

点火照得岩洞明，

难得进肚照妹心，

只怕弯似田螺尾，

日后叫哥难做人。

磨把尖刀白银银，

剜出妹心看分明，

哥看哪点不是肉，

丢出门外给狗吞。

贤妹的话见得天，

奈何哥家太贫寒，

只怕栽花花不发，

只怕水浅难过滩。

莫学犀牛叹高天，

妹只爱哥不爱钱，

门当户对妹不想，

愿同阿哥共百年。

妹有心叫哥成仙，

只怕无路难上天，

妹看那年七仙女，

终使董永泪不干。

阿哥为何比那般？

哥比太多妹心酸，

妹不是那天仙女，

两人同住在人间。

同哥当家难了难，

水上点火难冒烟，

木杈茅屋无瓦盖，

妹住怎过下雨天？

同哥下海捡龙鳞，

龙鳞当瓦盖最严，

哥妹双双里面坐，

不怕地来不怕天。

哥家无灯又无油，

日影落坡黑无边，

妹若过到哥家住，

有眼也像盲一般。

同哥上天摘星星。

摘来星星厅上悬，

日头落了星不落，

独有我家不夜天。

哥家织布没有棉，

衣衫结球众人嫌，

妹若到了哥家去，

难找衣裤避风寒。

妹同阿哥到天边，

剪来彩霞做衣衫，

哥爱哪样做哪样，

要红有红蓝有蓝。

人家虽穷有三餐，

哥家无米无油盐，

贤妹去吃哥家饭，

树皮野菜怎能咽？

同哥下地捡稗子，

再到河滩种良田，

剩下几多熬酒卖，

又得养猪又赚钱。

妹好心，

竹篙试水知浅深，

世上没有第二个，
人间没有第二人。

哥心狠，
竹篙捅得妹心疼，
若不怕哥成光棍，
跳到水里不做人。

莫跳水，
有命还活三百岁，
三百年前结成对，
三百年后立个碑。

求月仙，
送下翅膀各一对，
我和阿哥比翼飞，
形影不离到百岁。

大风难刮月下影，
猛火难烧炉中金，
利刀难砍镜中人，
雷劈难把哥妹分。

生不分来死不分，
活着妹是哥的人，
妹死也是哥的鬼，
哥死又是妹的神。

一句短，
一句长，
二更过后三更打，
谈到五更不思眠。

天角晓星暗眨眼，
十朋不敢再流连，
玉莲下楼去相送，

分手依依又留言。

哥要骑马快上鞍，
哥要打鸟快上山，
明天快快请大媒，
找妹爹妈定良缘。

壮家古时传佳话，
见过龙女配叫花，
见过天仙配凡人，
见过公主配蛤蟆。

今又见，
甜藤苦藤同结瓜，
玉莲爹妈好爽快，
我家灵牌十朋拿。

想要十朋来上门，
有媒登堂心开花，
夫妇二人同句话，
两家索性共一家。

十朋心爽会卖乖，
去为钱家砍担柴，
百斤上肩不觉重，
悠悠然然挑回来。

十朋正走回头路，
忽见一棵柚子树，
十朋留恋难离去，
又被柚刺钩衣裤。

柚刺粗又长，
不量也有三寸九，
柚刺尖又硬，
根子螺弯似刀镂。

青菜萝卜各人爱，
玉莲最爱柚刺钗，
十朋把它摘下来，
留给玉莲表心怀。

挑柴进门羞红脸，
钱公反而好开心，
这个孩子就是好，
两家今天就定亲。

十朋辛苦了，
玉莲多心疼，
挽着他的手，
上楼喜盈盈。

对坐亲又亲，
相敬如嘉宾，
拿出柚刺钗，
十朋送礼荆。

人家定亲有彩礼，
金钗银钗送成对，
哥家贫寒太惭愧，
无金无银难给妹。

知妹从小爱柚钗，
爱过金钗几多倍，
儿时柚钗今小了，
人大当有大钗配。

哥从凤凰山脚过，
摘得一根大又美，
今日定亲无厚礼，
赠柚刺钗莫嫌微。

情意相交似水流，

载了荆钗送绣球，
摆面镜子照了照，
一对鸳鸯头靠头。

四、别意离情

十朋玉莲定终身，
情郎还要求功名，
十朋这时心头爽，
暗约玉莲去游春。

相伴出村怕人见，
脚踏东边看西边，
一脚陷到泥泮里，
十朋失足踩藕田。

玉莲捂嘴哧哧笑，
笑过几声出戏言，
阿哥命带荷花命，
难怪踩中荷花田。

哥走来到藕塘边，
看不见藕只见莲，
塘中浅水清又亮，
莲花出水朵朵鲜。

莲花出水不沾泥，
妹爱阿哥情意专，
连情莫学空心藕，
连了又断断了连。

哥是蝴蝶采花瓣，
飞进藕塘舞翩翩，

荷花常开蝶常恋，
花落蝶死在跟前。

水珠滚在荷叶上，
滚来滚去总不沾，
只怕风吹水珠落，
那时珠落叶枯残。

水不沾荷哥沾妹，
风吹荷断照样沾，
不似蜻蜓点春水，
点了又飞飞了点。

双双来到芭蕉冈，
芭蕉树下歇歇凉，
芭蕉叶绿张张大，
株株结果串串长。

妹说芭蕉香十里，
挂在枝头个个黄，
妹是芭蕉哥来吃，
包你口口甜过糖。

哥说芭蕉甜又香，
只怕十冬腊月霜，
腊月霜打蕉叶萎，
那时看妹徒心凉。

霜打火烧又何妨，
阿哥莫忧心莫伤，
虫咬柑树连根死，
蕉树皮死有心肠。

妹用真金铸心肠，
经得火烧经得霜，
哥的心头秤砣做，

是坚是软妹知详。

过冈又到红枫坡，
妹先开口考阿哥，
坡上红枫叶对叶，
张张红叶像什么？

树密叶茂盖山坡，
霜打以后红如火，
妹心好比红枫叶，
哥见妹心红灼灼。

"蓝靛[1]用来染白布，
枫叶种来染什么？
胭脂用来染桃嘴，
妹的红心染哪个？"

紫色针姐配枫叶，
三月初三染香糯[2]，
妹的红心哥知晓，
染了妹身又染哥。

下山又过枧木桥，
踏上桥头心摇摇，
哥扶妹腰慢慢过，
哥指河心微微笑。

船上渔人飞横棹，
河心扁舟逐浪高，
妹是扁舟哥来驾，

[1] 蓝靛：为爵床科植物马蓝的叶经加工制得的粉末或团块，可作染料。壮族和西南地区苗族、侗族、瑶族等少数民族常用蓝靛染布，制作衣服。

[2] 三月初三染香糯：三月三壮族有制作五色糯米饭的风习。节前家家户户准备五色糯米饭和彩蛋。人们采来红蓝草、黄饭花、枫叶、紫蕃藤，用这些植物的汁浸泡糯米，做成红、黄、黑、紫、白五色糯米饭。相传，这种食品是深得仙女们的赞赏后流传下来的；也有人说是祭祀歌仙刘三姐的。吃了这种饭，人丁兴旺，身体健壮。

同妹一心斗恶潮。

哥驾扁舟要驾好，
莫到河心才断篙，
若是篙断船也破，
哥妹同是短命天。

河上一对鸳鸯鸟，
一雌一雄多逍遥，
下水捕鱼求温饱，
擒得一尾各半条。

妹和阿哥同心结，
恰似一对鹭鸶鸟，
雌的河边暂独等，
雄的远飞路迢迢。

拐进谷口停一停，
解带宽衣纳清风，
一对翠鸟树上叫，
阿妹抬头先出声。

翠鸟啾啾正合鸣，
哎呀一箭中羽翎，
一只飞进山林里，
一只掉在小草坪。

贤妹何必惜鸟命，
家里杀猪还不惊，
山中飞鸟千千万，
死了一只还成群。

阿哥讲话伤妹心，
山中飞鸟也像人，
死了一只不成对，
留下那只孤零零。

玉莲说话自伤心，
好似孤鸟离了群，
好似雌鸟失了伴，
两眼呆呆像木人。

玉莲呆呆像木人，
此时无声胜有声，
十朋失言自悔恨，
挨住玉莲话温存：

猎人放箭中鸟身，
贤妹说话动哥心，
哥有药医中箭鸟，
妙手一到可回春。

好酒越喝越见醇，
好话越讲情越深，
入迷不知天色晚，
鸡进笼时才回村。

蜂糖酿久更甜蜜，
形影一对不分离，
金枝玉叶似天配，
父老也说最相宜。

相伴恨短促，
过了初一到十五，
十朋要出门，
风和日暖好登途。

母亲烧炷香，
又给一张护身符，
再给一块火灶土[1]，
预防水土不相服。

[1]　火灶土：柴火灶中的老土，相传具有治疗因水土不服而头晕、腹泻等症。

玉莲送哥走，
一步跟一步，
短亭到长亭，
一路道情不知足。

出了南山沟，
双双来到大渡口，
此渡是鉴水[1]渡，
南来北往路人稠。

船上艄公是老叟，
来往摆渡荡小舟，
老伴就在河岸上，
开店卖食把客酬。

玉莲摸口袋，
铜钱带有三百九，
邀十朋进店，
笑对老妈掐指头。

一碟花生豆，
一盘后腿肉，
一碗豆腐汤，
一壶三熬酒。

两双筷子两个盏，
辣椒碟里多放油，
去几多钱莫讲究，
玉莲今天要够喉[2]。

二人喝完一碗茶，
一桌汤菜便煮熟，
四方小桌两面坐，

玉莲酒杯举平头。

第一杯酒敬亲人，
妹送阿哥出远门，
祝哥一路顺风走，
哥得平安妹放心。

多谢贤妹一杯酒，
好酒养骨又养筋，
途远路遥哥不怕，
风吹雨打照安宁。

第二杯酒敬亲人，
妹祝阿哥得功名，
三个大字上金榜，
披红披绿登龙庭。

多谢贤妹二杯酒，
烈酒下肚血奔腾，
哥的名字不上榜，
不打回头见乡亲。

第三杯酒敬亲人，
妹将淡酒寄浓情，
酒祝哥妹百年好，
酒祝牡丹百日红。

多谢贤妹三杯酒，
酒醇不比妹情醇，
酒醇只解一时瘾，
情醇可葆百年春。

你来我往过三巡，
醉意三分醒七分，
冷酒热肠话不断，
两人换酒又换心。

[1] 鉴水：今穿流广西德保县城的鉴河。
[2] 要够喉：要吃够之意。

太阳越高人越暖，
哥去越远见越难，
有道远水难救渴，
妹盼屋后有清泉。

别妹好比衣别袖，
别妹好比袖别肩，
别妹好比藤别树，
别妹好比鱼上滩。

放鹞希望有风吹，
玉莲低头语绵绵，
愿哥变只天鹅鸟，
早晨飞去夜飞还。

十朋心也软，
细语相慰甜，
有情不用天天见，
只望时时心相连。

玉莲拔下柚刺钗，
临别愁颜变欢颜，
每逢相思看一看，
也似哥在妹跟前。

十朋掏出花绣球，
话出得口自腼腆，
见球如同见妹面，
伴球如同伴妹眠。

两方信物还在手，
汝权就来到近前，
汝权一瞥玉莲面，
惊得四脚仰朝天。

爬得起来后面看，

一尊玉雕白如棉，
看了左边看右边，
好似嫦娥到凡间。

看了左右看前面，
瞪破两只绿豆眼，
呀呀是仙还是人？
哟哟是人还是仙？

鹅蛋脸儿白透红，
两撇眉毛细又弯，
樱桃嘴巴甜又甜，
两个柚果大又圆。

狗见肥肉心痒痒，
猫见煎鱼嘴馋馋，
狐狸见鸡眼着火，
汝权这时魂倒颠。

美人呀美人，
若是枕头我来垫，
若是马儿我来骑，
若是狗肉我来吃。

不得喝你的洗脚水，
我活心不甘，
不得吃你两瓣柚子果，
我死难安眠。

鬼魂出窍人发昏，
眼睛流邪口流痰，
伸过尖嘴来拉话，
一句酸来一句咸。

贤妹香名早听闻，
耳闻不如亲眼见，

相见何必曾相识，
今日相识恨太晚。

几多野果哥尝过，
难比狮山柑果甜，
几多姑娘哥见过，
难比仙妹钱玉莲。

玉莲偏过脸，
看他太讨嫌，
索性塞耳朵，
不听他胡言。

十朋催登渡，
艄公点篙去涟涟，
十朋一篙三回望，
汝权一篙一流连。

玉莲心沉沉，
下跪求山神，
山神社令多保佑，
保十朋哥得太平。

十朋挥手过山坳，
天边白云变乌云，
明日吉凶难卜定，
请看续章悲欢情。

五、饿猴偷桃

两个同伴出乡关，
过了一山又一山，
汝权连将玉莲赞，

又贺十朋得一仙。

鸭嘴哪有鸡嘴尖，
十朋哪有汝权奸，
拿刀去破他的肚，
都是坏水不值钱。

罗汉上场扮假脸，
麦糠磨米出假面，
嘴抹蜜糖才讲话，
肚里藏刀装良善。

蚂蟥生来两个口，
无筋无骨咬得牛，
汝权生成竹衣面，
半阴半阳最滑头。

赞你苞谷好，
他变米螨吃个够，
赞你笋子好，
他变蛀虫叮到头。

汝权想夺钱玉莲，
虎想擒羊羔，
看他心中多美妙，
饿猴摘仙桃。

老孙我的本领高，
风流知多少，
见红花就摘，
见黄果就咬。

玩足玩够换一朵，
吃饱吃腻路边抛，
玉莲娇，
又是快到手的鲜葡萄。

想移花接木，
鬼迷魂魄计谋高，
走了三日想三日，
想了三日得一招。

那晚上了床，
汝权故意嘱咐道，
贤弟拜堂日，
莫把愚兄忘记了。

十朋错当真话听，
爽爽快快回答道，
喜酒大家喝，
有我有你哪能少？

一个心爽快，
一个心耍刁，
闲聊不知累，
一扯到通宵。

过了五更便拂晓，
忽听汝权叫嗷嗷，
十朋起身忙照料，
问他哪点痛难熬。

汝权捂心口，
指说这点似刀绞，
十朋团团转，
不知怎样好。

汝权暗好笑，
假对十朋道，
为兄难把龙门进，
前程断送在今朝。

十朋相安慰，

孙兄莫心焦，
待我村中访医道，
过两三日病便消。

三日五日未必好，
误你考期怎得了，
贤弟今天照上路，
愚兄自会把病调。

树隔高山难相量，
心隔肚皮难相望，
十朋刚出大门口，
汝权翻身便下床。

十朋笔迹他会仿，
假造绝命书一张，
书寄钱玉莲，
书呈老爹娘。

三天并做两天走，
汝权回到狮子庄，
找到十朋妈，
便哭"大娘呀大娘！"

老母心忽惊，
问有何事讲，
汝权扶她坐，
然后报假丧。

十朋和侄同赴考，
他患急病死异乡，
侄请人把朋友葬，
急奔回乡报大娘。

老母听闻肝胆裂，
放声号啕泪汪洋，

儿啊儿啊再儿啊，
声绝人倒在中堂。

玉莲闻声赶来看，
听说十朋半路亡，
昏昏盹盹如棍打，
痴痴疑疑似木桩。

老母真信了，
玉莲心惶惶，
汝权挤出两滴泪，
张嘴哭汪汪。

弟啊弟啊十朋弟，
和你五年同寒窗，
为何你去留下我，
死的安然活悲伤。

句句好像蛤蟆叫，
声声好像公鸡嗓，
噢噢好比猫哭鼠，
呼呼好比虎哭羊。

又擤鼻涕又抹泪，
又吐口水拍胸膛，
你若不信也由你，
一出假戏骗全场。

哭了一阵停一下，
掏出假信话凄凉，
十朋临终有吩咐，
把这封信交情娘。

玉莲接假信，
一目看十行，
句句刀剜心，

字字锥刺肠。

叹哥命短寿，
离家半路亡，
鸦啄臭肉冷，
狗咬白骨凉。

哥死妹孤单，
妹可配新郎，
只望三月节，
祭哥一炷香。

堂上有老母，
求妹帮赡养，
养老到满寿，
如侍亲爹娘。

玉莲读信心不疑，
脸色变灰灰变黄，
一头撞到柱子上，
披麻戴孝哭情郎。

哭郎哭到一更天，
骂天骂地骂祖先，
骂了祖先又骂命，
谁命好像我玉莲？

哭郎哭到二更鼓，
棒打心头妹好苦，
门口倒了椿芽树，
喜鹊做窝在哪株？

哭郎哭到三更夜，
哭到油干灯熄灭，
今番生别成死别，
郎死不如妹先绝。

哭郎哭到四更深，
哭到地暗天也昏，
低头看地不见地，
抬头看天月不明。

哭郎哭到五更亮，
哭到天亮断肝肠，
可怜一个黄花女，
声绝人倒在竹床。

好像老鼠来偷豆，
好像蟑螂来偷油，
那天日上三竿后，
忽觉幽灵爬上楼。

玉莲睁眼看，
汝权已站在床头，
玉莲欠身道，
妹请相公快下楼。

汝权脸皮厚，
猪钻篱笆不回头，
先假安慰三四句，
然后把婚求。

日落西山还见面，
水下东海不回流，
十朋死了便死了，
劝妹放眼看前头。

胡琴断弦换新线，
木桥断梁再重修，
哥不忍见黄花凋枝头，
破心破肚把妹求。

汝权不知丑，

玉莲回话带骨头，
妹是青桑树，
枝繁叶也茂。

蚕吃吐好丝，
猴吃枉涩口，
生死妹是王家人，
不愿高攀孙家楼。

讨嫌莫过鬼针草，
粘人裤脚拍不走，
汝权死无赖，
盯住缠不休。

何必活寡死死守，
嫁鸡也像嫁斑鸠，
嫁到我家样样有，
牛马满圈谷满楼。

妹啊妹啊哥爱妹，
爱妹爱到心发烧，
哥要熬酒莫退火，
哥想坐船莫丢篙。

饿猴不要脸，
玉莲气又恼，
泼出一盆灭火水，
飞出一串连珠炮。

好马不套两个鞍，
好鸟不筑两个巢，
好妹没有阴阳脸，
好铁不打两面刀。

我和十朋早连了，
生连到死不动摇，

你想连我不容易，
你未曾连先办到。

你叫菩萨游过水，
你叫木马地上跑，
你叫青蛙生翅膀，
你叫乌鸦长白毛。

一二三四办到了，
快快打锣抬花轿，
如若少办哪一样，
剃个光头进大庙！

猫捉蝴蝶钻草丛，
扑来扑去飞无踪，
狗咬山瑞难下口，
咬来咬去嘴还空。

汝权下楼过屋东，
三看花窗眼发红，
北山公子中霉气，
中了霉气心还雄。

这个妹仔白蒙蒙，
好比包子在蒸笼，
几大我要咬一口，
又香韭菜又香葱。

一转不得再二转，
狐狸拜鸡计不穷，
待我把你抓到手，
又咬屁股又咬胸。

第二天黄昏，
汝权又来寻，
玉莲病重难起身，

他还妹呀妹呀求不停。

玉莲悲又愤，
话中带呻吟，
你能医好我的病，
也可和你成大婚。

汝权大欢喜，
马上仔细问，
买药的钱大把有，
要哪几味请点明。

不用你多费金银，
十味良药容易寻，
跳蚤新蛋二百个，
蚊虫板油要一斤，
蜘蛛苦胆一百个，
蚂蚁的肝十两整，
龙王耳屎一斤二，
圣母乳汁八两又五分。

雷公的脑十一个，
仙女眼泪要半升，
地土公的鼻涕九两九，
再用门神的口水来调匀。

笑死了，
笑你捞月戽深潭，
笑你上树捞虾仔，
笑你爬梯想上天。

饿猴偷桃挨棍撵，
掉下树来脚朝天，
跌破了脸又断腿，
还留骂名年过年。

狗不改吃屎，
猴不改吃桃，
汝权回家去，
又用新毒招。

汝权派媒来，
开口就咆哮，
再过三天不答应，
用绳绑你过北坳！

汝权老父亲，
坐霸地方如虎豹，
狮子山南北，
数他最恶又最刁。

小虎仗大虎，
小雕仗大雕，
汝权仗他老爹恶，
变脸舞爪牙又獠。

又是雷打又火燎，
玉莲灾难遭连遭，
三日大限怎么过，
鬼门关前苦难熬。

六、玉女投河

鱼下煎锅命将绝，
此时想郎心更切，
看见柚钗忍不住，
玉莲愈哭愈悲烈。

坐在灶头想儿时，

想起儿时夜夜学，
同点松明把书照，
如今郎去火已灭。

翻读旧信一页页，
顿足捶胸更凄切，
音容仍在纸笺上，
郎身已葬在荒野。

推窗又看窗前月，
想起约会多少夜，
明月底下心相照，
两团烈火几亲热。

天上月亮圆如旧，
心上月亮已崩缺，
心上月亮破碎了，
阎王为何这样绝？

打开十朋小竹箧，
旧衣旧裤放一叠，
见物如同见郎面，
眼直愣愣心痛彻。

抱着衣衫近胸贴，
玉莲跪下起不得，
哭不出声泪已竭，
眼泪流尽流眼血。

来到鉴河边，
正是天黑时，
河边把郎祭，
三牲鱼肉鸡。

鸡头朝河水，
酒杯一排齐，

糯饭一大碗，
竹筷插两支。

烧香两炷蜡，
划火烧银纸，
香烟袅袅白，
招魂声声厉。

郎啊郎魂若有知，
请郎来把祭酒吃，
粒粒香饭妹的心，
滴滴美酒妹的意。

郎啊都怪妹，
送郎出门悔难追，
为求功和名，
离家三天把命摧。

韭菜割了还再长，
情郎一去永不回，
郎说花落蝶也死，
如今蝶死花也萎。

恩爱情深二十载，
死别未送水一杯，
樟木棺柩未得做，
不见郎君新坟堆。

郎君死去妹伤悲，
汝权逼婚妹身危，
愿下地府同郎会，
生不得陪死要陪。

寻郎路从哪边走？
山伯还有红黑碑，
地府阴门朝哪面？

妹要觅踪去追随。

心已归，
九条黄牛拉不回，
脚欲跳，
又念汝权那乌龟。

你的肚肠比蓝靛还黑，
你的心肝比蛇毒十倍，
鬼鬼祟祟像盗贼，
仗势害人像魔鬼。

记住你，
夜里敲门叫你难安睡，
记住你，
派个妖精把你魂勾醉。

你恶我报恶，
叫你肚肠烂到嘴，
有仇我报仇，
敢吃你的心肝肺！

心已归，
九条黄牛拉不回，
脚欲跳，
又恋亲人和山水。

狮子山，
玉莲别您百重悲，
众乡亲，
满腔浓情怎能悔！

永别了，
活着也是受活罪，
玉莲赴九泉，
死同十朋共一对。

爹妈和公婆，
想来又多一腔泪，
养育二十年，
大恩未报心惭愧。

心想养二老，
送终守灵位，
无奈失郎丧君心已死，
无奈汝权仗势逼婚配。

永别了妈妈，
请受女儿最后一次跪，
永别了公婆，
命运已把不孝儿媳催。

玉莲死别后，
两家断根无晚辈，
千般苦和怨，
莫怨儿女怨贼鬼。

逢初一十五，
烧炷新香呼儿回，
逢过年过节，
多摆两双筷子两个杯。

玉莲伸双臂，
跳进鉴河水，
明月用手蒙住脸，
星星闭眼快引退。

夜风阵阵凉，
黑云低低飞，
空谷响闷雷，
冷雨落霏霏。

高崖猿声远，

句句哀怨声声悲，
青山同垂首，
同为玉莲泪纷飞。

玉莲沉浮波浪里，
朦朦胧胧到阴司，
寻郎不知过哪里，
眼看八面冷凄凄。

远远有座城，
隐现在天底，
玉莲抄近路，
一气走了十五里。

来到城脚见东门，
门口有个红面鬼，
右手一把方天戟，
左手一面红幡旗。

问他十朋在哪里，
他摇摇头说不知，
想要进门也不给，
多站一会也不依。

离开东门到南门，
南门有个黑面鬼，
右手一把劈山斧，
左手一面黑幡旗。

问他十朋在哪里，
他说未曾得相遇，
或许西门蓝鬼懂，
你去问他试一试。

离开南门到西门，
西门有个蓝面鬼，

右手一把冲天剑，
左手一面蓝幡旗。

问他十朋在哪里，
他说不如问自己，
新鬼才来我不懂，
北门那边可能知。

玉莲又来到北门，
北门有个白面鬼，
右手一把狼牙棒，
左手一面白幡旗。

问他十朋在哪里，
他听声音顿惊奇，
你莫不是玉莲女，
十朋几时下阴司？

玉莲仰脸看，
原是同乡一老鬼。
老鬼领她进城去，
去找地府管簿师。

管簿老鬼好客气，
本本从头翻到尾，
十本簿子翻遍了，
不见十朋两个字。

找遍东南西北中，
郎啊到底在哪里？
难道生连不到底，
死也不能在一起？

玉莲又觉昏迷迷，
魂魄飘东又飘西，
原是水中一场梦，

流到渡口也不知。

鉴水渡口老艄公，
坐在河边网小鱼，
正叹今宵无运气，
鱼儿入网没几只。

这时忽觉麻网重，
赶紧加码往上提，
心想运交大鱼满，
却是一具挂孝尸。

艄公叫出奇，
这是谁家女？
老伴提灯照，
好似曾相识。

摸摸她心口，
还跳一丝丝，
试试她鼻子，
奄奄有一息。

草断还有根，
火灭灰未熄，
救活落难人，
两老喜滋滋。

玉莲缓舒气，
昏昏还迷迷，
好像躺在谁怀里，
听人说话声如丝。

暖似妈妈胸怀暖，
亲似爹爹口气亲，
想张嘴巴张不了，
想睁眼睛不能睁。

妈呀妈，

难道女儿没有死？

难道死复活，

三魂七魄又归体？

玉莲开得眼，

才知在哪里，

两老喂汤茶，

盘根又问底。

玉莲先跪谢，

然后慢告知，

凄凄又切切，

断断又续续。

老人慢开导，

知道死了就不值，

玉莲又再拜，

求两老人收为女。

玉莲续命活二世，

多亏恩人救沉尸，

女儿愿拜干父母，

留在渡送过月日。

昔在古渡送郎去，

今在此处吊百日，

儿愿守节表贞爱，

披麻戴孝守到死。

好孩儿，

点灯难找梦难遇，

两老当天摆酒席，

收下玉莲做义女。

玉莲改装梳小髻，

绾髻永为十朋妻，

郎在妹是郎的人，

郎死妹心也不移。

又在脸上用针刺，

暗暗还点一个相思痣，

下着粗裙上粗衣，

头缠布巾[1]脚穿翘鼻履[2]。

玉莲装束变，

靓女变丑女，

乡人多往来，

见面也不知。

玉莲河边割芒秆，

又买几张五色纸，

扎个小灵亭，

早晚寄哀思。

扎了小灵亭，

又把假墓立，

墓上密密盖新土，

墓前巍巍立新碑。

那块石碑非单一，

右边空白左刻字，

左刻"王十朋之墓"，

右边留着给自己。

又悼十朋郎，

又想爹和娘，

又想家婆母，

节节是愁肠。

[1] 布巾：家织布头巾。

[2] 翘鼻履：自制家织布布鞋，鞋头上翘。

渡口过客多，
艄公船上听人讲，
狮子山下贞烈女，
玉莲殉夫投河亡。

爹娘不见玉莲归，
不安不宁心彷徨，
点火去到河边看，
只见残牲在河旁。

可叹老夫妇，
呼天喊地声悲凉，
女儿女婿都死了，
以后靠谁养？

路断了生无望，
夫妻拥抱跳下水，
可怜命双亡。

家婆闻噩耗，
吐血死在床，
从此两家人，
命绝空留房。

艄公告玉莲，
玉莲哭到狂，
三天不吃饭，
十天不起床。

江河流不尽，
海水戽不干，
泪流几时了？
哀思何时完？

枕冷衾也寒，
夜夜伴愁眠，

卖酒心常乱，
纺纱线常断。

怪了怪，
真怪苦中也有甜，
日里思郎流泪苦，
梦中和郎相见欢。

见郎归，
蟒袍玉带亮闪闪，
见郎归，
见郎前呼后拥闹喧喧。

烧火火常笑，
点灯开花红艳艳，
常听喜鹊枝头叫，
不见乌鸦闹屋前。

怪难卜，
奇奇怪怪过三年，
先生要知明日事，
再挑灯芯看续篇。

七、心归玉莲

枉使玉莲误殉情，
十朋一路倒顺风，
京科头名中状元，
声震当朝誉满城。

皇帝量才录用人，
留王十朋在京城，
做官办事忙不赢，

暑往寒来又三春。

寄信一封又一封，
石丢下海回回沉，
朝朝暮暮三年盼，
不见回音急如焚。

低头看流水，
抬头看流云，
日月流去了，
何日重会心上人？

想贤妹，
贤妹在家孤零零，
彻夜不眠听鸡叫，
可怜深闺独宿人。

思贤妹，
贤妹在家多艰辛，
高堂侍奉三亲老，
两副重担一肩承。

不说十朋倍思亲，
再说国相主意深，
国相有个多娇女，
欲将娇女配十朋。

若当国婿常富贵，
坐地便成不倒翁，
成凤成龙都不想，
十朋难忘玉莲随。

那天国相召十朋，
十朋入门三鞠躬，
先问国相安康否，
后谢国相父母恩。

国相赐平身，
一锤就定音：
"本相招你为小婿，
定在明天就成亲。"

十朋不从命，
向国相陈情：
"只因家有玉莲妹，
二人早定生死盟。"

"好比衣服穿在身，
穿旧穿烂就换新，
富易交来贵易妻，
古今不知多少人。"

"贫贱之交臣难忘，
竹马青梅弃不忍，
国相当恕小人罪，
成全一对同心人。"

恼羞变成怒，
国相语阴沉：
"汝若咬口真抗命，
三天之后离京城！"

走就走，
哪怕回家去耕耘，
腰骨宁折不宁曲，
要我屈从万不能！

国相奏皇上，
降王十朋离京城，
发放广西边荒地，
当芝麻官过一生。

多谢了，

我想睡觉你送枕，
那边山高皇帝远，
皇帝离远妻离近。

入朝谢皇恩，
坐轿出京城，
十朋来到远郊外，
打回官轿徒步行。

脚板发热步履轻，
行止匆匆似行云，
终于来到发配地，
交割文书事便成。

十朋上任先由在，
再把汝权讲一排，
那年偷桃不上口，
麻风从脸现出来。

清水塘里放水獭，
大鱼小鱼全遭灾，
汝权回到本乡土，
殃及山内和山外。

公鸡精，
头顶长疮脚长癞，
狐狸精，
心里又刁嘴又乖。

那晚做噩梦，
梦见被人推下崖，
第二天睡醒，
听说十朋回了来。

上牙磕下牙，
两个膝盖抖如筛，

日后十朋回家转，
沙煲破底怎交代？

莫忧愁，
忧多未老人先衰，
凭我三寸不烂舌，
叫你黑白分不开。

灌了一缸糯米酒，
再找十对大蛤蚧[1]，
还买十尾莫六鱼，
汝权直找十朋来。

进见王十朋，
弯腰点脑袋，
闻弟荣获功名归，
特备薄礼叙旧来。

家酿米酒香过界，
天保[2]蛤蚧补气衰，
果化[3]名鱼味道美，
老友对酌尽开怀。

久别重逢自然乐，
退到后厅俩对酌，
汝权贪饮千杯少，
十朋量小半盏多。

汝权口滑嘴皮薄，
哄得鸡崽游过河，

[1]　蛤蚧：又称仙蟾，体长 30 厘米以上，头长大于尾长。背腹面略扁，头呈扁平三角形；皮肤粗糙，全身密生粒状细鳞；体色有深灰色、灰蓝色、青黑色等，头、背部有深灰、蓝褐等颜色横条纹，全身散布灰白色、砖红色、紫灰色、橘黄色斑点，尾有白色环纹。广西常用来泡酒或蒸制肉饼。

[2]　天保：今广西百色市德保县，著名蛤蚧产地。

[3]　果化：今广西百色市平果市果化镇。

如今灌进半缸酒，
又哄十朋跌下坡。

老友听我说，
不知哪个短命多，
传你上京半路上，
中了烟瘴中邪魔。

说你客死魂流浪，
我的眼泪似雨落，
不料想，
今日对酒又当歌。

真恼火，
十朋右手拍饭桌，
我要找到贱嘴人，
用刀把他嘴皮割！

十朋忽然转头问，
玉莲闻讯又如何？
三年头尾无家信，
害我相思睡不着。

汝权心里自快乐，
是我叫你睡不着，
你的来信我灭了，
有谁知道你还活？

我把你的亲人推下河，
我催你的骨肉见阎罗，
用我嘴皮洗我罪，
叫你识善不识恶。

莫提多，
提多眼泪落，
只为那句贱嘴话，

四条人命不得活。

十朋忽倾倒，
汝权慢叙说，
玉莲爱你深过海，
闻你命亡跳鉴河。

两老丈人寻儿去，
下水一同葬逝波，
老母抱病冷榻上，
不过几日命也折。

天呀天，
一口鲜血咯下桌，
一口再两口，
十朋卧病在深阁。

四两铁打两面刀，
一支箭射两只鸟，
左的右的都砍倒，
母的公的都射了。

得计便得意，
汝权轻飘飘，
汝权乐陶陶，
鼻翘三寸高。

十朋卧三日，
形容变枯槁，
情热如故待汝权，
蛇在脚边也不晓。

十朋病初愈，
立牌吊三老，
立墓吊亡妻，
墓前新碑五尺高。

石碑墓前立，
左边空白右刻字，
右刻"钱玉莲之墓"，
左边留着给自己。

头扎白头巾，
脚穿白布履，
墓前摆酒菜，
十朋把妹祭。

鸡头朝墓碑，
酒杯一排齐，
糯饭一大碗，
竹筷插两支。

烧香两炷蜡，
划火烧银纸，
香烟缕缕白，
招魂声声凄：

玉莲啊我妹，
哥哥来呼你，
哥哥来唤你，
你知也不知？

妹魂若有知，
来把祭品吃，
粒粒香饭哥的心，
滴滴美酒哥的意。

哥去赶科考，
一心求荣贵，
功名求到了，
妹命早已摧。

妹送哥走妹才死，

哥妹死别哥不知，
妹死在南哥在北，
白绸未得送一尺。

妹死哥来守灵位，
哥死谁来把斋吃？
哥死谁来把孝守，
七月谁来剪纸衣？

苦妹死，
苦哥独活树单枝，
苦树落叶无鸟恋，
苦鸟失伴夜夜啼。

哥垫冷枕睡冷席，
偶尔睡着眼难闭，
妹若有知来托梦，
相见一时算一时。

等妹夜夜来，
梦中结伴侣，
若妹魂魄飞散了，
哥的魂魄也归西。

十朋泪婆娑，
汝权来劝说，
莫哭多，
状元莫哭糟糠婆。

山上到处有青草，
树上到处有鸟雀，
水里到处有鱼蚌，
天下到处有娇娥。

天黑日落月不落，
落了一个又一个，

等过三日祭仪满，
选个美人进后阁。

讲了莫再讲，
说了莫再说，
讲多我心如刀绞，
说多我心如刀割。

连情不比拾田螺，
丢一个再捡一个，
玉莲殉我我守寡，
玉莲复生我才合。

汝权话糊涂，
十朋不舒服，
汝权刚离去，
又来同乡一老叔。

老叔做生意，
街市卖木梳，
他和十朋巧相遇，
两眼瞪突突。

都说你死了，
莫非鬼还俗？
玉莲并三老，
为你命呜呼。

听了老叔话，
十朋又痛哭，
老叔再说道，
不定玉莲未曾死。

去年三月七，
有人赶歌圩，
圩中见一女，

摆摊卖酒食。

模样像玉莲，
相似又不似，
欲问不敢问，
是真是假未可知。

不管虚或实，
十朋心不死，
梦中再问妹，
问妹如今在哪里。

异床相思梦，
南北两地同，
十朋梦玉莲，
玉莲梦十朋。

十朋见玉莲，
见她肌瘦眼哭红，
见她飘来又飘去，
见她忽西又忽东。

牵她的手牵不住，
揽她的腰揽不拢，
问她她难答，
见她张口不闻声。

梦中难和贤妹讲，
空伴孤灯夜夜长，
既然愿从京城回乡里，
今日为何不能走四方？

去找打铁铺，
打了铁鞋十二双，
出门找玉莲，
鉴水南北遍寻访。

初春日头短，

赶路脚更忙，

一日百二里，

五日近家乡。

转辗一月余，

仍是渺茫茫，

那天来到三岔路，

两条去两方。

左道宽又敞，

右道茅草长，

心想顺着大道走，

忽见青蛇把路拦。

蛇为何拦路，

十朋费思量，

小道深远处，

为何蜂飞百花香？

蛇鼠主噩运，

蜂花兆吉祥，

十朋上小路，

倍觉精神爽。

翻过九座山，

来到一个大圩场，

今日逢歌会，

人头攒动闹洋洋。

阳春三月圩场好，

歌似游丝向空袅，

有时被风忽吹断，

曳过山前又袅袅。

十朋进圩寻，

下海捞绣针，

无心看花女，

留意找亲人。

四面都去找，

八方都去寻，

四面八方找遍了，

不见玉莲镶花裙。

圩场摊贩多，

粥饭又米粉，

猪鸡鸭肉花生仁，

土酒处处摆成缸。

累了找累了，

愁闷加愁闷，

愁闷难安寝，

鸡啼又动身。

铁鞋烂了十一对，

还有一对脚上穿，

走来走去人瘦了，

肉掉十斤眼有圈。

小溪流淙淙，

十朋问一声，

你流千万转，

是否见过玉莲踪？

问过小溪水，

又问空中雁，

你飞地方宽，

是否见过钱玉莲？

星星眼最亮，

十朋扯大嗓，

你眼观八面，
曾见玉莲在何方？

前头有座庙，
十朋又祷告，
神灵见玉莲，
请指路让我去找。

问到完一遍，
都答不曾见，
筋骨软绵绵，
蹒跚又向前。

八、渡口重逢

白云轻轻浮，
清水慢慢流，
十朋蹒跚走，
来到古渡头。

别去三年后，
江河依然流，
破船艄公老，
岸旁竹寮[1]旧。

猪胆吞在肚，
黄连含在口，
难忘鉴水渡，
永记老码头。

河边分手三年前，

[1] 竹寮：用竹子搭建的小棚屋。

河边吊魂三年后，
贤妹贤妹今何在，
哥的眼泪伴水流。

灾祸不单行，
福无双邂逅，
情苦酒也苦，
且饮一醉解闷愁。

酒铺门前倍思亲，
难得玉莲一片心，
那年送别三杯酒，
今日独酌一个人。

君莫愁无对酌人，
跟脚来了一幽灵，
十朋转身回头看，
却是汝权那畜生。

看官且听讲分明，
从来有雨就有云，
十朋出门找爱侣，
汝权知了也来寻。

他怕玉莲还在世，
十朋找到大祸临，
他想捷足先一步，
杀人灭口享太平。

两人照面两人愣，
未曾相约巧相逢，
十朋问他为何事，
口含酸李说不清。

既是旧交又相见，
一同进店打酒饮，

一个提脚如铅重，
一个迈步也不轻。

十朋入门欠精神，
未看店家面目真，
待他抬头定睛望，
未喊打酒先吃惊。

这位似是玉莲妹，
弓眉蛋脸樱桃唇，
肥瘦高矮对尺寸，
不是我妹是谁人？

若是玉莲妹，
为何有痣似乌金？
若是玉莲妹，
为何又是这家人？

分明闺秀未成亲，
绾着小髻为哪门？
玉莲本是千金女，
为何像嫂又像婶？

天上疑云对疑云，
店里疑人对疑人，
这时玉莲也看准，
来人像是王十朋。

来客似郎君，
走到天涯也能认，
来客是郎君，
三年夜夜入梦云。

是郎真不真，
我郎为何这清贫？
竹帽有破洞，

布衣补三层。

是郎真不真，
我郎死去已三春，
莫非又托生，
今日得还魂？

两人同念一句经，
念在心里不出声，
人间多少同貌相，
冒问又怕得罪人。

玉莲转过脸，
忽见老仇人，
恶棍孙汝权，
这时为何偏来临？

火到旺时烧水滚，
人到恨时气攻心，
咬破嘴唇把血饮，
咬断大牙肚里吞。

刀砍砧板响铿铿，
铁勺敲锅响铮铮，
仇人仇人你来了，
今天和你搏命根！

汝权抬眼心发震，
店家两眼如火焚，
左看右看像玉莲，
不像三分像七分。

难道狭路今相逢，
难道刀刃遇刀刃？
心寒胆也战，
额头汗淋淋。

0123

十朋肚饿响叽叽，
大碗大盏叫得急，
一斤黄酒半边鸡，
米饭要干不要稀。

玉莲有心试一试，
主意未定手迟疑，
瓮缸旁边生妙计，
酒里掺水给他吃。

平生未做亏心事，
玉莲送酒头低低，
十朋喝了淡水酒，
起身色变问店主。

狗肉莫当羊肉卖，
烂桃莫要充好李，
卖酒就该卖真酒，
为何掺水让我吃？

玉莲笑笑翻眼皮，
平平和和回两句，
淡水掺酒你闻出，
人夺玉莲你不知。

汝权在旁心倒提，
夹菜夹到酒杯里，
十朋猛起立，
连问三五句。

玉莲是我未婚妻，
谁敢掐我眼血吃？
她闻知我死在外，
投身鉴河无消息。

玉莲顿觉惊又喜，

手上花碗掉下地，
再去拿碗拿错瓢，
水瓢塞到郎手里。

十朋郎呀真是你，
妹在眼前郎不知，
妹在渡口送郎去，
又在渡口迎郎归。

开水冲下米花碗，
又是甜来又是酥，
解下髻头垂黑辫，
拔下柚钗解郎疑。

十朋见柚钗，
一蹦跳三尺，
掏出花绣球，
两手抖巍巍。

玉莲大声喊，
郎呀真是你！
声起身扑去，
声落人倒地。

十朋大声喊，
妹啊真是你！
两膝跪下去，
把妹搀扶起。

踏破铁鞋苦也抵，
相会终有期，
玉莲醒过来，
十朋问得急。

谁来欺我妹，
谁来把我欺？

贤妹快快说，
哥要拿他当马骑！

玉莲眼像两把锥，
刺向汝权那恶鬼，
愤将饿猴偷桃事，
细细从头说到尾。

十朋眼瞪似铜锤，
怒向汝权如炸雷，
砍断你的黑毛手，
割掉你的心肝肺！

打破沙煲难活了，
汝权咬牙想作对，
老子一身都是胆，
生死一搏谁怕谁！

状元到此算个鸟，
不够光棍三拳擂，
搏你一个就够本，
搏你两个赚成倍！

仇人对仇人，
尖针对尖针，
箭在弦上绷紧紧，
云压低低雨将临。

汝权先下手，
猛掀饭桌斗十朋，
十朋压在桌底下，
纵有气力难翻身。

汝权先得势，
想再用脚踢一轮，
玉莲眼手快，

拽他的腿又咬人。

十朋起身飞一脚，
汝权肋骨断三根，
玉莲捏紧柚刺钗，
对他贼眼刺两针。

玉莲吐他三口水，
再踏两脚恨未平，
谁料今日落水狗，
几多风流变烟尘。

一对鹭鸶鸟[1]，
久别重逢在河漕，
一对雄雌鸠[2]，
死里逢生会树梢。

久旱才知雨水贵，
久阴倍觉日头好，
多情兄妹紧相偎，
患难情侣紧相抱。

玉莲带郎看假坟，
坟顶纸幡随风飘，
碑前香杆连香杆，
坟旁萋萋尽芳草。

三年了，
三年妹心郎可晓？
年年十二月，
月月来祭吊。

正月里来正月正，

[1]　鹭鸶鸟：鱼鹰。
[2]　鸠：斑鸠，常见的品种有火斑鸠、珠颈斑鸠、山斑鸠，还有人工培育的白斑鸠。

正月初一鞭炮鸣，
人放鞭炮迎春色，
妹放鞭炮祭亲人。

立春过后雨纷纷，
妹思郎君泪淋淋，
妹在坟前空叹气，
命不成双不如人。

二月惊蛰又春分，
别人心暖我心冰，
妹心冷了又碎了，
吃不下肚睡不宁。

想郎想多人发昏，
一月到头病在身，
好比空瓶无有酒，
妹瘦成个空壳人。

三月想郎三月三，
妹到坟前来拜山，
别人拜山喝好酒，
妹来拜山泪当餐。

拜山过后春光好，
山里山外插新田，
妹的田地无人管，
杂草长到黄牛肩。

四月立夏日子长，
日想郎来夜想郎，
白天难等到天黑，
夜里难熬到天光。

屋后有果果不甜，
屋前有花花不香，

地角种豆不成豆，
园里种瓜不扯秧。

五月想郎五月五，
端午节日划龙舟，
妹包糯米三角粽，
提着小篮到坟头。

好粽送来给郎吃，
妹喝泪水拌稀粥，
摆放一天粽冷了，
不见郎吃妹心愁。

六月又到六月六，
家家户户收新谷，
家家户户吃新米，
欢欢喜喜享新福。

妹到田里割干草，
妹割干草当新谷，
割得一挑上街卖，
一边上坳一边哭。

七月年年逢十四，
七月十四做神衣[1]，
剪好神衣点火化，
更念当初郎在时。

秋风落叶凉习习，
妹心也是凉丝丝，
今日郎死还有妹，
明日妹死谁剪衣[2]？

[1]　神衣：清明烧给逝者的冥衣。

[2]　剪衣：壮族丧俗，人死后，第一件事是洗身，换上亲属缝制或买的新衣，首选
　　　是配偶缝制或买的新衣，其次是子女缝制或买的新衣，若是无偶、无子女者，
　　　则由房族准备新衣。

八月十五月升天，
家家中秋话团圆，
妹出门口望明月，
孤影陪妹在脚前。

村头男女对打对，
送饼送鞋不夜天，
妹想吃饼无人送，
妹做的鞋无人穿。

进到九月遇重阳，
九月初九更想郎，
从小和郎同长大，
大了和郎配成双。

别人连双连到老，
和郎结对半路亡，
恨郎归阴不带妹，
丢妹独把苦辣尝。

十月小雪又立冬，
哭郎哭到眼肿红，
哭到眼盲也是假，
哭断肝肠也是空。

水怪山精太毒狠，
夺我郎命在野丛，
今生不能共到老，
来世是否能相逢？

十一月来大小寒，
天寒不比妹心寒，
昨日还是比翼鸟，
今日变成马无鞍。

鉴水河流十八湾，

只向东去无回澜，
一片钟情葬流水，
永生永世不回还。

十二月来又一年，
一年到尾泪不干，
泪滴衣襟穿大洞，
袖抹泪水袖烂完。

腊月二三送灶王，
除夕辞岁家家欢，
别人煮酒迎新岁，
妹用酸泪接来年。

一句一滴泪，
听者泪纷飞，
哥也纵情叹，
十二一轮回：

正月里开迎春花，
哥为功名远离家，
出门日行八十里，
筋劳骨累步难拔。

离家容易难离妹，
离妹越远心越麻，
想妹越多心越软，
吃饭好比吃黄沙。

二月到来杏花开，
枝枝红杏出墙来，
哥从人家墙边过，
闭着眼睛手不摘。

哥若开眼眼睛烂，
哥若伸手人变呆，

婚姻爱情长诗

几多野花不比妹，
妹的花在心上开。

三月里来桃花鲜，
桃红李白相争妍，
哥见好多红装女，
不比贤妹艳又鲜。

红装哪有妹装美，
妹的裙裾绣黄边，
妹的头巾是织锦，
妹的新鞋花到尖。

四月里来开蔷薇，
日思夜梦想妹迷，
吃饭错把竹筷咬，
点烟错把火柴吸。

夜里多摆一个枕，
留半边床等妹栖，
走起路来也想妹，
心想东来脚走西。

五月石榴花最艳，
枝头红红招蝶来，
哥摘石榴尝一个，
未曾到嘴就丢开。

不是石榴味不美，
石榴心多哥不爱，
只怕一口吞下肚，
又有歪心长出来。

六月塘里开荷莲，
看见荷花想玉莲，
妹说哥带荷花命，

哥见荷花就喜欢。

哥变一只小蝴蝶，
飞进藕塘与荷连，
贪恋荷花如恋妹，
似见贤妹在眼前。

七月花开像鸡冠，
哥考头名中状元，
一登龙门身价贵，
哥心不变信如前。

国相欲将娇女配，
哥只横眉拒新欢，
如若要哥弃旧好，
宁可撞死相府前。

八月桂花香十里，
浪子游魂归何期，
人家夫妻同凳坐，
我们兄妹两分离。

好久不见妹的面，
逢人问东又问西，
三百大钱去打卦，
问妹安逸不安逸。

九月里来菊花黄，
秋风落叶心凉凉，
久等不得妹的信，
不见鸿雁飞北方。

那月初一去拜庙，
签签都道不吉祥，
想回又碍公务紧，
遥望天边远茫茫。

十月海棠真逗人，
哥无心看自呻吟，
想妹想到肚子痛，
想妹想到头发昏。

吃遍良药不见好，
要妹指甲磨水吞，
远水哪能救近火，
害哥苦受一冬春。

冬月水仙招人爱，
哥的水仙在家栽，
哥的水仙在家种，
别人难近哥能摘。

家里水仙怎样了，
挂在心头记在怀，
只怕花根挨虫蛀，
最怕花谢哥悲哀。

年年花开十二月，
见花想妹哥心切，
惊闻贤妹投水死，
一天吐出一碗血。

又闻贤妹还在世，
踏破铁鞋觅妹辙，
妹还有情哥当谢，
今日团圆赞贞烈。

你倾我诉到天夜，
东山冉冉起新月，
三年往事一场梦，
桩桩都是泪和血。

九、红烛洞房

别了干爹和干娘，
十朋玉莲返故乡，
石头落水起波浪，
村头村尾闹嚷嚷。

死了又来了，
怪事又一桩，
怪了真怪了，
今日灾星到�场。

老奶来拜土地公，
讲了一趟又一趟，
求公土地保康泰，
莫使野鬼进吾乡。

东坳焚香又喃喃，
喃了一趟又一趟，
求鬼莫过坳，
求鬼莫进乡。

十朋玉莲听婆讲，
成仙勿再恋旧场，
要吃香烟快来吃，
吃饱吃足去他方。

双"鬼"进村步如常，
公土地也不阻防，
大人小孩魂魄散，
家家户户关门窗。

十朋玉莲泪汪汪，
过巷穿街拜邻芳，
先拜村东祖公婆，

再拜村西伯叔娘。

村邻知道不是鬼，
男的荣归女还阳，
高高兴兴开门看，
簇簇拥拥问短长。

祭过宗亲祖，
扫屋修旧房，
买米又买酒，
买猪又买羊。

红花配绿叶，
火凤配金凰，
选定吉日行婚礼，
十朋玉莲同拜堂。

状元金帖送四面，
亲戚故旧来八方，
全村父老众哥妹，
都来饮酒闹新房。

有位祖婆发高见，
提孙汝权挂二梁，
剜心掏肝送喜酒，
分给客人尝一尝。

有说正来有说反，
压寨祖公定主张，
只等婚宴开始时，
便知恶人有下场。

汝权在牛栏，
垂头等破膛，
待到开宴时，
便被推到堂。

祖公一声喊，
玉莲进内房，
提来桐油一大桶，
还有棉索一大筐。

棉索绕在他身上，
再浇桐油众情狂，
洒了桐油点上火，
一支人烛照中堂。

人烛照亮杯盘响，
猜拳划码闹洋洋，
汝权作恶有报应，
苦果自种自己尝。

桌上酒肉不多讲，
且看红烛照洞房，
洞房红烛四角亮，
花灯挂在屋中央。

绫罗被面金丝帐，
朱漆箱笼雕花床，
针绣凤凰窗上挂，
精笔字画挂满墙。

新郎新娘拜了堂，
挽手挽臂入洞房，
天长地久盼今夜，
新床新被蓝靛香。

深恨诈言分凤侣，
两地三秋共情伤，
有情今日成眷属，
千恩万怨一扫光。

柚钗绣球可作证，

夫妻恩爱永久长，

十朋玉莲壮家传，

爱情忠贞美名扬。

流传地区：

百色地区[1]

传唱者：

黄莲青（壮族）

搜集者：

方士杰（壮族）、何承文（壮族）

翻译整理者：

方士杰（壮族）

搜集地点：

德保县

时间：

1985 年

原载《广西民间叙事长诗集成》，韦守德、韦苏文主编，广西民族出版社，2012 年 12 月。

附记

壮族叙事长诗《十朋和玉莲》是壮族化了的《荆钗记》。主要流传在德保县与田阳区毗邻的各乡镇。翻译整理者壮族民间文艺家方士杰对《荆钗记》和《十朋和玉莲》进行对比研究，有论文《〈荆钗记〉的壮族化变异》，刊于《民族艺术》1990 年第 1 期。

该长诗搜集地今鲜有能完整演唱《十朋和玉莲》的传唱者。（过竹、邵志忠）

[1] 百色地区：今百色市。

文龙与肖妮

（壮族）

自古以来人都是父母生的，
人们生来都是那么漂亮可爱，
我要说的却不是这些，
请听我唱文龙的故事。

父母的命运不好，
没生女孩也没生男孩，
搭了条石桥也没求得子[1]，
再搭了条木桥就生了文龙。

生下文龙的第三天，
杀猪宰羊给他取名，
大名就叫文光，
小名就喊做文龙。

文龙就是个独儿子，
生活在三层楼里风吹不进，
生活在三层楼里冷气不侵，
他的脸蛋生得像佛一样。

他天天在家诵读诗书，
他日日在家练习写字，
他的才学比得上个大官，
他还能写一手漂亮的蝇头小字。

他的文笔异常流利，
他写的文章赛过大官，

文龙还没过十一岁，
他的盛名已在西街传遍。

文龙的祖祖辈辈都是南安县人，
他们的家富冠全国，
文龙长到十二岁，
该给他说个合适的媳妇了。

文龙十四岁那年，
娶了美丽贤惠的肖妮，
文龙长到十五岁，
官吏就下来查访。

官吏下来访问，
皇帝传旨来召文龙，
圣旨来了一张又一张，
大官来了一趟又一趟。

官吏们见他才学不凡，
催促他上京等候召见，
文龙听到这个消息，
拜谢天地拜了两三天。

一来拜了孔夫子，
二来拜了亲爹娘，
他父亲就说我的孩子啊！
你仔细听我讲：

"你离家上京去，
谁来养活你的妻子？
万一你一去不回来，
我和你妈靠谁赡养？"

"我虽然不在家里，
她会劳动把自己照顾，
万一我一去不回，

［1］ 搭石桥求子：壮族求子习俗，即没有子孙就要搭桥求子，据说搭了桥就会得子。

她会和您二老一起劳动一起吃。"

"假若你上京去不回来，
年老的父母靠谁奉养？
好田好地你丢着不耕，
大塘良田留给别人。

"家里已经有足够的银钱，
你为什么还要出去做官？
家里的灶边你都还没走尽，
怎能就上京城求名求官？

"你要靠什么来吃饭？
你要拿什么做行李？
你要用什么当钱使？
你要拿什么当饭吃？"

"好田好地我无所谓，
大塘良田我不放在心，
家里虽然有足够的钱供我用，
但皇帝的命令你不得不遵从。

"我虽然没把灶边走完，
而我上京的路我却认得清楚明白，
我要靠这支笔填饱肚子，
我要拿这砚瓦做褥子被盖。

"我要拿笔杆当钱使，
我要拿墨砚当饭吃，
万一我久去不回来，
也希望爱情永远忠实。

"家里的银钱任你使，
家里的油盐柴米归你管，
我一走只留下你一个人，
千件事都要你操劳承担。"

"你去京城应皇命，
我在家把公婆好好奉养，
即使你久去不回，
我的贞节你完全可以相信。

"什么麻烦的家务我都能干，
不论多少银钱我也能管好，
即使你久去不回，
我也要耐心地把你等待。"

恩爱夫妻难舍难分，
拿来了三件信物当面剖分，
把梳子拿来折做两半，
我带一半你留一半。

再拿双鞋来对分，
只要我们活着就能合做一双，
又打破了块菱花镜儿，
两个半边各自好好收藏。

信物已经分完，
不管怎样已无法把文龙挽留，
肖妮倒了三杯酒给文龙饯行，
文龙难过得怎么也咽不下喉。

第二天起来把脸洗过，
文龙骑上骏马来到河边，
肖妮到这里给他送别，
文龙下马止不住眼泪涟涟。

"明后天我不在家了，
你不要和爹娘争吵，
不几天我将到平原大地，
你不要和族里的兄弟引起口角。"

"从今天起你上京去，

请不要和那些大官吵架，
大官们都是凶狠的，
他们会把你活活打死。

"如果你已平安到达，
就赶快写信回来，
在外面不要贪恋富贵荣华，
把你的爱妻忘记。"

握手相对眼泪难忍，
彼此把知心话一再叮咛，
不管两人多么依恋，
光阴总是那么无情。

文龙骑上骏马，
飞也似奔向京城，
他走一天等于别人走三日，
不多天就到了京城。

京城里真是异常热闹，
四方来的人都在忙去忙来，
第一次许多人去应考，
没有考中就退了回来。

这一次轮到文龙去考，
一考就被选上，
人们忙着整队吹打把他欢迎，
不几天文龙就被封做大官。

本来想做够三年就退任，
没想到北方的敌人又来进攻，
朝廷派了大将也抵敌不过，
孤儿寡妇的脸上都没有一丝笑容。

朝廷派文龙做了大帅，
敌人被打得落花流水，

铲除了进犯的根子，
孤儿寡妇个个喜笑颜开。

没有牛的人有了牛，
没有鸡的人养了鸡，
没有钱的人有了钱，
没饭吃的人有了饭吃。

贫苦的孤儿也能娶到媳妇，
家境贫寒的也能好好过节，
喜欢角斗的牛也变得驯服，
扭断了角的牛也长出了新角。

在东街做官足有三年，
又调到西街接了新任，
文龙忙于公务没工夫想家，
而肖妮在家却把他时时想念。

有一年三月三，
肖妮提了酒去拜神灵，
一边奠酒一边泪流满面，
不知道发生了什么可怕的事情。

说到宋忠本是个流氓浪仔，
仗着有钱有势什么坏事他都能干，
有一天他碰见了文龙的妻子，
就神魂颠倒心中老在盘算：

她生得像观音菩萨，
那手脚白得像镜子一样，
六国十三省的人，
该算她长得最漂亮。

宋忠装作路过的客人，
在村子里徘徊了三两天，
天天都去肖妮家前后绕来绕去，

肖妮像躲瘟疫避开不见。

有一天宋忠碰上肖妮，
就厚着脸把她拦在路旁：
"妹妹，请你不要生气，
我有些话要同你讲。"

"你身上的灰布衣裳，
买来时值多少钱？
你的身子就像凤凰一样，
你的脸蛋儿长得跟仙女没有两样。

"我见过的人有千千万万，
生得最好的应该算你，
如果你不嫌弃，
请收下我这点薄礼。"

"我不需要任何礼物，
我不是跟你交往的那一流人，
我的衣服与你有什么相干？
我根本不愿意认你这种人。"

"哎呀呀，请你不要见怪，
我问你的衣裳有个缘故，
我现在有很多漂亮的布，
你是不是可以要些做点衣服。"

"我家里有很多布，
我等着我的文龙，
等他一回到家，
我就做给他穿。

"你想用银钱买我简直是做梦，
我不想和你交谈，
别人有的我还想买，
你的东西我连看也不想看。"

宋忠怀恨在心，
到处去送礼送钱，
每人都送了银子一两，
定要把肖妮强娶到手。

得了钱的婶娘邻居，
都来劝说肖妮，
"妹妹，你在这里没人爱怜，
倒不如改嫁还有亲人疼你。

"鸟在山上都还有个对偶，
何况你还这么年纪轻轻，
人家都说文龙早已死了，
你空守着他有什么好处？

"即使你像牛马一样操劳，
公婆对你还是没有半句好话，
文龙在外面做了大官，
就算能回来他还会要你吗？"

"我和公婆住在一起，
我不需要对偶，
我要忠实于我的文龙，
何必要什么对偶？

"你们劝我改嫁，
就是在把我得罪，
你们说我等于守寡，
但这又与你们有什么关系！

"就算我的文龙永远不回，
我还有我的父母，
我准备辛勤地操劳家事，
白玉无瑕地度过一生。"

"倒不如把她嫁了，

省得操心又省得钱，
文龙在外面是做大官的，
就算回来他也会觉得干净。”

公婆得了钱又听了这些话，
良心就变坏了，
他们把媳妇的好处忘记，
要她背夫改嫁。

“听说文龙已经死了，
我们也说不出的难过，
可怜你也苦守了这么长的时日，
为你着想还是改嫁的好。

“听说南街有个宋忠，
家里有钱又长得不错……”
肖妮一听喊天叫地：
“公啊，你说话要思量啊！

“你们不该这样说啊！
我的文龙还在，
谁说他死了，
叫他来与我说说。

“你们要把我出嫁，
我宁可去跳河自杀，
死了我也心甘情愿，
勒颈[1]归阴也胜过背夫再嫁。”

“我们的意思你最好顺从，
不必再把文龙依恋，
爱子深切莫过父母，
谁能比得上我们对他的关切？

[1] 勒颈：用绳子勒颈脖子。

“现在都已把痛苦压在心头，
不再把文龙想念，
就算文龙还在世间，
什么时候回来？他还会要你？

“现在你不愿嫁，
将来就会后悔不及，
你不嫁宋忠，
就得去做别人的小老婆。”

“你们要我改嫁我就去死，
你们不必把我规劝，
就是死我也不会应承，
哪怕你们把我撕成碎片。

“请你们别作那种打算，
请你们不要多说，
我死了你们才会明白，
我的心思谁也无法改变。”

“你不去也由不得你，
反正我们已把这事答应，
定礼银钱都已到手，
后天宋忠就来迎娶。”

肖妮的心像被刀割，
跑到河边眼泪涟涟，
山神见她哭得可怜，
就化作个秀才来到面前。

“你为什么哭得这么凄惨？
是挑水把扁担挑断？
还是洗的衣服被人偷了？
或是公婆虐待不给吃饭？

“是遭了媒公毒打？

还是你的小孩生了疾病？
你不妨把情由对我讲讲，
也许我能够替你做些事情。”

“今天公婆没把我咒骂，
媒人也没把我毒打，
衣服没丢扁担也没断，
只因我丈夫出门没有回家。

“别人去做官懂得回来，
我的文龙去做官晓不得回来，
起初说顶多只去三年，
到现在十八年了也不见回来。

“不知是死了还是活着，
去了这么久也没有音信，
这一切我都可以忍受，
可是现在家公要把我嫁给别人。”

“文龙活着并没有死，
还在西街做着大官，
你写张信把它烧化，
他就会知道你的苦情。”

这一晚文龙做了个梦，
梦见肖妮要被嫁给别人，
醒来满身冷汗，
一清早就去朝见皇帝。

“第一次梦见大雨，
我的妻子要被迫改嫁，
第二次梦见石榴花开，
说明我做官的期限已满……”

文龙离开了京城，
急急忙忙回故乡，

有三队随从走陆路，
有六队随从走水路。

文龙骑着骏马走在前面，
随行的人还在后边，
来到河边就看见肖妮，
见妻子哭得那么悲惨。

“是挑水断了扁担？
是洗的衣服被冲走？
是家公把你咒骂？
还是媒人把你毒打……”

肖妮看见文龙并不相识，
就说：“老爷你听我讲，
扁担没断衣服没被冲走，
媒人家公也没把我打骂。

“只因为我的丈夫没有回来，
他曾说做一任官只要三年，
谁知道悠长的十八年都已过去，
我的丈夫还是音信杳然。

“不知是死了还是活着，
我无论如何也无法放心，
他们说文龙已经死了，
家公要把我另外嫁人。”

“文龙活着并没有死，
今早我和他一齐回来，
我骑着骏马先走一步，
文龙跟大队人马还在后边。

“你家公要谁做媒？
他打算把你嫁给谁？”
“他要刘公做媒人，

他要把我嫁给浪仔宋忠。"

"你们村哪家房子最宽？
你们村哪一家房子最高？
请给我过路人指点一下，
我要到那儿借宿一宵。"

"我家公的房子最大，
家公的房子最宽，
空的房屋我们家有的是，
你可以问我家公借住一晚。"

肖妮说完这些话，
立刻挑水回家，
忙忙把担子放下，
就把这事告诉公婆：

"我刚才去河边挑水，
有个人从下边骑马上来，
从滚瓜流油的马儿看是个做官的，
他生得白面朱唇就像我们的文龙。"

"你这个女人胡说八道，
没有的事你也要编假，
人们都说文龙已经死了，
怎么又有个文龙回来？

"今天是喝喜酒的日子，
客人都差不多已经来齐，
你还不快去打扮收拾，
在这儿胡说三阵干吗？"

文龙的兵马把街巷都塞满，
大家都争着来看热闹，
各种彩旗、牌子不知有多少，
上面写着什么名堂也不知道。

父老自然热情欢迎，
因为村上难得来这么个大官，
一行人进了肖妮的家，
看热闹的还是一样拥挤不堪。

文龙坐在正堂上面，
地方上的官员都来参见，
左邻右舍也都来了，
都没想到文龙就在他们眼前。

"我奉了皇帝的命令，
来查访民间的事情，
刚才有个女人对我哭诉，
说她的公婆逼她背夫改嫁。

"我想问问你们，众位乡亲，
文龙是死了还是活着？
是谁强迫那女人改嫁，
请你们好好对我讲明。"

那些人个个怕死，
都想悄悄溜掉，
有的人在下面窃窃议论，
说这个官看去就像文龙。

大家都来仔细辨认，
见文龙穿一件编有日月的衣服，
站起来像一棵迎风独立的松树，
坐下去更显得八面威风。

父母也出来辨认，
看看是不是自己的儿子，
你既是我的独子文龙，
请讲句真话给你母亲。

"你离家时我们还流过眼泪，

做父母的哪时不想念自己的亲儿？
你去久了我们不认识了，
你现在回来不要把父母记恨。

"你们都说儿子死了，
才准备把媳妇卖掉，
要是你的儿子还在世间，
为什么要把媳妇改嫁？

"媳妇不去你们还要逼迫，
你们还有什么可说？
我已知道你们要把媳妇嫁给宋忠，
一句话你们合伙打算把她出卖。"

"我早说过我的儿子还在，
人们却说文龙已经死了，
许多人都来把我们劝说，
不得已才答应了这桩事情。

"你要是以为母亲讲了假话，
全村的人都可为我作证，
我说过儿子不回也就罢了，
媳妇我是不给嫁的……"

文龙问完了话，
叫人把宋忠捉来：
"他要活夺别人的生妻，
我无论如何都不能饶恕。"

宋忠想躲也无法躲，
被捉来跪在文龙面前，
"我冒犯了你老爷，
请你高抬贵手饶我一命。"

宋忠见文龙的面色变了，
吓得自己也变了脸，

文龙吩咐抬个猪笼来，
把宋忠装了进去。

"你叫我爸爸也没有用处，
你这个人猪狗不如，
我不把你剐掉还算便宜了你，
左右，把他丢下塘去！"

那个媒人也没有逃掉，
受到了应得的惩罚，
那些受过贿的人们，
一个个坐立不安纷纷溜了。

"如果你不回来，
我一定已经被他们卖掉，
族里的人个个得了钱，
天天劝爹娘把我出卖。

"这班人时时把我恐吓，
要我答应改嫁，
我曾经再三恳求，
但他们都不听我的话。

"我是真心实意地把你爱恋，
对你永远忠实不欺，
十八年啊，多么不易熬过，
我终算守住了你。"

拿信物来共同验证，
两截梳子合成一把，
两只鞋合成一对，
两半边破镜如今得重圆。

流传地区：

东兰县、凤山县、都安县、凌云县、乐业县

资料本保存者：

蓝姓师公

搜集翻译整理者：

蓝学业、黄承辉、苏长仙、杨焕典

搜集地点：

凤山县

时间：

1959 年 2 月

原载《广西民间叙事长诗集成》，韦守德、韦苏文主编，广西民族出版社，2012 年 12 月。

附记

资料本保存者蓝姓师公，今已查询不到信息。

《文龙与肖妮》以唱师的手抄本流传于东兰、凤山、都安、凌云、乐业等地。凤山县有两个本子，一个是勒脚歌 1000 多句，另一个是山歌本。

据壮族学者蓝鸿恩[1]研究，故事源自明南词、清宝卷《刘文龙菱花镜》。壮族学者韦其麟[2]认可蓝氏之论："从故事梗概就可以看出轮廓来了。故事说：唐朝刘文龙娶肖贞娘为妻，夫妻爱好，为后母所嫉。文龙上京赶考，贞娘碎菱花为二，各执其半为信物。文龙病误试期，在京与妓女云娇相恋，遂留京待下届试期。后母乃诳称文龙已死，逼贞娘改嫁其内侄宋元仲，贞娘誓死不从，元仲百计谋娶，复逼死贞娘之父。贞娘诉官不得其直，遂祭父母坟，拟自缢林中。适文龙已中状元，又平南有功，封爵归里，道遇贞娘，才得获救，夫妻团圆，恶人遂获报应。壮族长歌中的文龙，一心求学问。被皇帝召进京城当官，出于无奈，皇命难违，一去十八年，皇上不让他离朝。梦中得知妻子厄运，拜辞朝廷，只身回乡。在妻子被逼改嫁前夕回到家门，剪除恶棍宋忠，夫妻团聚。壮族长歌中的宋忠，欺压百姓，想霸占肖妮。肖妮爱情忠贞，苦守十八年，决不改嫁。"[3]

《文龙与肖妮》目前还在东兰、凤山、都安、凌云、乐业等地壮师剧戏班中传唱。（过竹、邵志忠）

---

[1]　蓝鸿恩：曾任中国民间文艺家协会副主席。

[2]　韦其麟：曾任广西文联主席、中国作家协会副主席、广西师范学院（今南宁师范大学）教授。

[3]　韦其麟：《壮族民间文学概观》，广西人民出版社，1988 年 12 月。

鸳鸯岩

（壮族）

一、笛音

红水河畔东岳岭，
树高叶多绿荫荫，
孔雀开屏树枝上，
树下飘出竹笛音。

笛音绕得群山动，
引来锦鸡凤凰鸣，
拴住黄猄鹿子腿，
扯住山猴竖耳听。

笛音飘到海中心，
龙女想找吹笛人，
笛音飞到九天上，
仙女动情下凡尘。

小村大岭有名称，
小人大人有姓名，
林中吹笛是哪个？
惊看是个好后生！

胸部隆隆像山岭，
脸儿红红火烧云，
手脚粗粗黄铜柱，
两眼闪闪两颗星。

这个后生叫六甲，

聪明勤劳好人才，
走过庙前观音爱，
走过花园惹花开。

六甲勤劳又聪明，
听人读诗他会吟，
可惜父母死得早，
黄连生在苦瓜根。

苦瓜小小苦丁丁，
六甲小小就耕耘，
挑柴柴尾还拖地，
挖地锄柄高过人。

六甲长成大后生，
高山打锣扬名声，
锄地猛过牛打架，
砍柴快过龙腾云。

晌午炎热树底荫，
画眉黄莺林里鸣，
六甲树下吹竹笛，
十指难按满怀情。

笛音飘到对面岭，
惊去树下一个人，
银针刺指忘记痛，
手拿鞋底听笛音。

这人名叫韦达春，
小小就是孤苦人，
只因父母死得早，
鸡仔跌下苦水坑。

达春小小绣花卖，
达春小小把地耕，

苦笋苦苦长成竹，
达春苦苦长成人。

达春长大更伶俐，
嘴像金花脸像银，
两眼好像青铜镜，
抬头照见山岭明。

小小画眉会飞唱，
小小黄莺会飞鸣，
达春从小会歌唱，
枯木听了也变青。

达春绣花香喷喷，
蜜蜂千里飞来寻，
达春绣龙凌空舞，
满天彩云落纷纷。

画眉黄莺共山林，
你爱唱来我爱鸣，
达春听到笛音响，
歌声出口伴笛音。

六甲达春唱苦情，
两人泪水落纷纷，
石板滴成泪水洞，
山坡流成泪水坑。

六甲达春唱孤单，
你诉孤来我诉寒，
嘴巴吐出黄连水，
竹笛飞出眼泪泉。

苦藤喜爱缠苦树，
苦树喜爱苦藤缠，
单对单来苦对苦，

六甲达春结同年。

六甲达春天有缘，
上水船遇下水船，
手上穿针遇着线，
开塘种藕遇着莲。

达春六甲真有心，
落雨久了遇着晴，
漂洋过海卖灯草，
正好遇着买油人。

六甲达春心连心，
大树在旁做证人，
同拜天来共跪地，
天崩地裂不变心。

二、坭牛

火烧芭芒灰自飞，
真心连情不用媒，
不用猪羊不用酒，
六甲达春牵手回。

彩凤落在梧桐树，
树不枯死凤不飞，
达春六甲真心恋，
糯米蒸糕做一堆。

六甲达春结成对，
鸳鸯同宿又同飞，
出工惊醒林中鸟，
收工背着月亮回。

0142

无网无罾难捉鱼，
无牛无马难拉犁，
六甲拉犁达春扶，
一步一步向前移。

拉犁拉成虾弓背，
拉犁拉脱九层皮，
抬头怕看犁耙走，
低头难禁泪水滴。

拉犁拉到日落西，
山山岭岭鹧鸪啼，
鹧鸪声声叫归去，
达春六甲倒地里。

火烧树林惊动岭，
风吹雨打惊动云，
达春六甲昏倒地，
惊动天上太白星。

太白星变一老人，
头发胡须白银银，
扶起达春和六甲，
两人昏死又转生。

老人抓起烂泥巴，
又是捏来又是抓，
捏成两头小牛仔，
送给达春和六甲。

两人看牛不说话，
泪水像雨落刷刷，
为何见牛流眼泪？
坭牛怎能拖犁耙？

老人一笑摸坭牛，

坭牛眼珠转溜溜，
低头吃草又摆尾，
抬头嚼草又点头。

两人看牛不忍看，
心像酸醋泡黄连，
牛小好像老鼠仔，
老鼠哪能犁耙田？

老人向牛又一笑，
坭牛长得大又高，
青牛一对铁钩角，
黄牛一身黄金毛。

老人又向牛一笑，
牛叫哞哞树枝摇，
蹄刮山坡来撒尿，
山坡变成流水槽。

达春六甲看见牛，
心欢笑出泪水流，
笑脸变成花两朵，
喜泪流成四条沟。

两人感激说不尽，
正想跪拜谢老人，
忽然老人影不见，
两人向天拜彩云。

三、黄牛滩

对山财主蓝金有，
人矮背弓身子勾，

0143

蛤蟆见他笑他丑，
蚂蚱见他为他羞。

金有人丑心更丑，
盖过江南十二州，
花在人园他也采，
藕在人塘他也偷。

金有一天三餐酒，
金有酒醉四处游，
当面人称他老爷，
背地人骂他砍头。

老鼠爬墙见油篓，
一心想把油来偷，
金有看见牛儿好，
想起达春在心头。

金有诡计上心头，
手拔禾苗两三蔸，
大叫牛吃田中禾，
叫喊管家去牵牛。

管家像条财主狗，
摇头摆尾跟后头，
财主讲风他讲雨，
财主喊跪他磕头。

管家听喊去捉牛，
青牛黄牛转溜溜，
牛睁大眼舞双角，
吓得管家无计谋。

财主火急冲出口，
大骂管家不如牛，
狗急跳墙用死劲，

管家挥剑砍向牛。

青牛黄牛转头溜，
管家挥剑对树蔸，
财主大骂管家笨，
管家大骂牛滑头。

管家去把青牛撵，
青牛急忙跑过山，
蹄声踏踏像鼓响，
草木沙沙往后闪。

青牛过山又一弯，
脚蹄嗒嗒到印山，
双角冲山轰隆响，
印山开裂有个岩。

管家追牛到印山，
不见青牛只见岩，
想进岩洞把牛捉，
云遮岩洞雾遮山。

财主想把黄牛捉，
只是得见不得摸，
喘气像拉风箱响，
流汗像是雨水泼。

黄牛过岭又过坡，
过山过岭叫哞哞，
牛蹄印出梅花朵，
叫声飘到红水河。

财主追去把牛捉，
忽被石头碰着脚，
跌倒好像狗吃屎，
手摸疼脚叫啊哟。

财主抓石砸牛脚，
黄牛扑通跳下河，
红波哗啦冲天起，
染红云朵纷纷落。

黄牛跳河打筋斗，
变成一头大石牛，
踩出沙滩一大片，
滩头红水哗哗流。

财主向着大石牛，
连连跺脚砸石头，
石牛横眉对财主，
怒气冲天叫哞哞。

四、找牛

青牛黄牛做一对，
好像春燕一同飞，
早踏角声同出去，
夜伴歌声一同归。

山岭牛角嘟嘟吹，
寨寨家家牛都回，
家家户户牛都见，
黄牛青牛不见归。

六甲找牛岭过岭，
达春找牛村过村，
遇见树林找三遍，
遇见来人问几声。

日头下山山背阴，

达春远远见两人，
矮的像包干牛屎，
高的像是竹一根。

达春正想问来人，
走近一看心里惊：
矮是财主挨刀鬼，
高是管家死发瘟。

管家低头看达春，
眼珠好像两颗钉，
财主仰脸眯眯笑，
鼻钩钩着达春身。

猫哭老鼠假同情，
财主说话装好心：
"达春你牛像哪样？
帮你找来帮你寻。"

达春侧脸把话应，
脸红好比火烧云：
"青牛高大弯弯角，
黄牛身肥毛金金！"

财主盯着达春笑，
未曾说话动眉毛：
"你快跟我回家去，
找牛全由我承包！"

哪有正好鸟来叫，
达春看穿财主器，
达春边说边就走：
"找牛不用你承包！"

管家好比牛见尿，
咧嘴笑来眯眼瞄：

"你若嫁到蓝家去，
家有银牛和金猫！"

达春听了心更恼，
说话脸红像火烧：
"银牛金猫给你妹，
送给你这死挨刀！"

财主听了眼睁圆，
白脸变成紫猪肝：
"要你赔谷十五担，
你牛吃谷该你还！"

"甘蔗吃了还有渣，
大树倒了还有蔸，
你讲我牛吃你谷，
为何你不牵我牛？"

财主反嘴咬一口，
反讲达春偷走牛，
喊拿达春来抵押，
狐狸反赖被鸡偷。

管家来拉达春走，
暗学山猴偷石榴，
达春发怒挥巴掌，
打得管家眼泪流。

疯狗挨打胡乱吼，
管家挨打气心头，
双手死抓达春手，
拉向蓝家大门楼。

达春倒身不肯走，
一手紧紧抓草蔸，
财主拔剑割草断，

割断一蔸又一蔸。

管家拉着达春走，
村人看见泪水流，
火烧草房是难救，
要救达春无计谋。

达春挨关牢房里，
好像笼里关锦鸡，
翅膀扑扑飞不起，
只在笼中喔喔啼。

达春心里真是气，
用手拔断木窗枝，
心恨想吃财主肉，
心气想剥管家皮。

财主心想达春痴，
捧肉送给达春吃，
达春把碗打下地，
心想六甲肚不饥。

财主心想达春迷，
送给达春绫罗衣，
达春心把六甲想，
撕碎绫罗踩成泥。

财主心想达春昏，
送给达春金和银，
达春心把六甲想，
抓起金银砸出门。

财主要解心头恨，
拿来竹鞭十二根：
"你爱六甲是爱我？"
打一鞭来问一声。

打得天昏地又花，
达春醒来把话答：
"打死我也不爱你，
打死我也爱六甲！"

财主气了又喊打，
拿来竹鞭一大抓，
打断一根问一句：
"爱我还是爱六甲？"

达春句句把话答：
"生死我都爱六甲，
生和六甲结夫妇，
死和六甲成一家！"

五、夜奔

找牛不见心烦闷，
六甲披星走进村，
出村脚步轻如纸，
进村脚步重千斤。

六甲推开藤条门，
不见牛来不见人，
灯草落在风雪里，
六甲心里冷冰冰。

听见财主关达春，
六甲提斧跑出门，
喊杀好像猛虎叫，
山山岭岭起回声。

老人看见都来劝，

后生看见都来拉：
"有勇有谋能成事，
有勇无谋反挨杀！"

六甲气得咬碎牙，
一斧劈断大树丫，
后生拉来老人劝，
才把六甲拉回家。

六甲心里想达春，
一夜五更睡不成，
灯草吊在嫩鸭颈，
恋着娇娥常挂心。

纸包灯草贴在身，
六甲心里想达春，
下雨拿筛当帽戴，
两眼望穿不见晴（情）。

六甲心里想达春，
龙肉进嘴也难吞，
点火抽烟烧着手，
洗脸倒水丢了盆。

六甲听见风吹林，
像是达春哭泣声，
六甲看见星星闪，
像见达春泪晶晶。

两村相对门见门，
好像隔有万里程，
想了三天又三夜，
难得传话给达春。

六甲听到黄莺啼，
好像达春唱歌声，

六甲坐起吹竹笛，
笛声传话给达春：

"生是猛虎死是龙，
头是钢来身是铜，
板刀架颈哥不怕，
三更救妹出牢笼！"

闻听六甲吹笛声，
达春昏死又还魂，
达春坐起把歌唱，
风给六甲传歌声：

"砍掉头颅还有颈，
打烂皮肉还有筋，
哥你快快来救妹，
生死妹是哥的人！"

笛声传话歌传情，
六甲三更溜出门，
偷偷来到财主屋，
星星看见也担心。

六甲长篙往地撑，
好像鲤鱼跳龙门，
六甲翻身进屋内，
斧头撬开牢笼门。

六甲双肩背达春，
好像狂风吹出门，
财主狗群汪汪叫，
管家梦中惊起身。

管家看见开牢门，
慌忙打锣喊家丁：
"快快追来快快赶，

捉回达春赏千金！"

财主家丁涌出村，
好像虎狼一大群，
虎又叫来狼又叫，
山山岭岭战兢兢。

灯笼飞跑像流星，
火把飞奔像烧云，
人影幌幌像鬼跑，
脚碰脚来人撞人。

几多山洞都找尽，
几多野草被踏平，
几多床底都搜遍，
不见六甲和达春。

六、鸳鸯岩

逃走达春和六甲，
财主气出铁斑麻，
扶棍走路怕人笑，
不扶棍来眼昏花。

喝酒不下像刺卡，
吃肉不下像吞沙，
财主求神来保佑，
心想达春杀六甲！

财主连夜叫管家，
寻找达春和六甲，
针落草岭要找到，
旱田长秧也要插（查）。

找了一岭又一村，
查问一人又一人，
村村人人一句话：
"不见六甲和达春。"

管家查到印山岭，
闻听笛声伴歌声，
吹笛好像是六甲，
唱歌好像是达春。

管家带人围山岭，
只见云雾一层层，
不见山岭有岩洞，
不见六甲和达春。

火烧芭芒不死心，
财主杀猪求鬼神，
财主请求鬼师傅，
帮捉六甲和达春。

蛇见雄黄身就软，
鬼师见财心就贪，
帮捉达春和六甲，
带人去搜印山岩。

鬼师带人到印山，
闻听笛声歌声传，
看见野刺拦山路，
看见云雾遮山岩。

鬼师挥剑把刺斩，
砍开刺丛丢路边，
砍一丛刺走一步，
开路通到印山岩。

鬼师带人到岩洞，

只见石岩不见门，
歌声笛声阵阵响，
迷雾浓云阴沉沉。

挑来狗血两大桶，
瓢瓢向着云雾淋，
一瓢淋散一团雾，
一瓢泼开一层云。

云开雾散见岩门，
洞内一片黑沉沉，
灯笼火把一齐亮，
喊捉六甲和达春。

灯笼火把照洞明，
看见石凳坐两人，
一个吹笛一个唱，
原是六甲和达春。

鬼师管家喜又惊，
好像虎狼叫吃人，
鬼师挥剑砍六甲，
管家双手抓达春。

剑砍六甲响咚叮，
手抓达春冷冰冰，
鬼师管家仔细看，
原是两个石头人。

鬼师管家正疑心，
忽听"噗噜"响一声，
石人变成鸳鸯鸟，
成双飞舞成对鸣。

管家鬼师带家丁，
追捉鸳鸯出洞门，

长诗·广西卷（一）
婚姻爱情长诗

狗叫狼叫石头响,
灯火相碰人撞人。

鸳鸯飞过印山岭,
飞下红河叫两声,
绕着石牛戏水笑,
颈交颈来身靠身。

鬼师管家带家丁,
捉不到人转回程,
转回岩洞细找看,
鸳鸯生蛋白银银。

捉不到人鬼师烦,
钱财到手要退还,
葫芦里头装糯饭,
装进容易倒出难。

捉不到人回家难,
想移脚步重如山,
自己无柴烧空灶,
回家推糍（辞）实在难。

打蛇不得有田坎,
打破茶杯还有盘,
拿不得人还得蛋,
鬼师手拿石蛋还。

财主时时刻刻盼：
快捉六甲达春还,
疯猫肚饿想吃鱼,
心急盼望鱼塘干。

财主只见石头蛋,
不见达春六甲还,
手拿八卦跌落井,

几大乾坤冷落完。

财主拿蛋仔细看,
如见达春在眼前,
如见六甲吹竹笛,
气得财主变疯癫。

财主大哭又大喊,
石蛋砸成两半边,
石蛋分开又结起,
石蛋分开又团圆[1]！

砸破石蛋又团圆,
气得财主碎心肝,
鬼师仙药医不好,
财主吐血像飞泉……

[1] 石蛋分开又团圆：相传鸳鸯岩的鸳鸯石蛋打破后放在酸醋中浸泡，它仍能自然合拢成团。

流传地区：

来宾县 [1]

唱本提供者：

黄永和（壮族）

搜集翻译整理者：

韦文俊（壮族）、覃惠（壮族）

搜集地点：

来宾县迁江乡

时间：

1964 年

原载《民间文学》，1981 年第 12 期。

附
记

该长诗流传于红水河畔的来宾县。

20 世纪 60 年代及其之前，当人们来到红水河畔，望着黄牛滩、鸳鸯岩，多会想起达春和六甲的故事，因此一代接一代传唱着这首长歌。

如今，随着红水河的梯级水电开发，黄牛滩、鸳鸯岩等已不复存，达春和六甲的故事已成为档案中的传说。

该长诗搜集地今鲜有《鸳鸯岩》的传唱者。（过竹、邵志忠）

[1]　来宾县：今来宾市兴宾区。

望郎石

（壮族）

开头歌

八月中秋赶歌圩[1]，
壮家人人心欢喜，
壮家人人都爱唱，
爱唱故事《望郎石》。

一

六道长竹竹弯弯，
弯弯绿竹排成行，
绿竹弯弯遮屋瓦，
瓦屋间间一行行。

谭妈女儿叫满兰，
母女相依住后房，
年纪轻轻十七岁，
能干美名飘四方。

雨后春笋刷刷长，
小满兰长得花一样，

脸蛋红得像苹果，
眼睛明亮像太阳。

小满兰长得花一样，
万般手艺她也强，
绣出海棠招蝴蝶，
绣出织女会牛郎。

红红太阳爬上山，
小伙子们放声唱，
能干的满兰妹啊，
你一定给我们讲：

"我们的姑娘去采茶，
三座大岭都跑光，
一天才采一小篮，
你怎能一早采满筐？"

"我们的姑娘绣花鞋，
从早绣到出月亮，
三天才能绣一对，
你怎能一夜绣三双？"

"我们的姑娘爱打扮，
个个玉花插头上，
可怎么没有一个啊，
能比得上你漂亮？"

爱情的歌儿唱九担，
爱情的歌儿唱九箩，
勤劳美丽的满兰，
心中只有一支歌。

[1] 歌圩：壮族的歌会和歌节，多在农闲或春节、中秋等节日于山林坡地举行。届时，男女老少盛装赴会，少者数百人，多者上万人。通常以青年男女对唱山歌为主，还举行抛绣球、碰彩蛋、放花炮等文娱活动。

二

壮族青年有千万，
最英俊的数熊单，
他长得腰粗体格壮，
就像村头榕树一个样。

他的力气人难比，
他做活路比人强，
一天能犁七亩地，
一日能打千斤粮。

熊单清早去犁田，
姑娘有意走田边：
"单哥犁田直直啊，
好像木匠打墨线。"

熊单岭边放牛羊，
姑娘有意绕山旁，
"放牛单哥你快来，
喝口清茶歇歇凉。"

熊单插秧在田中，
姑娘有意笑语浓：
"单哥双手像飞燕，
绣出青青万条龙。"

熊单还在那边坡，
姑娘就忙整衣角，
熊单来到这边坡，
姑娘话语像团火。

姑娘多得像花一样，
爱熊单的有一大帮，
熊单只爱最漂亮的一个，

能干的满兰印心上。

三

能干人爱能干人，
藤绕树来树攀藤，
树藤有时会分离，
他俩的情义不分离。

熊单山上去放牛，
满兰山上去放羊，
牛羊同走山坡路，
满兰熊单是一双。

一只羊儿离了队，
两人一起去赶回，
熊单扬鞭前面跑，
满兰抹汗后面追。

熊单赶羊跌破脚，
满兰心痛似刀割，
双手头巾来扯破，
边包边问眼泪落。

四

六道坳上黑压压，
羕麦山上狂风刮，
羕麦山上乌云起，
山脚住着坏人家。

这家猫狗挂银链，
这家谷子堆成山，
这家珠宝满箱笼，
这家房子金镶边。

蚂蚁不过这家门，
花草不开这屋边，
麻雀不满这屋顶，
穷人不挨这门前。

这家少爷叫阿可，
二十岁有二十个老婆，
不是姑娘愿嫁他，
只因他家势力恶。

一年三百六十天，
阿可一天也不闲，
东村闯来西村转，
姑娘影子他也攒。

金丝鲤鱼水里转，
红白莲花朵朵鲜，
树上黄莺伴妹唱，
小满兰洗衣在溪边。

溪水清清照玉颜，
满兰美丽赛天仙，
阿可闲逛溪边过，
一见惊得发了癫。

阿可惊得发了癫，
难道仙女在人间？
口水直往下巴掉，
轻轻挨近她身边。

摊开两手摆家当：

"我家田地百里连，
穿金戴银任由你，
只要你到我家园。"

满兰一听怒火上：
"哪来疯狗把人伤？
莫夸你的家豪富，
财主心肠似豺狼！"

阿可一听心头火，
狗眼一瞪更凶恶：
"我阿可不是好惹的，
一定要你做老婆！"

蛇毒不过扁头风[1]，
心毒不过财主心，
虎狼有了伤人意，
满兰熊单出祸根。

毒蛇要用竹鞭打，
哪怕虎狼来伤人，
满兰熊单永相爱，
芭蕉到尾一条心。

五

竹藤总是沿竹绕，
芭蕉总是心一条，
熊单满兰情意好，
壮家人人齐欢笑。

[1] 扁头风：眼镜蛇。

财主最怕穷人笑，
穷人欢笑财主恼，
阿可要害小满兰，
要拆人间幸福桥。

两担布匹一担银，
勾结官府来害人，
熊单无缘又无故，
半夜被绑去当兵。

熊单被拉去当兵，
全村人人都伤心，
全村人人都流泪，
痛骂狗官太横行。

熊单被拉去当兵，
活活气坏老父亲，
一条绳子套上颈，
凄凄惨惨丧了命。

熊单被拉去当兵，
满兰失掉心上人，
心上人啊失掉了，
满兰日夜伤透心。

煮饭想起熊单哥，
倒米落在灶头角，
洗衣想起熊单哥，
棒槌打对手和脚。

六

熊单被拉去当兵，

财主拔掉眼中钉：
"眼中钉子拔掉了，
满兰定是我家人！"

"小满兰啊小满兰，
何必苦苦等熊单，
熊单当兵不回了，
只有白骨在沙滩。"

"小满兰啊小满兰，
年纪轻轻多可怜，
何必苦把熊单等，
等到白头也枉然。"

满兰一听怒火翻：
"豺狼休把恶语搬，
九十九个不嫁你，
千年万年等熊单。"

岩石不怕暴雨打，
岩石不怕大浪掀，
小满兰要把单哥等，
心比岩石还要坚。

七

不得满兰心不甘，
阿可又把官府搬，
送上黄金五十两，
要得满兰心才甘。

眼珠黑来金子黄，
狗官得钱丧天良，

传令衙役把人带，
硬带满兰上公堂。

满兰对着狗官骂，
理直气壮站昂昂，
"我满兰身犯哪条罪？
为何带我上公堂！"

狗官被骂假笑脸，
装模作样劝满兰：
"不是你犯什么罪，
是想帮你结良缘。"

真新鲜来真新鲜，
豺狼也同鸡拜年，
狗官开口露牙齿，
一肚坏心早露面。

狗嘴哪会长象牙？
牛屎哪能插鲜花？
蛤蟆想吃天鹅肉，
休想欺我穷人家！

八

一计不成二计生，
狼心狗肺阿可心，
一心要得满兰妹，
大队人马来抢人。

十个岭来十个坡，
六道天上太阳落，
乌云黑地狂风起，

满兰被抢进狼窝。

满兰被抢进阿可家，
阿可乐得心开花，
阿可乐得心花放，
阿可乐得笑哈哈。

"杀掉九十九只羊，
宰掉九十九条猪，
摆上九十九桌酒，
下午吃它到日出！"

满兰被关在屋里，
怒火冲天心着急：
"我要杀死那阿可，
我要剥掉狗官皮！"

满兰被抢进阿可家，
阿可一天来逼七回：
"金丝鸟儿进我笼，
休要再想往外飞！"

满兰指着阿可骂：
"宁死不住你的家，
满兰死后变了鬼，
变鬼还要把你抓！"

九

鸟儿总是要自由，
鸟儿总要往外飞，
满兰心里暗盘算，
如何定计脱灾危。

满兰假意来答应，
答应阿可结成亲，
阿可见她心意转，
口吃蜜糖甜在心。

再摆九十九桌酒，
张灯结彩宴客宾，
阿可吃得成醉鬼，
东倒西歪要成亲。

阿可醉倒在洞房，
满兰假意扶上床，
半夜三更人睡静，
一把茶壶拿手上。

冤报冤来仇报仇，
满兰悲愤涌心头，
高举茶壶对贼首，
狠命砸破贼人头。

打开窗户往外跳，
满兰逃出了贼人家，
顶着狂风和暴雨，
奔到峜麦山脚下。

峜麦山高高千丈，
一口气爬到山顶上，
泪珠颗颗往下落啊，
满兰两眼望远方。

两眼睁睁望远方，
两眼睁睁望情郎：
"熊单哥哥你在哪里？
熊单哥哥你在何方？"

十

熊单抓走十二天，
天天手脚锁铁链，
铁链锁在人身上，
心盼满兰在身边。

月亮照岭又照坡，
想起满兰眼泪落，
想起满兰心打绞，
想起满兰似刀割。

身隔千山万条河，
想起满兰受折磨，
想起满兰受毒打，
想起满兰衣单薄。

一个月黑风高夜，
一个守兵来值勤，
熊单为救满兰妹，
高举铁锁杀官兵。

快走如风往回跑，
翻一道岭来翻一道坡，
一心要救满兰妹，
刀山火海也敢过。

刀山挡道当草踩，
火海不能把路拦，
白天跑来黑夜赶，
一夜翻过九道山。

连跑七夜又七天，
熊单回到旧家园，
听说父亲上了吊，

0157

长诗·广西卷（一）
婚姻爱情长诗

听说满兰逃外边。

千钧霹雳震头顶，
万把烈火来烧心，
血海深仇定要报，
手拿柴刀找仇人。

熊单冲进仇人家，
吓得阿可牙碰牙，
手起刀落头掉地，
熊单怒把仇人杀。

一刀杀了贼人头，
报了血海和深仇，
岽麦山上乌云散，
岽麦山顶出日头。

十一

一心寻找小满兰，
赤脚爬岭又过山，
喊山只闻山答应，
喊水只见鱼出滩。

口口声声唤满兰，
喊声震撼岽麦山，
岽麦山顶答应了，
满兰歌声飞下山。

满兰歌声变呼喊：
“熊单哥哥快上山，
快上来啊熊单哥，
后面官兵把你赶！”

官兵个个像煞神，
手拿大刀身背绳，
熊单还未到山顶，
寡不敌众受了擒。

英勇熊单受了擒，
满身挨打尽血痕，
山上满兰看见了，
心似刀割还要疼。

熊单回头瞄山顶，
两只眼睛泪盈盈：
“满兰妹啊满兰妹，
要想办法杀仇人！”

满兰两眼泪汪汪，
一声单哥来叫喊：
“山脚岭边都有路，
你快逃跑上山冈！”

满兰喊声未落地，
一阵狂风哗啦响，
一时乌云遮住天，
万颗石头飞下山。

万颗石头飞下山，
打得官兵喊爹娘，
打得官兵乱逃窜，
死的死来伤的伤。

十二

一位看牛老人讲，

三个仙人来劈山，
乌云一卷石头动，
石头下山哗哗响。

石头打死狗官兵，
当时只剩两个人，
两人骑着一匹马，
躲过石头奔南行。

当时剩下两个人，
一个就是狗官兵，
青年被绑马背上，
两眼一直望山顶。

一个年轻美姑娘，
笔直站在山顶上，
望着青年被带走，
心似刀割泪水淌。

青年越走越远，
姑娘足尖越踮越高。
青年的身影看不见了，
姑娘的足尖踮得更高。

那姑娘就是美丽的小满兰，
那青年就是能干的熊单，
熊单不能回来了，
满兰山顶天天看。

她看得这样迷啊，
她看得这样痴，
一年一年过去了，
她就变成了一块岩石。

满兰变成一块岩石，
人们叫它"望郎石"，

"望郎石"的故事没有书啊，
它流传在壮族人民的心里。

流传地区：

　　柳江县[1]

传唱者：

　　梁氏（壮族）

搜集翻译者：

　　韦春芳（壮族）

搜集地点：

　　柳江县成团乡六道村

时间：

　　1962 年

原载《长歌集》油印资料本，柳江县民间文学三套集成办公室编印，1987 年。

附记

　　该长诗曾在柳州市、来宾市一带流传。"望郎石"的故事没有书啊，它流传在壮族人民的心里。

　　《望郎石》是一首苦情歌，讲述一对有情人悲欢离合的爱情故事。这首当年流传较广的民间长诗，随着岁月流逝，逐渐淡出人们的视野。

　　该长诗搜集地今鲜有《望郎石》的传唱者。（过竹、邵志忠）

---

[1]　柳江县：今柳州市柳江区。

再世情缘

（壮族）

歌头

打鼓敲锣响咚叮，
手舞足蹈起歌声；
前朝后汉摊开本，
唱段情缘众人听。

寨子中间砌楼门，
出出进进闹纷纷；
听到鼓锣都停步，
挨肩擦背人挤人。

杉木搭凳一坦平，
众人落座莫哼声；
石灰撒进浑水里，
水清能辨浅和深。

天上无风也起云，
一边落雨一边晴；
见人有吃莫眼浅[1]，
海水无边难扯平。

苞谷下地颗颗生，
嫁女莫选好门庭；
富贵无根穷无种，
不信有古讲得明。

一

自从盘古[2]开天地，
先立江山后造人；
江山社稷年年在，
眼前不见旧时人。

春去夏来秋又起，
冬至腊月又来临；
百样千般讲不尽，
再世姻缘最动人。

翻开唱本[3]字字清，
代代相传到如今；
记下命官人两个，
张家尚书毛翰林。

一对正柱硬铮铮，
同辅皇帝在京城；
一当大臣一宰相，
亲如兄弟共条心。

一日早朝出宫门，
相邀把盏诉衷情；
毛氏宰相先发问：
"仁兄家有几多人？"

风吹塘水起波纹，

[1] 眼浅：方言，即眼红、妒忌之意。

[2] 盘古：中国民间神话传说人物。广西是盘古文化的重要传承地。来宾市兴宾区良塘乡盘古村有盘古山，盘古山上有盘古庙。庙门两边有对联：盘帝德高深永奠山河强各族，古皇恩浩荡宏开天地造人伦。盘古庙每年有3次大的祭祀活动，一是农历六月十八盘古生日举行祭祀活动，同时举行庙会。二是农历八月八举行诵经活动，由壮族师公主持哺诵。三是每年除夕和大年初一，民众各家各户自己带祭品来祭拜盘古，供品有糯米饭、粽子、猪肉、全鸡等。另外是遇着天大旱时举行祭盘古求雨。

[3] 唱本：壮师剧唱本。

尚书长叹话低声：

"讨了妻妾两三个，

油泡石头不发青。

日晒山冲雾气腾，

来时有影去无形；

虽有金钱无煞数，

死不能带化灰尘。"

十指连手手连心，

刀砍手背手心疼；

尚书讲出心里话，

激得翰林眼泪淋：

"竹竿高头[1] 搭手巾，

不长不短两扯平；

仁兄命轻刚八两，

小弟命薄重半斤。

月过十五光明小，

人到中年去半生；

三十九岁无子女，

叶蔫还有几时青。"

筵前把盏同杯饮，

二人进殿讨皇恩；

望皇准旨把香敬，

求助帝母送子孙。

皇帝听奏全认允，

一道金牌赐二卿；

三日沐浴檀香水，

同登高庙把香焚。

三通大鼓伴钟鸣，

烧香化纸献三牲；

宰相尚书同叩首，

磕头许愿话虔诚：

"求帝母来拜帝母，

巴望[2] 帝母睁眼睛；

枯树老藤望发枝，

水泡黄豆望芽生！

我俩若得生贵子，

结拜同年一世亲；

若是一男和一女，

老朋相交结联姻。"

有口无凭不足算，

红纸金字写得真：

"要是求花[3] 花能应，

我俩朋友莫反心。"

二人许愿回家门，

连日斋戒不吃荤；

七七四九又打醮，

求花不应鼓不停。

二

满堂香烟袅袅升，

[1] 高头：方言，即上边（上面）的意思。

[2] 巴望：方言，即盼望。

[3] 求花：壮族生育习俗。久婚未育子者，求花婆（姆六甲）赐花以得子。民间传说，壮族始祖姆六甲是从花朵中生出来的，后来主管赐花送子之事，所有的人都是从姆六甲花园中的花转到世来。花婆赐给生育妇女白花，就生男孩；赐给红花，就生女孩。

木鱼轻敲念圣经[1]；
一片诚心通天地，
玉帝下殿进宫廷。

会同王母把事定，
不负求花苦心人；
吩咐金童和玉女，
毛张两家去投生。

春回大地百草青，
毛妻怀孕要临盆；
忙得相府团团转，
但愿帝母达麒麟。

红烛点火红殷殷，
婴儿落地瑞气生；
一串鞭炮传喜讯：
"老翰林得小翰林！"

红蛋滚脸衣穿身，
三朝请酒取奶名；
孩儿落地红光闪，
取名毛红众人称。

一只彩凤落门庭，
张大奶奶喜上身；
十月怀胎生下地，
女儿貌美像观音。

宰羊杀猪把酒请，
杯杯相敬众亲邻；
尚书给女取个号，
伶俐千金叫玉音。

一桩喜讯门过门，
毛家听了喜盈盈；
即派媒人去问命，
八字相合就定亲。

媒人登门张家喜，
端茶摆酒同席倾；
喝茶吃酒刚到半，
媒人当众开口音：

"毛生男来张生女，
原来说话莫忘情；
不嫌贫来不爱富，
毛张联婚世代亲。"

一要扁担两头钉，
四平八稳两边分；
毛红玉音是天定，
年庚八字尽相生。

玉音原是天仙骨，
毛红也是仙体身；
一对金鸡落春岭，
长青藤上共和鸣。

三

天好难得日日晴，
地好难得四季青；
毛爷年到四十八，
南柯一梦就归阴。

风吹大树断了根，

[1]　圣经：这里指的是佛经。

树枯叶落难挡阴；
毛红和娘人两个，
一老一少苦伶仃。

小船无舵好急人，
顶篙木桨个人撑；
毛红三岁父早死，
口含瘪奶度光阴。

背靠孤树遮身冷，
无棚又挨大雨淋；
毛红十三母亲病，
一腔遗愿荡儿心：

"残烛难点过五更，
母死望儿莫伤心；
你父早订张家女，
送娘入土快成亲。

大路起坑土填平，
娘留话语愿儿听；
你与小姐同屋住，
娘在阴间也放心。"

山挡凤头打转身，
人老难得再年轻；
毛氏病情日日重，
双眼一闭永不睁。

鹿仔离娘满山奔，
毛红离娘泪淋淋；
跪在床前连声喊，
喉咙喊破娘不应。

父母在世人人敬，
父丧母亡亲变邻；

全靠家奴帮料理，
棺椁收殓守亡灵。

身披孝服报母恩，
道声超度念经文；
望娘阴曹莫受苦，
早登天界早度生。

树倒叶落乱纷纷，
家奴四散产业倾；
金钱好似山洪水，
一涨一退富变贫。

深宅老院冷冰冰，
毛红守孝好孤零；
身居闹市无人问，
只得白眼送人情。

四

新买铜锣响铮铮，
铜锣开裂变了音；
毛红家贫落了难，
尚书豪富起黑心。

毛红投书将亲问，
石沉大海无回音；
再给邻居搭口信，
无话不敢把亲寻。

八月十五月光明，
尚书进庙把香焚；
遇见毛红去借米，

摇头叹气笑穷人：

"麒麟遭劫脱了鳞，
贱过深山小黄猄；
若得女儿结为伴，
活人如陷死人坑。"

晴天电闪雷又鸣，
尚书回家坐不宁；
大叫夫人厅堂进，
同打锣鼓同定音：

"冬瓜搭在柳树茎，
女和毛家早订婚；
谁知他家遭横祸，
家贫如洗苦丁丁。

龙居大海鸟宿林，
毛红穷困变了形；
三根黄毛朝天指，
身上补丁叠补丁。

花瓶难栽松柏树，
猪栏难养玉麒麟；
女儿若到毛家去，
玉裹污泥怎称心？

天上大星对小星，
地上富户对高门；
南门有个肖宰相，
膝下一子好聪明。

凤凰选落梧桐树，
官家选进宰相门；
碧玉装进金盒里，
身价一层高一层！"

石板高头钉铁钉，
锤敲钉断不入分；
夫人听到尚书讲，
如吞苦胆起恶心：

"南瓜开花嫩油油，
亏你下手把花拧；
同跪帝母赌过咒，
开锅舀饭还翻生。

姻缘好坏天注定，
哪能爱富去嫌贫？
铜锣不亮音还在，
哪图光面去挑新？

云变大雨水变云，
世人变化难定形；
也有高官变浪仔，
也有乞丐变翰林。

昨天我见毛公子，
走过大街好机灵；
将来他日运气到，
鲤鱼变龙上青云。

烂衣破衫裹贵体，
龙袍大袄包黑心；
劝你莫挥无情棒，
拆散鸳鸯两离分。"

尚书听到夫人怨，
一脸红色直耳根；
哑口无言不再讲，
肚里偷偷把计生。

五

高粱梗子做锦屏，
夹墙难挡顶头风；
玉音听到悔婚事，
心烦如坐热蒸笼。

一把椅子放堂中，
雕龙画凤好威风：
尚书撂脚堂上坐，
对女叮嘱事一宗：

"刀切莲藕里面空，
毛红家败变贫穷；
父母双亡无兄弟，
岭顶[1]光竹更招风。

昨日街上我看见，
脸黄背拱像虾公；
天天四处把米借，
债务压肩露愁容。

绣球[2]莫往茅棚挂，
黄金怎放烂竹筒？
劝女听话从父命，
另选大树栖梧桐。

南门有个肖宰相，
家中豪富赛石崇[3]；
女儿若配肖公子，
好比金凤配金龙。"

烟筒[4]吹火风难通，
尚书教女女不从；
硬起心肝说实话，
好似铁棒敲铜钟：

"江上架桥两岸通，
折桥断路情不容；
许婚毛红是父命，
女儿怎当耳边风？

富贵无根官无种，
莫以贫富论英雄；
不信且看前朝事，
几多穷人变富翁——

蒙正父丧受尽苦，
仁贵[5]年轻帮过工。
文瑞[6]烧炭来活命，
天上仙女不嫌穷。

刘邦曾做穷亭长，
后来天下掌手中；
皇帝女嫁穷凤伯[7]，
后来富贵过石崇。

故事多得讲不尽，
女劝阿爸要想通；
世间人情代传代，
财如粪土钱似铜。

[1] 岭顶：山岭顶端之意。
[2] 绣球：壮族风俗，绣球定情。姑娘抛绣球给意中人以示情，若小伙子接了绣球，表示接受姑娘的情义。
[3] 石崇：西晋时期文学家、官员、富豪。
[4] 烟筒：水烟筒。
[5] 仁贵：薛仁贵，唐朝初年名将，于贞观末年投军，征战数十年，曾大败九姓铁勒，降服高句丽，击破突厥，功勋卓著，留下了"良策息干戈""三箭定天山""神勇收辽东""爱民象州城""脱帽退万敌"等典故。
[6] 文瑞：清镶蓝旗人，骁勇善战。
[7] 凤伯：人名。

园里牡丹伴芙蓉，

玉音甘愿配毛红；

口嚼糠菜香过米，

身披麻衣胜丝绒！

我嫁毛红苦即苦，

三餐清水我愿从；

我劝阿爸莫狠心，

嫌贫爱富天不容。"

强撅[1]毛竹硬做弓，

枉费心思枉做工；

玉音不听父亲劝，

气得尚书摔烟筒。

六

红漆大门刚打开，

尚书叫来两公差；

要他去请毛公子，

马莫停蹄快些来。

吃人茶饭听人差，

飞马过街上楼台；

书信交给毛公子，

八月茅栗望口开。

毛红拆开书信看，

两行悲泪滚下腮；

合婚庚书拿在手，

含泪赶到张家来。

眼看大门多气派，

石雕狮子两边排。

差人带他进耳门，

毛红站定把口开：

"红纸写书字字乖，

尚书请柬叫我来；

身穿孝服难装矮，

不开中门脚难抬！"

黄铜大锁锁须开，

毛红步步上石台；

坐上厅堂不讲话，

专等尚书把口开。

盘龙椅子两厢摆，

沏茶又把酒来筛[2]；

酒过三巡谈正道，

尚书出口卷阴霾：

"一根大梁两柱抬，

你爸和我好青睐；

早订秦晋成亲眷，

问你何时接裙钗。

大山大岭长根材，

难舍移到别处栽；

玉音是我独生女，

若还出嫁父难挨。

一块新布两下裁，

各拿一块铺桌台；

油溅台布勤擦洗，

日无牵挂夜无哀。

[1] 强撅：强行弯曲之意。

[2] 把酒来筛：把酒壶的酒注入酒杯里的意思。

独龙亲女我难舍，
留承家业把祖拜；
退回身价三百两，
你拿回去另选乖。"

强拉新布两下裁，
毛红气得眼翻白；
牙齿锉得咯咯响，
话如烈火舔干柴：

"石板高头扳金钗，
亏你尚书把口开；
父当宰相你许女，
家贫悔婚随嘴歪。

要退庚书我不允，
唾沫吐地手难揩；
绝崖难攀也要上，
摔死愿在崖下埋！"

人丢情义点子歪，
背着良心生鬼胎；
翻脸抽出寒光剑，
尚书恶语骂奴才：

"虾公想捣龙王寨，
毛虫敢碰古石牌；
写了退婚留性命，
不写阴府去投胎。"

钢刀长剑顶胸怀，
毛红双膝跪尘埃；
泪水滴滴如雨点，
声声哀叹盼天开：

"龙困沙滩遭了灾，

鳞被拔来角被筛[1]；
若果父母还在世，
口水滴下有人揩。

经一事来见回乖，
世人眼浅暴出来；
如今家贫父母死，
见我落井把堰塞。"

眼泪滴进石砚台，
心痛如割手磨墨；
挡开利剑把书写，
头晕栽地起不来。

毛红晕倒在台阶，
差役拖起丢山崖；
醒来一身筋骨痛，
刀绞心肝口难开。

好难挨，
宁愿一死早投胎；
阎王殿里去告状，
尚书难逃断头台。

毛红爬到枯井台，
想投枯井见天开；
听到真君高声喊：
"留得青山哪愁柴！"

[1] 筛：方言，锯的意思。

七

强逼毛红退了婚，
尚书笑脸上楼门；
忙叫女儿张小姐，
花言巧言编新闻：

"高山种藕难发根，
天生命丑难成亲；
毛红命薄难配女，
自写休书愿退婚。

莫烦恼来莫担心，
婚事断了另找人；
闭着眼睛摸一个，
都比毛红强万分。"

话似钢刀语似钉，
根根扎在玉音心；
强忍痛苦将父问，
要来休书辨假真。

撬石下山望石滚，
投砖落水望出声；
取出休书交女看，
专等好话报亲恩。

一纸休书染泪痕，
玉音捧书咬牙根；
大骂父亲心肠狠，
抽人骨髓反开心。

天轰五雷甘愿顶，
手撕休书将火焚；
金楼玉宇都不想，

愿跟毛红一世贫！

灯盏点火两根芯，
尚书不领女儿情；
瓜秧专撒墙脚底，
只望爬墙攀高门。

请来媒婆油辣嘴，
自教唱本[1]自传经：
"南街有个肖宰相，
儿子十八未成亲。

我家有个伶俐女，
插花绣朵样样能；
年岁二八没许嫁，
你带八字去合婚。"

媒婆拍手笑吟吟，
埋怨尚书专哄人：
"过去吃过笑话苦，
害人跑得脚扯筋！"

尚书为使媒婆信，
手拿红纸写年庚；
告诉媒婆去肖府，
八字相符快回音。

媒婆做事好精灵，
走到肖家就合婚；
瞎眼天师随口讲，
免得惹恼两高门。

肖家听说同庚命，
忙叫媒婆去回音；

[1] 唱本：师公、仙婆使用的经诗唱本。

一本庚书乾坤定，
备办猪羊就订婚。

尚书为女攀高门，
笑声朗朗像铜铃；
备下妆奁无煞数，
专等相府来迎亲。

八

十月初四好时光，
肖家公子娶妻房；
鼓锣唢呐过街巷，
迎亲礼品几里长。

鸡鸭满笼挑几担，
猪羊三牲都成双；
陈酒十缸糕十箩，
抬盒珠宝几十箱。

抬过大街穿小巷，
来到张家大门厢；
小姐叫来丫鬟问：
"哪个引凤去朝阳？"

"绣楼四边开亮窗，
窗帘好似万道墙；
门前肖家来送礼，
迎娶小姐做新娘。"

喜讯变成霹雷响，
炸碎心思炸断肠；
蓬头散发泪如雨，

嘶声号哭怨爹娘：

"硬搬嫩笋丢下江，
亏爹下手心不慌；
毛红若知这件事，
蜡烛点火亮不长！

一把毒刀割嫩秧，
尾叶离蔸各一方；
本想投河阴间等，
恐怕门口有人防。

手抓白绫五尺长，
抛上绣楼搭上梁；
本想吊颈把命丧，
恐怕毛哥更心伤。

眼泪朦胧心思乱，
毛哥可知妹悲伤；
若能有朝见一面，
阴间再等哥成双！"

顺风开船顺扬帆，
强打精神巧思量；
事到难处吐实话，
叫来丫鬟问短长：

"油漆门楼高院墙，
座座相连满街坊；
模样相同难分辨，
毛红家在哪一方？

黑是黑来黄是黄，
各立门户各住房；
明天出嫁去肖家，
要过毛家大门旁。"

马到悬崖紧勒缰，
玉音暗下拿主张；
手拿白绫铺桌上，
咬破指头写文章：

"血滴白绫痛断肠，
人心难估海难量；
尚书门第德行淡，
忍心一女许双郎。

耗子眼睛一寸光，
爱富嫌贫改主张；
一节莲藕挥刀破，
乱将一节丢下筐。

命苦如同瓦上霜，
望哥读信莫失望；
在生不得同罗帐，
阴间等你结鸳鸯！"

一行血泪字一行，
字字如珠落玉盘；
诚心装在白绫上，
交给丫鬟多帮忙：

"莲花靠藕藕靠塘，
我靠丫鬟多帮忙；
捎信交给毛公子，
叫他头尾看端详。

明天花轿毛府过，
望他拦轿度茶汤；
若得清茶润我口，
死后变鬼也还乡。"

丫鬟接书放身上，

挤出人丛到毛庄；
看见毛哥磕头拜，
祝福玉音得安康。

双手捧书忙呈上，
毛红又喜又惊慌；
急忙翻开书信看，
血字行行情谊长。

"棒打皮棉丝更长，
风吹香花花更香；
玉音挨逼心更好，
愧我无福失凤凰。

家贫命苦好凄凉，
虎落平地被犬伤；
订了夫妻挨人娶，
空流眼泪湿衣裳。"

九

唢呐锣鼓闹喧天，
贵客盈门送嫁妆；
祝贺尚书女出嫁，
又送绫罗又送钱。

池塘里头长浮莲，
秆子圆来叶子尖；
一家喜事心两样，
父母欢笑女儿嫌。

头不梳来脸不洗，
凤冠不戴衣不穿；

高门大家她不嫁，
宁愿一命早归天。

财迷心窍思想偏，
不管女死只看钱；
黑起良心讲鬼话，
又装恶鬼又装仙。

"江上无水哪撑船，
茶里无糖水怎甜？
毛红家贫缺吃用，
怎忍弱女吞黄连？

肖家有势又有权，
新砌门楼挂银帘；
相公能干通文武，
夫荣妻贵度流年！"

扇子扇风难赶烟，
竹篙难撑顶风船；
玉音难熬父母命，
暗中用计把缺填。

"父母爱儿欠周全，
肖家虽富我无钱；
用一个来讨一个，
你讲可怜不可怜？"

肩缆拖船上高滩，
一拖一退好作难；
女儿如船顺水走，
父亲高兴母心宽。

"高山流水尽入川，
想要钱财莫转弯；
先给白银三百两，

随身带上买轻衫。"

三百两银带身边，
假从父命结姻缘；
梳妆打扮把楼下，
忍气吞声拜苍天：

"一拜上苍睁开眼，
莫让女子苦含冤；
二拜大地有灵应，
保佑夫妻早团圆。

三拜祖宗香火旺，
子孙重义个个贤；
四拜父母命长寿，
长年无病永安然。

头戴金钗挂耳环，
恨我是女不是男；
香炉断烟无人管，
晚上关门少个栓。

日照墙头生紫烟，
望父自管吃和穿；
为女不能当门面，
更难服侍过百年。

一个涧槽两边山，
父逼女儿配双鞍；
今日我到肖家去，
要想生回难上难。

逢年过节不再喊，
桌边添碗算我还；
清明时节若想女，
绣楼床前插白幡！"

女辞父母好悲酸，
话似钢刀剜心肝；
母亲听得泪如雨，
扛竹进巷转弯难！

十

日头[1]出山黄澄澄，
玉音进轿就起程；
八抬大轿迎淑女，
唢呐锣鼓响不停。

穿街过巷到云门，
轿夫头昏脚也沉；
放下轿子歇口气，
毛红倒茶敬亲人。

日日念妹等到今，
未曾见面战兢兢；
掀开轿门得见面，
哭一声来诉一声：

"天降大火烧草坪，
赶得锦鸡不安宁；
愿妹莫恋荒草岭，
落到金窝度光阴！"

"刀破十指血淋淋，
毛哥忍痛话开心；
哥是秤砣妹是秤，
望砣压到定盘星。"

"白布下缸转了青，
父死母亡家变贫；
纵有才能标金榜，
手无铜板化为零。"

天上起云地下阴，
蜡烛光小满堂明；
毛红提起家中苦，
玉音解带取金银。

红绸包银三百两，
丫鬟又捧二百金；
毛红推辞不肯要，
玉音边给边叮咛：

"花针穿线线穿针，
我俩从小订婚姻；
家法逼我另配偶，
蕹菜[2]分权不分心。

五百银子送给你，
钱财虽少情义深；
五十两银缝衣裤，
五十两银买五经。

三百银子做生意，
其余俭用度光阴；
若有一日龙归海，
妹丧黄泉眼也瞑！"

说一声来道一声，
玉音越讲心越疼；
又叫丫鬟端金盏，
双手捧盏把酒斟：

[1] 日头：方言，即太阳。

[2] 蕹菜：空心菜。

"一盅美酒敬献君，
妹劝毛哥莫伤心；
玉音若在轿上死，
莫让坟堆长草根。

二盅美酒敬献君，
妹劝毛哥自操心；
衣裳防脏饭防冷，
妹在阴世也宽心。

三盅美酒敬献君，
妹劝毛哥给个情；
逢年过节多个碗，
算我陪哥把酒斟！"

毛哥接过三盅酒，
眼泪和酒肚中吞；
牙子咬得咯咯响，
眼睛气得冒火星。

毛红气成树一根，
苏醒不见张玉音；
大喊一声天地震，
手抓石瓦不知疼。

十一

玉音敬罢酒三杯，
媒婆拉来陪客推；
重新进入花轿里，
轿夫抬起快如飞。

别了毛红难再会，

玉音哭成泥一堆；
为守贞洁刀割颈，
血溅花轿化成梅。

鼓手喇叭迎亲归，
肖家公子喜双眉；
宾客围拢张眼等，
要看绝代美香闺。

迎亲阿嫂头巾缀，
手撩轿帘笑微微；
忽见轿里鲜血溅，
好似头壳挨五雷。

狠起心肝用力推，
头不抬来手不挥；
一把剪刀落下地，
小姐割颈命西归。

一场高兴化成灰，
肖家气变死乌龟：
"人家接亲得美媳，
我接媳妇得死鬼！"

忙叫花轿丢府外，
又喊丫鬟快转回：
"回去快报张尚书，
抬走死尸把钱赔。"

手推尚府泪纷飞，
丫鬟跪地好伤悲；
禀报小姐成冤鬼，
剪刀割颈把阴归。

尚书听到丫鬟报，
眼冒金星脸变黑；

夫人闻讯来厅内，
边哭边骂气难回：

"鬼迷心窍烂肝肺，
逼女出嫁施虎威；
独女现成阴间鬼，
老死难得纸钱灰。

一生一世好吃亏，
身居尚府人卑微；
亲女无能送娘老，
想女只见土一堆。

心狠不仁家境衰，
嫌贫爱富倒了霉；
黄土埋女睁开眼，
知你尚书是罪魁……"

尚书挨骂头低垂，
自恨心机坏了坯；
叫人告诉毛公子，
祈后相逢把礼赔。

头昏又挨棒一槌，
毛红痛苦又加悲；
听得玉音血溅地，
愿下阴府把魂追。

扯块白绫身上背，
双脚奔跑快如飞；
走到花轿旁边看，
陪伴张母哭香闺。

肖家门口悲泪挥，
阖家大小锁愁眉；
公子走来高声骂：

"再不抬走就挨捶。"

肖家公子一发威，
轿夫急装笑脸赔；
抬起轿子就打转，
毛红拦轿珠泪垂：

"雨打落花细霏霏，
众人抬轿慢转回；
小姐从小许给我，
家贫不辜负香闺。

蜡烛点火遇风吹，
小姐命短早西归；
人不在世情义在，
我愿领回把灵陪……"

毛红恳求忙下跪，
张母轿夫动心扉；
将尸抬到毛家里，
拱手相辞再回归。

十二

玉音尸体进了屋，
白绫当被台当铺；
红纸灵牌亲笔写，
一日三次供香烛。

灵台上面摆尸骨，
连守半月没断哭；
尸体不烂肉不腐，
一股清香飘满屋。

檀香烧水热手手，
毛红帮尸洗发肤；
一次抹脸去血污，
二次擦脸红扑扑。

手捧灵牌穿素服，
未曾成亲也是夫；
三次香汤除秽污，
装尸整容戴棺木。

三七日满不入土，
棺罩纱帐放堂屋；
又请道公来开路，
超度亡灵早成佛。

三日道场将收鼓，
灵柩不移殡不出；
手捧灵牌跑十殿，
一腔恩爱吐肺腑：

"黑漆棺木装妹骨，
望妹棺里能瞑目；
虽然在生难见面，
死后已进哥的屋。

一炷檀香一支烛，
毛红没忘妹叮嘱；
生没披红把堂拜，
今天戴孝我知足。

三牲供果台面铺，
望妹领受莫忘夫；
奈何桥上把哥等，
同去阎罗把寿祝！"

日日守灵夜夜哭，

惊得灶王难安宿；
晓得亡灵受冤苦，
上奏玉皇把罪赎。

玉皇看本全清楚，
朱笔批点派天卒；
招引亡灵入地府，
生死簿里查祸福。

玉音阴灵跟天卒，
跪在阴府叫冤屈；
阎王翻开生死簿，
行行朱字斗样粗：

"天上金童和玉女，
王母发下去投俗；
人世姻缘天上定，
夫妻相伴百年福。"

尚书嫌贫伤天理，
硬拉彩凤伴刁狐；
忙叫星君查案簿，
莫把明事搞糊涂。

南斗金星查案簿，
亡灵命短是冤屈；
北斗仙师查案簿，
亡灵阴魂应复苏。

阎王听了星君奏，
催促小姐返回屋；
指点梅花开二度，
散桶还原不用箍！

妹见哥面笑三声……"

十三

一支香烛一片心，
毛红七七守亡灵；
请来六亲和九眷，
要移灵枢进山林。

宾客吊丧满门庭，
敬酒三盅喝三樽；
客醉告辞先去睡，
毛红守灵昏沉沉。

二更过后转三更，
梦见小姐复了生；
手扶书桌同凳坐，
轻言细语诉衷情：

"小妹受冤天弄清，
阎王叫我又复生；
刀割颈子破了相，
只好投胎再联姻。

西门有个豆腐铺，
姓李名善人人称；
母亲陆氏良心好，
妹投他家重做人。

新搭歌楼桁对桁，
望哥句句记在心；
若还这样不相信，
三朝过后看真情。

风吹楼台响铜铃，
前世姻缘种深根；
投生三朝哥去看，

十四

毛红梦醒记得清，
眼泪潺潺流不停；
莫是小姐显灵应，
半疑半假半当真。

毛红三朝去查询，
走到西街四下寻；
果然有人叫李善，
会磨豆腐手艺精。

毛红进店把礼行，
李善还礼接客人；
喝了香茶又斟酒，
生人相遇礼殷勤。

日头照影影跟人，
心中忍话口吞吞；
转弯弯角难上路，
李善问话才回音：

"吵烦你来费你神，
问你家中有几人？
令郎千金有几个？
女婿儿媳做哪门？"

手摇树枝牵动根，
李善听话叹一声；
好似巡寨敲更鼓，
一板一眼说详情：

"门矮屋窄家道贫，
三十四岁才讨亲；
夫妇两个都命苦，
二人虽好不添丁。

多次敬神求王母，
搭帮神仙显了灵；
生下一个金花女，
今日三朝逢贵宾。"

前夜一梦事事真，
毛红又喜又吃惊；
拱手作揖把天拜，
眼泪贴腮像雨淋。

李善见了这情景，
半夜摸瓜弄不清；
扶起毛红入座位，
灯盏加油望点明。

刀切柑子露了芯，
籽籽瓤瓤层包层；
毛红如吃柑子果，
口嚼瓤瓤甜透心：

"家父当年是翰林，
官居宰相在朝廷；
尚书和我家父好，
指腹发誓结联姻。

大树挡风折断根，
父死母亡家道贫；
尚书抬我到府上，
手执宝剑逼退婚。

丢了黄铜想捡金，

尚书将女许高门；
暗与肖家合八字，
强搓灯草做牛绳。

一样米养百样人，
小姐循规好坚贞；
守约不配双鞍子，
深居绣楼不出门。

暗收聘礼乱许婚，
肖家花轿来接亲；
小姐被推花轿里，
十分魂魄丢九分。

山狠心来水狠心，
恨透世上理不平，
小姐狠心不要命，
剪刀割颈来抗婚。

轿子抬到肖家门，
肖家见死不领人；
花轿抬尸回尚府，
我拦花轿接亡灵。

衣衾棺椁把尸殓，
日日夜夜苦守灵；
又请道公做法事，
超度亡灵上天庭。

小姐阴灵归地府，
阎王查了不勾名；
送给小姐还阳水，
再转阳世来投生。

昨天托梦告诉我，
投生就在你家门；

大人你若不肯信，
她说见我笑三声。"

天上下雨滋草坪，
毛红讲叙李善听；
揭开锅盖知盐淡，
抱女出来看究竟。

陆氏抱出亲生女，
走到堂前见来宾；
婴儿扬眉睁大眼，
三声大笑似金铃。

毛红看见小女笑，
眼泪滔滔如雨淋；
像与玉音无二样，
笑与玉音同个声。

水有源头树有根，
三声大笑扫疑云；
知道姻缘前生定，
李善开言许了婚。

毛红双手接年庚，
双脚跪地把礼行：
巴望双亲勤教养，
二八成年好成亲。

十五

深塘挖藕挖到金，
毛红满脸笑吟吟；
玉音投生见了面，

蜜糖落肚甜透心。

回家寻了龙脉地，
择日殡葬埋玉音；
坟墓前面刻碑记，
"忠贞烈女"永传闻。

石头落肩一身轻，
毛红日夜读诗文；
苦练三春逢年考，
文章出众中举人。

日头出山染彩云，
勤攻诗书步步深；
大试之年进京考，
文章盖世诗超群。

六部尚书拿卷看，
都说盛世降麒麟；
三天皇帝开金榜，
毛红夺魁得头名。

身披状元袍和锦，
打马游街闹纷纷；
苦做贤臣辅皇帝，
办事秉公国太平。

一十二载回家转，
李家女子二八春；
选了吉日拜天地，
枯树发枝又重生。

刀破花树枝又生，
李氏毛红成了亲；
张氏老母跑来看，
抱住李氏喊玉音。

哭一声来问一声，
夫妻越听越心疼；
想起张母心还好，
拜为干娘养终生。

尚书突然闻音讯，
偷偷跑来看分明；
果然看到李氏女，
像同玉音不差分。

心中想认不敢认，
羞愧难当转回程；
悔恨交加得恶病，
吃药无效命归阴。

两股丝线搓成绳，
夫妻恩爱共条心；
生下三男和二女，
聪明伶俐样样能。

山生茅竹遍地青，
家庭和谐万业兴；
父严子读百事顺，
成人个个受皇恩。

塘边古树绿荫荫，
根深不靠雨来淋；
毛红李氏有福分，
同偕到老整百春！

尾声

手拿鼓槌两根新，

轻敲细打转了音；
捡来古仔没漏本，
字字句句有传闻。

戥子无砣两边平，
人无贵贱水无筋；
为人若长势利眼，
见财眼黑昧良心。

穷人不会穷到底，
富人难得富永生；
几多穷人勤变富，
几多富翁家业倾。

千万故事唱不尽，
再世姻缘难忘情；
不是瞎编随口唱，
传书句句写得清。

高山涨水大江盈，
唱师从古唱到今；
好耍捡来唱一段，
不用喝酒醉醺醺！

流传地区：

马山县、上林县、武鸣县[1]

唱本持有者：

潘化龙（壮族）

搜集翻译者：

苏长仙（壮族）

搜集地点：

马山县城

时间：

1981 年

原载《龙溪》，1983 年秋冬号。

附
记

毛红[2]与张玉音的故事曾流传在马山县、上林县、武鸣县一带。

除故事之外，还有古壮字抄写的唱本，书名常用《毛红》或《毛红与张玉音》。

《再世情缘》是根据《毛红与张玉音》整理而成。

毛红与张玉音的故事，实为歌颂毛红与张玉音的坚贞爱情，批判封建社会嫌贫爱富的婚姻偏见给青年一代所造成的恶果。毛红与张玉音的爱情因为贫富悬殊而遭到阻断，但毛红与张玉音坚贞不屈。张玉音对毛红的怀恋至死不渝，而毛红对张玉音的追求永生不灭，最后直至张玉音死后托生再世，两者终结为夫妻。此故事阐明"天下有情人终成眷属"的主题思想，颇获社会共鸣。

《毛红与张玉音》的唱本今在马山、上林、武鸣一带师公中留存并传唱。（过竹、邵志忠）

[1]　武鸣县：今更名为南宁市武鸣区。

[2]　毛红：也译为"毛洪"。

排歌

（壮族）

一、初会

1. 我俩今晚来合亲

诗的根怎样唱？
诗的根从哪说起？
诗的根是在客地，
诗的根是在京城，
诗的根在南宁。

客人从外地来，
带来了好的诗，
带来了青年谈情的诗。

我们要唱就唱吧，
唱排诗几句，
唱排诗几句，
唱几段给妹妹听。

唱几段给妹妹听，
妹妹你要听好啊，
不要当成耳边风，
不能头昏而不听。

头昏为哥是好的，
头昏是因想念成，
相亲相爱是好的，
我俩今晚来合亲。

2. 哥哥肚饿也来恋

话说走路惊动多，
走路惊动田边草，
上山也碰到黄猄和山羊。

话说进来就进来，
走进这条路中来，
这条路有石板垫脚，
这条路有石板铺路。

话说进来就进来，
走进这个院子来，
院内有白翅花鸭。

话说进来就进来，
走进这个厅中来，
厅中有个七级梯，
厅中有条待客路。

话说进来就进来，
走进这个堂中来，
堂中有根桄木棒，
堂中有根桄木可挂巾。

话说进来就进来，
走进这个厅中来，
厅中有竹椅可伸脚，
厅中有茶可润口。

话说进来就进来，
走进这个屋中来，
里面有草席铺地，
里面有灯盏点亮，
一盏点亮下面的牛栏，
一盏点来给人们走路。

唱歌也是唱多了，
没有一句把老人夸赞，
老人和孩子已经很好了，
我下次再来夸赞吧。

3. 天还黑黑我就来

天还黑黑我就来，
跟着燕子沿山走，
燕子过山还有伴，
无伴无才我自来。

道路小小我朝村里走，
绕过几圈我走进村里来，
进村碰见老人叫着问：
"我朋友家的路该往哪走？"
放牛的老人告诉我：
"往前走再岔过左边去。"

走啊走啊将来到时，
一条大河从面前流过，
我就坐下来洗脚，
穿上草鞋然后走上朋友家。

朋友刚刚请我坐下，
双脚都还未得歇一歇，
杯中的茶也未进口，
妹的山歌就唱起来啦。

唱就唱吧！
哪个不想摘桃花！

卖了田地封家门，
妹你回家睡也罢，
我也常来这个村的呀。

4. 半夜起床对月光

天刚半夜我就起床，
端着饭碗对着月光，
一边吃饭一边听公鸡啼鸣。

出门时我把衣服披在肩上，
我甩着衣袖走过山冈，
路边的茅草也纷纷倒让。

我从山鸡丛集的林中过，
山鸡飞来跟我做伴，
沙鸟为侣随我飞翔。

我刚刚走进妹的村，
两个妹妹就邀我把山歌唱，
唱就跟比我好的人唱，
别来笑我饿肚肠。

我肚饿才天天来，
天天来恋妹妹的谷仓，
妹你可怜就给我一把吧，
妹你同情就给我几两。

我拿回去明天做午饭，
明晚没有吃我再睡空床，
妹你每餐一斗也吃不完，
哥我每餐咬一粒谷囤也光。

5. 山顶上的月圆又圆

山顶上的月亮圆又圆，
天将亮时云朵又把它遮半边。

上天没让我们结合，
地下有人来离间，

有人砍木横在山路中，
不给我们通过去相连。

天不下雨田变畲，
凤不见龙多可怜，
我也是一个好青年，
你怎不把我看上眼？

6. 心中有情才飞来

唱歌的鸟飞过了山沟，
飞过去又飞过来了。

燕子逢春它飞来，
心里有意才飞来到。

鹦鹉迎客还锁在笼里，
凤去跟龙不怕山高。

山上的沙鸟还有伴，
难道我们的情意不开窍？

妹是塘中多情鱼，
哥是塘边捉鱼鸟。

7. 心想交你心潮涌

心想交你心潮涌，
痴情想妹在心中。

十二岁我去做生意，
四处游荡刚回家中。

见妹肉白嘴红真漂亮，
哥盼与妹配龙凤。

两担礼物送进屋，
花轿抬妹到家中。

二、探情

1. 正月蓝靛花初开

正月蓝靛花初开，
二月蓝靛花烂漫，
三月把蓝靛割回来，
枝叶做染料，根部再种上。

妹你会种种在洼地里，
我不会种种在高坡上，
阳光照晒蓝靛全死光，
说我不会真不会。

做的染料坏了一坛又一坛，
每年连一钱染料都不得，
只好穿着灰衣裳，
每年连一钱布都不得。

只配穿着烂衣衫，
妹的衣服我不敢讲，
头上的花巾借我一次吧，
不要让我羞愧难当。

2. 烦心情人惭愧多

鹧鸪的颈毛鲜艳翅膀也好看，
情哥的命好来心儿也不错，
命好才娶得同村的妹妹啊，
同村的妹妹家有财产多。

有黄牛水牛不用说，

还有白马金鞍在栏下拴着，

哥去哪里都可以拿来坐。

可惜妹妹吃饭只点盐，

哪条路不好妹才踩，

哪个河潭深妹才跳下去。

跳下去淹死就算了，

活在世上让父母心烦多，

父母烦心且不算，

烦心到情人惭愧多。

3. 妹妹伶俐我爱唱

妹妹美丽我爱谈，

妹妹伶俐我爱唱，

唱就唱这个晚上，

明天鸡啼再分手。

妹妹回去有家归，

我无家可归急得想跳水，

跳下水去同鱼和虾，

上山去跟山羊和黄猄。

乌鸦老鹰还有窝，

哥哥我没有家真急情。

妹妹你不要同别人吃果，

妹妹你不要同别人含"恼"[1]，

吃了别人的果会忘了我，

含了恼一切都忘得干净。

4. 道路有刺我不怕

我是多么爱你啊，

想念你只好到岭上解忧愁，

解啊解，

回到家里却更忧。

天地啊，命运啊，

道路有刺我不怕，

造畬成田不得插。

哥挖井来妹喝水，

烧火成炭给人家。

拿起命书来看看，

又说我的命太差。

命差死后可以改变的，

可是妹不死叫我有什么办法。

5. 好酒还得尝一杯

柏树花常和果花一起开放，

未曾开腔我也知端详。

这事传得不是近，

这事传到南宁到远方，

妹妹自己吃来自己住，

孤独一人度时光。

有心相恋隔堵墙，

想叫妹又怕别人听见，

田里稻谷长出三节，

从来没有将稻心尝一尝。

没试过的事情大胆试，

没喝过的烈酒也敢尝。

---

[1] 恼：一种植物茎，据说经常含服有保护牙齿的作用。

这样才是有真情，
这样才算有胆量。

6. 哥哥爱妹在内心

我们相爱似金贵，
哥哥爱妹在内心，
白天晚上都还说，
听别人冷言冷语怎么成？

犹如鱼干挂在墙壁上，
让猫老吃没吃成。
我想妹你像山那样重，
你为何没有动心？

三、初恋

1. 天天与妹来相恋

天上的星星亮闪闪，
天天与妹来相恋，
在村头游玩多热闹，
听到狗吠就讨厌。

我想进屋去等你，
又怕有人出来见，
暗中想来干着急，
埋头人睡哭红眼。

是鸭摆卖我能买，
不管花去多少钱，
只想找个意中人，
结成夫妻才安然。

早晚吃饭对面坐，
两人相爱密无间。

2. 娶妹回来帮种田

谁家的女孩走连连，
手脚摆得多柔软，
斜看也值好多钱，
怎样才让你跟我恋？
要你回来帮种田，
家务辛苦大家干，
一起插秧在田间。

这样才是真相爱，
互敬共爱甜又甜，
不知世上愁和苦，
夫妻恩爱过百年。

3. 我天天都想妹

我心里时常想妹妹，
妹妹最多想我半分钱，
我想妹是天天想，
去赶圩一天也不安然。

妹妹住得那么远，
隔山隔水在天边。
想去讲话一两天，
山山水水挡眼前。

十山九岗我也去，
只想与妹能相恋，
我去不让人家知，
免得讲话不方便。

这是我的真心话，

请你把它记心间。

四、赞美

1. 阉鸡见你也啼叫

妹长得美丽身苗条，
身穿裙子头插花俏，
就像观音出外游，
阉鸡见了也啼叫。

如此漂亮我动心，
今天终于得交往了，
你今天开口说爱我，
别让人到处去造谣。

惹得别人与我对头，
这样什么也办不到。

也不要让人挂嘴坏名声，
自己人我才这样说明了。

2. 谁家女孩这样好

谁的女孩这样好？
肉也白，眼也俏，
远看就像镜子照，
入近就像马钉蹄。

不高不矮真人格，
刀剪也没有如此标致。

台上的花旦比不上，

心里有情我口难开，
想妹多日病瘫软，
好像芭蕉叶烤了火。

谁想妹像我这样？
我想与你交情那么一次，
怎样才能与你交情呢？
能与你交情死了也甘心。

3. 山间飞出金凤凰

山间飞出金凤凰，
什么时候出现一个美丽的姑娘？
什么时候才有这样好的机会，
斜眼一看像金鸡独立。

天天采果想去信，
时时想拿蒌果去交情。

蒌叶枯黄话也传不出去，
蒌叶枯黄怎么跟你交情？

山里流出的水变金，
河水将流向何方我不明。

河水打漩涡还有回头的机会，
将死想起山歌又活回来。

老人死去还有人孝，
青年人死去就像针离线。

针儿还得有线儿穿，
妹你忘我却那么容易，
我光棍却从不忘记你啊。

4. 再美不过芙蓉草

我多么爱恋着你啊，
就像藤子爱和芭芒相缠绕，
芭芒下雨太多它会烂掉，
我离开你感到多么苦恼。

再苦也苦不过鱼胆啊，
再美美不过芙蓉草。

芙蓉计较不计较，
如果计较那就太差了。

妹呵你上高高的山上去望吧，
望见哥哥我在山腰。

妹的衣服飘飘拖下来，
绣有字的花巾绞成条。

两条三条都是别人的，
没有一个是我的相好。

让我们赶鸭下塘去，
不得草鱼的话鲢鱼我也要。

拿来和葱花混着炒，
即使我得吃不得穿，
我的心里也不恼。

5. 天上最亮七颗星

天上最亮的有七颗星，
美丽的姑娘进村惊众人，
我丢下饭碗不愿吃，
抓起衣服奔出门。

屋檐差点飞起来，
我从东到西把妹寻，
谁知回来才听见妹声音，
妹妹的话儿甜津津。

让我们一起唱起情歌吧，
唱那山高水长情意深，
唱得田中的石头变成美人，
唱得妹腰围变成美丽的花巾。

五、叹情

1. 怕你嫌我衣袖短

见妹长得白又嫩，
我想跟你来交情，
怕你嫌我衣袖短，
谈情不让我靠近，
现在当面说爱我，
回家动摇心不定。

进屋坐下发冷战，
盖三床棉被也不暖，
斋了几个月无油腥。

老人说我发了癫，
其实我想妹太痴心，
想多也娶你不得，
痴心也就这样了，
哥穷难与你交情。

2. 同妹结交真是难

年轻的姑娘嘴油滑，
开口就像蔗糖甜，
其实像刀那样利，
假心来与我交谈。

哪里真情与我交？
鱼实在是比不上肉，
炒青菜猪油比生油好。

让我辛苦来留恋，
留恋跟你交又不得交。

退回半路自己偷偷哭，
一定有人捅沙煲，
这样只怪自己命贱，
交结一个人也是空的了。

3. 不成夫妻成朋友

一心想与快嘴妹结交，
见我避开不友好。

妹妹你有丈夫守旁边，
恐吓几句你眼也不敢瞄，
那时你心凉似水，
就像老虎怕狮子不敢嚎。

你实在不肯与我交情，
不成夫妻成朋友也好，
最多你夫知道去告我们，
难道会捉去坐牢？

捉去坐牢我不怕，
就是上刑也不喊叫，

杀我只能死一次，
铁心恋妹不动摇。

4. 死去成鬼再来恋

说青蒿，讲青蒿，
问你与我交不交，
如果不愿与我交，
偷告诉一声不要吵。

不吃辣椒哪知辣，
不拿青蛙哪知骚，
多少孤单人孤苦伶仃，
胡须白了也没人照料，
恋你不成就算了吧，
死去成鬼再来做。

5. 孤独的光棍盼白天

春天就要离去了，
当初我们曾经发誓，
发誓要结合在一起，
夫妻恩爱无比。

现在有口也难言了，
走路相碰就转脸去，
假装眼看不见，
妹你真的把我抛开？
就像月亮抛开太阳，
太阳下山月亮接上来，
月亮下山还有星星在。

谁能顶住太阳落？
顶住六天才转黑。
谁能留住太阳光？
天晴八天再转阴。

妹你成家盼天黑，
我鳏夫孤独盼白天，
盼望一千日才有一晚，
盼望一万日才有一黑夜，
见面想跟你说一句话，
你却假装说天要黑。

6. 我们抱颈死在一起

坡上的李果个连个，
我们彼此相恋来对歌。

你是天下最美丽的姑娘，
陌生的妹妹我没见过，
我想去跟你玩一天，
怕妹妹嫌我衣袖破。

天地赐给人间不平等，
我真心地爱你你不爱我。

让我们咬破手指来发誓：
倘若今后不够吃，
我们一起抱颈死去再不活，
到阴间去结夫妻，
免得人间议论多。

天啊地！
命啊魂！
把真心话儿对你说。

7. 眼泪流下没地装

多好的连花开在坡上，
交结你却不把我想，
你对我说的话甜像糖，
反心去交别儿郎。

富有的人家彩礼多，
我家穷得响叮当。

树上的果实一个个，
心想摘果无法尝，
有人守住旁边我难摘，
心里着急无法讲。

我的命怎么这样苦啊，
眼泪流下没地装。

六、怨情

1. 骗我就像风过坡

妹唱山歌来骗我，
初次相恋说牢不可破，
后来翻脸忘了我，
骗我就像风过坡。

让我来恋你不见，
为何见我你就躲，
你我交情在何方？
妹骗阿哥哥难过。

2. 我来恋你一场空

空心菜在坝底下生长，
得到阳光照就长得快。

我们叫人去看花，
一朵花一两银子卖不卖？
不卖一棵卖一把，

换钱来买米应付餐饭。

吞不下肚子饿得发慌，
来跟你玩就像乌鸦和鸡玩，
来来往往似鸭恋水一样，
就像鸟儿戏芒果，
鸟儿戏芒果还得吃，
而我来恋你却是一场空。

3. 妹你骗我来交情

谁的女儿叫"凤六"？
开口出来总是笑。

天天骗我去等，
骗我去等在门角，
躲去不让我见面，
假装眼花不注意。

这样我怎么不生气？
我情就像灯尽油，
妹你多心是这样，
得吃塘角鱼忘螃蟹。

因为父母卖去了，
再好也是人家的人了，
这样都白白地看了，
妹你骗我来交情。

4. 骗我就像猫戏鼠

妹你家富开口笑，
我想和你把情交。

上次赶圩遇见你，
叫你一声你就跑，

低头避开走得忙，
我心里难过无法笑。

开头说跟我句句爱，
话儿成筐装不了，
见面讲话说要谈，
等到太阳落山坳。

骗我就像猫戏鼠，
妹你多心开玩笑，
交情不得就算了，
免得我的心浮躁。

七、离别

1. 离房间

山上的蜂鸟在欢笑，
岗上的凤在啼叫，
斜看天边已发白，
四角屋柱也明了。

高山催我们分离，
大海催离在今朝，
离别的山歌唱起来，
房间离妹我心焦。

妹离我回去有丈夫，
我离妹回去是光棍一条，
栏里的牛也是哑，
家中是后母来当道。

怎样叫她都不应，

我低头偷哭她偷笑，
为妹偷哭谁看见？
与妹离别我心焦。

与我离别你不想，
你不想我一分毫。

2. 离床铺

慢走慢慢走，
就要离妹在床头。

妹走床铺三天暖，
床铺九天香还留。

妹在附近常来看，
不让蚂蚁来碰头。

3. 离灶边

就要离妹在灶边，
妹离我回去跟夫眠。

我离妹回去粥无盐，
无妻室，
两眼流出泪涟涟，
同龄的人们成双对，
我光棍一个多可怜。

如此怎能过一世？
怎把穷困忘一边？
离妹回去我不忘，
你离我回去不留连，
我永远记你在心间。

4. 离内屋

与妹离别在内屋，
妹离回去跟丈夫，
我离妹回去贩糖卖，
贩糖赚钱养父母。

无田无地也罢了，
每餐去讨米来煮，
晚上到人屋边住，
几个老人下来赶，
赶我到岩洞投宿。

把干洁的草儿来当被，
我床就像野狗铺，
山上的野狗还有伴，
我人单影只多孤独，
把实情向你来倾吐。

5. 离厅堂

我们在厅堂把手分，
别你如茎离了根，
刚要发芽被虫咬，
刚要结果没水分。

前几年南宁被水淹，
客人全被洪水困，
圩上没有水果卖，
妹妹空手离我村。

6. 离门口

就离主人就离盐，
与妹分离在门边，
妹离我回去有丈夫，

我离妹回去粥无盐。

连顶草帽也没有，
摘枝芦苇吹上天，
蔗糖虽甜不同盐，
不知何日见你面？

见你我们再交谈，
求你给我一笑脸。

7. 离晒台

与妹离别在晒台边，
眼泪盈眶口难言，
妹离我回去有丈夫，
我离妹回去不安然。

我想妹你七月冷，
妹不想我热冬天，
我想妹像甘蔗根，
妹不想我蔗不甜，
我想妹你三斤半，
妹不想我两三钱。

8. 离楼梯 [1]

走走妹啊走，
与妹在楼梯分手，
妹离我回去有丈夫，
我离妹回去心发愁。

无妻室，
眼泪滚滚流不够，
脸上的泪珠闪闪亮，

针儿落地连线头。

你拿什么作礼品？
交换礼品再分手，
礼品虽轻情意重，
离别妹妹记心头。

9. 离村边

与妹离别在村头，
妹离我回去有丈夫，
老牛不知去洗澡，
却是我的泪水流。

我离妹回去无盐油，
无妻室，
眼泪如泉滚滚流，
就像独木做耙牙，
耙牙用久还磨耗，
我不忘你一分毫。

10. 离山脚

一路送妹山过山，
犹如水干鱼不安，
妹你有心送哥回，
哥再送你过南山，
你送我送互往返，
我俩交情重如山。

---

[1] 楼梯：过去壮族多住木楼，上面住人，下面养家禽，因此家家有楼梯。

八、相思

1. 为你我吐血

爱妹好比爱珠宝，
疼妹好比刀割手，
一天想哭两三次，
哭去哭来心发愁。

返回家中我痴想，
为你我吐血坏了喉，
朋友不知来问我，
你成啥病脸消瘦，
有口不知怎么说，
时刻把妹记心头。

塘里有鱼水獭恋，
我恋妹就要恋个够，
假如你同我一条心，
不达目的不放手。

2. 想念妹妹在远方

太阳升起放光芒，
我想念妹妹在远方，
想你爱你在当忙[1]，
可是要去找妹不懂路，
不知你家在何方。

我想请人去问路，
派人到你村探访，
走去跟你谈谈话，
对你诉苦几月长。

家里的活儿先放着，
得与你结交再回家也无妨，
下雨不愁家里漏，
跟妹游玩几个月度时光。

3. 我想情妹天天想

我想小妹天天想，
希望与妹天天见，
想多肠断难走路，
头昏走路像浮萍。

去田去垌不爱讲，
进屋出屋不爱应，
父母不懂他才骂，
我俩交情前后跟，
有前人才有后人，
首先爱的是情妹，
然后疼的是父母亲。

疼父疼母有人知，
我疼情妹哪个知？
哪个钻进肚去见！
哪个看到肠中去！

我的命运怎么这样苦，
相亲相爱却不能结合，
能不能结合先别理他，
让我们先相交给人看吧。

别人才说我们是有真情意，
交一天，直到太阳看不见，
太阳被云遮住了，
那时我俩才分离。

回到家到死我还想着你，

三次思来四次思，
怎样才能和你多唱一两天？

让我们天天来相恋，
直到你成为我妻子，
妹啊你同意吧，
你同意了我做乞丐也情愿，
我这乞丐有福也有分，
我要变心就拿刀把我砍。

4. 十二月想妹颠倒颠

正月想妹谁知道？
二月想妹头都痛，
三月想妹颠倒颠，
四月时候将插秧，
走来找妹共相恋。

五月时候不得闲，
偷谈一天别人也知道，
六月有酒茶请告诉我，
我心里仍恋着你，
七月时节穿棉衣，
神魂颠倒魂飞天。

八月时候吃新米，
吞不下肚怪烟苦，
九月捎话去几句：
十月我们来定亲。
十一月想去跟你谈一两晚，
腊月不成又过一年。

5. 想妹难入睡

爱你想你"桑良"妹，
我想起妹难入睡，

晚上想睡睡不着，
走出晒台望蚊飞，
一个人影也不见，
低头流下伤心泪。

想放声大哭恐怕吵醒人，
就忍气吞声暗流泪，
何时才到我谈情呢？
口干口渴低头喝水。

如果妹妹你跟我来这里，
请朋友备酒菜喝个醉，
亲朋好友送好多东西，
岳父岳母送来箱柜，
那时才是有福分，
跟你结合人敬佩。

九、热恋

1. 生死要与你成双

芙蓉花开在山坡上，
我痴心想与你成双，
知心的话儿难开口，
祖宗坟前去烧香。

心想娶你娶不到，
两眼流出泪千行，
人家舞龙又舞凤，
我们为何难成双？

想你常到你屋边转，
就像鸭子恋水塘，

木棉花絮随风飘，
飘飘忽忽随你逛。

想起此情真凄凉，
比起别人我心伤，
苦辣实难吞下肚，
夜不能眠愁断肠。

就像小猪刚断奶，
何时鸡啼天才亮？
眼望老天盼下雨，
田里有水能插秧，
入秋收成三两担，
就能一起抵饥寒。

妹啊，
生死要与你成双，
与你成双心才放，
心才甘，
免我虚度年华脸无光。

2. 稻穗入口也能吞

天上的星星往下照，
面对妹妹我心发跳，
看你就像神仙画，
肉白嘴红好俊俏。

如果妹你跟我谈，
我就移祖坟上高坡大坳，
交你不得心着急，
急得我像尸骸就要被埋掉。

妹妹下水鱼来恋，
走路上坡风来助，
高山的美神下来看，

路人个个站着瞧。

是糖我想尝一口，
是摆行的谷子我买一筒，
如果你愿跟我谈，
稻穗入口我也能吞下肚子。

3. 痴情跟你泪成行

痴情跟你泪成行，
一心与你来成双，
谁知你心里想不通，
我吃中蛇胆当生姜。

妹你远居不知道，
天天都在把你想，
晚上睡觉魂魄都飞去，
就像木棉花絮飘他乡，
有心造路给我走，
与你交情我心才安。

4. 痴心爱妹愁断肠

太阳升起放光芒，
痴心爱妹愁断肠，
手脚发软走不动，
头晕头痛倒在床，
老人见了心里慌，
以为鬼怪害儿郎。

半夜床上做好梦，
梦见妹来睡身旁，
醒来不见妹妹影，
软了半身好心伤。

5. 富贵不把妹妹忘

谁家的女儿打扮得这样漂亮？
细细的眉毛白白的脸庞，
天天走出家来玩，
斜看就像官小姐一样。

老人看见流口水，
我光棍怎么住得安？
真想去和你谈一个晚上，
得共床同被死也甘，
贫穷的时候天天想你，
富贵了也不把妹妹忘。

6. 一心与你结成夫妻

有心交结怕什么，
情爱我们不面说，
相交就要像绞绳，
不要多心另想一个，
一心与你结夫妻，
上楼点香一起拜公婆。

7. 相连永远不分离

三十棵蓬比树，
四十棵蓬肥树，
我能来这里，
是因为和你同年纪。

想和你交不得交，
只好各人在一地，
各人在一地，
就像各人做生意。

不论怎么说，

好姑娘都是别人的，
我想妹好比鲤鱼想水坝呀，
我恋妹好比鲤鱼恋泉底。

太阳上来晒人头，
太阳照顶时我们在一起，
相会就是要相连呀，
相连永远不分离。

流传地区：

　　南宁地区 [1]

演唱者：

　　马戎蒋（汉族）

采录翻译者：

　　李尚杰（汉族）、马介文（壮族）

搜集地点：

　　大新县

时间：

　　1995 年

原载《广西民间文学作品精选·大新县卷·散花仙岭》，
赵斌才主编，广西民族出版社，1996 年 10 月。

附
记

　　排歌在壮族民歌里占着十分重要的位置。

　　排歌是桂南、桂西的壮族歌圩、歌会中的主要歌类。

　　所谓的"排歌"就是行数成排成排地唱下去，以完成每首歌的主
题思想为止，可短至一二十行一首，也可长达几百行甚至千行以上一
首。排歌的句数和行数是由内容所规定的，其每行的字数基本上是以
五言或七言为基础，而且其伸缩性都比较强。从内容来看，有传授历
史知识和劳动生产知识的排歌，有哭嫁、送葬、逃婚等方面的排歌，
最主要的还是爱情排歌，分初会（问姓、问名、问村、问家、问远、
问近、问双、问单等）、试探、交心、定情、结义、离别、相思、诉
苦、出走、安家等内容。（过竹、邵志忠）

[1]　　南宁地区：今崇左市。

山伯与英台

（壮族）

一

坛前蜂鼓[1]响沉沉，
旦唱前朝恩爱人，
早年祝公家富有，
金银宝玉赛石崇。

祝家坟葬金鸡岭，
青龙白虎左右分，
山清水秀多优美，
地灵人杰扬名声。

财源滚滚如潮涌，
六畜兴旺喜人心，
马壮雄姿如狮子，
羊群肥壮似麒麟。

母鸡孵蛋出凤仔，
母猪下象更奇闻，
夫妻恩爱鱼水情，
生男育女皆聪明。

四男成长皆婚配，
闺房淑女独一人，

英台妙龄方十五，
尚无佳偶配成亲。

英台喜爱赏花鸟，
百鸟啼春动了心，
闺秀年少怀壮志，
想去马山读书文。

慈母膝前表内心，
女儿心事要申明，
我母莫嫌女儿事，
细听孩儿道真情。

半夜三更儿托梦，
梦到马山读书文，
梦见马山办学馆，
招收门生三千名。

学馆门开不去读，
枉然虚度少年春，
儿想负笈从师去，
慈母意下可放行？

老母出言劝儿心，
娘将世事话儿听，
男儿求学为治国，
女儿读书为哪门？

如今礼教束缚紧，
男女授受不相亲，
孩儿要到远方去，
为娘如何放宽心？

英台灵机心在想，
女扮男装试双亲，
扮个学者去拜见，

[1] 蜂鼓：因鼓身形似蜂腰而得名，又以横置胸前演奏而有"横鼓"之称。壮族师公主持求雨除虫、祛邪逐疫、超度亡灵、丰收酬神等等消灾祈福的祭祀活动，或举行祭仪和表演歌舞、说唱戏曲时，用蜂鼓作为主要乐器。壮族人民逢年过节、婚丧之事、祈祷丰收或杀猪做酒等，多击鼓舞唱。

看他答应不答应。

头顶戴上乌纱帽，
玉颜额边扎蒙巾，
英台乔装多灵巧，
相貌神似秀才人。

灵机一动心又想，
手拿纸伞出后门，
环屋绕道前门过，
冒充江湖算命人。

迈步来临祝家院，
大狗小狗吠声声，
祝公走出门外看，
这位先生是何人？

忙带先生厅堂坐，
即将英台八字评，
父拿八字给他算，
试他算得灵不灵。

先生放笔开口讲，
前后左右看八字，
命理定数话的真，
命中注定要出门。

她去远游可放心，
生辰清吉实聪明，
若不从师留在屋，
凶多吉少命归阴。

祝公听罢心暗想，
确有此事果真灵，
这位先生果神算，
应给女儿读书文。

祝公搭腔先生道，
请问先生何许人？
先生答言老爷道，
烦你静听我两声。

小生本是李家子，
祖籍乃在高州郡，
大胆问声大老爷，
请问尊姓和大名？

祝公搭腔先生道，
开声告诉先生知，
老翁乃是祝家人，
礼数不周请见谅。

先生默然用鼻哼，
到此告别祝大人，
先生随即转身走，
祝公陪送出大门。

女扮男装难识别，
乔装算命试双亲，
出门从师去得成，
笑在眉头喜在心。

英台回头禀双亲，
引来嫂子拢近身，
媳妇开腔劝姑翁，
请听儿媳讲两声。

男大当婚女当嫁，
妹子成长该过门，
她想远游从师去，
馆中挑选意中人。

英台听闻嫂提示，

随即趁机表衷心，
双亲细听女儿陈，
女儿远去慎守己。

我若匹配无赖仔，
凶神铡女首身分，
我若失身出差错，
永世不再回家门。

顾全颜面敬双亲，
父母听儿表决心，
当场应允习经文，
英台喜闻往回走。

回到闺房便装身，
头上戴顶乌纱帽，
玉颜金额扎蒙巾，
女扮男装多英俊。

十足神似秀才人，
娘把衬衣交儿手，
百二铜扣闪粼粼，
衬衣铜扣六十对。

嘱咐闺女莫露身，
英台立即收衬衣，
收拾四宝捡衣襟，
准备妥当出远门。

书童挑担前头走，
英台扛伞后头跟，
双亲陪送女出门，
耳提面命嘱声声。

一嘱过路过河沟，
涉过深水莫解衿，

二嘱日常戒烟酒，
神志清醒莫粗心。

三嘱出门交益友，
言行举止莫伤情，
四嘱夜深和衣睡，
提防旁人触儿身。

二

书童挑担在前走，
英台扛伞快步跟，
翻山来到梧桐林，
天气炎热好乘荫。

坐在树下歇歇脚，
回头见有书生跟，
英台凝神望一眼，
来者模样似同程。

山伯到来开口问，
兄长赶集是上京？
英台答腔贤友听，
我去马山读书文。

山伯喜闻忙答语，
我俩今日正同行，
我俩相见不相识，
请问尊姓何大名？

小生原是祝家子，
小号英台是弟名，
小弟冒昧问一声，

尊兄贵姓何芳名？

我俩今日正同行，
半路相逢缘分在，
半路相聚先请教，
日后见面好相称。

本人便是梁家子，
小号山伯是我名，
我俩并坐纵心扯，
漫谈家事问年庚。

我俩来把生辰讲，
谁年岁长拜为兄。
我出生年逢甲子，
七月初二辰时生。

英台开言答尊兄，
我俩恰好同年生，
出生年岁逢甲子，
九月初二辰时生。

山伯搭腔英台听，
我比你长二月整，
你年较小称为弟，
我年较大道为兄。

两人姓名已相通，
路远山遥又起程，
书童挑担前边走，
秀才并肩后头跟。

双双赶路到河滨，
河宽水大齐腰深，
河宽水深不见底，
无桥无船哪样行？

解衣涉水怕人见，
忆起母嘱心又明，
山伯光身带头走，
英台过水连衣衿。

山伯掉头来讥笑，
蠢仔过水湿衣衿，
英台低声劝梁兄，
你来听我讲分明。

天空又有仙女见，
河底又有龙母闻，
我俩解衣涉过河，
海底龙王看得真。

若还裸身露天地，
心昧读书学不成，
山伯心服答英台，
你说入理记心怀。

两人过河上了岸，
望见鸳鸯游江心，
只恨山伯生得憨，
不知英台是女人。

男子眼睛易辨认，
就差大意不留神，
女人双眼不一样，
眉毛弯弯像观音。

男人肤色白透红，
女的白皙又均匀，
二人并排慢慢走，
且说且笑赶路程。

来到马山大学馆，

山伯英台更相亲，
白天读书共条凳，
晚上习文共盏灯。

两人同睡床一架，
一床锦被齐盖身，
山伯解衣先入睡，
英台后睡连衣衿。

山伯看了哈哈笑，
怎么恁[1]笨不脱衿，
弟今连着衣衿睡，
哪能一觉到天明？

英台婉言说梁兄，
当初出门娘吩咐，
百扣衬衣不离身，
娘亲的话切记真。

衬衣结纽六十对，
临睡解来夜半深，
天亮扣好多费劲，
哪有时辰念诗文？

山伯暗自洗耳听，
入情合理信为真，
转眼伏天酷似火，
汗流浃背难坐定。

兄弟下河去洗身，
英台提议分开洗，
上游下游两段分，
英台洗完先上岸。

山伯尚游在江心，
英台抹身穿衣裤，
特地从容露上身，
露出双峰给他看。

看他山伯可动心，
山伯上岸抹好身，
英台早站在河滨，
瞧见英台胸峰挺。

惊问乳大是何因，
英台严肃且正经，
直言说给梁兄听，
男人乳大当知府。

女人乳大哺胖婴，
山伯点头合情理，
贤弟此言也是真，
英台暗笑梁兄笨。

是非真假辨不清，
一日小便俩相跟，
英台不慎解裤蹲，
山伯当场嬉笑道：

贤弟莫非是女人，
男人小便双脚站，
女人小便双脚蹲，
英台随口把理申。

站着小便逆天地，
诗词歌赋学难成，
站着小便马拉尿，
蹲着小便圣贤人。

肉体怎能露天地，

[1] 恁："这样"之意。

裸体露肉欠斯文。
全馆门生议纷纷，
皆道英台是女人。

英台听闻这番话，
暗自纳闷气在心，
一想退学路又远，
二想求学怕露身。

口边念书心边想，
打个主意定在心，
禀告老师立规约，
小便不准人相跟。

明早起床洗过脸，
去找教师把理陈，
恳请老师多介意，
当出告示贴大门。

倘有顽固不理睬，
绳之以法不容情，
翌晨老师早起身，
果立馆规贴大门。

本馆立规约，
各生须严遵，
今同学共馆，
非故也是亲。

规章要严明，
小便毋相跟，
胆敢故违者，
严惩不容情！

没有规矩难成圆，
缺少规约乱纷纷，

英台眼见馆规立，
从此读书才放心。

三

三月清明景色新，
布谷催春啼声声，
英台观花情思涌，
坐在学堂不安心。

三月花争春，
林中百鸟鸣，
蜂蝶随花舞，
英台泪沾襟。

花添枝更秀，
人添岁心沉，
离乡学诗文，
何日待双亲？

芳花绿草多鲜艳，
万紫千红总关情，
英台触景百思感，
半夜床头泪纵横。

山伯惊闻英台泣，
坐起相对问两声：
贤弟莫非有病痛，
锁眉流泪是何因？

英台道是做噩梦，
梦见爷娘站拢身，
梦见爷娘附耳嘱，

叫儿回乡待双亲。

早晚儿未奉茶水，
怕他年迈命归阴，
山伯婉言安慰道，
关怀父母孝敬心。

次日英台早起身，
辞别师友就登程，
再三告辞我良师，
有劳教导我成人。

又拜学馆众学友，
三年同窗友谊深，
回头又拜山伯兄，
分别握手泪淋淋。

山伯劝声英台弟，
暂时分手莫伤心，
可否等到学期满，
我俩兄弟同登程。

英台一意转回程，
深知山伯不同意，
写张字条放枕巾，
表白英台是女人。

行装收拾既完毕，
随即出门就登程，
书童挑担前头走，
英台扛伞后面跟。

山伯陪送英台弟，
送了一程又一程，
山伯看见路中心，
鸟过泥沙留脚印。

英台信口叫声哥，
我俩猜谜开开心，
你猜脚印什么字，
猜中柚果你尝新。

柚树开花香喷喷，
柚果要比蜜糖甜，
若还为兄猜不中，
我家柚果送别人。

山伯闻声忙答应，
讲话算话我开声，
鸟脚印出是"叉"字，
快拿柚果我尝新。

英台搭腔哥请听，
枉费读书认不清，
鸟脚印出是"女"字，
我家柚果送别人。

哥你送弟两三程，
转回书房把诗吟，
学期结束哥回去，
请进茅舍谈谈心。

山伯点头又应声，
不知贤弟住哪村？
一村又有四方向，
不知何处弟家门？

英台吐露虔诚意，
弟住南容大九村，
五条大路交叉点，
我家门口对中心。

门前有蔸柚子树，

屋后肉桂树成荫，
大门台阶石板砌，
两旁有对石麒麟。

左边有苑八角树，
早晚白鹤绕纷纷，
右边种有香椿树，
一年四季吐芳芬。

屋前鱼塘广又深，
鸭鹅成帮鱼成群，
五里以内都看到，
贤兄千祈进门庭。

奉劝贤兄同回去，
莫再留恋读书文，
若还兄不听弟讲，
有朝一日悔恨深。

一生幸福目下定，
何去何从在哥心。
两人又走三五步，
英台低声嘱两声：

回到房间细心看，
切莫马虎来粗心，
临睡望兄相床枕，
便知为弟一片心。

山伯不解英台意，
频频道是声连声，
面对英台招招手，
祝他一路得安宁。

四

英台转身赶路程，
边走边想意纷纷，
山伯真是木头人，
为何没有随步行？

头天走到太平洞，
两天走得半行程，
三天行走进乡里，
四天才走进家门。

爷娘见女喜欣欣，
英台见娘热泪盈，
道过寒暄话阔别，
且笑且啼儿女情。

爷娘问道读书文，
三年造就可得成？
英台笑答成绩好，
良师益友教诲深。

英台随即卸男装，
换上白衫粉红裙，
头顶打个盘龙髻，
金钗玉簪映双鬓。

红装胜似当年美，
赛过佛堂观世音，
在家静居两月零，
马厚托媒来说亲。

送来财帛厚茶礼[1]，

[1] 茶礼：问亲时给女方父母的礼信。

气得英台病上身，
且怨山伯缘分少，
去时相随回不跟。

五

春雷一鸣万象新，
园中桃李又争春，
山伯半夜做噩梦，
梦见花朵落缤纷。

惊醒过来床头坐，
碰见字条搁枕巾，
点灯从头逐字看，
方悟英台妹子情。

山伯见字条，
自恨见识低，
读书三年整，
"女"字认不出。

男女分不清，
山伯自恨痴，
英台真精灵，
众目皆受欺。

山伯清早便起身，
老师跟前把事陈，
昨夜门生得噩梦，
梦见爷娘病呻吟。

又因家中人手少，
生要回家奉双亲，

感谢夫子教诲苦，
他日得志定报恩。

告别老师就赶程，
心念英台妹子情，
一天走路一百里，
两天走了大半程。

三天走到大九村，
小憩歇脚进树荫，
山伯边望边歇荫，
挑水小妹走来临。

大胆问声小妹子：
英台是否住这村？
恰是书童来挑水，
一见山伯心底明。

带回山伯厅上坐，
忙进闺房报姐听，
英台迈步出闺门，
招见梁兄来光临。

忙端椅子请哥坐，
捧杯茶水请哥喝，
开口便问山伯哥，
何以延误两月多？

山伯开口问妹子，
你家姐妹有几个？
你和英台貌相似，
谁姐谁妹告知哥。

英台"扑哧"笑出声，
英台就是我本人，
如今回家做闺女，

卸去男装穿彩裙。

妇女地位低三分，
从来学馆无女声，
不扮男装怎入馆？
离馆回家还原身。

山伯当面认不清，
英台竟然是女人，
枉费三年共床枕，
责怪英台不讲明。

英台开腔把话陈，
百扣衬衣箍胸紧，
哪能吐露妹子身，
千言万语难吐真。

一来又怕名声丑，
二来又怕害洁贞，
山伯一听怨声停，
缄口保密不敢吭。

妹给八字哥合婚，
英台叫声哥静听，
在馆拜别妹叮咛，
叫哥回乡两相跟。

哥哥是个木头人，
针挑灯芯就不明，
如今情哥来迟了，
妹的八字娘给人。

今年正月值上旬，
马家定亲过礼银，
如今梁兄来得晚，
要娘悔婚怕不成。

山伯闻听这话语，
如同旱雷照头劈，
内心怨天又怨地，
枉费三年假夫妻。

妹子见哥神志错，
端来鱼肉酒满楼：
双手给哥敬杯酒，
请哥痛饮暖心身。

哥今心事乱纷纷，
三魂散失掉两魂，
妹有龙肉哥不想，
单想英台妹痴情。

七月糍粑哥放心，
哥你莫愁打单身，
台妹如今来做媒，
两手牵起号姻缘。

妹家有个好妹子，
与哥匹配也相称，
哥你回家莫错过，
赶紧托媒来说亲。

山伯又气又伤心，
手拿纸伞走出门。
妹你贪心嫁马厚，
反叫为哥另讨人。

英台含泪送出门，
陪送山伯走一程，
且劝山伯莫怄气，
放宽胸襟保重身。

三载同窗共被枕，

不得成双不死心，
尽管马家过婚礼，
来世我俩要成亲。

送走山伯回闺门，
心绪如麻乱纷纷，
只怨哥你木脑壳，
妹转还乡哥不跟。

送哥去后暗伤心，
坐在床沿泪纷纷，
三年共窗情似海，
生要成双死共坟。

日夜思念山伯兄，
鸳鸯恩爱鱼水情，
如今鸳鸯挨棒打，
茶饭难咽睡不宁。

六

山伯垂头走回村，
两步当做三步行，
一路孤凄十行泪，
三天才进自家门。

爹娘见儿多欢欣，
齐上前来抚儿身，
山伯抑情强作态，
迎合父母喜悦心。

三年不见父母亲，
为儿时刻惦在心，

逢年过节心更想，
看到大人才开心。

娘问儿去读书文，
获得学识浅是深？
如今回家莫松懈，
时刻温读习书文。

山伯禀报父母亲，
儿学诗文真且深，
良师益友常赞赏，
品德学术盖过人。

天文地理皆通晓，
单单"女"字弄不清，
提起女字儿又气，
宁愿轻生不做人。

娘疑山伯病缠身，
问长问短探儿心，
可是老病又复发，
疑是归途入鬼神。

山伯告知好娘亲，
不是鬼来不是神，
不是病魔来缠身，
只恨无缘意中人。

只因当年去学馆，
儿与英台共路程，
两人歇凉在树荫，
攀扯家常叙内心。

志同道合拜兄弟，
同窗共砚已三春，
白天读书共桌凳，

夜睡同床更相亲。

归来顺路去走访，
方知英台是女人，
头顶绞个盘龙髻，
耳环戒指闪金金。

白脸红唇丹凤眼，
风姿胜过活观音，
儿邀英台配成亲，
请开八字去合婚。

英台吞声饮泪讲，
马家已经下聘金，
英台回乡催同行，
儿不会意不随身。

时机一晃匆匆过，
不会掉头不会回，
自怨姻缘福分浅，
失机失恋怎为人？

听闻儿子这番话，
为娘嘀泪慰儿心，
过度忧伤眯了眼，
九泉难见意中人。

东行入海绕西行，
条条大路通京城，
英台八字人要了，
娘再托媒另说亲。

山伯摇头不吭声，
双眼发红泪淋淋，
半天挤出铁石话，
不得英台不做人。

亲娘听了肝肠断，
见儿愿死更伤心，
忙拉梁公来商讨，
到底托谁去说亲？

爷讲上村李四公，
搭桥拉线可玲珑，
最好请他当月老，
立即动身找四公。

梁公去请李四公，
恰逢四公在屋中，
反复说情讲好话，
四公答应当媒公。

四公清早就起程，
赶到祝家来求情，
坐下喝茶未开口，
酒过三巡叙攀亲。

梁府有位梁相公，
曾与公主来认亲，
同窗共砚鱼水情，
相公托我来求婚。

若还祝公不嫌弃，
八字开给梁家人，
狮子麒麟相匹配，
双双永结百年亲。

祝公回答李四公，
儿成家室爷赞同，
无奈山伯来得晚，
八字已在人手中。

八字送出追不回，

泼出的水收不拢，
回去转告梁公子，
另找朱门去乘龙。

李公回头见梁公，
说这门亲已落空，
祝家已领马家礼，
八字早在马家中。

山伯爷娘听得真，
媒说不成大忧心，
一怕山伯会气死，
二怨媒人说不深。

床前劝儿切莫气，
为娘亲自去说亲，
求人哪比求自己，
娘到祝家事就成。

山伯听娘亲切语，
一时安下这条心，
爬起下床找碗筷，
吃饭一餐养命根。

七

娘找祝嫂把话陈，
大胆冒昧问一声，
山伯英台在学馆，
三年日夜不离分。

他俩早年情意厚，
特向公主来求婚，

若还兄嫂垂青眼，
请开八字好合婚。

祝嫂当面答一声，
这门亲事难应承，
开弓难有回头箭，
木排下滩难放回。

若是他俩同归里，
成双成对正当婚，
如今马家刚过礼，
祝家怎能又悔婚？

梁嫂见事难达成，
且对祝嫂说一声，
有劳嫂子传公主，
山伯亲娘等在厅。

祝嫂进房传口信，
英台盛情走出门，
看见梁婆忙叩拜，
彬彬有礼敬亲人。

英台捧出热茶水，
话藏满腹不敢申，
堂前人多不便讲，
请进闺房细倾心。

英台开口问梁婆，
若带口信尽管说，
山伯近来哪样子，
小妹时刻念梁哥。

一怨爷娘早放命，
二怨梁兄归期拖，
如今马家过聘礼，

逼婚唯有见阎罗。

马家与爷暗订婚，
不与女儿讲分明，
许婚父母全包办，
请对梁兄道真情。

梁母转述英台听，
山伯卧床病在身，
今早托我带封信，
字里行间述真情。

英台拆开细看信，
看到半中泪淋淋，
咬破指头复血信，
倾诉心事给哥听。

爷娘领受马家礼，
脚巴蚂蟥难脱身，
悔婚又怕官不许，
活活气死妹归阴。

宁死去做祝家鬼，
不做马家受冤人，
若哥先死奈桥等，
英台跟哥同归阴。

写好书信解衣襟，
衬衣聊表妹心情，
衣衫送给情哥看，
见衣犹如见妹心。

红绸卷好衣和信，
请娘亲手交梁兄，
梁母接过衣和信，
告辞英台出门庭。

梁母边走边思考，
不觉回到自家门，
山伯卧病还未起，
神志昏迷泪盈盈。

娘到床前低声讲：
娘去祝府回家门，
英台送衣表真情，
见衣犹见英台身。

山伯接信拆开看，
双泪簌簌气上心，
好言劝说山伯哥，
天大事情莫挂心。

我俩婚姻别再想，
等待来世再成亲，
哥你当今还年轻，
望哥另对[1]别门亲。

怜哥孤单独生子，
育下男儿接宗亲，
爷娘逼妹嫁马厚，
唯有一死表忠贞。

今世姻缘断了线，
今生再也难续连，
今世姻缘后世配，
望兄切切记在心。

山伯看了英台信，
从此病情日日深，
饭不吃来茶不饮，
时刻相思念钟情。

[1]　对：对亲家之意。

0212

八

从此英台日夜想，
梁兄肝胆印妹心，
惊悉马家来报喜，
三月初四来迎亲。

心想讲给哥知道，
又怕急哥病加深，
想了三天又三夜，
大胆写信诉真情。

写好交给家奴送，
当天送到梁家门，
山伯接信拆来看，
眼泪如雨下纷纷。

得知英台快出嫁，
马家初四来迎亲，
山伯展信心又想：
哥无福分娶妹情。

一错二错是哥错，
妹催哥回不会心，
山伯立即拿笔纸，
拭泪忙给妹回音。

封好交给家奴送，
请交英台玉手心，
英台书信放靠枕，
英台衬衣放手心。

躺下床头断了气，
永别英台妹交情，
家奴清早把茶送，

只见山伯未起身。

手探额头冷冰冰，
吓得家奴大吃惊，
急告梁家主人听，
山伯父母哭得惨。

族上兄弟来出殡，
葬在西城大路根，
石碑竖在坟前放，
"梁山伯墓"划分明。

九

不道山伯命归阴，
回头且讲马家人，
马家娶妇摆筵席，
请来九族与六亲。

彩礼送银千百两，
猪羊鸡酒几百斤，
金镯耳环各十对，
媒婆骑马后头跟。

去到祝府大石门，
大狗小狗吠声声，
祝公走出门外看，
请各亲友进客厅。

兄弟亲戚来贺喜，
开怀畅饮醉醺醺，
娘催英台快梳妆，
梳发盘髻插花银。

英台听闻这般话，
想起山伯又伤心，
山伯为我丢性命，
为何去嫁马家人？

正想跳河来自尽，
可是未见梁兄坟，
灵机一动主意定，
走出问娘两三声。

山伯为儿丧条命，
遗体埋葬在西城，
抬轿正打坟前过，
用何祭品祭哥魂？

不祭梁兄怕见怪，
鬼魅作弄难安身，
香烛三牲已备有，
家奴送往山伯坟。

英台得到娘应承，
转回闺房才放心，
头上盘起双龙髻，
金簪银花闪金金。

衣着丝绸配银扣，
绣花裙子遮脚跟，
脚穿凤鞋三寸底，
手上戒指排鳞鳞[1]。

拜过祖公就出门，
英台乘轿意纷纭，
轿人抬轿人跟人，
转眼已来到西城。

英台轿里往外望，
望见路旁堆新坟，
大块石碑墓前竖，
上面刻有山伯名。

轿夫抬轿到坟前，
香烛三牲摆梁坟，
英台下轿就下跪，
哭诉当初兄妹情。

妹和梁兄读书文，
同窗三载有缘分，
白天同坐夜同寝，
谁知此日竟离分。

今日马家来娶亲，
情哥为妹命归阴，
妹设三牲来祭奠，
哥若有灵领妹情。

请哥起来给妹看，
见哥一面妹安心，
如今哥若显神灵，
就来引路给妹跟。

若还情哥无灵显，
妹子就嫁马家人。
忽闻轰隆响巨音，
梁坟爆炸两边分。

浓烟滚滚盖天地，
对面有人看不清，
一阵旋风卷梁坟，
乌烟白雾冲青云。

山伯坟墓依然好，

[1]　排鳞鳞：指像鱼鳞一样叠排。

不见英台妹一人，
家奴连忙回报讯，
马厚爷娘尽失魂。

六亲九族来贺喜，
个个听闻皆失神，
且见马家人失态，
个个扫兴回家门。

马厚爷娘怨声声，
金银白费不见人，
便请土工去挖墓，
又请石匠去凿坟。

坟墓挖开无人影，
空见石碑字刻深，
山伯英台早化身，
化做蝴蝶飞入云。

双双飞去蓬莱岛，
任你再挖不见人，
马家抬轿去娶亲，
转抬空轿回家门。

去时锣鼓喧天响，
回来死气冷沉沉，
马厚事前空欢喜，
如今气得脸发青。

十

马厚一肚气，
愤然执纸笔，

闭门咬断舌，
下阴府告妻。

娶妻不得妻，
万古被人讥，
迎亲人夺去，
苟生有何意？

翌晨家奴净桌儿，
马厚扑地断了气，
惊恐失色报主人，
爷娘哭得老天低。

娶妇落空儿自尽，
丢下爷娘怎度日？
办备棺材主巫道，
草草抬柩往城西。

掘开路旁山伯墓，
留他一穴葬三尸，
马厚阴魂到阴府，
控告山伯强占妻。

阎王喝声马厚听，
无理取闹可不行，
有何理由据实讲，
寡人审理断分明。

马厚开腔把理陈，
乞求阎王赐宏恩，
我祖父系东县地，
马厚便是我本身。

父母生三个姐姐，
连我晚弟共四人，
祝公有位英台妹，

去年许配我合婚。

今年正月过聘礼，
三月初四便迎亲，
娶亲回程过新坟，
山伯强横来抢亲。

在生娶不到英台，
来到阴司还抢人，
今日特来把状告，
阎王为我判回婚。

阎王听说先查明，
打发夜叉去捉人，
山伯英台两被告，
捉拿归案辨伪真。

夜叉执铐出官庭，
阴曹八殿都查清，
山伯英台无踪迹，
查到西城才弄清。

山伯英台正谈心，
夜叉一见就捉人，
他俩当场质问道，
逮捕我俩为何因？

我俩不犯天和地，
你违法纪乱捉人！
马厚起诉控告你，
告你强横占其妻。

抢走英台为己有，
抓你回殿相对质，
你俩立即随我走，
事关人命莫迟疑。

山伯王前跪叩首，
从头一二述情由，
我爷姓梁名百万，
阳间乡里在成州。

吾父养我年尚幼，
从小好学勤探求，
去读马山大学馆，
路遇英台情意投。

志同道合拜兄弟，
同窗共砚攻书诗，
白天习文共桌凳，
夜寝同床共被衿。

形影不离三年整，
心心相印订夫妻，
当年早过槟榔礼，
马厚行聘比我迟。

马厚家富权势大，
反而诬告我抢妻。
阎王转脸问英台，
怎与山伯共坟埋？

马厚娶你偏遁走，
半路逃婚可应该？
阎王听我把理陈，
我爷本是南容人。

生下四男并一女，
从小送我习诗文，
去读马山大学馆，
途中恰遇意中人。

双方情投拜兄弟，

从此形影不离分，
昼坐读书共桌凳，
夜寝锦被盖两人。

学满三年我归里，
悔恨山伯不随跟，
马厚强索我八字，
爷娘暗地替许婚。

今年三月强娶妇，
生气山伯命归阴，
我俩婚姻早已定，
又嫁马厚万不能。

三方情由听分明，
阎王扬眉断案情，
山伯订婚前三载，
马厚三年后行聘。

按情按理来决断，
英台就是山伯人，
马厚控告属无理，
嗣后不容乱纷纷。

圣旨赐予山伯带，
重返阳间行新婚，
赐你夫妇皆长寿，
福寿康宁九十春。

马厚还阳当行善，
睦邻守己孝双亲，
阎王面谕判官道，
饬令三人转回程。

先送马厚回乡里，
爷娘见儿尽欢欣，

我儿何必恋英台，
贤妻世间还有人。

山伯英台进家门，
爷娘欣喜上前迎，
爷抚儿背娘牵媳，
破悲为喜笑声声。

村上兄弟来道贺，
山伯英台结成亲，
世人传颂恩爱事，
梁祝姻缘万年春！

流传地区：

来宾市武宣县

唱本保存者：

佚名

搜集者：

周松龄（汉族）、韦立青（壮族）

整理翻译者：

周松龄（汉族）

采集地点：

武宣县通挽镇

时间：

不详

原载《广西民间叙事长诗集成》，韦守德、韦苏文主编，广西民族出版社，2012 年 12 月。

附
记

梁祝故事在广西流传甚广，有故事叙述，有民歌吟诵，有地方戏演唱。

过去，有不少民间巫师、歌师将梁祝故事作为自己的"压轴戏"。

周松龄、韦立青搜集的《山伯与英台》唱本，是武宣县通挽、桐岭、禄新一带的师公编成壮师戏演唱的唱本。

《山伯与英台》今仍在武宣县壮师戏中演唱。（过竹、邵志忠）

英台传

（瑶族）

不唱前朝并后汉，
听唱当初祝英台；
峨嵋祝公家豪富，
家中豪富有田庄。

生得一女多伶俐，
年当十五好风光；
上无兄来下无弟，
单生英台一女娘。

英台要到杭州去，
要去杭州寻学堂；
祝公当时高声骂，
女儿说话不思量。

只有男人入书院，
哪有女人入学堂？
你只要到杭州去，
一刀两断送长江。

女儿答言爷娘道，
爷娘在上听我言；
南海观音原是女，
多多念经坐佛堂。

则天皇帝是一女，
总管山河十万六；
峨嵋祝公生一女，
要去杭州寻学堂。

好女入得千军队，
好马入得万军强；
祝公听得呵呵笑，
女儿说话也高强。

头戴一顶罗汉帽，
脚穿朱靴鞋一双；
走出门前行一步，
好像朝中官舍郎。

左手提把青龙伞，
右手提个好书箱；
辞别爷娘登程去，
两脚腾云出娘房。

过了几重山河岭，
过了几渡水河江；
千年田地依然在，
不见插花种果郎。

朝日行来无了日，
青松树下好乘凉；
松树之下坐不久，
风吹树叶响沙沙。

后头有个秀才到，
轻行细步向前行；
英台起来平作揖，
千言万语问短长。

请问尊兄哪里去，
又问英台往哪方；
英台答言秀才话，
相公听我说言章。

我乃本州祝家子，

家中富豪有田庄；
只因我方无书馆，
要到杭州寻学堂。

秀才答言英台话，
尊兄听我说一番；
我是本州梁家子，
东南西北有田庄。

我方也是无书院，
前到杭州寻学堂；
二人结拜为兄弟，
但凡有事共商量。

年长排来为第一，
年幼排来第二行；
哥哥年长前面走，
兄弟年幼捧书箱。

一路行到杭州界，
望见杭州好学堂；
人人说道杭州好，
话不虚传无两般。

上街也有猪肉卖，
下街煎鱼满城香；
街头买张青梅纸，
收书拜见孔子堂。

一拜先生为父母，
二拜先生为爷娘；
三拜三千徒众子，
深深参拜孔子堂。

礼拜圣人将终了，
笔共砚池书共箱；

日里同行同桌坐，
夜里共被又同床。

英台夜间连衣睡，
连衣不脱先上床；
山伯当时未识破，
识破英台是女郎。

不是人家娇娥女，
如何不肯脱衣裳？
今夜要你脱衣睡，
脱衣睡了又何妨？

英台答言山伯道，
哥哥听我说言章；
我家爷娘会裁剪，
就身连起这衣裳。

同心结有二十四，
丝鞋才有十二双；
黄昏穿衣到五更，
五更穿衣到天明。

朝日穿衣无了日，
明朝早起念文章；
你今要我脱衣睡，
四碗凉水定四方。

若还明日倒了水，
四十竹板你身当；
一堂学生都打了，
你若不打也恓惶。

吓得山伯心中怕，
不敢转身到天光；
睡到半夜出小便，

英台就地不离床。

英台答言山伯道，
哥哥听我说言章；
读书之人敬天地，
上有日月并三光。

日间也有神仙过，
夜间星斗照四方；
高身出恭是牛马，
低身出恭是仙郎。

当时哄得梁山伯，
哄倒哥哥二三年；
英台早晨出洗脸，
手拿皂角擦胸膛。

露出一对丁香奶，
一对奶子白如霜；
英台答言哥哥道，
哥哥听我说言章。

有福之人奶子大，
无福之人无奶傍；
男人奶大得官做，
女人奶大守空房。

当时哄倒梁山伯，
哄倒哥哥二三年；
又到今年七月半，
都到后园打枣堂。

五百学生都打枣，
各人打了便回乡；
又有英台她不去，
当时气得脸皮黄。

一堂学生都识破，
须知英台是女娘；
英台答言山伯道，
哥哥听我说言章。

我今无心去打枣，
要习文字转回乡；
一来又怕爹娘老，
二来又怕少妻房。

牛马夜来归栏内，
人生岂不思家乡；
街上买张青红纸，
书中写出字几行。

辞别先生登程去，
二人两眼泪汪汪；
哥哥送我到墙头，
墙头有个好石榴。

我要摘给哥哥吃，
恐知滋味又来偷；
哥哥送我到池塘，
塘中一对好鸳鸯。

一个公来一个母，
中间少个做媒娘；
哥哥送我到井中，
井中照见好颜容。

有缘千里来相会，
无缘对面不相逢；
哥哥送我到庙灵，
望见一对好神灵。

两边都是泥塑鬼，

中间少个做媒人；
哥哥送我到江边，
江边有只打鱼船。

只见船儿来扰岸，
哪见岸儿去扰船？
行到贵阳江一渡，
渡子无钱不渡郎。

英台连衣跳下水，
水中说出两三行；
水浸龙门丁字口，
将将浸到可字旁。

哥哥若还想得出，
前面与你再商量；
若是哥哥想不出，
你回书院我回乡。

山伯答言英台听，
你今听我说言章；
你要去时我不去，
我回书院习文章。

英台答言山伯听，
一二听我说短长；
读书三年施礼义，
何不回头思本乡？

你今若要寻兄弟，
千万进屋喝茶汤；
若还不说知心话，
谁知你屋住何方？

英台答言山伯听，
哥哥听我说言章；

五里排来插花树，
十里无风花自香。

凤凰夜来树上歇，
鸡儿鹅鸭满池塘；
正是英台家住处，
千万进屋吃茶汤。

辞别哥哥登程去，
堪堪来到祝家庄；
山伯转心得一计，
心中得计好思量。

请个先生占一卦，
先生占卦好端详；
一占情人去不远，
二占婚姻正相当。

辞别先生登程去，
直接走到祝家庄；
望见门楼好屋舍，
琉璃瓦屋好风光。

山伯便问小儿说，
借问读书祝二郎；
同在杭州夫子院，
三年同被又同床。

小儿便答山伯言，
相公听我说言章；
只有读书祝二姐，
哪有读书祝二郎？

她是人家娇娇女，
如何同你对文章？
只是祝公不听见，

祝公听见有官防。

英台房中忽听见，
听见梁兄到她乡；
赶忙梳妆来打扮，
从头穿戴好衣裳。

头戴凤冠多秀丽，
一对金钗插两旁；
面擦广南苏州粉，
脚上绣鞋三寸长。

轻行细步门前过，
好似仙女出洞房；
山伯低头作个揖，
不敢抬头望女娘。

吃茶可容通口信，
请问读书祝二郎；
英台答言山伯语，
哥哥听我说言章。

只有读书祝二姐，
哪有读书祝二郎？
若是哥哥你不信，
房中与你对文章。

拿出诗书三五本，
本本对出一般长；
百本文章都对画，
堂前恭拜两高堂。

祝公当时高声骂，
如何引他到私房？
他是谁州谁县子，
又是哪州哪县郎？

女儿答言爹爹话，
我爹在上听言章；
他是本州梁家子，
东南西北有田庄。

同在杭州夫子院，
三年同砚共书箱；
祝公听得呵呵笑，
原来如此到我方。

便叫梅香来斟酒，
招待梁兄回本乡；
好的金花拿一朵，
凤头丝鞋拿一双。

牵来一匹青鬃马，
即送梁兄回家乡；
梁兄今日归家去，
少把心头窥女娘。

英台答言梁兄听，
山伯听我说言章；
女子在家从父母，
高堂许我马家郎。

在生不得为夫妇，
黄泉路上再成双；
英台言罢泪汪汪，
难舍难分返闺房。

山伯得了相思病，
肝肠寸断到家乡；
母亲一见山伯回，
忙在灶前烧支香。

原说读书三年转，

0223

为何九载才回乡？
山伯急忙到家里，
牵马小童回本乡。

母亲便对孩儿说，
我儿近前听言章；
去时面带桃花色，
回来脸似菊花黄。

莫不早晨贪露水，
也非夜间歇私房；
山伯答言母亲话，
娘亲在上听短长。

不是早晨贪露水，
也非夜里歇私房；
先日在家登程去，
途中得遇祝二郎。

他是本州祝家子，
也去杭州寻学堂；
去时两个男子汉，
回来她是一女娘。

同在杭州夫子院，
三年同学共书箱；
我今见她都伶俐，
心中思想结成双。

母亲答言孩儿听，
你今听我做主张；
不要慌来不要忙，
我今与你做媒娘。

去到祝家高堂坐，
千言万语问言张；

请出祝公堂中坐，
二人对坐喝茶汤。

昨日我儿多谢你，
招待送他回本乡；
得了一个相思病，
日轻夜重实难当。

若要我儿病体好，
须得英台结成双；
来到你家无别事，
与你英台做媒娘。

祝公答言梁婆听，
暂且听我说两行；
早来三日许给你，
如今已许马家郎。

英台房中忽听见，
急忙穿起好衣裳；
头上金钗戴一对，
脚下丝鞋三寸长。

面擦广南苏州粉，
犹如仙女下凡尘；
英台同与梁妈坐，
便叫梅香烧茶汤。

梁妈便对英台讲，
你今听我说言章；
昨日梁兄打扰你，
今日得病在高床。

若要我儿病体好，
无非与你结成双；
英台又对梁妈讲，

婆婆听我说短长。

女子在家从父母，
高堂许我马家郎；
接了聘金十六两，
鸡鹅酒礼并猪羊。

回敬哥哥梁山伯，
莫要为我把心伤；
在生不得为夫妇，
九泉之下配成双。

若要哥哥病体好，
待我写张妙药方；
一要东海龙王角，
二要西山凤凰肝。

三要黄龙头上脑，
四要青龙背上浆；
五要一个生人胆，
六要万年屋上霜。

七要玉皇净瓶水，
八要王母半脑浆；
九要南海池中水，
十要雷公脑上浆。

讨得十味真妙药，
梁兄便好得安康；
不得十味真妙药，
梁兄一命见阎王。

若是梁兄黄泉去，
千万葬在大路旁；
葬在东门东大路，
山清水秀有人观。

有朝一日坟前过，
三敬酒礼插炷香；
英台言罢泪汪汪，
告别婆婆返闺房。

九月九日重阳到，
马家抬轿娶新娘；
英台辞别父母去，
哭哭啼啼上了轿。

吹吹打打多热闹，
喧喧嚷嚷到东门；
来到东门停下轿，
英台点香去上坟。

大哭三声梁山伯，
小哭三声梁大郎；
记得当初生前话，
黄泉路上结成双。

有灵有圣开坟墓，
无灵无圣马家郎；
雷声隆隆天地助，
瞬时坟墓开两边。

英台急忙念山伯，
坟墓里面配成双；
送亲哥哥急来扯，
扯脱丝罗鞋一双。

抬轿轿夫急去扯，
扯脱凤带断两边；
雨过天晴太阳红，
墓前菊花朵朵鲜。

二人升往青天去，

逍遥快乐度时光；

这本英台从此断，

当与君子万古传。

流传地区：

　　富川瑶族自治县

传唱者：

　　盘启有（瑶族）

搜集整理者：

　　唐庆得（瑶族）

搜集地点：

　　富川瑶族自治县富阳镇

时间：

　　1982 年 2 月 28 日

原载《广西民间叙事长诗集成》，韦守德、韦苏文主编，广西民族出版社，2012 年 12 月。

附记

　　"梁祝"是中国四大民间传说之一，流传广泛。随着外来移民进入岭南地区，梁山伯与祝英台的传说也逐渐进入岭南各少数民族聚居区。梁祝在广西、广东的瑶族民间均有流传，其主要形式是歌谣和师公唱本。各地唱本的内容有简有繁，大同小异。瑶族《盘王歌》[1] 里，收录有《梁山伯祝英台》唱段。

　　瑶族师公中仍传承《英台传》唱本。（过竹、黄毅）

[1] 　盘王歌：也称《盘王大歌》《大路歌》，瑶族的"民间诗歌总集"。

梁山伯与祝英台

（苗族）

唐宋元明唱起首，
改换门头唱出来；
如下有歌且慢唱，
就唱山伯与英台。

柳州[1]城外祝家女，
取名叫做祝英台；
长大年登[2]十五岁，
肚里聪明果有才。

英台原来兄妹俩，
大哥早死命不存；
就丢英台人一个，
伴她嫂嫂在家门。

英台早日对父讲，
女儿劝父莫挂心；
其他一切我不想，
就去庐山[3]习书文。

爷娘即便开言说，
女儿怎讲习书文？
上又无兄下无弟，
应是莫出绣房门。

英台她便开言说，
我报爷娘心莫忧；
好女入得千群队，
坏女深房人也偷。

祝公又便开言讲，
这件事情不可为；
男读四书是本分，
女读四书身有亏。

有书不读子孙愚，
有田不耕仓廪虚；
立意诚心我要去，
去到庐山习诗书。

爷娘再对英台讲，
女儿不可习书篇；
不信你看观音佛，
心中清静修了仙。

英台又便开言说，
爷娘在上听言真：
南海观音本是佛，
她今坐莲念经文。

英台上禀爷娘话，
我今有话不遮藏；
家财万贯无人用，
送我读书理应当。

英台耐心来说话，
爷娘宽怀慢观察；
南海观音是个女，
朝夜看经在佛家。

英台劝得爷娘急，

[1] 柳州：今广西壮族自治区柳州市。
[2] 年登：年满之意。
[3] 庐山：疑似江西庐山。

大嫂近前又接言；
姑去读书我问你，
晚间睡宿与谁眠？

英台即便开言说，
鱼目弄獐嫂不贤；
后园里内把花种，
回家花发一般鲜。

姑嫂二人同击掌，
后园里内把花栽；
花若干枯不开放，
回家慢骂祝英台。

大嫂本来心事丑，
煮锅滚水去淋花；
英台心正不怕害，
你越淋它越发芽。

大嫂淋花花不死，
心毒把花扭起来；
正遇祝公撞见了，
骂她生心害英台。

大嫂淋花且莫唱，
先唱英台另一桩；
英台这回多欢喜，
登时起步进书房。

立意诚心去庐山，
不怕庐山路艰难；
即刻买来绫罗缎，
就请裁缝做男衫。

穿起男衫来打扮，
女扮男装好出奇；

梳头束发戴上冠，
着鞋踏袜好英姿。

世上男儿无人比，
聪明伶俐又豪爽；
眉清目秀樱桃脸，
赛过潘安大丈夫。

收拾盘钱五百两，
纸张笔墨入书箱；
英台走出房门闺，
厅堂里内拜爷娘。

爷娘见了多赞美，
英台不由小爽爽；
今日女儿成无孝，
即因求学上书房。

父母看见英台去，
眼中落泪下纷纷；
在我身边是个宝，
如今离别骨肉分。

英台开言劝父母，
愿我爷娘放宽怀；
此去求学不几久，
一年半载就回来。

爷娘看见英台去，
眼中落泪下纷纷；
女儿立志去学习，
不知何日转家门。

唱了一宗又二宗，
唱到山伯把书攻；
山伯英台同求学，

二人凉亭巧相逢。

山伯开言问君子，
姓甚名谁报我明；
家住何州何个县？
你去何处有何因？

我家柳州城外住，
小姓祝来名英台；
不去何方何处地，
只去庐山习文才。

英台开言问山伯，
贵姓大名报我真；
家住何州何个府？
此行不知为哪门？

小姓梁来名山伯，
柳州也是我家乡；
此行不是为别事，
也是庐山习文章。

草桥亭里来相会，
二人谈得好投机；
好比天生鸳鸯对，
难舍难分又难离。

山伯提结金兰好，
英台答应笑呵呵；
撮土为香拜天地，
英台为弟山伯哥。

结拜如同亲兄弟，
山伯排来长两年；
英台本是少两岁，
就请梁兄行头前。

路上行程无数日，
绣鞋踏烂几多双；
齐是[1]富家大屋子，
不知何日到书房。

行到卧龙山底过，
山头百鸟叫悠悠；
山伯便对英台讲，
贤弟心中莫用忧。

英台即便来回话，
百鸟啼声莫叹它；
我俩二人同一路，
合成一对牡丹花。

行到江南渡口过，
上无渡子下无船；
山伯便对英台讲，
过江齐要脱衣裳。

英台急对山伯讲，
过江切莫脱衣装；
上有青天下有地，
思量水底有龙王。

山伯脱衣快下水，
为何英台不敢来？
回头拍手哈哈笑，
莫非你是女秀才？

英台只得开言说，
不得露体来过江；
父母生身都不顾，
书房还讲拜先生。

[1] 齐是：都是之意。

山伯又便开言讲，
过江就要脱衣裳；
口吐莲花我不信，
除非你是读书娘。

父母在家早交代，
过江切莫脱衣裳；
兄图身干得自在，
弟图身湿得清凉。

大家过罢江南渡，
谈今论古不相争；
过往行人都夸口，
真是一对美书生。

都是富家大屋子，
日出走到落西方；
行程不知多少里，
但又何日到书房？

山伯便对英台讲，
路途遥远好困身；
天涯海角都行过，
仍然未见学堂门。

英台开言劝说道，
有心学习不畏难；
千山万水只等闲，
终有一天到庐山。

走走停停过隘口，
高堂瓦屋白崭崭；
兄弟书童多欢喜，
那边必定是庐山。

种花淋水另定根，

庐山景致天下闻；
学府先生教学好，
这下唱到先生身。

先生起早花园来，
见朵红花特殊开；
转入书房卜一卦，
定来读书女秀才。

先生回头把花摘，
不给书房众人知；
明日定有人习学，
慢看聪明花一枝。

山伯英台进学门，
书房拜师习诗文；
细席一张铺地下，
三拜三叩把礼尊。

先生于是开言问，
姓甚名谁报我真；
家住何州何个县？
为何到此进学门？

英台回言我姓祝，
山伯回言我姓梁；
齐是柳州管辖下，
我俩到此习文章。

细席一张铺地下，
通请书房学友来；
大家把礼来相敬，
拜罢分开各课台。

一拜先生为父母，
二拜大圣孔夫子；

三拜书房众学友，
立志诚心读诗书。

早朝教书夜间背，
英台肚里果聪明；
先生得知不好讲，
可惜英台是女人。

各上生书三五本，
试看谁人背得先；
先生在肚眯眯笑，
众人不比英台灵。

山伯英台真和气，
共用墨砚共张台；
先生在肚不便讲，
夜间同宿不应该。

男女共睡一张床，
先生夜夜来提防；
床上中间放碗水，
试验二人狂不狂。

满满碗水在中央，
看看善良不善良；
若然二人邪心起，
不准庐山习文章。

先生顾虑又告诫，
梁祝二生听我言；
若是夜间泻点水，
每人要打四十鞭。

任你先生放水试，
但见梁祝心更纯；
古时之人多诚实，

夜夜睡宿不动身。

山伯英台好一双，
书房里内俩心欢；
结拜如同亲兄弟，
日间共桌夜同床。

山伯英台好亲爱，
共用墨砚共张台；
庐山习学三年半，
肚果装满好文才。

山伯英台好有情，
共读四书六本经；
庐山习学三年半，
义重如山真不轻。

又到年年三月三[1]，
个个相邀看歌坡[2]；
山伯英台手牵手，
同去观赏卧龙坡。

山伯英台情义重，
千人称赞万人夸；
你看一对书生仔，
好比两朵天仙花。

又到六月初三天，
太阳暴烈热炎炎；
先生又用牢笼计，
总要门生下河边。

[1]　三月三：广西壮族、汉族、瑶族、侗族、苗族等民族传统节日，其中以壮族为
典型。不仅仅是单纯的壮族传统踏青歌节，也是壮族祭祖，祭拜盘古、布洛陀
始祖的重要日子。现作为广西壮族自治区法定传统假日，境内全体公民放假2
天。三月三期间盛行山歌会，众人聚集街头或江边饮宴欢歌。

[2]　歌坡：众人聚集唱山歌的地方，亦称"歌圩"。

脱衣下河去洗身，
年长年幼概不分；
个个人人都去了，
英台警惕不出门。

英台纳闷好心烦，
装病在房不跟班；
若然冒失下河去，
坝基失漏难上难。

青春发育奶一双，
如何使得脱衣装？
众多学友定识破，
怎有颜面在书房？

山伯回来想一想，
英台不去定有因；
学友当时就猜说，
英台像个女人形。

先生在肚已清楚，
英台果然脑子灵；
她今装病来请假，
十足是个女佳人。

山伯越想越头痛，
便对英台问个通；
今日洗澡你不去，
不知贤弟为哪宗？

英台即便来答话，
梁兄听我说分明；
只因伤寒又头痛，
不敢下河为此怀。

山伯又便开言说，

睡宿为何不脱衣？
我俩同床三年半，
有甚实情告兄知。

英台一时没主意，
答不上话心就慌；
这回破绽难收拾，
日久紧防不胜防。

山伯疑团还不解，
贤弟有甚怕兄知；
如果你真是个女，
兄今不问你根基。

小小病痛倒无妨，
衣衫难解又难穿；
身上三百铜心扣，
夜里解纽到天光。

难解难穿我不信，
哪有解衣误工夫？
哪有早朝穿到夜？
哪有解来五更初？

英台想来无主意，
恐怕真的露根基；
若在书房出不肯，
归见爷娘没脸皮。

于是背地找师母，
鼓起勇气诉来因；
师母说她早识破，
女习文章我同情。

天下妇女你作样[1]，
你是世上带头人；
英台含羞又吐露，
我对山伯有感情。

求求师母成全事，
来得明时去也明；
师母满口来答应，
愿作月老合婚姻。

羞羞答答英台女，
拿出信物托良缘；
信物肩坠玉蝴蝶，
小巧玲珑鲜又鲜。

英台回房心事重，
归家本是急匆匆；
梁兄得知多难受，
不知何日再相逢。

难舍梁兄无奈何，
只为礼节束人多；
想来解下一根带，
上写诗文给梁哥。

诗文藏在草席底，
留给梁兄过后知；
但愿良缘凤缘美，
找来梁兄把话辞。

英台便对山伯讲，
今日我要转家门；
有信捎来父病重，
老人已是古稀身。

山伯听了这句话，
好比平空一声雷；
惊得目瞪口呆了，
好久才把话来回。

我劝贤弟慢着归，
念在我俩一路来；
当初兄弟亲一对，
朝夕相处不分开。

英台含泪把话讲，
不奈其由去匆匆；
为了双亲成不孝，
过后不久会相逢。

山伯流泪悲声说，
弟家堂上有爷娘；
难道兄今无父母，
等我一路转回乡。

山伯想来又开言，
下河洗澡我不贤；
不该寻根又问底，
弄得贤弟苦连连。

望我贤弟休责怪，
莫将此事记怀前；
千错万错为兄错，
因此丢兄太可怜。

梁兄说的哪里话，
些微小事早忘它；
此去纯属为了孝，
迫不得已暂归家。

英台收泪强装笑，

梁兄宽怀莫心焦；
回家不过三五日，
不久重逢慢慢聊。

山伯听说去不久，
这才放下一点心；
探望父病也在理，
快去快回亲上亲。

贤弟既然定要走，
但愿早日就回头；
为兄送你一程路，
谈谈讲讲解闷愁。

英台又把话来留，
梁兄宽怀把书修；
若然父母身体旺，
终须不久共床休。

称下脩金整四两，
深深拜谢我老师；
拜罢老师拜师母，
明日动身把话辞。

先生领了脩金礼，
庐山习学过三春；
就出首诗你应对，
试试学问浅是深。

英台作下一首诗，
先生看罢笑眯眯；
男儿聪明定有贵，
可惜英台花一枝。

英台又作诗一首，
文才出众第一流；

先生看罢哈哈笑，
不枉习学三春头。

英台拜别先生了，
又来辞别学友先；
家信捎来父病重，
探亲慰我家慈严。

收拾行装已停当，
带着银心出书房；
山伯触景生情叹，
伤心泪涌下双双。

英台抽声大气说，
伤心泪滴伤心人；
死别不比生离苦，
兄今送弟路一程。

哥哥送我到山头，
山头有棵好石榴；
弟想摘个给哥吃，
怕哥知味又来偷。

哥哥送我到山边，
树上喜鹊唱连天；
它们成天对打对，
英台独个多可怜。

哥哥送我到钱塘，
塘边有对好鸳鸯；
它们自由成双对，
配偶何用靠媒娘？

哥哥送我到江边，
江中有只小渡船；
你看只有船就岸，

哪有移岸去就船？

哥哥送到凤凰山，
山下盛开红牡丹；
我家牡丹更美丽，
就等梁兄前来攀。

哥哥你看那樵夫，
为了妻儿把柴图；
梁兄奔波为哪个，
三年半来意相符。

前面要过独木桥，
哥哥扶我我怕瞧；
此桥本是男子过，
如今我俩心一条。

山伯还是不理解，
英台急得似火烧；
哥你枉为读书子，
肉到嘴边不会嚼。

行来又到大桥头，
英台有意把物留；
一只玉坠丢地下，
山伯拾起还她收。

英台就说交与你，
你见师母就知由；
小小扇坠是信物，
就等梁兄到家求。

哥哥送我到井边，
井中两个人头形；
水里看得多清楚，
一男一女照分明。

山伯开言来话话，
贤弟活得没眼睛；
愚兄仍是男子汉，
为何将我比女人？

哥哥空把书来诵，
明明井中一娇容；
有缘千里来相会，
莫负娇容一片钟[1]。

枉在人间为男子，
哥哥老实太过龙[2]；
气坏面前我娇容，
有妻不娶中何用？

二人来到古庙门，
山伯赞叹好脱尘；
这里读书最清静，
我愿在此了终身。

英台大胆说兄知，
兄若为僧我为尼；
我与梁兄共生死，
出家也能成夫妻。

进到庙里佛像前，
英台心急就开言；
我拉梁兄齐下跪，
夫妻拜堂结良缘。

山伯木鸡[3]把话讲，
贤弟越来越荒谬；

[1] 钟：钟情之意。
[2] 过龙：过头之意。
[3] 木鸡：木讷之意。

男婚女嫁为正理，
一对汉子怎拜堂？

出了古庙到坟场，
英台气急把话伤；
梁兄好比死心鬼，
死了心眼没思量。

山伯这回来责怪，
不该无故骂兄长；
英台觉得有失礼，
向兄道歉暗愁肠。

自己心事怎明讲，
可惜路上少媒娘；
如何求得天作合，
撮[1]我二人成鸳鸯？

看看回到草桥亭，
英台心事不能明；
只得设法另拉线，
我家有个九妹倩。

和我孪子一个样，
愿为梁兄做媒人；
山伯连连来称谢，
永世不忘弟恩情。

英台再三来交代，
梁兄早些把亲聘；
恐怕人家前头走，
喊天不应地无灵。

我给梁兄打个谜，

千祈万祷要记清；
二七六三六一九，
准时前来把亲定。

山伯满口是是是，
请道贵府大院庭；
梁兄会稽我上虞，
都属胡桥镇上人。

祝家庄园只一个，
坐北向南好分明；
梁兄有心来聘娶，
鲜花怒放把你迎。

我家门口种茶花，
三道大门到我家；
梁兄若是来行往，
我定亲手煮茗茶。

我家门口大鱼塘，
塘中鹅鸭成双行；
梁兄如果光临到，
必将才女配才郎。

厅堂挂盏大玻璃，
两边写对又题诗；
有请梁兄来指教，
愿配我家花一枝。

梁兄回转把心宽，
专心研读在书房；
三六九朝要记住，
说你一定要晒床。

梁兄回转把书攻，
文才出众人自红；

[1] 撮：撮合。

若然烦闷找师母，
她能为你解愁容。

二人难舍又难分，
凉亭里内泪湿身；
送君千里终须别，
书童也是泪纷纷。

有话则长无话短，
山伯魂魄去茫茫；
看来已成相思病，
朝想暮想在书房。

山伯叹气声声唉，
书房里内痴呆呆；
英台这回归家去，
不知过后来不来。

放下山伯且慢唱，
就唱英台到家乡；
先上绣楼把衣换，
还原本貌女姑娘。

早有家人把讯传，
恭喜员外乐天年；
小姐学就回府了，
堂上拜候父母先。

员外夫妇笑颜开，
就向厅堂急步来；
只听厅内娇声喊，
爸爸妈妈儿已回。

儿就连声喊爸妈，
爸爸就说儿归家；
妈妈欢喜哈哈笑，

扶起堂前一枝花。

英台开言来说话，
孩儿不孝远离家；
本来信示早敬悉，
山高水陡路难爬。

我儿习学多三春，
幸喜今日转家门；
口会吟诗又作对，
一定学得好书文。

拜罢父母进花园，
大嫂走来就开言；
今日姑姑归到屋，
后园花朵鲜又鲜。

姑去习学果然清，
去得明时归得明；
种花击掌嫂输了，
姑是世上贤女人。

英台移步上绣楼，
解下束发再梳头；
头上梳起龙凤髻，
红装美貌第一流。

英台文才盖柳州，
琴棋书画样样优；
画只凤来凤飞起，
绣条龙来龙会游。

才貌双全算英台，
四面八方人传开；
哪个娶得祝庄女，
福如东海禄自来。

员外夫人在论婚，
女儿年登十九春；
柳州城内多子弟，
为她找个大户门。

苏氏开言来说话，
夫君好好去访查；
我女才貌夫人比，
找个才郎匹配她。

我女伶俐又刁图，
一定要配好贤夫；
男大当婚女当嫁，
但也不可太马虎。

员外开言未答话，
将她许配富贵家；
谁人做媒做得好，
定然重金答谢她。

唱来唱到柳州城，
柳州有个官大人；
官位太守是姓马，
权势钱财大名声。

太守独子马文才，
又名马广小身材；
今年正当十八岁，
尚未娶得妻子来。

马父闻知英台名，
急请覃婆做媒人；
若你说得英台女，
谢媒黄金用秤称。

太守自己算命根，

只要得来八字身；
六合合上我儿命，
就下重金去订婚。

马广一身欢喜迷，
娶得英台做我妻；
三生有幸福不浅，
额外谢媒十笼鸡。

覃婆来到祝家庄，
多多拜上老一双；
拜罢就把话来说，
千金可曾有地方？

祝公开言将话讲，
我今有话不遮藏；
富贵两家要一样，
又要才女配才郎。

祝公听了覃婆话，
心中欢喜笑哈哈；
恭贺媒人吃喜酒，
许配马家正不差。

老身又把话说清，
媒人回去得讲明；
但管开张八字去，
六合不知灵不灵。

媒人得了八字身，
辞别两老就出门；
一气[1]走到马家院，
合成再去取红庚。

[1] 一气：一口气之意。

媒人上禀马太守，
一五一十说来由；
马公立即就卜算，
拍案叫绝好双筹。

马广一旁来起舞，
抱起罩婆就欢呼；
罩婆万岁万万岁，
全靠你来把桥铺。

我儿莫要太轻狂，
不测之事须得防；
就怕中途有变故，
大悲之时在洞房。

太守一声来下令，
家丁衙役站跟前；
现在猪羊三牲礼，
黄金五百备齐全。

连夜点起大红灯，
马不停蹄就动身；
簇拥罩婆把婚聘，
目的就是取红庚。

现在又唱祝英台，
闷坐绣楼眉不开；
丫环银心来相劝，
山伯很快就到来。

英台盼望山伯哥，
望穿秋水望穿河；
想起庐山三年半，
形影不离情几多。

叫哥切切记心房，

三六九朝要晒床；
真情放在草席下，
愿你快来结成双。

又叫哥哥找师母，
不知哥心细是粗；
信物扇坠玉蝴蝶，
九妹是我英台姑。

只怕无缘来相会，
山高水陡路遥遥；
坐卧不安似火烧，
英台想哥朝连朝。

忽听父亲上绣楼，
口说喜事有来由；
英台吃惊非小可，
恐怕愁上又加愁。

父亲开言来说话，
恭喜我儿许马家；
太守财大权势大，
我儿富贵又荣华。

公子名叫马文才，
独苗一根受宠爱；
若然我儿他家去，
必定得宠吃香来。

英台大大吃一惊，
立即向父来表明；
女儿在家奉父母，
决不嫁与马家人。

纨绔子弟马文才，
专讲吃喝玩乐来；

0239

平素娇生又惯养，
不学无术将口开。

女儿不享荣华贵，
死也不嫁蠢奴才；
宁愿在家过一世，
掌管田庄理家财。

我儿说话太糊涂，
男婚女嫁是正途；
三从四德你读过，
在家从父嫁从夫。

员外曾闻山伯名，
莫非二人有来因？
庐山共学三年半，
是否暧昧有私情？

员外于是来追问，
英台就命银心陈；
只管照直说下去，
不用隐瞒哪半分。

银心开言把话讲，
小姐相公两同窗；
庐山习学三年半，
并无非礼的地方。

山伯诚实没疑团，
称兄道弟在书房；
心意相投是实在，
天生才貌也相当。

员外开口来说话，
我儿已领马家茶；
太守权威谁敢惹，

哪容祝家来变卦？

山伯若把墙脚挖，
必定要被抓进衙；
棍棒活活来打死，
你爱他来反害他。

英台听罢哭呕呕，
三魂七魄去游游；
若然梁兄有长短，
是我害兄把命收。

英台啼哭无奈由，
为了梁兄把泪收；
爸爸我就依从吧，
但望马家缓一头。

英台含泪回绣楼，
坐卧不安日夜愁；
我恨梁兄太大意，
逾期不来为何由？

英台相思在绣楼，
三天茶饭没下喉；
父母怎劝也无用，
得兄方解满天愁。

唱歌之人两头忙，
唱罢西方唱东方；
如今又把山伯唱，
唱他相思在书房。

鸟儿拆散几凄凉，
唉声叹气好心伤；
触景生情谁做伴，
如今单人床一张。

山伯无法作文章，
书桌如今不成双；
墨砚如今谁与共，
赋诗无人再磋商。

山伯哀思满愁肠，
三餐茶饭不思量；
牙床湿透相思泪，
朝思暮想多惆怅。

山伯猛然发了慌，
三六九朝要晒床；
英台千万来叮嘱，
我却偏偏把它忘。

山伯晒床得诗文，
诗文字字都逼真；
诗文藏在草席底，
如今得知英台身。

山伯流泪读诗文，
诗文勾去山伯魂；
贤弟果是英台女，
恨我木鸡脑混沌。

山伯唉声又叹气，
得只麒麟不会骑；
飞只凰来凤不配，
三载同宿花一枝。

山伯有眼但无珠，
空读孔夫一肚书；
珍珠投怀不识宝，
气坏世上买宝儒。

英台哑谜山伯猜，

扳着指头算起来；
七八六九相加定，
合成三十破谜开。

最后恍然方大悟，
叫我一日赶祝府；
四十九天把床晒，
天呀山伯太心粗。

送妹路上哥像牛，
笨头笨脑不察究；
哥今怨妹不明讲，
同床三载还怕羞。

山伯后悔泪双双，
立即想赶祝家庄；
变成鸟儿来展翅，
陪着残烛到天光。

天还未亮出书房，
心心要找先生娘；
人家哪有那么早，
只好在外乘乘凉。

拜候师母早晨好，
师母老人起早晨；
弟子打扰自登门，
山伯上前打躬身。

师母笑开把话讲，
老身正欲找你谈；
英台本来是个女，
临走托我做媒娘。

白花树上开红花，
定有女子到我家；

你俩二人还未到，
老伴就已识破她。

信物扇坠玉蝴蝶，
正和你的一样齐；
愿你二人成双对，
快赴婚约结夫妻。

山伯硬把脩金留，
师母无奈代为收；
先生面前我转达，
贤生就去不回头。

山伯路上急匆匆，
跋山涉水像冲锋；
三步当作两步走，
呼呼声响脚生风。

山伯心心惦英台，
好像英台对面来；
逢个行人要认认，
人家都说好痴呆。

日夜兼程到柳州，
自己老家放一头；
先问祝庄在哪里，
就在城外北门楼。

坐北向南祝家庄，
青砖瓦屋够堂皇；
走上前去再查问，
挑水女人说别忙。

牡丹花发九重开，
此家便是祝英台；
我挑着水后门进，

相公就从前门来。

名帖交与家人手，
山伯书童跟后头；
厅前石板加砖嵌，
堂前诗对排四周。

山伯这回心花开，
好不容易见英台；
妹你知道不知道，
还不快快接哥来。

员外得帖出厅堂，
山伯上前拜礼当；
银心托茶厅堂进，
四九喊弟没遮藏。

寒暄几句到了头，
命带书房休一休；
又命银心唤小姐，
银心急忙跑绣楼。

英台听说山伯来，
心中悲喜交集开；
急忙下楼厅堂进，
梁兄梁兄你不该。

唤进厅堂不改口，
只见父亲坐一头；
心中暗地大叫苦，
低头请安好害羞。

员外怒气在心房，
大骂英台太轻狂；
我叫你来说有病，
山伯一到似药方。

如今你是马家人，
哪能放肆动私情？
官宦人家马太守，
得知此事罪不轻。

英台悲泪把话通，
马家之事我依从；
但愿得见山伯面，
爹爹你就多包容。

员外提出令三条，
一是见面在今朝；
从此两人无来往，
劝他另找小娇娇。

二是见面笑脸迎，
莫让山伯知心情；
啼啼哭哭须忍掉，
不是缘分莫联姻。

三是马家权势人，
利害关系要说明；
搞得不好命难保，
劝他彻底死了心。

英台答应来点头，
千条万条先应酬；
要得一见梁兄面，
刀山火海也无忧。

员外就叫银心来，
去请山伯见英台；
这是最后一次面，
大家都要想得开。

山伯进厅喜冲冲，

英台喊声我梁兄；
员外出厅说一句，
我因友会约相逢。

如今做主在英台，
就将二小支走开；
银心你带四九去，
后房吃喝自安排。

山伯望得痴呆呆，
如花似玉祝英台；
比得南海观音佛，
胜过仙女下凡来。

英台樱桃嘴先开，
梁兄跟我绣楼来；
客堂说话不方便，
免得别人把话栽。

山伯不知怎称呼，
照旧贤弟或小姑；
英台你讲哪样好，
弄得我成闷葫芦。

英台说话也大方，
现在我已换女装；
自然叫我贤妹好，
男女一双也无妨。

二人共叙别后情，
山伯高高又兴兴；
英台心事山样重，
不知如何来说明。

英台九妹一个人，
山伯早已知来因；

但是不便明启齿，
只好先说九妹姻。

兄今响鼓又鸣槌，
一来探望我贤妹；
二来是践临别约，
讨取九妹喜信回。

英台满面是愁容，
长叹一声把话通；
梁兄来迟一步了，
我俩相思变成空。

愚兄书房闷得慌，
三六九朝忘晒床；
四十九朝把床晒，
怎迟一步就变霜。

爷娘已领马家茶，
红庚也已在马家；
儿女终身由父母，
妹我含恨泪洒洒。

晴天霹雳一声雷，
山崩地陷把婚摧；
山伯震得难开口，
泪人英台身边陪。

山伯好久方开言，
贤妹不领同窗情；
三年半来同食宿，
胜似骨肉同胞人。

临别又约来定亲，
如今为何反良心？
扇坠一对玉蝴蝶，

难道信物不为凭？

英台流泪说分明，
梁兄误会枉好人；
严父之命难违抗，
马家之聘伤妹心。

梁兄信物妹心意，
爷娘马家势难欺；
扇坠万对有何用，
枉我二人费心机。

山伯气说要告来，
英台急劝吃不开，
请问梁兄告哪个，
蛋碰石头取不归。

第一告的祝员外，
第二要告马文才；
第三就告妹妹你，
问你英台该不该。

梁兄枉把命来送，
太守权势是神通；
马家就是官府衙，
自投罗网扑灯虫。

劝兄忘掉妹妹罢，
另娶世上好人家；
兄妹二人缘分浅，
人间大把一枝花。

九天仙女我不爱，
一心就配祝英台；
妹你若嫁马家去，
哥死黄泉睁眼开。

银心送上酒肉菜，
英台把盏斟满杯；
哥哥路上多辛苦，
将酒解闷消劳累。

山伯将杯接上手，
酒倒地下气心头；
难道特来讨酒吃，
酒下愁肠愁上愁。

妹怨哥哥好不该，
临别路上你不猜；
许多暗示英台女，
你都木鸡痴呆呆。

山伯品着英台话，
并非妹妹一人差；
现在自己又迟到，
真恨自己太木瓜[1]。

山伯后悔真气伤，
夺过酒壶灌愁肠；
一阵剧痛心头涌，
口吐摊血好凄凉。

英台不顾礼不容，
抱起山伯哭眼红；
都是妹我害了你，
哥血痛在我心胸。

山伯拉着英台道，
苍天把我二人遭[2]；
非是为兄责怪你，

恨哥想妹朝连朝。

茶饭无心夜不枕，
朝思暮想昏沉沉；
谁知到此遭变故，
怎不悲痛万万分？

英台扶哥站窗前，
妹也想哥天连天；
在家忍受多少气，
泪水度日日如年。

哥怨妹来不言真，
该是女身说女身；
在外结成百年好，
归家何用闹乾坤？

妹怨哥来混沌沌，
分别点破我女身；
古庙佛前双跪拜，
拜罢不是成了婚？

山伯拉着英台手，
贤妹何不跟我走？
了却二人的心愿，
既然相爱爱到头。

梁兄此举好天真，
二人必定命不存；
不如哥哥青山在，
柴高哪怕没高门。

谁人不闻马太守，
天罗地网盖杭州；
我俩身亡还不算，
双方父母命难留。

[1] 木瓜：形容木讷笨拙。
[2] 遭：遭难。

妹我横直要身亡，
等哥来世结成双；
若然私奔两身死，
大家臭名不得光。

包办婚姻难上难，
爷娘指笔断江山；
水下滩头取不转，
恩爱鸳鸯被拆散。

山伯闻言绝了望，
三魂七魄去茫茫；
贤妹让我告别了，
黄泉路上慢成双。

一对凤凰配不成，
悲哀泪配悲哀声；
妹扶哥来缓缓走，
妹妹送哥路一程。

依依不舍情义重，
难分难离恩爱忠；
三年半来共床睡，
竹篮打水一场空。

书童四九涕泪长，
丫环银心更哭伤；
何况山伯英台女，
有几凄凉几凄凉。

妹妹送哥出庄前，
归家要把药来煎；
休将妹我来牵挂，
人间自有美女仙。

但愿梁兄多保重，

妹妹送哥古树根；
话不成声泪纷纷，
就此兄妹来分身。

山伯打躬把话诉，
英台上前将他扶；
愚兄归家命不久，
看来黄泉作妹夫。

兄恨天公不作美，
偏与我俩来作对；
兄在九泉来控告，
万恶势力要摧毁。

婚姻包办不自由，
几多男女几多愁；
我俩如今是个例，
留给万代作话头。

声泪俱下祝英台，
梁兄妹我先安排；
若然哪个有长短，
胡桥镇上筑坟堆。

立下两块大石碑，
红的是我祝英台；
黑的是你梁山伯，
二人同穴共坟台。

兄今回家先治病，
妹死不做马家人；
但愿梁兄做世人，
独苗一根接香烟。

哭哭啼啼分了手，
山伯行行望回头；

英台呆呆来目送，
无可奈何势难留。

惟有黄泉路上等，
鸳鸯拆散各西东；
姻缘二世再相逢，
往日恩爱一场空。

现在先唱山伯归，
一路跌爬几多回；
悲伤过度相思病，
好不容易到家门。

一到家中病牙床，
喊着英台祝家庄；
时常昏迷又不醒，
急得父母好发慌。

我儿到底为哪样，
弄得落色脸一张？
茶饭不沾病加重，
快向父母道端详。

我儿去时桃花脸，
归时青黄嘴尖尖；
为何忧愁又晦气，
快向父母吐真言。

父母再三来盘问，
山伯只得说真言；
说罢实情又嚷嚷，
定要再见英台身。

梁母听罢一身轻，
我怕孩儿担千斤；
妈也分担他五百，

原来儿女小事情。

我儿不用多忧愁，
一家有女百家求；
我家千金万万两，
等下就去祝庄楼。

梁母如今响叮当，
要求才女配才郎；
大路难行钱不算，
请来四人大轿扛。

快马加鞭到祝庄，
高顶大轿好大方；
早有家人去报信，
员外柳州办嫁妆。

祝母睡床身不快，
就命英台迎出来；
英台早知来人意，
梁兄加重病垂危。

英台流泪强收泪，
装成笑脸出厅来；
尊声婆婆你安好，
叩拜大人礼当该。

梁母吟吟笑开怀，
好个美貌祝英台；
难怪我儿成天喊，
老身也是舍不开。

听她谈吐好文才，
不抹脂粉红到腮；
老身若得此媳妇，
真比仙女下凡来。

我儿现在好悲哀，
病重牙床起不来；
常常昏迷都不醒，
日夜喊见祝英台。

我儿现在想不开，
为的再见你英台；
世上难治相思病，
除非小姐去看来。

我儿现在命垂危，
他是我家独苗胎；
若然香火断了去，
两老也是进棺材。

我儿自从把屋归，
茶饭不沾瘦成柴；
念在我家三条命，
大轿接你包送还。

英台流泪几多重，
上下为难痛心中；
去与不去兄难救，
不成婚姻总是凶。

婆婆听我把话通，
马家婚事似恶龙；
包办婚姻多残忍，
害我兄妹去冥中。

婆婆听我把话供，
太守父命不能容；
如此乾坤谁能转，
只有黄泉约相逢。

婆婆宽坐半刻钟，

容我去修书一封；
交与梁兄看一看，
可能病轻转回龙[1]。

梁母接得物一包，
匆匆忙忙回转轿；
心想灵芝那就好，
救我梁家这根苗。

山伯将物打开瞧，
里面诗稿一条条；
还有两缕妹头发，
见物思人似火烧。

四九忽然闯进来，
冒失报道嫁英台；
小姐快要出嫁了，
相公你说该不该。

两老阻止忙摇手，
山伯心火已泼油；
火上泼油非小可，
两眼一翻命到头。

山伯一命去幽幽，
全家悲恸哭呕呕；
凄情惨景多难唱，
唱歌之人也泪流。

山伯死时正天光，
噩耗一阵传祝庄；
英台闻讯就自尽，
幸来银心救下床。

[1] 回龙：回头之意。

这回吓坏祝员外，
夫妇多多来安慰；
英台要求去祭奠，
不然不嫁马文才。

员外无奈限三条，
一不披麻又戴孝；
二不痛哭失了态，
三要早回在今朝。

英台哪管这许多，
换上孝衣披麻罗；
暗备三牲重重礼，
风驰电掣去祭哥。

未入梁屋就哭昏，
痛不欲生爬进门；
银心梁母来扶起，
灵堂面前香烛焚。

猪头三牲摆灵台，
金银纸银化起来；
英台掀开大帏帐，
跑入帐内顿地哀。

一头扑倒在兄身，
揭开面布看个真；
抱起头来颈交颈，
哭得众人泪纷纷。

哥呀你怎不等我，
小妹来迟一步啰；
你竟独自先去了，
留下妹来怎奈何？

哥呀你去为谁来，

那不就为祝英台；
现在妹与你交颈，
你就吻吻妹的腮。

哥呀喊天天不应，
喊地现在也不灵；
哥你有灵慢等妹，
黄泉路上再诉情。

哥呀你老睁眼睛，
妹今是你梁家人；
你就放心慢步去，
马家不会得妹情。

哥呀你就闭眼睛，
慰慰堂上二老人；
妹死不做马家鬼，
定与哥哥结山盟。

英台不怕脏和腥，
用舌舔着兄眼睛；
一下流出红血泪，
同样把它舔干净。

山伯阴间真有灵，
闭上眼睛好安宁；
就像放心睡大觉，
含笑长眠得亲人。

哭得英台血泪流，
哭得青山白了头；
哭得小河涨大水，
哭得阎王将笔抽。

梁母本来恼英台，
怪她大轿请不来；

如今一切都清楚，
好个贞烈女秀才。

英台哭了一早晨，
员外派人催三轮；
银心劝说也无用，
哭得月暗日昏昏。

各村各户人几重，
个个流泪受感动；
叹惜山伯福分浅，
英台情义盖世浓。

梁母陪同哭哀哀，
再三提起祝英台；
英台取出香绸帕，
将兄笑脸遮起来。

梁母拉她出帐帏，
看到灵牌又伤怀；
挣脱梁母扑上去，
怨天恨地哭起来。

三年半呀忆同窗，
未成夫妻也同床，
来得明呀去得亮，
兄弟夫妻已成双。

三年半呀忆书房，
四书五经共磋商；
你吟诗来我写对，
有说有笑过风光。

三年半呀忆同床，

不怕先生放水装[1]；
妹我夜长常多梦，
哥你一觉到天光。

哥呀人琴今如何？
何处知音妹英台？
壮志未酬才未竟，
热忱尽瘁鹤西归。

妹呀虔诚诉哥灵，
宁为玉碎不瓦全；
哥呀黄泉慢等妹，
冰清玉洁妹花鲜。

妹我灵前来戴孝，
叫哥慢等莫心焦；
伴你冥中非别个，
定是英台小娇娇。

英台哭得迷昏昏，
众人劝说耳不闻；
高顶大轿门口等，
员外差人催四轮。

差人不敢动手拉，
她是千金一枝花；
弄得不好花有损，
那才哑子吃苦瓜。

梁母四次拉英台，
英台想起事一回；
有劳大人几张纸，
快拿文房四宝来。

[1] 　装：装套，这里为考验之意。

梁母脑子好机灵，
就向英台说分明；
我儿病危有交代，
坟葬胡桥镇上坪。

坐西向东分金定，
面对祝庄织女星；
墓碑黑字英台写，
牛郎织女表二人。

英台听罢泪晶晶，
泪随笔杆老练精；
龙飞凤舞字清秀，
众人赞叹文曲星。

有请二老坐正堂，
跪拜大人礼该当；
我今愿做梁门媳，
头发诗稿概陪葬。

六行悲泪对着流，
三人抱头哭呕呕；
哭得原野齐吊孝，
哭得山林全低头。

八人大轿去悠悠，
千人泪水洒路头；
英台吊孝哭灵事，
一下传遍了柳州。

英台回到祝家庄，
三魂七魄去茫茫；
茶不思来饭不吃，
成天悲泪下双双。

英台苦闷在绣楼，

心神恍惚不抬头；
心里只想梁山伯，
魂魄跟兄去游游。

祝员外来急得忙，
办了重金女嫁妆；
门当户对把女嫁，
三亲六戚也沾光。

吊孝风声马家闻，
覃婆急急登祝门；
太守有话提早娶，
婚期未到也成婚。

员外吟吟笑开怀，
免得歪风再传开；
太守之意我同意，
后天就派花轿来。

明天我办嫁女酒，
现宰猪羊鸡鸭牛；
弄它一百八十席，
让我九族沾沾油。

马家得话喜洋洋，
张灯结彩大排场；
太守黄历来推算，
也是吉日嫁婆良。

英台得话泪纷纷，
暗藏剪刀在内身；
本来早想归阴去，
为的要到梁兄坟。

英台要看山伯坟，
梳妆打扮美其身；

为的梁兄瞧瞧妹，
叫兄慢步妹来跟。

英台想着山伯坟，
就对银心把话吩；
到了时候就用计，
千万莫错过时辰。

现在又唱马文才，
梦寐以求得英台；
三生有幸福不浅，
府衙上下笑颜开。

马家迎亲日子来，
旗罗执事两边开；
吹吹打打人数百，
浩浩荡荡接英台。

文才披红又挂彩，
骑上大马好有威；
覃婆也坐四人轿，
这回做媒大发财。

大队人马到祝庄，
人来人去急得忙；
覃婆屁股团团转，
指手画脚好大方。

英台闻知轿进门，
不由眼泪又纷纷；
这回哭的离父母，
父母年老成孤身。

母女深房哭得昏，
眼看骨肉就要分；
这回离别出门去，

除非二世再回门。

英台打扮哭出厅，
先拜祖宗后亲人；
父亲此刻也掉泪，
我儿嫁后常归宁。

厅堂老少哭不停，
覃婆上前献金银；
玉镯耳环金戒指，
英台一手摔阶庭。

覃婆欲把新娘背，
英台恨透把她推；
自己大方来上轿，
银心外边紧相随。

轿离祝庄马家人，
如今祝家冷清清；
欲想再见英台女，
那就二世说分明。

大队人马似滚雷，
路上观众一堆堆；
谁不叹惜英台女，
红颜薄命好倒霉。

英台轿里望个真，
十字路口一新坟；
墓碑黑字自己写，
怎不痛心泪纷纷？

银心早去禀文才，
我家小姐拉肚来；
须把花轿快停下，
不能继续往前抬。

公子哥儿真无奈，
急急把令发下来；
眼望佳人多好惜，
仙花难比我英台。

英台飞步到坟台，
两脚自然跪下来；
抱着墓碑就痛哭，
呼天唤地诉说开。

梁兄安息快醒来，
妹今跪在你坟台；
一心赴约才到此，
你就快把眼睁开。

看看妹妹我英台，
妹今处境多悲哀；
同哥共死妹不怕，
就怕生嫁马文才。

哥呀快把手张开，
拉我黄泉一路来；
不然我就碰头死，
死做夫妻也当该。

哥呀妹我哭哀哉，
我俩不能同生来；
也愿成双同死去，
恩爱夫妻同穴埋。

哥呀有灵有圣来，
快把坟门来打开；
妹要和哥成双对，
妹要和哥共棺材。

哥呀显灵显圣来，

妹死无怨等于归；
三年半啊同床睡，
今要同哥腮贴腮。

哥呀快快把门开，
幽灵显圣救英台；
后面一群豺狼豹，
还有追来马文才。

英台哭得好伤悲，
哭得万物把头垂；
哭得太阳转了背，
哭得摇晃动坟堆。

哭得天上倾盆泪，
哭得空中打闷雷；
使得大队人马乱，
哭得锣鼓早停槌。

暗天黑地像锅盖，
倾盆大雨泼下来；
雷电交加如利剑，
众人同上断头台。

忽然霹雳炸巨雷，
震得地坍山也摧；
坟墓豁然裂开了，
英台飘飘进坟堆。

迎亲的人抢英台，
坟墓已经合拢来；
银心离近抓一把，
扯得裙角几片归。

登时裙化蝶一双，
飞来飞去好美观；

0253

是人夸口梁祝配，
情深义重死风光。

山伯英台终成眷，
人间天上已如愿；
终于翩翩同飞舞，
梁祝钟情万古传。

新郎吓昏才醒龙[1]，
闻知此事气发疯；
老鼠跳下糠箩里，
头场欢喜二场空。

新郎马广想不通，
登时哭得眼睛红；
天仙美女已到手，
一下松手就成空。

特大喜事成空梦，
无怪马广气发疯；
气得就往竹山跑，
吊起颈来一命终。

新郎一死人人惊，
只怕太守不饶命；
去时惊天又动地，
如今大队冷冰冰。

媒人覃婆哭凄凄，
就怕赔命也归西；
不愿发财金三百，
不愿再加十笼鸡。

覃婆妄想大发财，

如今可能进棺材；
心惊不敢再坐轿，
哭跟两顶空轿归。

太守府第喜事隆，
唱台大戏舞狮龙；
请尽柳州远近客，
人山人海酒席丰。

太守穿袍又戴顶，
堂上坐定迎新人；
这回娶得英台媳，
全家福分都不轻。

堂上香烛点三轮，
超过拜堂吉时辰；
差人十次去打听，
才拉覃婆哭进门。

饶命饶命大官人，
今天遇着凶杀星；
可能老爷择错卦，
不然一天丧二命。

如何一天丧两命，
从头一二说分明；
快讲死的哪两个，
是男是女是老人。

覃婆哭跪诉说开，
如此这般去和来；
怎样怎样英台丧，
可怜可怜死文才。

太守一听倒地昏，
吓坏上下府衙门；

[1] 醒龙：醒悟之意。

好不容易抢得醒，
闹得个个都伤神。

马门也是独苗胎，
前世不修后世亏；
红喜办成白事酒，
喜客变成吊客来。

太守实在气伤怀，
叫儿死也缠英台；
下令葬排山伯墓，
求儿快快投好胎。

众人听我唱言真，
梁家马家排筑坟；
三个阴魂都不散，
都化蝴蝶在凡尘。

山伯英台成双对，
马广黑蝶背后跟；
民间流传到现在，
三蝶就是三人身。

爱情可贵在灵魂，
谁不叹惜梁祝身？
身死犹生名千古，
万载讴歌来传闻。

规劝世人修心肠，
爱护蝴蝶莫杀伤；
它们秋毫无所犯，
何必来把生灵殃。

丧事刚罢正清明，
家家户户去挂青；
梁祝马家少不了，

三家相会在坟茔。

这一相会不打紧，
吵得天地不安宁；
你怨我来我怪你，
三家都是枉死人。

梁家破口骂祝家，
贪财贪势心毒辣；
不顾女儿死反对，
断了梁门独苗瓜。

祝家不服骂梁家，
我家先领马家茶；
你家后到反挑拨，
路口坟殁一枝花。

马家骂的是两家，
一家有子不教化；
二家有女不关管，
白白绝了我姓马。

三家互骂不罢休，
你有理来我有由；
谁是谁非都难定，
嘴巴骂困泪对流。

天下讴歌有因由，
正遇包公巡柳州；
包青天呀巡案到，
群众宣传赛电流。

三家齐齐去告状，
包公审案好有方；
一丝不苟仔细问，
人命关天谁说谎。

0255

包公一连审三天，
许多问题有牵连；
于是先把堂来退，
私访之后再来传。

包公深入民间访，
访罢回来就上床；
一头倒下阴阳枕，
一觉睡到大天光。

昨夜拜见太上君，
太上老君叫救人；
只有把人先抢救，
大案解决小案清。

立即传来三家人，
包公开言说真情；
三命虽死是假死，
气断未尽内腹萌。

坟茔地是珍珠精，
尸体不腐血脉清；
本官意见今天挖，
迟了恐怕不成人。

三家异口又同声，
感谢青天大德恩；
我们意见立即挖，
快请下令事才成。

画龙生生靠点睛，
包公点脉好英明；
立马追风齐出动，
祈求判断断得灵。

到了坟墓齐动手，

锄头点点铲铲锹；
不用三下五除二，
一阵工夫见棺头。

三条人命两堆坟，
山伯大棺盖自分；
冲天飞起两大蝶，
棺内空空香喷喷。

再看后面有一洞，
挖开洞口宽容容；
内空十足珍珠样，
飘出阵阵好香风。

大胆差官点灯笼，
包公亲自进了洞；
但见一张石床上，
睡着一对美娇容。

正是山伯英台身，
安详排头紧不分；
包公见状都摆首，
众人惊喜滚尘尘。

包公揉擦二人身，
内体绵绵剩余温；
早备定心还魂药，
参汤灌下转回魂。

马广同样转还魂，
可算三人二世身；
如今胡桥珍珠洞，
还在民间常传闻。

办好人命案一轮，
继之一案要判婚；

若然婚案判马虎，
三人同样再丧身。

马家特别告得凶，
老爷在上听禀通；
家财万贯都用尽，
就为英台女娇容。

三百黄金来下定，
迎亲银子筒打筒；
金耳环来金戒指，
玉石手镯一笼笼。

红庚八字茶礼证，
明媒正娶天地公；
若然英台不我娶，
天下礼教怎能容？

轮到山伯把话申，
大人容我诉言真；
庐山习学三年半，
就成骨肉不可分。

妹恋哥来哥爱妹，
情深义重赛昆仑；
当时已把终身订，
师母做媒又证婚。

扇坠一双玉蝴蝶，
重过红庚万万分；
兄妹山盟又海誓，
生死也要结终身。

不信请公问英台，
问她到底愿谁来；
若然说是不愿我，

我可立即就离开。

包公明知何须问，
英台自己开口申；
大人容我诉几句，
贱女死也无所恨。

生为梁门的媳妇，
死作梁门的鬼魂；
马家并非我所愿，
金山难买梁祝恩。

马家财礼我家退，
聘金不少他分文；
钱财本是身外物，
恩爱价高聚宝盆。

梁祝姻缘谁能断，
剑劈江河水不分；
马家仗势硬要娶，
让他跟后把臊闻。

包公盘算两头难，
这般姻缘怎拆散？
不拆散来又不好，
有碍婚教这一关。

想来想去用折中，
三家听令来依从；
英台滩头将发洗，
谁得头发谁就中。

梁马你俩把签抽，
按签站下各岸流；
英台女发哪个得，
不得后悔不得仇。

0257

马广得站北岸流，
今日正是南风头；
马广欢喜天开眼，
马府万人喊江浮。

山伯站下南岸流，
自认不是好兆头；
南岸万众齐叫苦，
怎得龙王助一筹？

英台站在急滩头，
凉着南风心好忧；
迟迟不把头发洗，
手拿梳剪颤悠悠。

包公独自识迷窦，
北岸去岩挡风头；
只等千时一刻到，
大风一掌拍南流。

天文气象包公优，
火候一到令洗头；
英台还魂未洗过，
这回落发满江洲。

微风把发来集拢，
漂浮像条细黑龙；
慢慢游往北岸去，
万人欢喜万人愁。

忽然一口猛南风，
打得北岸响嗡嗡；
发龙急速转南岸，
山伯两手搂怀中。

这下兄妹情真钟，

南岸万众滚雷轰；
大喊梁祝天注定，
疾呼马家倒霉虫。

包公升堂笑哈哈，
奇难杂案儿多家；
何止千千万万件，
件件办清无尾巴。

三家父母齐上堂，
包公招呼坐请茶；
征求各人何意见，
不妨说出真心话。

三家先后都开口，
救命功劳比天大；
三条人命非小可，
包青天呀谁不夸。

姻缘看来天注定，
怪我太守仗官衙；
又怪我儿背时鬼，
以后再慢找亲家。

怪我祝某利心重，
贪财贪势害三家；
愿把全部财礼退，
劝君另配一枝花。

三家心服口又服，
人人脸上喜生花；
此案完满收场了，
下面另把歌来拉。

山伯英台已完婚，
夙缔姻缘二世身；

好儿郎来贤媳妇，
孝敬双亲四处闻。

红白喜事人来求，
山伯英台都应酬；
二人写诗又写对，
人赞文章盖柳州。

是年朝中开大考，
人人来劝走一遭；
文才出众希望大，
功名一定比人高。

父母心红劝说到，
我儿就去把名报；
求得一官又半职，
光宗耀祖也是好。

英台只得劝夫道，
为了安慰两个老；
夫君就去考一考，
施展文才全孝道。

功名不计全孝道，
山伯想来没奈何；
今科只得试试看，
测测文墨奔奔波。

父母笑逐又颜开，
我儿今科定中来；
称下银子三百两，
四九做伴上京台。

恩爱夫妻难舍开，
送夫上路理当该；
后面还有一小对，

银心送哥四九来。

英台暗把泪来吞，
夫君在外要保身；
若是天开日月出，
得中科元转家门。

夫君成名就回家，
京城美女莫想她；
那里生活糜糜烂，
遍地野花莫摘它。

送夫送到十字路，
家中一切妻照顾；
到京专心进科考，
父母盼儿妻盼夫。

山伯来到大都京，
花花世界好多人；
五颜六色不愿望，
谨记贤妻忠告情。

进到科场好森严，
监考官兵千打千；
应试考生若舞弊，
触犯刑律又皮鞭。

山伯文章好惊人，
万中选一他头名；
主考带去拜翰林，
翰林大臣也垂青。

亲身作陪去殿试，
皇帝惜才如惜命；
试罢龙颜哈哈笑，
朕又得一文曲星。

0259

等到皇榜揭晓日，
人山人海滚云云；
山伯还未把床起，
就闻自己中状元。

店门锣鼓铁炮响，
报喜人马各争光；
不管张三或李四，
都叫四九发赏钱。

状元打马游金街，
前呼后拥排打排；
铁炮鸣锣来开道，
鼓乐喧天奏起来。

人人赞赏状元美，
女子口水流下腮；
高楼小姐抛花献，
官宦千金争挂彩。

宰相姓韩独个女，
名叫常珠十八载；
父女楼前看个够，
真想两手抱进怀。

宰相办下一席酒，
请个媒人拉线头；
媒人去罢来回话，
线头断了无法收。

状元谢绝不饮酒，
招赘这事难应酬；
家中已有贤妻了，
不能再来攀高楼。

宰相怒斥媒人走，

暗地埋下毒计谋；
明天殿上奏一本，
要你状元命不留。

宰相上殿奏帝君，
当前辽阳贼又兴；
今科状元臣表到，
文武双全可以平。

皇帝闻奏以为真，
圣旨立刻出午门；
调兵遣将教场内，
帅印挂任山伯身。

山伯得旨惊失魂，
想我小官一身文；
如何能担此重任，
三万人马看眼昏。

急急就去奏皇上，
宰相早已封禁门；
床底劈柴上下碰，
进退维谷怎安身？

违抗圣旨斩九族，
为我一人害满门；
不如自己拼拼去，
是死是活后头分。

把心一横就上马，
下令三军出都门；
大炮十响惊天地，
三万人马滚尘尘。

行军何止三五日，
累得人疲马又困；

元帅山伯少说话，
心心想的是家门。

朝行夜宿到辽阳，
安营下寨摆战场；
山伯统帅城头望，
万枪林立好紧张。

两军对垒未见过，
阵容一摆几里长；
三军将领来请战，
闭眼下令杀一场。

头一天来打平过，
第二天来大损伤；
第三天来挨包围，
水泄不通困辽阳。

提笔修书告急章，
宰相得知喜洋洋；
就把急章扣下了，
看你姓韩是姓梁。

当初你不喝敬酒，
如今要你落人头；
若是配我常珠女，
哪不富贵住高楼？

山伯被困辽阳楼，
宰相用计报私仇；
两桩事情留后唱，
又唱英台家里愁。

英台愁闷在家中，
盼夫归来已成空；
夫君一去就三载，

渺无音讯不知踪。

似此下去怎么办，
再拖时日更多凶；
悔不当初劝他去，
一片春风成西风。

为了孝亲成不孝，
为了功名哪有功？
夫若有着甚差错，
不就是妻来怂恿？

想来别无他主意，
惟一办法去京中；
今年朝中又大考，
夫妻可能得相逢。

于是就禀双亲道，
儿去三载无影踪；
儿媳想来没出处，
意欲出门访吉凶。

两老心中早叫苦，
碍住贤媳强宽容；
如今儿媳说通了，
又怕女子难办通。

复想儿俩庐山事，
三年半来将儿蒙；
贤媳你就去访吧，
快去快回多保重。

英台打扮来拜别，
举止大方赛相公；
大人放心儿媳去，
身边银心扮书童。

婆婆送媳十字路，
不免担忧心忡忡；
贤媳此去多谨慎，
莫给女子拉衣缝。

朝行夜宿不计日，
翻山越岭一重重；
涉水过江一渡渡，
为了夫君脚生风。

英台来到京城地，
万行千业好繁荣；
第一件事先下店，
第二件事探夫踪。

店主温厚把话露，
向你后生吹吹风；
前科状元住我店，
就是山伯梁相公。

才中状元封帅印，
青云直上到九重；
可惜匈奴太厉害，
围困辽阳成铁桶。

英台流泪在房中，
难怪我夫没信通；
如今未知生是死，
皇上怎不派兵攻？

英台救夫计想穷，
只有考取计来从；
今科大考又破例，
不用乡试层层送。

英台立即去报名，

考官当堂试《诗经》；
默背自赋样样会，
文章又快又惊人。

报考证件得到手，
官位坐定不用愁；
明天寅时就大考，
满腹墨水任他抽。

大考科场像激流，
几多心惊几多忧；
十年寒窗争朝夕，
怎得群鲤跳龙喉？

英台心内闲悠悠，
三场大比她最优；
章句惹得孔夫笑，
看得考官口水流。

皇帝殿试频点头，
龙颜大悦将笔勾；
皇后屏内看得准，
明天设宴接风酒。

皇榜英台占魁首，
打马金街照例游；
韩宰相来特别早，
夫妻抹眼早登楼。

今科状元更风流，
我女福大有配偶；
老夫明天去拉拢，
定把这门婚事谋。

宰相登门有来由，
状元英台忙叩首；

0262

中国民间文学大系 6-45

不知相爷大驾到，
有失远迎礼不周。

老夫不免在家休，
闲来无事走一走；
顺便探望贤生下，
顺便提提事一头。

老身年迈七十九，
无儿承继韩家后；
养下常珠女一个，
年刚十八好温柔。

红庚莫许将她留，
掌管家财理田亩；
男大当婚诚然理，
女大深房也应媾。

贤生何妨配此偶，
那比天仙还风流；
我女才貌双全美，
三从四德样样优。

英台心闷好忧愁，
请容小臣来起口；
并非小生有嫌意，
实因早已结白头。

一男二妇大把有，
贤生不必来推舟；
但求得后顶我姓，
免得韩门断香头。

英台满面红羞羞，
心中好笑又忧愁；
一对雌鸡生寡蛋，

一双少女守空楼。

相爷莫要过强求，
有损千金花一棵；
小姐怎甘有妻汉，
朝中大把王孙候。

老夫看准了火候，
莫将小节放心头；
莫学前科梁小子，
就因如此把命休。

他嫌塘小不愿留，
索性遣去辽阳沟；
文弱书生梁山伯，
芝麻小官怎用谋？

现困辽阳谁去救，
五万匈奴雄赳赳；
就你依从配我女，
富贵荣华任你受。

英台泪水吞下喉，
眼前相爷变敌仇；
但若拒绝送两命，
不如依从先应酬。

宰相府第大摆酒，
千杀猪羊百杀牛；
待到洞房花烛夜，
新娘喜来新郎愁。

夜深人静寂悠悠，
洞房里内各害羞；
新娘床上不合眼，
新郎看书坐案头。

良宵错过三夜昼，
新娘不忍应开口；
郎君为何都不睡，
难道比我还怕羞？

或者嫌妻生丑陋，
或者另有其因由；
何妨大胆对我讲，
免得大家郁心头。

虽未同床已共楼，
妻身已属夫占有；
京都哪个不评论，
我俩已经木成舟。

英台只好来启口，
贤妻貌美又忠厚；
夫我并非有嫌意，
只为皇恩志未酬。

昨夜仙人来托梦，
叫我辽阳去立功；
若然平了辽阳乱，
我俩完房乐融融。

夫君既立凌云志，
妻也有志建奇功；
祖传兵书熟读过，
爱练武来文也通。

英台心中暗盘算，
宰相婿女都从戎；
势必重兵谋良将，
救夫平乱把握中。

忽报皇后懿旨召，

传她一对入内宫；
原来常珠是契女，
因此契男特看重。

皇帝宰相打猎了，
皇后设宴好丰隆；
山珍海味盘盘美，
席间谈到平辽东。

皇后赞助二人志，
皇榜已贴在城中；
你俩就去揭皇榜，
我赠你俩一条龙。

此龙名为飞龙剑，
剑光一舞三丈虹；
碰到虹光人头掉，
不怕匈奴怎样凶。

谁揭皇榜谁领兵，
违者定斩不饶情；
宰相得知时已晚，
皇帝得知也吃惊。

只有加强人和马，
大将军师营打营；
匈奴五万我十万，
浩浩荡荡把兵头。

行军急速昼夜赶，
马不停蹄近辽阳；
辽阳外围杀一阵，
先锋常珠武艺强。

大刀阔斧冲敌堡，
剑一出鞘敌死伤；

一连杀了三昼夜，
杀得匈奴叫爷娘。

城里杀出被困兵，
里应外合迎皇军；
匈奴死伤万打万，
血流成河好臭腥。

下令乘胜追穷寇，
擒了番王砍下头；
大好江山升平了，
这才班师辽阳楼。

辽阳城门四处开，
军民人等迎出来；
十里路口列长队，
夹道欢迎胜利归。

城里无粮煮开水，
军民人等瘦如柴；
三春被困熬过了，
此时谁不笑开怀？

后头队伍变前头，
凯旋大军雄赳赳；
山伯领先齐跪下，
山呼万岁震城楼。

英台常珠跳下马，
大小将领一齐下；
扶起军民众人等，
梁祝二帅把手拉。

梁祝进入内府衙，
借口商量军计划；
英台把门来关上，

山伯跪倒来说话。

多得祝帅救众命，
多得祝帅救万家；
祝帅真是及时雨，
天上人间活菩萨。

英台流泪好伤悲，
眼前丈夫多憔悴；
骨瘦如柴都不讲，
拉着妻手不敢猜。

英台只得把话开，
我夫怎不识英台？
服装虽异音不异，
比起庐山还痴呆。

山伯一听抬头望，
爬起紧抱祝英台；
夫我夜夜见到你，
这回莫不又梦来？

妻你就咬我一口，
痛了才信真英台；
英台笑把山伯吻，
妻今被夫抱在怀。

恩爱夫妻重相会，
又是喜来又是悲；
悲喜交集人间有，
怎比梁祝情义辉？

夫妻各谈各来由，
谈得不了又不休；
英台谈娶常珠女，
山伯不肯密摇头。

我俩性命常珠救，
怎能丢她守空楼？
她因你妻已成妇，
你妻为你历尽忧。

她能文来又能武，
是个豪杰女英雄；
忠于我来救大众，
忠于国来立大功。

我已许下完房愿，
她也誓死不另从；
她做小来我做大，
名正言顺有老公。

明日回朝把本奏，
皇上皇后定能容；
英台劝得山伯愿，
常珠不会想不通。

有缘千里来相会，
无缘对面不相逢；
常珠姻缘断了线，
又得英台来接通。

又架桥来又让路，
又做夫来又让夫；
世上女子有哪个，
山歌唱尽算祝姑。

十万大军雄赳赳，
粮草富足跟后头；
加上山样战利品，
统统救济辽阳楼。

大军班师来回朝，

百门大炮冲天啸；
百姓流泪远远送，
沿途官府另眼瞧。

大军将近到都京，
百官迎至十里亭；
皇帝赐来接风酒，
杀猪宰羊犒三军。

大军缓缓进京城，
冲天铁炮声连声；
街街张灯又结彩，
花满兵车一乘乘。

大军缓缓进教场，
旌旗飘飘一张张；
御驾亲临来检阅，
龙心大喜大表扬。

皇帝坐朝金銮殿，
皇后参政在后屏；
征战文武大晋级，
特封英台挂帅人。

英台上殿跪下奏，
小臣请罪罪难留；
请我君王容一阵，
请我君王听来由。

皇帝笑着开圣口，
贤卿有事只管奏；
有罪也免卿无罪，
劳苦功高为哪头？

英台一五一十奏，
丈夫如何把名求；

宰相如何来陷害，
假奏文官当武侯。

宰相欺君我欺君，
女扮男装充男人；
为了救夫把官考，
多得常珠小姐贤。

多得皇后飞龙剑，
立功杀敌把乱平；
多得十万官兵勇，
奋战沙场抢在前。

君王在上听分明，
常珠为我成夫妇；
我俩都愿结姐妹，
配与山伯我夫君。

皇帝听罢笑朗朗，
算你天下第一人；
算你世间才子女，
文曲星来武曲星。

皇帝转脸看皇后，
娘娘屏内来启口；
恕他三人都无罪，
我主出猎未知由。

事先宫内设宴酒，
贤契就表志未酬；
为国愿把皇榜揭，
上报皇恩雪国仇。

因而赠送飞龙剑，
保住江山万万秋；
似此贤孝忠良女，

朝里大官也得差。

皇帝喜爱在心头，
叫声贤卿见皇后；
又宣山伯来上殿，
山伯跪下把章奏。

微臣先报国难仇，
第三宰相韩某某；
三年多来乱朝政，
里通外国耍阴谋。

早在辽东招兵马，
勾番围困辽阳楼；
现有番官人五百，
朝门作证要他头。

人证物证密信在，
韩某不得不低头；
皇帝怒极斩九族，
皇后急急把情求。

念在常珠功不小，
杀其本身九族留；
圣主龙恩慈为本，
度救众生泽九州。

皇帝听取皇后话，
圣令一声斩韩头；
受骗番官心大快，
受害百姓把歌讴。

梁祝受封大将军，
常珠受封副将军；
从此皇朝开先例，
读书做官有女人。

皇帝随个下圣令，
同意英台提的姻；
山伯常珠喜事办，
皇后来做主婚人。

英台常珠两姐妹，
大家思想境界高；
山伯为人又温厚，
三只鲤鱼共游游。

山伯思家想得昏，
不愿高官愿家门；
尽得忠来应尽孝，
人人都是父母身。

奏上君王容小臣，
辞官归家乐天伦；
梁祝都是独苗子，
父母怎不常倚门？

谁知皇帝不同意，
圣旨给假两个春；
可接父母朝中奉，
既忠又孝亲上亲。

一夫二妇谢龙恩，
皇上重礼赠上门；
又差御林军五百，
四马御车来随身。

一夫二妇出都京，
火炮连天炮不停；
到州早有官跪等，
过府也要府官迎。

旗罗执杖人簇拥，

鸣锣开道钦家军；
正中大人父母话，
光宗耀祖回家庭。

以后姐妹都生育，
各生一女加二丁；
各人次子顶名姓，
香灯有继赖夫君。

忠孝贤良为典范，
后代永镌永铭心；
不信请看柳州府，
四处牌坊到如今。

唱歌唱到这里停，
从头到尾已唱清；
看官何妨买本去，
一代传给一代人。

流传地区：

　　融水苗族自治县

歌本编写者：

　　佚名

搜集者：

　　过竹（苗族）、路红（苗族）

歌本搜集地：

　　融水苗族自治县香粉乡雨卜村乾如屯

时间：

　　1985 年 8 月

原载《三蝶奇缘》（油印本），广西民间文艺家协会，
1985 年编印。

附
记

　　这里收录的苗族《梁山伯与祝英台》唱本，与梁祝故事母本之间
的民族文化差异比较明显。广西融水的苗族"梁祝"传说还有后传：
清明节马、祝、梁三家都来上坟挂青，吵得无法安宁。刚好包公巡察
到柳州，停轿询问来由。三家各说各的理。包公说："三天后升堂。"
包公同王朝、马汉微服私访，弄清三家曲曲折折的事情，倒在阴阳枕
上睡去。包公魂游太上老君宫。太上老君叫他先救活三人。包公醒来，
传三家人挖坟搬棺。棺下有洞，洞中两张石床，一躺像抱着的梁祝，
一躺马广。包公给三人灌参汤，三人醒活转来。三人各说各的理。包
公让祝英台在滩头洗长发，梁、马二人抽签，马抽得北签站北岸，梁
抽得南签站南岸，长发漂往哪岸便和哪家结亲。开头吹南风，英台长
发漂漂往北，突然转大北风，英台长发直漂南岸，山伯搂发怀中。三
家纠纷解开，马广父子向梁、祝贺。马广后来上峨眉山学佛，当了住
持。马太守调往湖广。三年后，梁山伯上京考中状元。韩宰相招女
婿，梁山伯不肯。韩宰相面奏皇帝，封梁为元帅，领兵三万北上抗击
匈奴，被围辽阳城。祝英台见夫三年不归，女扮男装上京寻夫，访得
音讯，适逢朝廷开考，也考中状元。韩宰相招女婿。祝英台洞房花烛
夜，对韩女讲明真情，韩女同情，双双揭皇榜出征。韩宰相配备精兵
良将，祝韩二人率十万雄兵北上。韩女熟读兵书，大获全胜，解了辽
阳之围。梁、祝、韩三人奏了宰相一本。皇帝要斩宰相。梁、祝双双
为他求情，讲了韩女功劳。皇帝开恩赦罪。韩女由皇后做主，配给梁
山伯为妾。后来祝、韩二夫人各生一女加二丁，梁家不再单传了。梁
山伯思乡心切，奏准皇上，和祝英台、韩女同回广西探亲。广西融水
苗区流传的长诗与传说亦存在差异。

　　该长诗搜集地今鲜有《梁山伯与祝英台》的传唱者。（过竹）

梁山伯与祝英台

（汉族）

秀才君子习文章，
且把古人说一场，
未唱远朝远代事，
且唱英台是女娘。

家居就在苏州府，
土名叫做白沙场，
祝家无男生一女，
生来美貌甚高强。

三朝抱出安名字[1]，
排名叫做祝三娘，
英台就是聪明女，
自小心通[2]爱书香。

也能绣花能织锦，
也能把笔习文章，
母亲爱如掌上珠，
父亲管教严如霜。

父亲教她学认字，
英台学过就难忘，
看看到了十五岁，
聪明伶俐好娇娘。

查得闾山开大学，

问到闾山开学堂，
英台就想去入学，
天天求告好爷娘。

爷娘得知问闺女，
因何要去习文章？
男人读书求官职，
女人读书为何方？

英台答言爷娘听，
爷娘听我说言章[3]：
男人读书求官职，
女人读书管田庄。

上无亲兄下无弟，
出去官方[4]谁人当[5]？
家有田场共屋地，
鸦飞不过爷田庄。

上无亲兄下无弟，
我不读书谁人当？
爷娘放心等我去，
学习三年就回乡。

自古贤女多有志，
也有胜过男儿郎，
木兰替父去从军，
万古千秋姓氏扬。

我今立志去入学，
去读闾山大学堂，
不用父母送茶饭，

[1]　安名字：起名字。
[2]　心通：方言，即聪明。

[3]　说言章：方言，指说话。
[4]　官方：方言，指与人交往、应酬。
[5]　当：指承担。

我去闺山食米粮[1]。

爷娘心宽让我去，
我今移步转闺房，
父母置有绸缎褂，
转入房内换衣裳。

脱落女衫放箱内，
全身穿着男衣装，
头戴青绫[2]帽一顶，
脚踏苏州鞋一双。

手执白绫[3]扇一把，
面前罗带[4]结鸳鸯，
先拜家堂拜祖宗，
转身就拜我爷娘。

躬身下拜祖宗堂，
拜谢祖宗保爷娘，
保佑爷娘身平安，
免使女儿挂心肠。

保得娇身多清正，
聪明伶俐习文章，
习完文章归家日，
时时参拜祖宗堂。

拜了祖宗门外出，
一条大路大洋洋，
一个家童担书案，
二个家童担笼箱。

英台手中拿凉伞，
女扮男装去学堂，
去到南榕官大路，
青松树下歇荫凉。

远望一位郎君子，
唇红齿白秀才郎，
树下相逢来借问，
二人作揖二三双：

你是贵名谁家子？
因何贵干到何方？
贱名就是梁山伯，
我去闺山大学堂。

转口就问你高姓，
因何贵干到此方？
我身姓名祝英台，
与你同路去学堂。

山伯听得心欢喜，
就得二人同学堂，
青松树下排年纪，
山伯年高两岁强。

山伯为兄先行去，
英台是弟后随来，
二人路上悠悠去，
不觉行程到大江。

去到南榕江水大，
二人岸上细思量，
江水涨大无船渡，
只得涉水过大江。

英台说言梁兄听，

[1] 食米粮：指在学堂吃饭，即上学。
[2] 青绫：指青色的有花纹的丝织物。
[3] 白绫：指白色的绫罗。
[4] 罗带：指丝织的衣带。

梁兄听我说言章：
你今为兄先过去，
英台是弟后随来。

过江不得回头望，
梁兄持礼要端庄，
山伯脱衣先过去，
英台连衣过大江。

山伯偷偷把眼看[1]，
拍手哈哈笑一场，
山伯答言英台听，
你今听我说言章：

有心同学为兄弟，
过江何不脱衣裳？
莫非英台高贵女，
女身假作男衣装？

未等山伯来开口，
英台快嘴抢话音，
英台答言梁兄听，
梁兄听我说言章：

过山也有山神见，
过海也有海龙王，
上有青天下有地，
赤身露体犯三光。

兄图身干好行路，
弟我身湿透心凉，
绸缎衣衫湿不久，
风吹日晒自然干。

山伯听得英台说，
提起书箱就行程，
二人去到间山学，
齐齐整整入学堂。

看见两边多端正，
先生诗文列两行，
一拜圣人孔夫子，
二拜先生礼仪强。

三百学生齐作揖，
低头作揖一双双，
先生看见多伶俐，
就把诗书教乃郎。

先读《大学》并下论，
后读《诗经》作文章，
英台说言梁兄听，
梁兄听我说言章。

日间茶饭同台食，
夜间读书同烛光，
一张锦被同遮盖，
笔共墨砚纸同张。

梁兄为兄先睡去，
英台是弟后上床，
山伯脱衣先睡去，
英台连衣睡身旁。

山伯说言英台听，
贤弟听我说言章，
想是人家千金女，
睡眠何不脱衣裳？

有心同学为兄弟，

[1]　偷偷把眼看：偷偷看一眼。

为何见外在书房？
英台答言梁兄听，
仁兄听我说言章。

件件衣裳千百纽[1]，
重重纽子结鸳鸯，
脱得衣来大半夜，
着[2]得衣来天大光。

我今不脱连衣睡，
五更早起习文章，
山伯听得如此话，
句句说好赞爷娘。

英台说言梁兄听，
仁兄听我说端详，
辞别爷娘来入学，
爷娘针得好衣裳。

一条丝线连床内，
二人分睡一边床，
兄若睡过英台位，
明朝罚你酒一场。

山伯听闻如此话，
惊怕不敢挨过床，
睡到五更鸡报晓，
二人早起习文章。

同学三年三个月，
并无识得秀才郎，
悠然三月清明节，
先生放学赏春光。

大小学生齐去看，
看见山头花草香，
看见百般多景致，
半树红花半树黄。

黄蜂飞来也有对，
蝴蝶飞来也有双，
英台看见心缭乱，
花开缭乱我心肠。

自想年庚[3]十八岁，
想来独自度春光，
脚踏青草回书馆，
眼中流泪落双双。

山伯近前来相问，
有何愁闷在心肠？
同学三年三个月，
并无得失秀才郎。

昨日你去看春花，
有何触动在心肠？
你系[4]思着茶共[5]饭，
还系思想[6]你家乡？

英台答言梁兄听，
仁兄听我说言章，
也无思着茶共饭，
也无思想我家乡。

昨夜三更得一梦，
明明看见我爷娘，

[1] 纽：纽扣。
[2] 着：方言，即穿。

[3] 年庚：指用干支表示的人出生的年、月、日、时。
[4] 系：方言，即是。
[5] 共：方言，即和。
[6] 思想：方言，即思念。

婚姻爱情长诗

看见爷娘厅上坐，
不知父母有何方[1]？

不知父母有何病？
不知父母犯官方[2]？
养男指望来防老，
积谷防饥望久长。

山伯听得英台说，
就知英台要回乡，
同学三年三个月，
难离难舍泪茫茫。

一盏明灯二人照，
今夜一人独自光，
一张锦被二人盖，
今夜一人睡张床。

共你一对红绣枕，
如今分开不成双。
英台答言梁兄听，
梁兄听我说言章。

同学三年三个月，
知我是阴你是阳[3]？
你若不晓阴阳事，
且请宽心在学堂。

你若晓得阴阳事，
散学归去到我乡，
梁兄难晓阴阳事，
去请先生算一场。

先生听闻英台说，
心中知道要归乡，
嘱咐英台离学后，
常把诗书细参详。

英台拜谢先生德，
眼中含泪转入房，
收拾衣衫黄鞋袜，
思想同学泪汪汪。

一别亲兄梁山伯，
日同书案夜同床，
二别圣人孔夫子，
三年保得身安强。

三别先生勤教导，
教我诗书礼义强，
四别东家答饭著[4]，
三年煮得好茶汤。

五别学生众朋友，
三年同学习文章，
辞别先生门外出，
眼中流泪落双行。

再嘱亲兄梁山伯，
散学归家到我乡，
共你上山山不尽，
共你下水水难量。

我今离学出门去，
兄且宽心在学堂，
英台辞别回家去，
梁兄随送贤弟郎。

[1]　不知父母有何方：这句的意思是，不知道父母遇到了什么困难。

[2]　犯官方：方言，指与人产生纠纷。

[3]　阴、阳：指男、女。

[4]　答饭著：指殷勤招待。

梁兄相送到门楼，

见对鸳鸯水里游，

鸳鸯多情又多义，

恩恩爱爱到白头。

梁兄相送到园中，

园中开朵大芙蓉，

芙蓉开花真古怪，

朝间[1]开花夜间红。

梁兄相送到田基[2]，

田基有对大螃蜞[3]，

畜生也知恩情意，

共哥行路无心机。

梁兄相送到塘边，

塘中开朵白藕莲，

好好莲花不结子，

枉过一年又一年。

梁兄相送到桥头，

桥头有树大石榴，

心想摘个共哥食，

怕哥食惯[4]又来偷。

梁兄相送到平坡，

平坡见对大雁鹅，

两个雁鹅成双对，

青个[5]是公白是婆。

雁公[6]拔翼飞过海，

雁婆[7]独自路奔波，

梁兄相送到榄根，

榄根榄树结榄仁。

心想叫哥摘榄子，

又惊[8]钩烂哥衣襟，

钩烂哥衣有妹补，

又怕补好不同新。

梁兄相送到井中，

共哥牵手照颜容，

甘好[9]颜容分别了，

谁知何日得相逢？

梁兄相送到竹根，

看见竹叶落纷纷，

共哥讲句知情话[10]，

又惊扰乱我哥心。

梁兄相送到花街，

也有小姐两边排，

又想买花共哥插，

哭哥不懂看花开。

梁兄相送到庙堂，

庙堂有个泥佛郎[11]，

佛郎生得多端正，

一对杯符分阴阳。

[1]　朝间：方言，即早上。

[2]　田基：方言，即田埂。

[3]　螃蜞：螃蟹。

[4]　食惯：方言，即吃惯。

[5]　个：方言，即的。

[6]　雁公：方言，即公雁。

[7]　雁婆：方言，即母雁。

[8]　惊：方言，即怕。

[9]　甘好：方言，那么好。

[10]　知情话：方言，即知心话。

[11]　泥佛郎：方言，指泥菩萨。

拈起杯符同哥占，

我是阴来哥是阳，

我哥晓得阴阳事，

共哥牵手转回乡。

哥若不晓阴阳事，

你回书馆我回乡，

我哥上下爱落屋[1]，

莫作乌鸦飞过堂。

梁兄答言英台听，

贤弟听我说言章，

兄弟离别心已乱，

为何说话恁荒唐？

兄弟生成男子汉，

从何说起阴共阳？

你在何州何县府？

你在哪乡哪村庄？

英台答言梁兄听，

兄今听我说端详，

家住本州本县府，

土名叫做白沙场。

三里听知鹅鸭叫，

四里闻知花草香，

远望七星高楼屋，

四边粉红色高墙。

屋上盖起琉璃瓦，

地下金砖铺满堂，

莺哥娇声齐齐叫，

银烛银花连夜光。

鹦鹉金鸡无沙数[2]，

一双狮子对凤凰，

门前一条九曲水，

弯弯曲曲到楼房。

后面龙来三节曲，

就是英台本家乡，

家中有个小九妹，

同我高矮一样强。

哥若不嫌妹貌丑，

早托媒人来问娘，

说尽千般多景致，

两人散手雁分行。

山伯辞别回书馆，

英台辞别转[3]家乡，

英台偷偷把眼看，

可惜我哥是呆郎。

同学三年同床睡，

不识我身是女娘，

英台路上悠悠去，

不觉行程到本乡。

归到[4]家中见父母，

先拜爷爷后拜娘，

拜了爷娘厅上坐，

转身移步转入房。

脱下男衣放箱内，

全身换着女红装，

［2］　无沙数：无穷数。

［3］　转：方言，即回。

［4］　归到：方言，即回到。

［1］　爱落屋：方言，指要进门。爱，方言，即要。

头上梳起龙凤髻，
珍珠玛瑙排两行。

父母入房来相问，
我女学得甚文章？
英台告知爷娘听，
爷娘听我说言章。

一笔写成三行字，
诗书文章样样强，
执笔写成龙珠凤，
五经诗书记心肠。

爷娘听得微微笑，
我女习得好文章，
可惜祝家无风水，
女身难得赴科场。

祝家生得聪明女，
不见媒人来问娘，
英台归家得三日，
就有媒人进家堂。

媒婆厅上把话说，
你今听我说言章，
有位秀才本姓马，
请我为媒来问娘。

英台答言媒婆听，
我不肯嫁马家郎，
媒婆转口回言答，
你今听我说端详。

男大当婚女当嫁，
婚事由爷不由娘，

天上无云难落雨[1]，
世上无媒不成双。

马家有钱又有势，
才郎女貌配相当，
爷娘听得媒婆说，
马家果然好儿郎。

新买一张龙凤纸，
把他年庚写三行[2]，
媒婆亲手来捧上，
爷娘看了笑眉扬。

食了槟榔就出嫁，
聘礼各样要周详，
媒婆满口来答应，
即日回转马家堂。

马家听了心欢喜，
就请先生把命排，
男命属金女属水，
二命相生得久长。

马家上门礼来足，
祝家领了聘礼箱，
不讲马家礼定事，
又言闾生[3]散学堂。

先生还没转身离，
山伯就奔学堂门，
山伯散学归家去，
急急忙忙到本乡。

[1] 落雨：方言，即下雨。

[2] 写年庚：以及后面的送槟榔、下聘礼等都是广西汉族传统的婚姻礼仪。

[3] 闾生：闾山大学堂的学生。

离别英台半个月，
日思夜想面皮黄，
归家日夜坐不稳，
一心要访祝家庄。

去到祝家门外坐，
见个家童出门旁，
看过百般多景致，
想是英台贵宅场。

山伯上前来借问，
祝家贵宅在何方？
家童转口回言答，
眼前不识秀才郎。

秀才贵姓谁家子？
有何贵干到我乡？
山伯转口来回答，
家童听我说周详。

我是南榕梁山伯，
原与英台同学堂，
上日 [1] 相好难割舍，
特来寻访祝三郎。

家童答言相公听，
相公听我说言章，
你说英台系在屋，
排行叫做祝三娘。

我家有个祝三娘，
何曾有个祝三郎？
相公且在门口坐，
等我入去报知娘。

入房看见祝英台，
家童作揖说言章，
门外有个郎君子，
唇红齿白秀才郎。

讲系南榕梁山伯，
共你间山同学堂，
旧日人情难分舍，
散学就来祝家庄。

英台听得家童说，
先去厅堂问爷娘，
父母面前说分晓，
门外有个秀才郎。

当日在学如兄弟，
照顾女儿恩义长，
爷娘听得英台说，
请入厅堂献茶汤。

英台听了多欢喜，
想是梁兄来问娘，
便叫家童出门请，
英台房内巧梳妆。

头上梳起龙凤髻，
插出银钗十二行，
鲜花插在乌发上，
珍珠玛瑙闪光光。

身穿一件蓝绫衫，
八宝罗裙扫地长，
内着一条白绸裈，
金珠耳环吊双双。

面似芙蓉初出水，

[1] 上日：方言，即往日。

口似樱桃花含香，
珠帘现出天仙女，
仙女飘飘出厅堂。

出见梁兄厅上坐，
低头作揖两三双，
两人坐近分男女，
家童厨房办茶汤。

饮了茶时放下杯，
山伯开口问娇娘，
莫怪山伯来跟问[1]，
不知贤弟在何方？

我今到府来探访，
为何不见出厅堂？
你系英台亲姐妹，
为我转去报知郎。

就说梁兄来久等，
等他相见诉衷肠，
英台对面微微笑，
想起当初笑一场。

当初学堂就是我，
女身假作男人装，
同学三年三个月，
不识我身是女娘。

山伯听得如此话，
低头嗟叹暗彷徨，
山伯对面把话说，
再回间山大学堂。

英台轻言梁兄听，
兄今听我说言章，
十八相送情难舍，
曾向我兄表心肠。

弟说梁兄心不晓，
早不请媒来问娘，
我才归家得三日，
就有媒婆进家堂。

媒婆来对爷娘说，
爷娘应了马家郎，
领了马家茶同酒，
如今由父不由娘。

领了刚有半个月，
望兄花人[2]求爷娘，
求得爷娘回心意，
兄妹方能结鸳鸯。

爷娘成命收不转，
兄妹无缘得成双，
山伯听闻如此话，
腹内无刀自断肠。

壶中有酒不思饮，
盘中有肉不思尝，
山伯低头难回话，
万难开口诉衷肠。

登时辞别出门去，
兄且听我说言章，
兄要成亲容易得，
应托媒人求问娘。

[1] 来跟问：方言，即来相问。

[2] 花人：方言，即请人、派人。

0279

石上栽花根未定，
瓶里插花花未香，
开花笑迎插花人，
英台心中也想郎。

同学三年三个月，
实在不知弟是娘[1]，
今日相逢无可怨，
唯有对面暗断肠。

英台看见哥流泪，
双手替哥来抹干，
十指尖尖替哥抹，
泪湿香罗帕一张。

英台为兄情难舍，
侍酒梅香在两旁，
英台把盏劝哥饮，
见哥不饮泪汪汪。

热酒捧来哥不饮，
冷酒捧来哥不尝，
求兄饮妹此杯酒，
表我三年情意长。

哥若不饮杯中酒，
哥心伤来妹更伤，
酒伴泪珠吞下肚，
只觉苦来不闻香。

山伯听得如此话，
谢妹情深意又长，
山伯英台都有意，
二人都系断肝肠。

不觉梅香捧茶到，
手接茶时口难张，
梅香晓得其中事，
背后偷偷哭一场。

梁兄染上相思病，
相思病重难抵挡，
梁兄一声辞别去，
英台听得痛断肠。

流泪眼对流泪眼，
断肠妹送断肠郎，
难离难舍难分别，
二人一样断肝肠。

谢妹相送到楼前，
楼前远望夕阳天，
日落西山人去远，
想起分离意黯然。

谢妹相送到池塘，
池塘见对好鸳鸯，
天上飞落无情棒，
棒打鸳鸯各一方。

谢妹相送到花荫，
红花飘落乱纷纷，
哥送妹时心欢喜，
妹送哥时人断魂。

谢妹送哥出柳林，
一丝柳絮一丝情，
柳絮随风飘散了，
垂柳低头叹声声。

谢妹送哥到河桥，

[1] 实在不知弟是娘：实在不知道弟是女的。

河中水流泪滔滔，
流水滔滔都是恨，
恨哥无比[1]伴妹娇。

送哥送到五里牌，
送君千里总分开，
妹今不得再远送，
盼哥早请媒人来。

哥妹难离难割舍，
二人一样断肝肠，
掏文铜钱来分手，
有钱难换知心郎。

英台辞别移步转，
山伯辞别转家乡，
英台回望多流泪，
山伯回望泪汪汪。

山伯流泪路上去，
不觉行程到家乡，
归到家中见父母，
眼中流泪落双行。

父母便问梁山伯，
因何流泪见爷娘？
去时面似桃花色，
转时面似菊花黄。

山伯低头回言答，
眼中流泪说言章：
自从当日去学堂，
路中相逢秀才郎。

两人一日同入学，
日同书案夜同床，
同学三年三个月，
不知英台是女娘。

今日我到英台屋，
看见英台是红妆，
得知英台千金女，
生来美貌好娇娘。

因此我身染了病，
相思病苦命无长，
父母听得孩儿话，
就请先生算阴阳。

此命算来无神鬼[2]，
快快求亲保命长，
父母听得先生说，
心思无计好慌忙。

东去请媒路又远，
西去请媒路又长，
左思右想无计较[3]，
不如亲去也无妨。

我儿宽心床上睡，
等我亲问祝三娘，
山伯答言我娘听，
娘亲听我说言章：

早问三日病就好，
迟问三日见阎王，
若系婚姻得成对，

[1]　恨哥无比：无比恨哥。

[2]　无神鬼：与神鬼无关。

[3]　计较：主意、办法。

亲身去问也无妨。

梁婆即日出门去，
坐轿来到祝家庄，
见个家童门外坐，
梁婆开口说言章：

烦劳正哥[1]去通报，
快去报知祝三娘，
家童听得梁婆说，
心中会意口微张。

就请梁婆厅上坐，
忙入房内报知娘，
英台听得梁母到，
轻移莲步出闺房。

敬请伯母厅上坐，
吩咐梅香献茶汤，
食了三杯茶共酒，
梁婆开口说言章：

莫怪我身到你屋，
讲话得失[2]少官娘[3]，
只因我儿梁山伯，
共你间山大学堂。

今日散学归家去，
见你伶俐动心肠，
为你想成相思病，
若你不救命无长。

我今真心对你说，
要跟我儿结鸳鸯，
我儿二十娘十八，
两人相配得久长。

英台答言伯母听，
伯母听我说言章：
当初便对梁兄讲，
我便是阴他是阳。

梁兄不晓阴阳事，
如今难得结成双，
不知梁兄无缘分，
奴命不配贵才郎。

伯母若想成亲对，
早不请媒来问娘？
当初在学由在我，
归家由在我爷娘。

我正归家得三日，
就有媒人来问娘，
父母领了马家礼，
嫁去南榕马家郎。

领情已过半个月，
石上栽花根已长，
如今难再重改嫁，
未共父母打官方[4]。

英台再对梁婆说，
叮嘱梁兄莫想娘，
自叹贱身无缘分，
我身不招高贵郎。

[1] 正哥：方言，即小哥。
[2] 讲话得失：说话唐突。
[3] 少官娘：对对方（祝英台）的尊称。
[4] 打官方：方言，指商讨、争辩。

一牛何曾枷两轭？
一马何曾装两鞍？
一弓何曾射两箭？
一女何曾嫁两郎？

英台讲多多流泪，
愁愁闷闷在心肠，
梁婆听得英台说，
逼情无奈[1]说言章：

你若不肯嫁我儿，
我便归家取药方，
要取药方听我说，
听我英台说言章：

一要东海龙王骨，
二要西山凤凰肠，
三要晴天云头雨，
四要雷公脑上浆。

五要仙人手指甲，
六要玉女头上香，
七要千年屋上雪，
八要万年瓦上霜。

九要金鸡眼中血，
十要老虎齿中黄，
你若取得十般药，
梁兄病好就离床。

若是不得十般药，
梁兄性命就危亡，
世上黄金容易得，
十般药方哪里寻？

十般药方取不到，
代我带书归家乡，
执笔从头一二写，
眼中流泪滴书行。

梁兄今日为妹死，
青春年少为我亡，
贴身衣衫寄一件，
交与伯母带回乡。

书中不写闲言事，
只写无缘得见郎，
今生不得为夫妇，
死落阴间结鸳鸯。

此衫莫教梁兄见，
放在梁兄席内藏，
梁母辞别出门去，
英台移步转闺房。

梁母上轿就行程，
不觉行程到家堂，
山伯看见娘到屋，
连忙开口问亲娘：

姻缘是否得成对？
若能成对病安康，
梁婆便对孩儿说，
我儿无缘娶娇娘。

蒸熟猪头人有主，
一女怎能嫁两郎？
可惜我儿迟一步，
英台花在马家香。

转劝我儿莫再想，

---

[1] 逼情无奈：被迫无奈。

放宽心肠另找娘，
山伯听得亲娘话，
当时双眼发青光。

呼天喊地呕血死，
怨气冲天见阎王，
梁母惊得手忙乱，
大喊孩儿哭一场。

便将棺材装儿体，
英台衣衫棺内藏，
叫人抬棺去安葬，
葬在南榕大路旁。

左边青龙右白虎，
青龙白虎守坟旁，
青龙白虎回头望，
九曲黄河列冥堂。

墓前立碑写上字，
碑记写字二三行，
碑上立名梁山伯，
青年身死为花亡。

山伯安葬半个月，
马家行礼娶新娘，
择取良辰共吉日，
媒人送礼到厅堂。

父母领了礼聘酒，
英台房内哭断肠，
听闻梁兄身死去，
葬在南榕大路旁。

英台呼天天不应，
英台喊地地不闻，

在生不得成夫妇，
死落阴间再成双。

爷娘入房对女说，
多加打扮巧梳妆，
女身今日成双对，
银烛高照透高堂。

英台听得爷娘说，
低头流泪落双双，
明早五更鸡报晓，
英台房内就梳妆。

头上绾起龙凤髻，
龙凤无缘配成双，
银花插在青丝上，
珍珠玛瑙闪泪光。

五色罗裙穿着起[1]，
出来参拜祖宗堂，
一别堂上神香火，
二别爷爷[2]共我娘。

我爷福如东海水，
我娘寿比南山强，
今日你女分别了，
堂前燕子离开娘。

三别堂中众伯叔，
侄女离家好悲伤，
四别婶娘众姐妹，
不知何日得相逢。

[1] 穿着起：方言，即穿起。
[2] 爷爷：方言，即父亲。

五别六亲众百客，
承蒙关照我爷娘，
英台今日出门去，
不知何日转回乡。

英台离别众乡邻，
去时容易转时难。
嘱咐爷娘多保重，
莫把女儿挂心肠。

英台说言多悲切，
姐妹暗中哭一场，
不说英台多嘱咐，
且说马家喜满堂。

马家娶亲多欢喜，
请来八音闹一场，
罗伞花轿列队去，
吹吹打打闹洋洋。

罗伞花轿随后跟，
前头马上马家郎，
马家才郎娶淑女，
威威武武好堂皇。

马家花轿悠悠去，
一程来到祝家庄，
又说英台房中坐，
忽听锣鼓闹洋洋。

肚中有话都讲尽，
眼中有泪也流干，
白衣罗裙随身带，
随身穿裙内衣裳。

爷娘入房来催促，

花轿临门快出房，
女生外向尚情事[1]，
我女不必太悲伤。

英台听得爷娘话，
肚里无刀自断肠。
英台无奈就上轿，
啼啼哭哭好凄凉。

马家三声礼炮响，
抬起花轿就行程，
马家娶亲多闹哄，
八音锣鼓闹洋洋。

吹吹打打一路去，
来到南榕大路旁，
英台娇声叫停轿，
轿夫停下歇阴凉。

英台下轿举头望，
看见新坟葬路旁，
墓前立碑梁山伯，
暗中流泪断肝肠。

英台脱开红罗衣，
全身露出白衣裳，
英台要去拜坟墓，
一时惊动马家郎。

马家郎来多劝阻，
英台有耳也无装[2]，
山伯是我亲兄弟，
三年同学情意长。

[1] 女生外向尚情事：这句的意思是，女儿都是要外嫁的，这是正常的事情。
[2] 有耳也无装：充耳不闻。

山伯我兄为妹死，
要到坟前祭一场，
你若不肯由我拜，
我今寻死在路旁。

英台立心志已决，
马家无奈劝新娘，
从来娶亲大喜事，
何曾见过拜山冈？

英台不听也不答，
忙忙移步到墓旁，
跪倒墓前就哭喊，
一声梁兄一断肠。

梅香烧着香和烛，
青烟袅袅透天堂，
梁兄有灵来领受，
英台为兄哭断肠。

我兄生时妹有话，
兄若有灵也难忘，
在生不得为夫妇，
死落阴间结成双。

梁兄为妹身死去，
妹今就在哥身旁，
兄若有情来成对，
坟头裂开两三行。

英台抚碑哭又喊，
天旋地转日昏黄，
英台哭得多悲惨，
眼中流血滴双行。

一时天乌[1]地又暗，
飞沙走石日无光，
猛听一声雷霹雳，
坟头裂开三尺长。

坟头裂开三尺阔，
坟茔内里闪青光，
英台看见钻入去，
一时忙煞马家郎。

急急忙忙拉新妇，
扯烂裙衫不见娘，
坟茔一时合拢了，
无隙无缝复如常。

扯烂裙衫化蝴蝶，
蝴蝶双飞好悠扬，
蝴蝶缠绵成双对，
分明山伯与英台。

在生不得成夫妇，
死变蝴蝶结成双，
霎时云开日晴朗，
一条彩虹架天梁。

梁祝双双化蝶飞，
几多悲欢与惆怅，
古人古事今唱了，
传给世人细思量。

[1] 乌：方言，即黑、暗。

0286

流传地区：

　　合浦县

唱本持有者：

　　钟永春（汉族）

搜集整理者：

　　钟世福（汉族）

搜集地点：

　　合浦县白沙乡三角田村

时间：

　　1982 年

原载《广西少数民族与汉族民歌民间故事》（第九集·下），南宁师范学院广西民族民间文学研究室，1986 年 11 月编印。

（过竹、黄毅）

附
记

　　梁山伯与祝英台的悲剧爱情，自古就流传很广。流传于合浦的这首长歌，变异明显，有地方特色。长诗叙述苏州府白沙场有个祝员外，生一女叫祝英台。英台聪明伶俐，年十五，听说间山开学堂，天天求父母让她去上学。父母无奈，只好让她前往。途中，英台遇梁山伯，两人结伴而行。过河的时候，山伯脱衣过，英台穿衣过，还不许山伯回头看。山伯质疑英台是女的，英台却说，光身过河有辱神灵，把山伯的质疑轻轻遮掩过去。到学堂后，英台与山伯同台吃饭、共用笔墨纸砚、同烛读书、共盖一张被子。山伯脱衣睡，而英台则总是等山伯先睡，然后才上床和衣而卧。山伯质疑英台是女的，英台则说，是爹娘爱护，所缝衣服纽扣过多，又解又扣费事，又遮掩过去。不仅如此，英台还与山伯约定，床铺一分为二，睡觉不许过界，山伯应允，因此两人同学三载，山伯并不知道英台是女的。清明节，英台突然想家，于是辞别山伯要回去。山伯送英台，英台暗示她乃女身，但山伯不解。英台回去后，马家来提亲，祝家应允。山伯来看望英台，始知英台是女身，深深悔恨，回家即一病不起。梁母赶紧前往祝家求亲，但英台无力改变她已被许配马家的现实。山伯病亡，葬在路旁。马家迎娶英台，过山伯墓时，英台下轿祭拜山伯。突然间，天昏地暗，电闪雷鸣，山伯墓被雷劈开，英台一跃而入，马家郎只扯得英台的衣衫。裂开的山伯墓复合，雨过天晴，英台的衣衫化成一对蝴蝶，这对蝴蝶翩翩起舞、缠缠绵绵。山伯与英台生不得成夫妇，死变蝴蝶终成双。

　　全诗抒情特征突出，一唱三叹，有较强的艺术性。

　　该长诗的搜集地今鲜有能完整演唱《梁山伯与祝英台》的传唱者。

西湖借伞

（苗族）

吹久听门[1]人厌听，
日月排行报分明；
如下歌词且慢唱，
佤[2]来唱段白蛇精。

邀娘唱上元朝事，
问妹得知不得知；
若是得知同佤唱，
算妹老行[3]出得师。

名叫西湖去借伞，
白蛇配合许家儿；
听段歌词怎样唱，
要妹当坛[4]报来知。

家住浙江杭州府，
他是钱塘县里人；
当众在痕[5]唱不听，
公子开名许汉文。

他爷名开咕听乜[6]，
他妈原名取乜家[7]；
木字上头加一撇，

开名豆[8]问妹文禾。

众人在此坐围围，
他爷名字叫南溪；
母是陈家个女子，
坛中替妹表名齐。

积小[9]他爷做买卖，
生下一男一女人；
男豆开名汉文子，
女叫娇容果是真。

养下汉文四五岁，
父母归阴早丢他；
大姊成人出嫁去，
可怜小弟没痕践[10]。

他个姐夫名公甫，
衙门里内做差人；
实在讲来心事好，
他豆收留许汉文。

汉文长大十五岁，
果是聪明伶俐人；
大姊姐夫同酌议，
劝他学艺过青春。

姐夫原来是姓李，
我把一言报亦真；
内弟本是孤哀子，
许家一脉继香灯。

[1] 听门：即听得烦闷。门：即闷。
[2] 佤："我"。
[3] 老行："内行"。
[4] 当坛："当场"。
[5] 在痕："在此"。
[6] 咕听乜：人名。
[7] 取乜家：取咕听乜（夫家）的名字。
[8] 豆："就"。
[9] 积小："从小"。
[10] 痕践："痕迹"。

公甫有个好朋友，
大号称为王凤山；
继承祖业开药店，
想招帮手店中安。

公甫去到凤山店，
正遇凤山在店门；
生意兴隆人手少，
老兄是否想招人。

凤山即便开言说，
正想请名助手人；
若是李兄帮着个，
点火难逢你个恩。

凤山听罢心欢喜，
得来助手店中存；
且把李兄问一句，
他是哪家门下人？

公甫即便开言讲，
他是许家门下人；
妻父南溪一个子，
名字开为许汉文。

凤山便对公甫讲，
李兄在上听分明；
若是李兄送到此，
包教汉文样样精。

公甫辞别回家去，
便对汉文说一端；
有个药店搜[1]助手，
问你喜欢不喜欢。

汉文便对姐夫讲，
幸得姐夫珍顾心[2]；
药店均为济世地，
小生亦愿到他门。

明日正逢黄道日，
王家门下做工夫；
次日姐夫送弟去，
汉文从此去学徒。

公甫送到凤山店，
王兄得见好欢心；
举止斯文有礼数，
果是聪明伶俐人。

汉文帮理药材铺，
有条有理不模糊；
凤山得见心欢喜，
行行样样果习途[3]。

听阵汉文有下落，
此段歌词又丢开；
如今便把白蛇唱，
也要从头一二来。

且唱四川成都府，
有座青山果是生[4]；
山中有个清风洞，
白蛇洞里去修行。

修炼一千八百载，
并无损坏过人们；

[1] 搜：疑为"收"之误。

[2] 顾心："关心"。

[3] 果习途："果然学会"之意。

[4] 果是生："果然是神奇"之意。

日在洞中成厌闷[1]，
想往杭州散个神[2]。

她是白蛇叫妹白，
取个名字叫阿良；
连时[3]驾雾腾云去，
遇逢南极一星君。

南极连时[4]大声咕，
何方妖道敢登云？
白氏听闻豆下[5]跑，
万生星君开个恩。

南极连时吩咐话，
我今放你往前行；
若是日后行凶事，
雷公打下不饶生。

白氏说声多谢你，
一心求放往杭州；
她在半空抽眼望，
此方地界好风流。

听只白蛇修炼久，
成为一只白蛇精；
经过千年八百载，
百般变化得成形。

杭州有个花园洞，
白氏看见好心生；
豆下云梯即去看，

见只青蛇洞里行。

青蛇即便开言讲，
谁人敢近我坛前？
我已在痕日子久，
现已修行八百年。

白蛇便对青蛇讲，
八百年间称乜先；
我今多你一千载，
你今敢近我身边。

青白两蛇齐一斗，
本是白蛇手脚强；
青蛇连时豆下跑，
千呼万喊白蛇娘。

本是青蛇年纪小，
拜认白蛇大姊先；
她俩二人结姊妹，
西湖洞里去修仙。

她俩修行日子久，
也想人间走一阵；
岩岩[6]行到西湖上，
遇着书生许汉文。

汉文去扫爷娘墓，
烧香烧纸在坟门；
敬罢父坟想去屋，
谁知大雨下纷纷。

大雨滂沱也赶路，
忽然得见俩姑娘；

[1] 厌闷："烦闷"之意。
[2] 散个神："散散心"之意。
[3] 连时："立即"之意。
[4] 连时："连续"之意。
[5] 豆下："降下"之意。

[6] 岩岩："刚刚"之意。

0290

走近前来行个礼，
大齐[1]请问各家乡。

汉文即便开言说，
小弟原名许汉文；
请问姑娘名与姓，
从头一二讲来因。

白蛇回言我姓白，
青蛇回言我姓青；
我俩二人原一路，
积小结成姊妹情。

人讲西湖好景致，
汉文祭祖到西湖；
都是天生地注定，
正正遇着白蛇姑。

齐[2]是青春十七八，
大齐都是后生家；
男也生来真伶俐，
女也生来像朵花。

汉文得见心欢喜，
两位姑娘生得正；
青白二蛇她也望，
也恨汉文美貌身。

你望我来我望你，
各人想在各人心；
弟也难离妹难舍，
好难相遇得同群。

正遇天时下大雨，
齐下江边去请船；
男女三人共一渡，
天生注定有姻缘。

汉文便把姑娘问，
你是何痕[3]女子人？
几远路途到你屋，
如今大雨下纷纷。

小青即便开言说，
佤里白家女子人；
本在钱塘县里住，
坡中巷口是家门。

白氏她脸吟吟笑，
开口问声许汉文；
你家又在何痕住，
借把雨伞佤遮身。

汉文回言讲可以，
大路蛮长到你家；
雨伞我今借港[4]你，
借港姑娘扭去[5]遮。

小青又把汉文问，
你住哪街报佤知；
你屋向南是向北，
把伞去还好得知。

汉文便对姑娘讲，
我把一言报你真；

[1] 大齐："大家"之意。
[2] 齐："都"之意。
[3] 何痕：何处、哪里之意。
[4] 借港："借给"之意。
[5] 扭去："拿去"之意。扭："拿"之意。

不用姑娘送伞去，
明朝亲自我来寻。

白蛇得伞豆回门，
心里思量许汉文；
同了小青比个议，
说他与我结为婚。

约他与我配婚姻，
一定推辞家下贫；
小青你去偷银子，
钱塘县里取金银。

小青应声遵姐令，
即往钱塘县府寻；
当夜就把神通显，
几百两银交姐存。

又唱汉文归到屋，
立也不成坐不成；
次日卯时就去找，
正在花园逢小青。

白氏梳妆又打扮，
同来答谢许恩人；
未能扭伞来还你，
烦你相公到此寻。

白氏想提婚姻事，
未能开口笑吟吟；
小青早已知就里，
笑面相迎许汉文。

小青即便开言说，
我把一言报你真；
你俩二人做夫妇，

我做穿针引线人。

汉文羞得无言答，
白氏姑娘面也红；
心中都想为夫妇，
大齐有话口难通。

小青她又开言讲，
二人有话莫遮藏；
你俩二人成匹配，
也好回家去拜堂。

白氏即便开言讲，
难得相公这好心；
父母弟兄我不有，
相与相公结个婚。

汉文他即开言讲，
小弟孤寒家又贫；
若然我俩成夫妇，
不知何处借金银。

白氏姑娘开口讲，
嘱报相公不用愁；
只要我俩成夫妇，
要用银钱我会搜。

说得汉文同意了，
乐了两条青白蛇；
汉文心中也欢喜，
孤寒儿子也成家。

汉文即便开言讲，
世上难逢姐这贤；
小姐讲配姻缘事，
思量贫苦有文钱。

白氏便对汉文讲，
再不嫌兄家下贫；
给你黄金三十两，
买办齐全娶我身。

青白二蛇就打转，
汉文独自豆回家；
听阵[1]配定姻缘了，
到时自会去搜他。

汉文如今归到屋，
对他大姊把言陈；
白氏姑娘想嫁我，
结婚不用我金银。

大姊听门[2]吟吟笑，
姐夫听说笑吟吟；
果是你今运气到，
成人长长正当婚。

这阵汉文心里甜，
后头有苦不知天；
再唱县里折[3]银子，
这段歌词接下先。

县里失去金银锭，
公甫闻知心也忧；
知县找他去破案，
即即出刻[4]着急搜。

汉文扭金去买办，
欢天喜地果心红；

面带桃花空喜色，
又遇姐夫闯得逢。

金银印有县府记，
姐夫得逢心里惊；
公甫即时仔细看，
豆往[5]公堂去报明。

知县听门公甫讲，
打发公差去捉他；
捉得汉文来问话，
金银你放在何家？

汉文想来心也迟，
妖精迷他不得知；
他想遮瞒不肯认，
恐忧日久漏根基。

知县连时豆下令，
偷盗钱财罪不轻；
挨打四十杀威板，
汉文堂上就遭刑。

汉文挨打难抵苦，
眼泪纷纷照直言；
知县听罢汉文讲，
就报公差停下先。

白氏本是只妖精，
早日得知听事情；
豆把金银通搁下，
暗救汉文罪得轻。

公差去到花园内，

[1] 听阵："听到"之意。
[2] 听门："听闻"之意。
[3] 折："丢失"之意。
[4] 出刻："出去""出发"之意。

[5] 豆往："去往"之意。

人也不逢鬼不逢；
金银搁去花园里，
不见贼人听影踪。

公差上堂交代过，
知县闻知心里惊；
这应讲来明白了，
花园里内有妖精。

知县便对汉文讲，
妖精缠你作风流；
让你这回赦你罪，
另行打扮往苏州。

公甫今门听应讲，
豆带汉文归到家；
娇容大姊知信息，
眼中落泪下如沙。

大姊便对汉文讲，
我爷养你一男儿；
讲你姐夫识破了，
妖精害断佤宗支。

公甫为人心意好，
也是汉文时运通；
凤山看见李公甫，
即刻招呼入店中。

凤山便对公甫讲，
汉文听弟来安排；
这阵他往苏州去，
本是人乖命有乖。

公甫弄得无主意，
凤山把话讲端详；

苏州我有好朋友，
吴家员外好商量。

公甫谢声王好友，
难为珍顾许家儿；
汉文再逢践脚处，
后慢填情答谢时。

凤山即刻修书信，
文与汉文豆启程；
启程即往苏州地，
查访吴家员外庭。

访到吴家员外府，
府中也是大药材；
员外拆开书信看，
豆把汉文接入来。

听阵汉文有下落，
吴家门下做工夫；
也是转看药材铺，
有条有理不模糊。

做得工夫四五日，
此外歌词又丢开；
又唱白蛇来寻夫，
佤慢从头唱出来。

白蛇便对青蛇讲，
虽然佤俩得同群；
害得汉文多受苦，
应该急速去还恩。

青蛇便对白蛇讲，
你今何苦把他忍；
定要寻他算出色，

哪方没有读书儿？

西湖借伞恩过佤，
受罪杭州佤害他；
与他许配姻缘了，
怎能又改别人家？

白氏一言心意起，
腾云驾雾又来寻；
到了苏州豆下界，
看他脚落哪家门。

白氏上街去寻找，
正遇汉文在店中；
面对汉文开口笑，
口口声声喊相公。

汉文得见白氏到，
豆把妖精骂一阵；
害我杭州多受苦，
有乜面皮到此寻。

白氏轻言细语答，
相公作乜反良心；
千里路途寻到你，
当初许过结为婚。

员外听门出来看，
人样生得像观音；
他便近前来动问，
二人有乜说来因。

白氏眼泪下涟涟，
长君在上听奴言；
我是白家门下女，
父母已经死去先。

长大年登十八岁，
有个丫环名小青；
上又无兄下无弟，
父母单生我一名。

三月清明去祭祖，
路途相遇得同群；
正遇天时下大雨，
借伞西湖我念恩。

上我家中去取伞，
双方愿意结为婚；
若得终身成配就，
卡[1]来拜谢我恩人。

我是一心来念主，
他倒反心抛丢情；
街前宁愿碰头死，
留人后世得传名。

言文未罢将头碰，
员外登时惊了心；
急忙一手来扭住，
即时拉入店中门。

员外便把汉文道，
应好贤妻你掉开；
看你就像无情汉，
千途路远枉她来。

汉文即便开言讲，
得你老人替我言；
千错万错是我错，
想来本是我心偏。

[1] 卡："就"之意。

员外听门个[1]句话，
连时他豆笑吟吟；
请个先生择日子，
留得二人结配婚。

白氏汉文配了婚，
天生他俩得成亲；
即日拜天又谢地，
比如仙女配麒麟。

员外见她良心好，
租间铺口在街前；
留他开间小药店，
夫妻两个得安然。

药店开得两三月，
未能进得半文钱；
白氏想来无本做，
滩头放药下连连。

早朝人们担水吃，
人人得病在其身；
白仙做定药丹等，
写个招牌在铺门。

人买药丹吃豆好，
人人哄是许家仙；
满城通县人来买，
汉文卡得赚文钱。

汉文开店又慢唱，
如今且唱一僧人；
苏州有个金山寺，
寺内住持法海僧。

有日汉文出街去，
街前正遇个僧人；
僧人便把汉文问，
你家定是有妖气。

汉文即便开言讲，
你讲妖精在我家；
你若有心救得我，
又是哪门制得她？

僧人他豆开言讲，
讲你灵符回转门；
晚间贴在房门口，
妖精未能近得身。

汉文手接得灵符，
豆用银钱答谢他；
多得僧人我去屋，
连时一直豆回家。

白氏为人真古怪，
她在家中先得知；
汉文归家她豆骂，
夺取灵符她豆撕。

骂得汉文无话答，
乱扭纹银送港[2]他；
我要上街去寻他，
要把纹银收转家。

白氏上街就撞见，
二家显法动乾坤；
僧人法定显不过，
倒给白蛇吊起身。

[1] 个："这"之意。

[2] 送港："送给"之意。

僧人被吊半空中，
奈不其由他卡从；
转把纹银交白氏，
万望姑娘放我松。

白氏转得纹银了，
豆把僧人放下来；
是我个回饶你命，
下回莫乱取人财。

又到五月初三四，
民间习惯备雄黄；
汉文药店也有卖，
两日时间将卖光。

汉文事先留半两，
留为初五浸菖蒲；
丈夫哪晓其中事，
白蛇今次见工夫。

那朝正到端阳节，
汉文对妻把话传；
今日五月初五日，
人们江下赛龙船。

白氏回言我不看，
你爱去看我在家；
逼到汉文也不去，
豆在房中陪伴她。

汉文想来感厌闷，
取些酒肉上台来；
今日是个端阳节，
夫妻饮酒理应该。

白氏推辞不想吃，

汉文诚心相劝她；
连饮几杯雄黄酒，
白氏觉得眼见花。

白氏上楼去睡了，
吩咐汉文出外游；
汉文以为她发病，
连时豆把药来搜。

汉文搜得药丸了，
急急忙忙跑上楼；
揭开蚊帐黑[1]一跳，
一只大蛇在里留。

汉文得见心慌怕，
一跤跌倒在房中；
三魂七魄归阴府，
一场欢喜两场空。

一阵青蛇归到屋，
看见家中死了人；
豆喊姑娘你快醒，
你黑你夫许汉文。

白氏听门小青喊，
即刻连时豆起身；
得见汉文死去了，
眼中落泪下纷纷。

白氏眼泪下如沙，
急喊小青扶起他；
小青回言人已死，
劝你姑娘嫁另家。

[1] 黑："吓"之意。

0297

白氏便把小青道，
今件事情不可行；
是我今天害他死，
应该设法救他生。

吩咐小青在此看，
我今驾雾上天宫；
急上天宫偷仙草，
取得回家救相公。

飞到昆仑山顶上，
想偷仙草转回家；
白鹤仙童守仙草，
任你求情不港她。

不讲我来我豆抢，
且救夫君一命先；
白鹤仙童也不让，
二人大战在山边。

太白仙人来得见，
豆喊二人莫战争；
实为夫妻情义重，
留她去救转翻生。

去到天宫大半日，
取得灵芝草一根；
煮菜豆把汉文吃，
一时三刻转回魂。

汉文已经回魂转，
白氏就对汉文言；
有只大蛇入伍屋，
我今快死在江边。

汉文未醒先作定，

白氏如今来托茶；
夫君你往江边看，
我与小青打死它。

汉文不晓其中意，
只是宽心相信她；
白氏贴心又贴力，
二人仍旧做公婆。

害他一次又二次，
汉文都认不知忧；
过了三头两个月，
汉文又遇着忧愁。

有个吕祖店开祭，
约着汉文要应酬；
要些珍珠与玛瑙，
白氏称能我会搜。

白氏得知梁王有，
他在浙江第一流；
白氏豆温[1]小青讲，
私报小青你去偷。

汉文扭宝把卦祭，
有官看宝听来由；
又被梁王识破了，
汉文性命又担忧。

豆捉汉文去到县，
便把汉文骂几声；
皇上宝贝你偷得，
你家恐怕有妖精。

[1]　豆温："就与"之意。

大臣个个见他善，
此人不必下监牢；
充配你去浙江府，
不让妖精在此朝。

吴家员外良心好，
看见汉文心可怜；
浙江有个徐员外，
徐吴两个是同年。

吴家员外写书信，
交付汉文你去岩[1]；
汉文连时就访到，
他今贴赖得安然。

两只妖精真有心，
先有浙江街上存；
就在街前租个铺，
慢守在痕等汉文。

汉文得见她便骂，
你今害我总忧心；
一次二次来害我，
时常提罪入衙门。

应只妖精真会讲，
假装大哭泪纷纷；
若是相公有念我，
我怎如何还你恩？

徐家员外还到此，
见这情形劝汉文；
劝你街前做买卖，
夫妻仍旧得同群。

员外劝得汉文愿，
即时移步转家门；
心中羡慕白氏好，
想得相思病在身。

一连几日不吃饭，
青皮落色不成人；
贤妻去到床头问，
我夫愁悔为何因？

员外回声思白氏，
恐忧性命会归阴；
员外贤妻心是好，
痛心夫主当千金。

员外贤妻豆设计，
为救夫君费尽心；
屋背花园安置好，
派人请来白氏娘。

贤妻便对夫君讲，
请夫去看牡丹花；
你在亭中里内等，
自然不久得逢她。

员外听门这句话，
病就连时好几分；
迷着妖精她几日，
若得相逢偰美心。

丫环去到铺口请，
白氏得知没好言；
但管同她一路去，
看他怎样近身边。

徐妻看见白氏到，

果然好息[1]像枝花；
好比仙家女下界，
难怪我夫呆想她。

贤妻与夫就比议，
请入花园里内存；
三人把酒来相会，
一颗枇杷有两心。

饮得三杯四五盏，
徐府贤妻即走开；
假意厨中去取菜，
只剩二人共一台。

员外即便开言讲，
难遇仙姑到此来；
家内妻身本有个，
愚笨胸怀不有才。

白氏面色放宽容，
假装酒醉眼蒙眬；
起身便入房中去，
即入纱罗帐内中。

员外转背关门了，
上了床铺搜不逢；
这种事情真古怪，
又无人影又无踪。

员外多心空想色，
是只妖精他不知；
他在床中四处找，
得见床头有首诗。

声声色色心中起，
递递迢迢去路遥；
山山水水实难免，
邪邪正正脑中昭。

心心意意人难定，
念念思思过险桥；
碌碌劳劳何日了，
飘飘摇摇上九霄。

员外念罢豆不想，
白氏回家没好言；
汉文哪晓其中事，
二人仍旧好新鲜。

有日汉文想员外，
到了徐家屋里头；
汉文便对员外讲，
与兄蛮久没行游。

员外回言讲正是，
人逢烦恼要消愁；
前面有个金山寺，
我且同兄里面游。

二人去到金山寺，
法海禅师出外迎；
法海道声真有幸，
难逢施主到门庭。

双方施礼同上坐，
法海禅师道一声；
汉文兄台面色另，
兄台家内有妖精。

法海耿耿将言讲，

[1]　好息："好似"之意。

许兄面色有些青；
相劝兄台莫回去，
妖精不敢到痕[1]迎。

汉文听门这句话，
豆在寺中我不归；
吩咐员外回家去，
且看妖精怎摆为。

白氏在家听得久，
今朝去到这如今；
应夜相公没到屋，
打发小青快去寻。

小青查罢回家报，
相公今后不归家；
他已住在金山寺，
莫在这痕守等他。

白氏听门小青讲，
三点弯弓不放心；
连时豆问小青去，
金山寺内找夫君。

二人去到金山寺，
白氏上前豆喊门；
法海出来看见了，
连时大闹滚尘尘。

白氏开言骂法海，
为何管了我夫君？
赶快放他交与我，
大齐免得动乾坤。

法海回言又骂她，
骂她白氏是妖魔；
汉文他愿出家了，
莫在山前守等他。

白氏想来无主意，
山前哭得泪淋腮；
法定未能得显过，
白氏无奈下山来。

白氏回家豆用计，
去拍龙王宫殿门；
我要去淹金山寺，
想来救出我夫君。

龙王也依白蛇话，
连时大雨下纷纷；
落了三晡四五日，
登时水涨到山门。

倾盆大雨不停止，
这是龙王发水来；
连时水淹金山寺，
寺中和尚哭呕哀。

大水淹到寺门口，
法海看见也惊心；
脱下袈裟衫一件，
挡住大水在山门。

禅师法力真灵验，
即时挡水在山门；
倾盆大雨又停止，
水豆连时退几分。

白氏她在云头望，

淹死成千上万人；
想起妖精自取错，
自家领罪上她身。

白氏禅师同战斗，
冲动胎儿心不安；
豆喊小青去屋罢，
二人移步下金山。

妖精法定战不过，
退入山林洞里住；
守等江水来退定，
慢去路中守等他。

江水已经退定了，
法海禅师报汉文；
如今你可下山去，
这阵妖精不在痕。

白氏日日云头望，
看见汉文下了山；
青白二人桥上等，
假意在此哭一餐。

汉文来到断桥上，
正逢白氏在桥中；
也是天生地注定，
夫妻仍旧得相逢。

汉文得见将言讲，
妖精你又到痕缠；
又讲有缘来配我，
不如独自认安然。

白氏跑在面前哭，
六甲已经有在身；

日后生男或是女，
喊上谁人做父亲？

汉文为人心是软，
这只妖精很会唆；
妖精跪下来哀哭，
痛在心肝又转头。

劝得汉文回头转，
思量眼泪下纷纷；
屋舍已经通淹坏，
如今何处去安身？

白氏即便开言讲，
嘱报夫君你莫忧；
大姊她家屋舍阔，
我们移步去杭州。

汉文听门这样讲，
连时不哭豆心宽；
个阵已经天色夜，
佢下江边去请船。

一直行船三五日，
卡到姐夫家下存；
姊妹大齐同打叹，
叹佢孤寒家下贫。

娇容大姊心欢喜，
今天两对得同台；
佢弟落难真多次，
天地开恩到此来。

姊妹大齐同打叹，
叹着孤寒哭一餐；
日在家中常聚议，

不作生涯家更难。

转在街前开药店，
大姊看见笑眯眯；
过得三头几个月，
白氏生下一男儿。

大姊生下一个女，
姊妹两家心实宽；
汉文便对姐夫讲，
开名以字港人传。

男叫梦蛟讲你听，
大姊女儿叫碧莲；
同年同月又同日，
都是二人都有缘。

亲戚朋友来恭贺，
隔壁对门送礼来；
三朝满月都弄酒，
两家闹热几心开。

汉文今个梦蛟子，
生得头奕面也奕；
眉清目秀真伶俐，
将来一定做高官。

汉文又对姐夫讲，
我把一言报你知；
你女我儿有意义，
同年同月又同时。

公甫听了真欢喜，
留他两个结为婚；
小青她便开言讲，
我做穿针引线人。

次日正逢黄道日，
小青豆去年鸿庚；
过后孩儿长大了，
凭他二人把礼行。

汉文办了茶盐礼，
姐夫门下定婚姻；
百日能来把婚定，
猜拳打码滚尘尘。

白氏与儿定亲了，
自己想来心安生；
心里自知大限到，
必须认着去修行。

汉文不识其中意，
法海禅师又到痕，
手扭一个黄金钵，
今会白蛇难脱身。

法海先到西天去，
取来金钵罩白蛇；
任何神通法宝大，
也是很难逃避它。

禅师来到汉文屋，
白氏闻知心尽忧；
自叹终身大限到，
低头眼泪下油油。

白氏如今大限到，
实无良法脱身开；
豆把孩儿交与你，
希望丈夫养大来。

娇容大姊旁边听，

豆把梦蛟接过来；
姑嫂公婆真难舍，
思量两眼泪淋腮。

白氏便对大姊讲，
话语从衷报你明；
我把实情讲你听，
我今是只白蛇精。

南极君星交代过，
不准行凶这一门；
因为我淹金山寺，
自家领罪自家身。

一阵禅师捉我去，
这场大祸不消言；
小小孩儿交你养，
后来得接家香烟。

白氏便对汉文讲，
我是蛇精变出来；
小时挨人捉去卖，
是你将钱买我来。

买我放入清风洞，
修行得道到今时；
结配姻缘来谢你，
前古情由你不知。

是话我今尽讲出，
夫君切莫痛心多；
辞别夫君今去了，
大限临头没奈何。

小青又便开言讲，
嘱报二人莫要愁；

我上昆仑炼法宝，
将来替你报冤仇。

汉文听门如此话，
眼中落泪下纷纷；
佤俩二人情义重，
实难舍得我妻身。

白氏摇身就一变，
蛇儿一只在厅堂；
禅师即将金钵罩，
捉了蛇精里内藏。

禅师捉得白蛇去，
腾云驾雾过西湖；
小青她也腾云去，
昆仑山上练功夫。

禅师带了蛇精去，
便对蛇精说一存；
西湖有个雷峰塔，
我今放你里留存。

禅师便对白氏讲，
守你孤儿到出身；
梦蛟成人长大了，
慢来度你上天门。

白氏听门这句话，
豆在塔中磕个头；
禅师报声修好道，
行善无横不用忧。

汉文看见白氏去，
思量哭得眼睛花；
梦蛟留交大姊养，

他也修行去出家。

辞别姐夫和大姊，
即刻连时豆出门；
看破世情多冷淡，
金山寺里做僧人。

白氏汉文又慢唱，
且唱梦蛟他出身，
生身父母辞别去，
贴赖姑姑养成人。

年纪长成六七岁，
送入书堂读四书；
先生看见真欢喜，
是个聪明伶俐儿。

七岁读书到十五，
便到京城去赶科；
入场豆把文章写，
考中状元果不差。

梦蛟得中状元了，
请假回家看父亲；
顺便去祭雷峰塔，
探望母亲在那痕。

请得父亲下山了，
办成酒礼与三牲；
姑妈姑爷通请去，
朝往雷峰塔下行。

去来西湖得半路，
还有半天卡到那；
停在雷峰塔脚下，
梦蛟眼泪下涟涟。

摆起猪头行祭礼，
孩儿痛哭两三声；
惊动小青也到此，
南极星君下界迎。

果是状元福气大，
惊动小青也到痕；
如今练得神仙法，
来救白蛇得出身。

念动真言三两句，
雷峰塔顶起乌云；
一阵塔开破作两，
得见白蛇里内存。

小青摇动烈火发，
烧坏法海这仙衣；
用心学了神仙法，
显了功夫港你知。

杀得法海无法挡，
急急忙忙败下来；
白氏上前斩一剑，
光头便作两边开。

南极星君开言讲，
二人不必在凡间；
细席一张铺地下，
我今度你上仙山。

白氏便对大姊讲，
汉文便对姐夫言；
辞别我家亲骨血，
仙师度伲上青天。

汉文青白明天去，

仙师便对梦蛟言；
父母我今超度去，
你问姑爷过生天。

每个近前敬一礼，
辞别分离心莫焦；
母子近前敬一礼，
待我吹云上天朝。

父母升到天宫云，
梦蛟他亦痛心肝；
生身父母离儿去，
养育之恩怎样还？

吩咐家人一句话，
把那三牲擒起来；
如今佢往家乡转，
打锣执事送归英。

回家敬奉我姑妈，
双双叩拜我恩人；
姑爷为人心事好，
又配碧莲来结婚。

娇容便对公甫讲，
这个梦蛟也可怜；
托赖天公开只眼，
一考之时得状元。

请个先生看日子，
赶把碧莲许配他；
世上难逢这件事，
正为血表 [1] 做公婆。

齐是年登十七八，
功名一中结鸳鸯；
就请九亲六眷酒，
正当一拜结成婚。

配合成亲真快乐，
犹如鸾凤与麒麟；
为善之人福分大，
这是孤寒儿出身。

这段歌词完卷了，
碧莲结配梦蛟儿；
以后许家昌荣盛，
不用唱来也知恰 [2]。

[1] 表：表亲。

[2] 也知恰：也知道。

流传地区：

　　融水苗族自治县

歌本编写者：

　　佚名

搜集者：

　　过竹（苗族）

搜集地点：

　　融水苗族自治县香粉乡雨卜村

时间：

　　1984 年

原载《南方民族文化探幽》，过竹著，广西人民出版社，
1995 年 12 月。

附
记

　　《西湖借伞》流传于融水苗族自治县，歌本用汉字抄写，用土拐
话演唱。

　　土拐话，平话小方言，属桂南平话。操此种方言的人自称百姓话、
客话，俗称本地话等。《融县志》(1936 年版)、《融水县志》(1998
年版) 称之为平话；《融安县志》(1996 年版) 称之为土拐话。分布
于沿广西壮族自治区境内的柳（州）、来（宾）、河（池）地区融江、
柳江两岸以及古官道、古官府所在地。讲土拐话者有几十万，分布在
融水苗族自治县融水镇、和睦镇、永乐镇及四荣乡、香粉乡、大浪镇
的部分地区，融安县长安镇、浮石镇、大良镇、潭头乡、东起乡及沙
子乡、泗顶镇、大将镇、大坡乡一部分村屯，柳城县的龙头、古砦、
洛崖、大埔等乡镇及柳江的沿江一带，罗城仫佬族自治县的小长安镇、
四把镇、龙岸镇及宜州的德胜镇。

　　该长诗搜集地今鲜有《西湖借伞》的传唱者。（过竹、黄毅）

覃青与十娘

（瑶族）

且唱金娥一听，
家乡住在宾州，
老者听闻心里忧，
少者泪双流。

一愿国皇万岁，
二愿天下太平，
三愿六国进朝廷，
四愿我家兴。

五愿风调雨顺，
六愿国泰民安，
七愿盗贼尽安宁，
八愿好提兵。

九愿爷娘长寿，
十愿兄弟和平，
十一愿我成名，
十二愿通达朝廷。

又唱自身一所，
家乡住在盘龙，
祖居住在白沙场，
正是贵人乡。

八角门楼相对，
同邻四伴郎村，
四山八水进郎门，
代代出高官。

祖做唐皇太守，
父做知县高升，
同房叔伯有功名，
个个进朝廷。

郎是世家之子，
爷娘把我珍珠，
自身细小好风流，
日夜出行游。

望见刘家之女，
生得白似观音，
父母差媒去问亲，
捞^[1]我结为婚。

刘公闻说欢喜，
愿交小弟成亲，
年深日久未为婚，
从细到如今。

我今交朋结友，
十人共结弟兄，
茶来酒去冇^[2]时停，
结义又交情。

兄弟相和欲酒，
三杯两盏商量，
不知教学习文章，
留得后传扬。

我便将言说起，
明来我村头，
在我花园起学楼，

[1]　捞：同在一起。
[2]　冇：读"冒"，同"无"。

齐众共参谋。

起得学楼一座，
便请教学先生，
先生教我十兄弟，
个个尽聪明。

日间开蒙教学，
夜间打鼓连声，
四时欢唱无时停，
欢唱到鸡鸣。

正月开蒙教学，
二月散馆回家，
逢春甲子整犁耙，
耕耘好荣华。

种了又交七月，
上有大小高田，
一男一女看茶园，
快乐小神仙。

弟便近前偷看，
胜如玉女身材，
盘龙发髻插金，
前后似龙排。

一笑千金难买，
向行脚步轻轻，
面似桃花眼似星，
讲话甚聪明。

郎便近前偷问，
问娘年岁几多，
贵居何处是娘家，
贵姓妹如何。

娘便回言郎语，
住在邻近村乡，
大行排来刘十妹，
刘九女官裳。

娘命壬戌属水，
生在二月中间，
十三那夜卯时生，
正是妹年庚。

娘便回言郎语，
问郎年岁几多，
贵居何处是郎家，
贵姓弟如何。

弟便答言娘语，
小弟姓名覃青，
茶山脚下我家庭，
名叫四哥兄。

弟妹庚辰属木，
正月十五夜生，
戌时落地打头更，
正是弟年庚。

问了二人同去，
相邀同过青山，
十娘行后弟行前，
同去看茶园。

去到盘龙桥上，
覃青便买槟榔，
俾口槟榔奉十娘，
侬两结成双。

娘便低头来接，

口中偷笑吟吟，
借问我情一句音，
茶礼[1]领未曾。

娘便将言说起，
爷娘未领人茶，
父母生我只一只，
问弟意如何。

日守空房泪落，
夜间独睡罗帏，
单身专望弟成双，
眼泪落茫茫。

我便将言说起，
日间独坐房前，
自小单身独自眠，
未曾结姻缘。

侬两成双虽好，
路遥书信难通，
昨夜梦见一双龙，
今日两相逢。

娘便共郎出计，
报兄今晚偷来，
大巷篱根抛石栽，
妹就近前来。

是夜小郎偷去，
去到背后墙头，
遇逢细狗吠咻咻，
吓怕弟心忧。

十娘听闻狗吠，
连忙走出来寻，
畜牲叫唤有何因，
四处也无人。

喝得狗声停了，
报哥脚步轻轻，
莫俾哥嫂听闻声，
话妹有私情。

娘便引郎入屋，
共郎引过厅前，
爷娘哥嫂尽归眠，
引郎到床边。

入到床边坐落，
二人肉气纷飞，
牡丹花发正当时，
罗帏结相思。

同宿罗帏一夜，
胜如共枕千年，
见郎面貌甚高强，
谨记在心肠。

弟是飞来燕子，
捞妹同过青山，
鲤鱼得水上高滩，
抛别妹心烦。

同宿罗帏枕上，
不觉星斗转移，
月落西山鸡又啼，
分别两孤凄。

妹骂金鸡啼早，

侬两共宿一时，
逢郎夜短甚亏娘，
独睡夜又长。

二人同宿枕上，
又闻更鼓声催，
声声催弟落床前，
得见小郎鞋。

寻见花鞋着起，
连忙抽脚出门，
临行嘱报弟同年，
辞别一时先。

今夜郎来夜短，
偷来暗去谁知，
心中长想肚里思，
难舍两分离。

二人寻思计较，
烧香结愿当天，
郎有二心神亦知，
妹嫁变成驴。

一日小郎出计，
弟今去买私盐，
临行嘱报我同年，
我去买私盐。

二人相醉泪落，
手挽身上衣衫，
拎[1]条手巾送情兄，
得物早回程。

出门十娘又报，
你看门前江滩，
买得私盐早早翻，
莫挂妹心烦。

今日开船去了，
未定本月会翻，
买得白藤细簧箱，
未送我情娘。

昨夜十娘得梦，
分明梦见覃青，
心念我情怕会翻，
早早起梳妆。

是日船头到岸，
覃青上岸来寻，
十娘行出遇逢郎，
恭喜两平安。

见你开船去了，
时时挂念在心，
日夜相思无时闲，
专望尔回翻。

娘便将言说起，
成双及早莫迟，
花发能有几多枝，
快快结相思。

离别情娘去了，
为娘挂念不安，
衣襟妹泪无时干，
难舍守空房。

双手开门泪落，

只因无奈鸡啼，
如今分明两孤凄，
送我出门篱。

二人寻思计较，
烧香结愿当天，
父母若想依弟言，
结发百余年。

昨夜差媒去问，
问妹心意如何，
神推鬼护领郎茶，
办定猪羊鹅。

是日差媒去问，
刘公骂弟家贫，
话我门风不好人，
想女结为婚。

十娘回言爷语，
你今要领人茶，
不领人茶人笑侬，
说坏你门风。

十娘答言爷语，
又想俾[1]话来拦，
时运不通到处难，
唔[2]想在阳间。

吴家差媒去问，
爷娘开口成亲，
就杀猪羊待六亲，
捞乱十娘心。

[1] 俾："用"之意。
[2] 唔："不"。

十娘回言爷语，
吴家财礼莫收，
就是姻缘不到头，
覆水难收留。

吴家果然不嫁，
爷娘莫领人茶，
宁愿守在侬家，
财礼送还他。

娘对媒婆又说，
你去传话吴家，
我今命大杀三夫，
又杀两翁姑。

日带飞天九煞，
时带八败三刑，
就嫁吴家都不成，
邻舍不安宁。

媒婆答言娘语，
吴家今请我来，
成双专望百花开，
八字命安排。

娘便答言婆语，
就是大命不合，
吴家财礼莫多讲，
喜动老媒婆。

是日媒婆去了，
便去吴家说知，
媒婆亲口说侬知，
早早莫丢迟。

吴家听闻欢喜，

杀鸡来待媒婆，
劳你用心成了亲，
日后正酬恩。

十娘听闻说直，
爷娘不听我言，
贪人富贵不嫁贫，
想我别为婚。

爷娘听闻大骂，
多言打断脚跟，
嫁你插金又插银，
你口利如针。

十娘偷说大嫂，
我今连着覃青，
当天结愿为神明，
难舍有情兄。

大嫂答言妹语，
不怕结愿当天，
铜盆种藕不成莲，
抛丢那边天。

十娘回言大嫂，
眼中流泪涟涟，
乌云盖月不满天，
大嫂莫多言。

连着覃青日久，
不曾一日离分，
一夜夫妻百夜恩，
难舍有情人。

十娘对郎便说，
爷娘想我嫁人，

我情有意要跟寻，
愿死不愿分。

娘便寻思计较，
心中暗想思量，
年深日久未分张，
生死为爷娘。

小郎听闻娘语，
心中暗自思量，
年深日久有分张，
生死为爷娘。

郎又闻言娘语，
眼中流泪纷飞，
你心合得我心时，
阴府结相思。

初一天光早起，
寻娘共我商量，
低头眼泪落涟涟，
半句也难言。

初二天光吃饭，
神鬼护去忙忙，
打得腰刀尺二长，
磨刀白如霜。

插了腰刀入鞘，
时时带在郎身，
深深拜别我爷娘，
想我命无长。

爷娘闻听大哭，
如何罪及儿身，

0313

我儿为匕[1]泪纷纷，
想你不成人。

去到娘门大喊，
出来共我商量，
十娘身着好衣裳，
愿死受灾殃。

侬两当天结愿，
偷连天下都知，
皇天合得我心时，
阴府结相思。

二人相辞泪落，
带出巷口篱根，
一刀斩断两三巡，
头断血淋身。

杀死十娘倒地，
连刀抛过篱根，
杀死十娘有何因，
魂魄乱纷纷。

爷娘听闻声喊，
连忙跑出来寻，
见女杀死在篱根，
头断血淋身。

刘九当时发性，
大骂强盗覃青，
杀死我女为何因，
可惜少年人。

覃青答言刘九，

我连十娘年深，
只因改嫁别为婚，
是我杀她身。

杀死十娘倒地，
唱歌嗷嗷行开，
望见刘公父子来，
乱棍拨唔开。

刘九迎前捉住，
惊动四处村邻，
地方甲长共团绅，
向我问原因。

覃青从头直说，
我连十娘年深，
只因改嫁别为婚，
是我杀她身。

我是杀人不怕，
任凭斩身除头，
脱落腰刀给你收，
生死为风流。

临时大咽刘九，
杀人难处分分，
刘婆抓住弟头筋，
麻索上郎身。

捉得小郎到手，
押归原死尸场，
刘婆骂我不思量，
杀死我十娘。

覃青答言婆语，
莫将此事来拦，

连婆杀死又何妨，
小弟一身当。

你想贪银不足，
想女改嫁东屋，
有钱都是眼前花，
一世打冤家。

刘九心中火起，
你来败我门风，
想来道理实难通，
不告实难容。

告你杀人罪大，
即时就发刑房，
出票官兵去忙忙，
去捉覃青郎。

官到尸场坐落，
即时就嘱覃青，
从头一二说来情，
等我断分明。

覃青从头直说，
我连十娘年深，
只因改嫁别为婚，
是我杀佢[1]身。

验了尸骸停当，
官兵去捉猪羊，
正是官兵杀人犯，
供应祭十娘。

老母闻说亦哭，

六亲九族都知，
一半哭孙半哭儿，
大小泪淋衣。

大嫂杀鸡一只，
煮熟连饭拎来，
低头望见泪淋腮，
茶饭尽拎来。

覃青见嫂来到，
眼中流泪纷纷，
养儿长大来报恩，
今日两相分。

一别家中父母，
睡干睡湿都知，
没曾报恩答谢时，
今日两分离。

父母闻言亦哭，
我儿罪大难当，
不是重担替儿担，
王法重如山。

二别家中大嫂，
好生服侍爷娘，
如今莫望我回乡，
骨肉断肝肠。

大嫂闻言亦哭，
叔今自作差身，
专望一人成二人，
今日两离分。

三别祖婆在上，
孙今自作差身，

望孙长大报婆恩，
今日两相分。

祖婆闻声亦哭，
眼中流泪涟涟，
父母生你未报恩，
可惜少年人。

四别家中佛保[1]，
叔今实死无生，
田塘地下要勤耕，
莫学叔公行。

佛保闻声亦哭，
孙今愿替叔公，
叔公有事子孙当，
孙死又何妨。

五别家中小妹，
好生看守闺房，
爷娘早晚奉茶汤，
少年礼应当。

小妹闻声亦哭，
我哥实死无生，
爷娘莫望我归还，
做事实为难。

六别房中叔伯，
侄今实死无生，
田塘邻里莫相争，
抛丢枉为闲。

叔伯闻声亦哭，

思量肚闷心烦，
眼中流泪湿衣衫，
唔想在阳间。

七别家中姑嫂，
弟今实死无生，
府中姑嫂莫相争，
私路莫多行。

姑嫂闻声亦哭，
贪花世上人传，
匕人舍命落黄泉，
害了你青年。

八别六亲九族，
别了老幼姑婆，
于今我死不奈何，
今日两分疏。

姑嫂闻声亦哭，
眼中流泪纷纷，
贪花害死少年人，
可惜你青春。

九别东邻西舍，
别了上下村邻，
如今我死落黄泉，
莫望转家门。

邻舍闻声亦哭，
好个志意情兄，
细时叫你四哥兄，
长大甚聪明。

十别村头大小，
时时唱歌行游，

[1] 佛保：人名。

如今莫望我回头，
死了为风流。

大小闻声亦哭，
时时唱歌无停，
风流害死四哥兄，
今日断歌声。

一叹门前好路，
如今莫望我行，
无人行走起青苔，
想起泪淋腮。

二叹房子枕席，
如今莫望我眠，
无人睡你起青烟，
魂魄到床边。

三叹厨中一座，
朝夜煮菜甚香，
就是珍珠无得尝，
今月见凄凉。

四叹禾仓谷米，
时时好作酒酱，
何曾有杯落兄肠，
眼泪落洋洋。

五叹高楼大屋，
又有四合厢房，
晚间高灯照月光，
照见兄空床。

六叹家财万贯，
田塘屋地茶山，
如今无我回来耕，

抛丢枉为闲。

七叹牛羊六畜，
家中养活成群，
朝间放出晚归栏，
莫望我赶翻。

八叹大小歌本，
讲出句句新鲜，
无人唱你起青烟，
抛去一边天。

九叹祖坟一座，
只因风水不同，
无缘无福耍风流，
今日得忧愁。

十叹小郎贱命，
谁知就是咁^[1]长，
杀人最大要填偿，
眼泪落洋洋。

叹了官府又到，
红旗步步行先，
小郎有口也难言，
眼泪落涟涟。

官府高堂坐落，
分明去捉罪人，
去取七醋^[2]二三斤，
来验十娘身。

验了尸骸停当，

[1]　咁："这样"。

[2]　七醋：云南省富宁县剥隘镇出产的地方醋名。

立时去捉覃青，
从头一二说来情，
等我断分明。

覃青从头直说，
我连十娘年深，
只因改嫁别为婚，
是我杀她身。

句句言词相对，
将身解上宾州，
望见宾州一座楼，
魂魄去悠悠。

解赴小郎去了，
复翻莫望我回，
不觉刘公父子了，
骂我理唔该。

日便粮食半合，
夜问睡在刑床，
臭虫狗虱甚是多，
蚊子唱山歌。

爷娘见儿受苦，
俾银买放儿身，
拜上爷娘莫要来，
枉你使钱财。

日便官词审问，
夜间打缩灯油，
不生不死见忧愁，
魂魄去悠悠。

覃青自己愿死，
死归阴府来寻，

一夜夫妻百夜恩，
难舍重情人。

覃青死落阴府，
去寻十娘三魂，
奈何桥上遇逢娘，
难舍两分离。

同过奈何桥上，
分明遇见十娘，
身上穿着好衣裳，
等着有情郎。

我便开言就问，
你住何州何乡，
死落阴府都为娘，
齐众见凄凉。

拜告牛头狱卒，
覃青带住十娘，
身上着有好衣裳，
眼泪落洋洋。

阎王开言驳问，
覃青跪在殿前，
从头一二说来由，
俾我断分明。

覃青从头直说，
我连十娘年深，
只因改嫁别为婚，
是我杀她身。

在阳成双结对，
死归阴府来寻，
求叩阎王赦罪人，

依两转回魂。

阎王开簿来看，
尚有五十年长，
枉杀覃青共十娘，
快快放回阳。

覃青闻言声喊，
俾人去接十娘，
坐在阎王殿中央，
告诉两平安。

唱了覃青一本，
专唱覃青十娘，
贪花死了结鸳鸯，
万代得传扬。

流传地区：
　　金秀瑶族自治县
传唱者：
　　佚名
搜集者：
　　广西少数民族社会历史调查组（1957 年）、
　　金秀瑶族自治县民间文学普查组（1986 年）
采集地点：
　　金秀瑶族自治县罗香乡、六巷乡
原载《民间叙事歌》，苏胜兴主编，金秀瑶族自治县民间文学三套集成领导小组编印，1987 年 10 月。

附
记

　　《覃青与十娘》，又名《唱覃青》，这首长歌曾流传于罗香乡和六巷乡上古陈村，男女皆晓，有用瑶语唱的，也有用粤语唱的。

　　1957 年广西少数民族社会历史调查组曾搜集到 1 个唱本。

　　1986 年金秀瑶族自治县民间文学普查组在罗香、六巷也搜集到 2 个唱本。

　　3 个唱本基本相同。

　　这里收录的《覃青与十娘》，是经过金秀瑶族自治县民间文学普查组对 3 个唱本进行校对补正的成果。

　　该长诗搜集地今鲜有能完整演唱《覃青与十娘》的传唱者。（过竹、黄毅）

娓生和阿根

（瑶族）

一

古龙树常青四季花，
古龙山长流古龙泉，
百年古龙传古歌，
古龙花开映山间，
孔雀来这里开屏，
彩凤来这里迎春，
锦鸡在这里落户，
画眉到这里联姻。

阿根住在这里边，
阿根住了好多年，
阿根从小没爹娘，
做梦方见爹娘面，
父亲留下锄一杆，
亲娘留下一把镰，
富家儿女好食懒做，
阿根从小懂得当家难。

南岭种豆种瓜，
西坡油麻一大片，
古龙山高路最陡，
古龙山崖石头尖，
他说爹娘曾走过，
哪怕崖高路险，
他讲爹娘开出古龙泉，
古龙山上好种田。

二

天上彩虹好丽艳，
娓生绣做衣花边，
彩色丝线最打眼，
娓生绣彩带佩项链，
天天泉边去挑水，
笑貌留在水里边，
喝了泉水甜透心，
木瓢舀水照容颜。

多少后生向她求爱，
多少小伙来追恋，
娓生只喜欢阿根哥，
时常思念在心间，
阿根坡上撒油麻[1]，
娓生帮把灰肥点，
阿根地里收豆瓜，
娓生跟在地里捡。

山高崖险难度日，
阿根讲爹娘死了好孤单，
金藤缠在古龙树，
娓生讲古龙扎根石缝千百年，
石板上面撒油麻，
阿根讲，
好光景盼到哪一年？
古龙山流古龙泉，
娓生讲，
源头就在心里边。

豆角油麻开了花，
娓生一天要看三遍，

[1] 油麻："芝麻"。

油麻节节结了籽，

娓生做梦也瞧一眼，

娓生绣的花帐帘，

阿根早晚看几遍，

娓生绣的花枕巾，

阿根梦里笑声喧。

三

古龙山上造田地，

高高崖顶架水涧[1]，

阿根要到韶圩买牛，

娓生乐得心花吐艳，

娓生要到柱圩买丝线，

阿根喜得夜不眠，

古龙泉边要插秧，

古龙山上建家园。

穷人家买东西不容易，

受苦人过日子艰难，

两人省吃俭用，

每天攒下一点点：

一天省下几粒米，

一天省下几文钱，

攒了粮食好几斗，

积了铜板好几元。

阿根要动身出门，

娓生鸡啼头一遍起来生火，

阿根动身要离家，

娓生做好饭才亮了天，

她煮的糯饭看起来最白，

她煮的糯饭吃起来最香，

她包的午饭最黏，

出门三天吃起来还甜。

阿根把斗笠背在身上，

阿根把铜板系在腰间，

他说三天才回家，

他说三天回来再见面，

娓生三番五次嘱咐，

娓生讲了一遍又一遍：

"单身出门要当心！

世道不平路又远！"

阿根动身刚起步，

偏偏豆鸟叫连连，

阿根举脚跨出门，

偏偏脚趾碰门槛，

娓生看在眼里急在心，

她对阿根再劝一遍：

"择个日子看吉利，

出门路远看个天！"

阿根胆量最大，

买牛心急似火燃，

他说走就走，

他讲不怕地也不怕天，

他说买牛要紧，

他讲不怕山高路途远，

他说打雷也要走，

他讲风狂雨骤志更坚。

自从阿根出了门，

好像石头沉大海，

自从阿根离了家，

好比河水下滩，

[1] 水涧："水枧"。以毛竹破开为2瓣，打通竹节，亦有以杉木挖槽，用于引水。

山雀远远飞来，
也没带来音讯，
白云远远飘来，
他的影子也没看见。

等了一天又一天，
娓生望穿了眼，
日出等到日头落，
月圆等到月半边，
天天等得断肚肠，
日夜盼得瞎了眼，
几时回来见个面？
何年回来建家园？

四

想不到阿根出门，
路过古龙河滩，
想不到河水猛涨，
两岸村庄受淹，
阿根买牛心急，
他渡河划着船，
浪拍滩头渡船翻，
阿根拼尽力气终不能脱险。

一个传百个，
百个传一千，
不幸的事传到娓生耳里，
伤心的事怄在肚子里边，
一双筷子断了一支，
琵琶断了一根弦，
娓生痛哭三天三夜，
哭了三天三夜还是思念。

娓生够伤心了，
泪水也流干，
古龙河是吃人的猛虎窝，
古龙河是吞活埋人的饿狼滩，
娓生要把河水舀干，
娓生要把河泥掏尽，
娓生要救阿根，
娓生要为阿根招魂还愿。

娓生到哈卓去打铜瓢，
舀了河水一天又一天，
娓生到吉旦去铸铁勺，
掏了河泥一担又一担，
使坏了铜瓢一千，
用坏了铁勺一万，
舀了三年一百零一天，
河水总也舀不干。

她看见阿根在河水里，
她看见阿根带血丝的眼圈，
她看见阿根那可爱的容颜，
她流着悲痛的泪水，
她发誓要把河水舀干，
她站在滩头披头散发，
她问——
苍天啊，
你可看得见！

阿根在水里挣扎，
怒视咆哮的饿狼滩，
阿根看见娓生站在高滩，
心中烈火在燃烧，
阿根见她悲伤流眼泪，
她咬碎河滩石头望苍天，
阿根的阴魂不散，
他说——

苍天做主，
我听得见！

舀不干古龙河水，
娓生实在心不甘，
掏不尽古龙河泥，
娓生死也不闭眼，
她牵来天下的牛，
要把河水喝干，
她赶来天下的马，
要把河水饮完。

五

古龙山下有条古龙河，
河水九曲十八弯，
山下有个财主巴福，
霸天霸地又霸河滩，
十八滩头浪最凶，
财主巴福最阴险，
他说古龙山方圆百里，
全是他手下的天。

娓生要舀干古龙河水，
财主巴福磨刀霍霍瞪鬼眼：
"河是我老爷的河，
天是我老爷的天，
你目无老爷，
你胆大包天，
你敢舀干河水，
就把阿根阴魂禁在阴间。"

财主巴福一脸横肉，

伸着肥头眨鼠眼：
"古龙河里的鱼，
是我老爷浮财家产，
古龙河九曲十八滩，
灌溉老爷万亩良田，
你挖河泥舀河水，
坏我家业毁江山！"

娓生胸中怒火起，
往财主巴福脸上吐唾涎：
"你财主巴福心像锅底一样黑，
你财主巴福最阴险，
我要找亲骨肉，
我要为阿根申冤，
你是财主也要问罪，
你是猛虎也要挖你心肝。"

财主巴福脸发青，
娓生骂他不值一文钱，
财主巴福脸发紫，
娓生骂他他也吐唾涎，
财主巴福在河滩上烧香，
他低着肥头眯着鼠眼，
请来巫婆念符咒，
要把阿根的阴魂永远禁在河滩。

古龙河九曲十八滩，
阿根阴魂不散，
阿根骨肉变泥土，
种的粳谷又香又软，
阿根的血变河水，
鲤鱼又红又肥又甜，
财主巴福吃得肥头大耳，
一脸横肉瞪着眼。

六

最勇敢的猎手，
才能去打得豺狼安定人间，
要捉拿财主巴福，
好兵巧将才能为穷人除害申冤，
娓生到四面去招兵买马，
娓生到八方去投师练武学剑，
请来天兵天将，
个个智勇双全。

能吞云吐雾，
能管雷管天，
能日行千里，
能飞壁走檐，
她拔刀闪毫光，
她舞剑闪雷电，
见猛虎掷飞刀，
碰豺狼射利箭。

财主巴福看见，
吓得心慌胆战：
"瑶民造反真厉害，
叫我老爷哪里逃，
不要抓，
不要捆，
送你白银千两，
饶我老爷一命？"

"谁要你的银？
谁要你的钱？
只要你狗命，
给阿根申冤！"
麻绳绑住财主巴福，
直冲九霄云天，

财主巴福喊破嗓子：
"快救我老爷命！"

狗腿拔刀拼命赶，
家丁惊慌抽出剑：
"哪能赶得上？
哪能追得着？"
不见兵马踪影，
只见云雾满天，
到哪里救老爷？
只听杀声震山巅。

山鹰飞得再高，
也飞不过第十二层高巅，
猿猴最善爬，
也爬不到第十二层高岩，
天兵天将来到这里，
个个喜地欢天，
财主巴福被捆住，
四肢哆嗦花了眼。

云外山巅往下看，
苍茫万里滚尘烟，
高山比帽尖还小，
大河好似一条线，
芋头叶子比铜钱还小，
芭蕉叶子好似腰刀一片，
只有缕缕炊烟高入云，
只有缕缕炊烟飘上天。

大家顺着缕缕青云下，
众人随着缕缕青云回人间，
好像雷雨隆隆响，
好像银河落九天，
风呼呼响过耳旁，
白云飘飘过眼前，

财主巴福吓得哇哇叫，
众人乐得笑连连。

寒风有多冷？
高山松柏最清楚。
财主巴福罪恶有多大？
娓生记得一万年。
财主巴福吃的红鲤鱼哪里来？
娓生心里最明白。
财主巴福吃的白米怎香甜？
娓生记得万万年。

"你财主巴福罪太大了，
不能用秤来称，
你财主巴福罪太多了，
不能用算盘打斗来量，
等到古龙河水舀干了，
你的罪才算完，
等到河水饮尽了，
你才能走！"

七

古龙山上传古歌，
千年古歌唱不完，
阿根死在九曲十八滩，
阿根阴魂永不散，
阿根骨肉化红鲤，
鲜血染红十八滩，
河水溃下千年恨，
滩头溃下万人冤。

阿根阴魂化红鲤，

千年子孙代代传，
娓生日夜念阿根，
红鲤养在古龙泉，
古龙泉边种田地，
古龙泉水永不断，
古龙泉边看红鲤，
古龙泉边会姻缘。

古龙山上路最陡，
山高崖险石头尖，
他说爹娘曾走过，
他讲哪怕山崖险，
他说古龙山虽然高，
他讲爹娘开了古龙泉，
他说山多高来路多险，
他讲古龙山上好种田。

天天挑担古龙水，
犹似看见亲人面，
天天喝口古龙水，
情更深来心更甜，
古龙泉边栽禾苗，
一生栽下心中愿，
古龙泉水有苦甜，
古龙古歌唱百年。

流传地区：

大化瑶族自治县

传唱者：

蓝阿勇（瑶族）、蓝正和（瑶族）、

蒙朝吉（瑶族）

搜集整理者：

蒙冠雄（瑶族）、程荧（壮族）

搜集地点：

大化瑶族自治县七百弄乡

时间：

1981 年 12 月

原载《广西民间文学丛刊》第 4 期，广西民间文学研究

会编印。

附
记

　　该长诗原为聚居于广西大化瑶族自治县七百弄一带自称"布努"瑶族支系[1]巫师为人赎魂时所唱的赎魂歌。

　　全歌分为 7 节，共 350 行，其内容为：娓生阿根夫妇为买一头耕牛而吃俭用、积攒银钱。一天，阿根带上银钱到远方集市去买牛，渡过古龙河时，不巧河水暴涨，阿根翻船落水身亡，尸骸沉入古龙深潭之中。噩耗传来，娓生悲痛欲绝。为给阿根赎尸还魂，她千方百计、不屈不挠决心舀干河水、掏尽河泥。可是，滔滔河水舀不干，层层淤泥掏不尽，而阿根已经"骨肉化红鲤"，"鲜血染红十八滩"。长歌排对对偶贯于通篇，较好地塑造了娓生勤劳、贤慧、坚贞、刚强的性格。

　　该长诗今仍在"布努"瑶族支系巫师中传承。（过竹、黄毅）

---

[1]　广西红水河流域的一个瑶族支系，属汉藏语系苗瑶语族苗语支，主要居住在都
　　安瑶族自治县、大化瑶族自治县、马山县等地。

私奔歌

（瑶族）

三年相认不相瞒，
四载相识忘不了，
经常告诉岔路边的柚子树，
经常告诉岔道旁的柑子树。

三年交心不相瞒，
四载交情忘不了，
经常告诉地头的李子树，
经常告知田边的桃子树。

三年相恋不相瞒，
四载相爱忘不了，
经常告诉山坡上的黄杨果树，
经常告知山腰上的柿子树。

三年相约成对在一起不能瞒，
四载相邀成双在一块忘不了，
经常告诉山口上的梭树[1]，
经常告知山坳上的元树[2]。

三年揪心不能瞒，
四载牵挂忘不了，
经常告诉河中鱼，
经常告知水中虾。

月亮未曾睡觉，

---

[1] 梭树：瑶语谐音树名，汉语树名不详。
[2] 元树：瑶语谐音树名，汉语树名不详。

星星还在眨眼，
人们睡觉了，
山寨静悄悄。

相约潜进门口的脚步特别轻，
讲好摸进中堂莫惊醒父母。

相约潜过中柱边脚步特别轻，
讲好摸过二柱旁莫惊醒兄弟。

相约潜过竹墙边脚步特别轻，
讲好摸过篾墙旁莫惊醒姐妹。

相约潜入闺房脚步特别轻，
讲好摸进内房莫让人听见。

相约要轻轻开箱，
讲好要悄悄开柜。

相约要轻轻收拾布料，
讲好要悄悄收拾衣物。

相约要轻轻打点包袱，
讲好要悄悄打点包裹。

相约要蹑手蹑脚返回中堂，
讲好要悄无声息退出门口。

相约脚踩阶梯步要轻，
讲好步下楼梯别出声。

相约走过屋前步要轻，
讲好走过屋后别出声。

相约走过菜园边步要轻，
讲好走过菜圃旁边别出声。

相约走过围墙门步要轻，
讲好走出寨墙门别出声。

越热恋越期盼相伴而行，
越相爱越渴望走在一起。

两位热恋的人走出寨门，
一对相爱的人走出围墙，
就好比画眉鸟出笼门了，
正好似相思鸟逃出笼了。

热恋的人走到路口，
相爱的人来到岔路，
热恋的人走到柚树旁，
相爱的人来到柑树下，
女孩休息了，
姑娘歇气了。

不走也走到现在了，
不来也来到这里了，
姑娘你怎么不动了？
女友你怎么不走了？
眼睛怎么潮湿了？
眼泪怎么掉下了？

姑娘肚里有乖话，
女友心里有老理[1]，
姑娘坐着说，
女友坐着讲。

柚树不出名，
柑树很平凡，
柚树还关心我俩的情，
柑树还关注我俩的爱。

听见柚树代我说，
听到柑树替我讲，
跟你走就跟你走，
和你去就和你去。

只是舍不得离开我娘，
只是不忍心离别我妈，
只是舍不得离开我父，
只是不忍心离别我爸。

只是舍不得离开我兄，
只是不忍心离别我弟，
只是舍不得离开我姐，
只是不忍心离别我妹。

只是舍不得离开我的同伴，
只是不忍心离别我的同辈，
只是舍不得离开我的亲朋，
只是不忍心离别我的好友，
只是舍不得离开我的知音，
只是不忍心离别我的知己。

男孩抹去女孩眼泪，
男友擦干女友泪水，
男孩坐下来说，
男友动情地讲。

我有乖话对你说，
我有老理告诉你，
何必去担忧，
顾虑做哪样？

离开亲娘又有新娘接替，
离别亲妈又有后妈接换，
离开亲父又有新父接替，
离别亲爸又有后爸接换。

[1] 老理："老辈传下的道理"之意。

离开兄又有新兄接替，
离别弟又有新弟接换，
离开姐又有新姐接替，
离别妹又有新妹接换。

离开同伴又有新同伴接替，
离别同辈又有新同辈接换，
离开亲朋又有新朋接替，
离别好友又有新友接换，
离开知音又有新知音接替，
离别知己又有新知己接换。

热恋的人走到地头，
相爱的人来到田边，
热恋的人走到李树旁，
相爱的人来到桃树下，
姑娘休息了，
女友歇气了。

不一路也一路走到现在了，
不一起也一起来到这里了，
姑娘你怎么不动了？
女友你怎么不走了？
心情怎么激动了？
眼泪怎么掉下了？

姑娘肚里又有乖话，
女友心中又有老理，
姑娘坐着说，
女友坐着讲。

李树无名声，
桃树没名气，
李树还关心我俩的情，
桃树还关注我俩的爱。

听见李树代我说，
听到桃树替我讲，
不认识也认识到如今了，
不认得也认得到现在了。

不谈情也谈情到如今了，
不说爱也说爱到现在了，
不相思也相思到如今了，
不相爱也相爱到现在了。

训马的路上上下下，
练驴的路曲曲弯弯，
训马的路漫漫，
练驴的路遥遥。

中途为名声闹别扭怎么办？
半路为名誉有纠葛怎么着？
两人不和睦怎么办？
两位不和好怎么着？
爱情掰作两怎么办？
家庭裂作二怎么着？

男孩抹去女孩眼泪，
男友擦干女友泪水，
男孩坐下来说，
男友动情地讲。

我有乖话对你说，
我有老理告诉你。
何必去担忧？
顾虑做哪样？

训马路是继续交心的路，
练驴路是继续交情的路，
交心要交一辈子，
交情要交一世人。

本为互敬来一世，
本为互爱活一代，
互敬要至真互敬一辈子，
互爱要至诚互爱一代人。

不会中途为名声闹别扭，
不会半路为名誉有纠葛，
不会有不和睦现象，
不会产生不和好，
不会把情爱掰开，
不会使家庭分裂。

别族中间才有别扭，
他族当中才有纠葛，
异地中间才有别扭，
他乡当中才有纠葛，
官族中间才有别扭，
官家当中才有纠葛。

即使官族下来一百二，
即便官家派来八十人，
拆不散我们两人，
隔不开我们两个。

热恋的人走到山腰，
相爱的人来到山坡，
热恋的人走到黄杨树旁，
相爱的人来到柿子树下，
姑娘休息了，
女友歇气了。

不一路也一路走到现在了，
不一起也一起来到这里了。
姑娘你怎么不动了？
女友你怎么不走了？
心情怎么激动了？

眼泪怎么掉下了？

姑娘肚里又有乖话，
女友心中又有老理，
姑娘坐着说，
女友坐着讲。

黄杨树没被人重视，
柿子树没被人理会，
黄杨树还关心我俩的情，
柿子树还关注我俩的爱。

听见黄杨树代我说，
听到柿子树替我讲，
不相思也相思到如今了，
不相爱也相爱到现在了。

当家的路好辛苦，
创业的路好艰辛，
当家的路漫漫，
创业的路遥遥。

有时我受了伤怎么办？
有时我得了病怎么着？
躺在床上起不来怎么办？
卧在床铺起不了怎么着？

你是否熬粥给我吃？
你是否煮汤给我喝？
是否洗我衣？
是否换我裤？

是否端我屎？
是否倒我尿？
是否为我备蛋作祭品？

是否为我备鸡作供物[1]？

是否请道公招我的魂？
是否请师公补我的寿[2]？
是否采药医我伤？
是否请医治我病？

男孩抹去女孩眼泪，
男友擦干女友泪水，
男孩坐下来说，
男友动情地讲。

我有乖话对你说，
我有老理告诉你，
不必为这些担忧，
不该为这些发愁。

像我俩这样相亲，
似我俩这样相爱，
两个魂连成一个魂了，
两条命结成一条命了。

当家的路本是辛苦的路，
创业的路本是艰辛的路，
当家的路本是漫长的路，
创业的路本是遥远的路。

难料有时受点伤，
难免哪年得了病，
一个要关心一个的伤，
一位要照顾一位的病，

一辈子相互关心对方的痛苦，
一代人相互关照对方的疾患。

相互为伤者熬粥，
相互为病者煮汤，
相互为伤者洗衣，
相互为病者换裤，
相互为伤者端屎，
相互为病者倒尿。

相互为伤者备蛋作祭品，
相互为病者备鸡作供物，
相互请道公为伤者招魂，
相互请师公为病者补寿，
相互为伤者采药医伤，
相互为病者请医治病。

长岁相互护理，
长年相互照顾，
相互关心到年纪皆老，
相互照顾到头发皆白，
相互做伴到老命退去的那一天，
相互依靠到名字被埋的那一夜。

热恋的人走到山口，
相爱的人来到山坳，
热恋的人走到梭树旁，
相爱的人来到元树下。
姑娘休息了，
女友歇气了。

不一路也一路走到现在了，
不一起也一起来到这里了，
姑娘你怎么不动了？
女友你怎么不走了？
心情怎么激动了？

[1] 备蛋、备鸡：指古代瑶民为防止神灵怪罪降下灾病而随时准备作祭祀神灵的祭品的活鸡和鸡蛋。
[2] 招魂、补寿：古代瑶民认为，人病了，是因为神灵把魂牵走了，须备祭品招魂回来，病才除；古代瑶民还认为，人病重了，是因为命数将尽，须备祭品请神灵补寿，才延长寿命。

眼泪怎么掉下了？

姑娘肚里又有乖话，
女友心中又有老理，
姑娘坐着说，
女友坐着讲。

梭树名声小，
元树没名气，
梭树还关心我俩的情，
元树还关注我俩的爱。

听见梭树代我说，
听到元树替我讲，
泉水本要流进水田，
溪流注定要灌溉田地，
我俩把水笕架好了，
我俩把水沟挖好了。

姑娘我还担忧一条，
女友我还放心不下，
泉水流久了，
溪水流长了。

如果有人又架新笕，
假如有人又挖新沟，
泉水又流进新田，
溪水又流进新地。

旧田无水怎么着？
旧地干裂怎么办？
旧田不长苗怎么着？
旧地变荒芜怎么办？

男孩抹去女孩眼泪，
男友擦干女友泪水，

男孩坐着说，
男友坐着讲。

我有乖话对你说，
我有老理告诉你，
水笕我俩共同架，
水沟我俩一起挖，
架笕三年才架到，
挖沟四载才挖通。

姑娘你莫愁，
女友你莫忧，
泉水只流一块田，
溪水只灌一块地。

养田让田长爱草，
养地望地长爱苗，
一生养田不会烦，
一世养地乐悠悠。

如果有人架笕入新田，
假如有人挖沟进新地，
我俩一起把新笕拆，
我俩共同把新沟填，
让泉水照样流入旧田，
让溪水仍旧灌溉旧地。

种爱草种到老，
育爱苗育到死，
把爱的名声传给子孙，
把爱的形象传给后代。

热恋的人走到河边，
相爱的人来到溪旁，
热恋的人看到河中鱼，
相爱的人看见溪中虾，

姑娘休息了，
女友歇气了。

不一路也一路走到现在了，
不一起也一起来到这里了。
姑娘你怎么不动了？
女友你怎么不走了？
心情怎么激动了？
眼泪怎么掉下了？

姑娘肚里又有乖话，
女友心中又有老理，
姑娘坐着说，
女友坐着讲。

鱼儿没有名声，
虾儿没有名气，
鱼儿还关心我俩的情，
虾儿还关注我俩的爱。

听见鱼儿代我说，
听到虾儿替我讲，
鱼儿跟鱼儿相亲，
虾儿跟虾儿相爱，
鱼儿有河水做媒，
虾儿有溪水作证。

别人相亲，
他人相爱，
有媒婆搭桥，
有媒娘架线。

我们两个无媒人，
我们两位无证人，
怎样结成对？
如何配成双？

男孩抹去女孩眼泪，
男友擦干女友泪水，
男孩坐着说，
男友坐着讲。

我有乖话对你说，
我有老理告诉你，
不必为这些担忧，
不要为这些顾虑。

别人找别人相亲，
他人寻他人相爱，
有媒婆搭桥才相亲，
有媒娘架线才相爱。

我们两人相亲，
我们两人相爱，
也有媒婆作证人，
也有媒娘来见证。

我俩来到岔路口，
我俩来到岔道旁，
柚树做媒要我俩成对，
柑树做证要我俩成双。

我俩来到田头，
我俩来到地边，
桃树做媒要我俩成对，
李树做证要我俩成双。

我俩来到半山腰，
我俩来到半山坡，
黄杨树做媒要我俩成对，
柿子树做证要我俩成双。

我俩来到山口，

我俩来到山坳，
梭树做媒要我俩成对，
元树做证要我俩成双。

我俩来到河边，
我俩来到溪旁，
鱼儿做媒要我俩成对，
虾儿做证要我俩成双。

姑娘你莫愁，
女友你莫忧，
我俩的媒人不少，
我俩的证人好多。

高山也为我俩做媒，
大岭也为我俩做证，
阳山大石也为我俩做媒，
阴岭大树也为我俩做证。

天空也为我俩做媒，
大地也为我俩做证，
太阳也为我俩做媒，
月亮也为我俩做证。

等下我俩渡过河，
稍后我俩越过溪，
渡船还为我俩做媒，
竹排还为我俩做证，
不愁我俩不能结成对，
不忧我俩难以配成双。

热恋的人走过一座座山，
相爱的人走过一道道岭，
走到一个岔路口，
来到一个岔路上。

看见一个热闹的山村，
看到一个闹热的山寨，
姑娘惊奇地说，
女友惊讶地讲，
这是哪方人的山村？
这是哪族人的山寨？

像是吃了蜜糖，
像是喝了蜂蜜，
男孩高兴地说，
男友兴奋地讲。

姑娘你三年思恋的男孩，
女友你四载想念的男友，
你三年心仪的男孩，
你四载热恋的男友，
树根扎在这山村，
竹根长在此山寨。

树边的那个房子，
竹旁的那个房屋，
是我俩的家，
是我俩的屋。

姑娘激动地说，
女友动情地讲，
命分是女子，
命运是女人，
才把父亲的山村留给兄弟，
才把母亲的山寨留给弟兄，
才把男孩山村认做自己山村，
才把男友山寨当做自己山寨。

命分要出嫁，
命运要嫁人，
才把父亲房子留给兄弟，

才把母亲房屋留给弟兄，

才把男孩房子认作自己房子，

才把男友房屋当作自己房屋。

天宇几时才分得均？

老天几时才分得匀？

男孩肚里又有乖话，

男友心里又有老理，

男孩说，

男友讲。

不是天宇分不均，

不是老天分不匀，

老祖世世这样做，

祖宗代代这样行。

新路未曾劈，

新桥未曾架；

老路不能毁，

老桥不能拆。

热恋的人走到房前，

相爱的人来到楼脚，

老者牵女孩上楼梯，

老人领姑娘走进门。

老者祝女孩长命一百二，

老人赐姑娘活到头发白，

老者祝女孩早育儿，

老人赐姑娘早生女，

老人们笑口比簸箕宽，

孩子们笑口似筛子大。

半夜公鸡叫头声，

凌晨公鸡啼头遍，

月亮还挂在天空，

星星尚亮在天上。

新娘你怎么不睡了？

爱妻你怎么起来了？

新娘肚里有乖话，

爱妻心中有老理。

新娘坐在床沿说，

爱妻坐在床边讲，

两爱变成一爱了，

两人变成一人了，

新娘我不能回去了，

爱妻我不能回家了。

今天布商[1]要去我家，

今日初[2]要去我屋，

他们要去我家报信，

他们要去我屋报喜，

我有话要给他们带去，

我有言要让他们捎走。

我要对他们说，

我要对他们讲，

昨天你家杀鸡了，

昨晚你家杀猪了，

杀鸡作供物祭祖宗了，

杀猪作供品祭祖神了。

点我的名告诉祖宗了，

点我的姓告诉祖神[3]了，

[1] 布商：婚配的一方男方负责与女方家人商谈的男性代表。

[2] 初：婚配的一方男方负责与女方家人商谈的女性代表。

[3] 告诉祖宗，告诉祖神：布努瑶古代婚俗之一，即女方嫁到男方家的那一天，男方备供品，请一老人面对神龛告诉祖神，某女到这一家来与某男婚配了，祈求祖神护佑，使他们养儿育女，白头偕老。

我活着是你家的人，
我死后是你家的鬼了，
叫我爸不要等我了，
叫我妈不要盼我了。

新娘肚里又有乖话，
爱妻心中又有老理，
新娘坐在床沿说，
爱妻坐在床边讲。

我还要对布商说，
我还要对初讲，
我妈怎样恋我也怎样恋，
我娘怎样爱我也怎样爱，
我妈怎样嫁人我也怎样嫁人，
我娘怎样出嫁我也怎样出嫁。

我照着我妈的样做了，
我沿着我娘的路走了，
叫我妈不要把我怪，
叫我娘不要把我骂。

新娘肚里又有乖话，
爱妻心中又有老理，
新娘坐在床沿说，
爱妻坐在床边讲。

我还要对布商说，
我还要对初讲，
我爸养我好辛苦，
我父养我多艰辛。

我爸只能把我养大，
我父只能育我成人，
我爸不能把我养到老，
我父不能将我养到死。

牛大要卖给人，
女大要嫁夫家，
我私自嫁给人了，
我私奔到夫家了。

我欠爸爸好多情，
我欠父亲多少爱，
我不能报答爸爸的情了，
我不能还清父亲的爱了，
叫爸爸别把我怪，
叫父亲莫把我骂。

新娘肚里又有乖话，
爱妻心中又有老理，
新娘坐在床沿说，
爱妻坐在床边讲。

我还要对布商说，
我还要对初讲，
我命数不好，
我命运可怜，
我命数是离乡的命数，
我命运是嫁人的命运。

我的哥哥命数好，
我的弟弟好命运，
他们命数是坐地的命数，
他们命运是守家的命运。

请布商对他们说，
请初对他们讲，
要抚养好我们的母亲，
要赡养好我们的父亲，
替我偿还母亲的恩，
替我报答父亲的情。

流传地区：

  都安瑶族自治县

传唱者：

  蒙圣明（瑶族）

采集翻译者：

  蓝永红（瑶族）

搜集地点：

  都安瑶族自治县安阳镇

采集时间：

  2005 年

本长诗为首次刊发。

附
记

　　该长诗直译名"互教登门歌"，采集翻译者根据歌之原意"私奔"定名《私奔歌》。

　　该长诗通过"两位热恋的人走出寨门，一对相爱的人走出围墙，就好比画眉鸟出笼门了，正好似相思鸟逃出笼了"的私奔过程，将当时的心境进行淋漓尽致的描述："牛大要卖给人，女大要嫁夫家，我私自嫁给人了，我私奔到夫家了。""我欠爸爸好多情，我欠父亲多少爱，我不能报答爸爸的情了，我不能还清父亲的爱了，叫爸爸别把我怪，叫父亲莫把我骂。"

　　该长诗搜集地今鲜有《私奔歌》的传唱者。（过竹、黄毅）

乌金记

（瑶族）

不唱前朝[1]并后汉[2]，
请听清朝一案情；
乾隆五十三年事，
满江河水洗不清。

要知此段前后事，
一二从头听分明；
桐城有个周明月，
原配妻子陈氏身。

夫妻同年又同月，
又同日期异时辰；
明月桐城开书馆，
有一主东姓王人。

男儿名叫王金保，
女儿取名叫桂英；
记拜明月为干父，
从他读书习五经。

先生此时多欢喜，
教习金保和桂英；
日月如梭容易过，
光阴似箭催老人。

春去夏来秋又到，

过了冬腊又是春；
先生教书有三载，
满肚文章记在心。

金丝答对般般念，
挑花绣朵件件能；
十三岁上把书读，
一十六岁出学门。

她把先生当亲父，
先生把她当亲生；
自幼许配李公子，
俱是家财万贯人。

公子名叫李官保，
又取学名李宜生；
公子三月如伴水，
李家所生他一人。

公子三岁丧了父，
母亲刘氏懒归身；
公子年长十六岁，
男婚女嫁理当行。

择定吉日来行礼，
五月端阳是良辰；
王家听说忙不住，
裁缝名匠忙不赢。

绸缎匹头无其数，
各色嫁妆记不清；
二十四个箱和柜，
个个都有压箱银。

金银首饰无其数，
还有小箱装金宝；

[1] 前朝：疑为秦朝。
[2] 后汉：疑为汉朝。

四块乌金在内存，
一对玉镯放光明。

不言王家多宝玉，
再说李家要娶亲；
打扫香房多干净，
再请媒公至家门。

三亲六眷来贺礼，
端阳吉日挂彩灯；
八夫轿马几十个，
笙箫鼓乐闹沉沉。

新郎坐在花轿内，
直往王家去迎亲；
炮响三声惊天地，
到了王家院子门。

接住新郎高堂坐，
满堂宾客闹沉沉；
吩咐家丁摆酒宴，
四十八席不差分。

饮罢酒席都散了，
新郎就说要动身；
小姐打扮上花轿，
吹吹打打重登程。

不言娶亲多热闹，
听说强盗起歹心；
雷龙雷虎并雷豹，
家住太湖有家门。

身落桐城为强盗，
为非作歹乱胡行；
兄弟三人来商议，

装作娶亲夫子身。

本是人多夫子众，
哪个知他是强人？
兄弟混进李家去，
洞房楼上躲其身。

不表强盗来藏躲，
小姐到了李家门；
丫鬟使女忙不停，
媒婆立刻接新人。

接到小姐大堂上，
一同交拜天地神；
交拜完毕方才了，
小姐来入洞房门。

满屋宾客高堂坐，
锣琴响声唱戏文；
今朝也做乘龙客，
淑女也是跨凤人。

饮到三更席散了，
昏头去睡等天明；
丫环使女都安睡，
公子提灯进房门。

顺手把门来关上，
忽听楼上响一声；
或是猫来或是鼠，
上楼看看才放心。

提灯便把梯来上，
亮处怎防暗里人？
强盗将刀拿在手，
一刀两断丧残生。

楼下有个大木桶，
急忙丢入桶中存；
强盗学着新郎话，
嘻嘻嘻来笑三声。

横手将灯坠在地，
猫儿捕鼠到来临；
这个猫儿走得快，
追那老鼠有半斤。

管他娘的由他走，
且待明日再分明；
双手扒开红罗帐，
红罗帐内来交情。

紧紧抱着王小姐，
交股欢牙蜜蜜甜；
小姐本是初到此，
只道他是亲夫身。

忍辱含羞来承受，
强盗亲嘴把话言；
小姐共有几件宝，
几件宝贝多少钱？

小姐听说回言道，
二十四个压箱银；
还有小箱装宝玉，
四块乌金内中存。

一对玉镯在里面，
黑夜拿出放光明；
强盗听得多欢喜，
果然无价宝和金。

你的锁匙在哪里，

开箱看看又何妨？
小姐初次不答应，
问过几次才难情。

忙将锁匙交他手，
一夜辛苦至四更；
小姐刚刚合眼睡，
强盗轻轻便抽身。

雷龙雷虎并雷豹，
兄弟三人忙不赢；
拿了乌金和玉镯，
又拿箱内金和银。

轻轻走出房门外，
一个飞脚往上登；
不表强盗劫去了，
金鸡报晓到五更。

小姐此时才醒了，
不见夫君那边存；
她本新来又初到，
哪管其中许多情？

鼓打五更天明亮，
东方现出红太阳；
丫鬟使女将头起，
各客洗浴不住停。

小姐也将头来起，
丫鬟倒水又来临；
忙请小姐来洗脸，
丫鬟抬头吃一惊。

楼梯之上有血斑，
又看黄桶内中存；

一见公子死在内，
吓得三魂少二魂。

不看之时尤自可，
看了之时气坏人；
惊动宾客人多少，
都到房中看假真。

旁人看见不打紧，
号啕大哭几时辰；
我儿三岁丧了父，
为娘守节到如今。

今年守了十三载，
孩儿才得十六春；
今年三月入了学，
昨日王家才娶亲。

三更之时把房进，
为何死在此间存？
我儿你死尤小可，
你的娘亲葬何人？

一时轰动人多少，
看的人儿人挤人；
刘氏便将媳妇骂，
骂声媳妇不是人。

你在娘家不安分，
娘家必定相与人；
想是奸夫情难念，
昨晚一路上我门。

杀死我儿李官保，
你与奸夫来交情；
小姐听说双流泪，

天大冤枉上我身。

奴乃本是贞烈女，
何曾相与什么人？
众人齐声开言道，
还要强辩来相争。

三更之时把房进，
房中又有你二人；
房中杀人有响动，
难道你都不知情？

出事还怪哪一个？
王氏谋夫有外情；
报与团房与地保，
又报左邻右舍人。

快快拿起王氏女，
走到桐城把冤申；
将手打动升堂鼓，
惊动知县陈大人。

知县当时把堂坐，
喝叫带上申冤人；
刘氏双膝来跪下，
青天太爷听详情。

媳妇李门刘氏女，
一十六岁上李门；
孩儿只有三岁整，
三岁守节到如今。

今年三月入了学，
端午王家去娶亲；
迎归本是王家女，
昨日将娶进我门。

0341

我儿三更把房进，
天明死在黄桶存；
想是王氏不守闺，
娘家必定有人行。

杀死我儿尤自可，
绝了李家后代根；
望你青天来做主，
与我孩儿把冤申。

知县听得魂不在，
吩咐两边左右人；
亲自要到李家去，
李家门前看假真。

一路行程来得快，
到了李家大院门；
亲自来到高厅上，
坐在堂上看分明。

铺毡挂彩多热闹，
桌椅板凳放光明；
知县来到洞房内，
嫁妆摆设件件新。

床上坐的王小姐，
痛哭流涕好伤心；
县官边看边思想，
吩咐刘氏听原因。

买棺收殓你儿尸，
做设道场度亡魂；
忙将王氏来带上，
带至大堂问典型。

两边站班如狼虎，

铁链锁了女佳人；
一齐带往桐城去，
知县立即把堂升。

忙将王氏来押上，
吓得三魂少二魂；
双膝跪在尘埃地，
知县见她怒生嗔。

开口便把贱人骂，
为何谋杀你丈夫？
好好当堂来招认，
免得本县动大刑。

小姐听说忙回禀，
青天太爷听诉情；
奴家净守闺门内，
冰清玉洁不乱行。

李家娶亲人多少，
众亲饮酒到三更；
公子提灯将房进，
忽听楼上响一声。

莫非猫儿来偷吃，
上楼看看才放心；
公子提灯将楼上，
又听叮咚响一声。

一个灯盏坠在地，
半小时辰不作声；
奴家本要上前看，
灯熄墨黑好惊人。

后听公子开言道，
接连嘻嘻笑两声；

他说猫儿走得快，
追那老鼠有半斤。

才与奴家来交会，
又问奴的宝和金；
是奴起初不应准，
复问数次才准情。

拿了锁匙去看宝，
奴家已累合眼眠；
睡到五更方醒了，
不见公子那边存。

奴家也是初到此，
不太方便怎好行？
天明大家陆续起，
公子死在桶内存。

这是奴的真情话，
并无虚言哄大人；
知县听了心大怒，
不分好歹不问明。

一心要她来招认，
屈打成招动大刑；
小姐本是贞节女，
叫她搬出什么人？

宁可死在法堂上，
扯张攀李万不能；
县官见她不招认，
心中巧计又来生。

你家一共人多少？
叔伯兄弟几多人？
哪些亲朋常来往？

你父结交哪些人？

小姐听得又回禀，
太爷在上口内称；
奴家读书知礼义，
三从四德尽知音。

不是低三下四客，
谁做残花败柳人？
叔伯兄弟都未有，
爷娘只生两个人。

未曾结交哪一个，
未与歹人往来行；
先生姓甚名是谁，
年纪多大有几春？

小姐听了又回禀，
就是本城周先生；
奴家拜他为干父，
从他读书有三春。

奴把先生当亲父，
先生把我当亲生；
年纪二十有六岁，
也是黉门秀才身。

这件实在冤枉事，
还望太爷判分明；
太爷听了当头点，
师徒必定有奸情。

忙将桂英收监内，
糊涂知县少才能；
张姓李姓她不赖，
偏要赖着这先生。

差了班头人四十，
去拿周生见我身；
差头领了太爷命，
一路行程快如云。

来至周家齐动手，
捆了周生重登程；
秀才一见吓破胆，
甚么原故到来临？

一生未把王法犯，
黑夜拿我为何因？
差头听了开言骂，
你还假装不知情。

太爷差我来拿你，
连夜就要到桐城；
明月来到大堂上，
知县升堂不留停。

见面就是四十板，
不分皂白乱打人；
忙把功名来革了，
秀才一见吓掉魂。

知县此时开言骂，
骂声无知小畜生；
亏你读书知礼义，
不知周公礼半分。

桂英从你把书读，
师徒二人有奸情；
桂英当堂来招你，
你今招认免受刑。

秀才听了这句话，

无头冤枉事来临；
桂英从我有三载，
冰清玉洁不乱行。

生员读书知礼义，
不是低三下四人；
后来出嫁李家事，
生员一概不知情。

何人杀死李公子？
为何搬扯我当身？
门生本是冤枉事，
望乞父台审详情。

知县听了心大怒，
骂声恶奴不是人；
不动大刑你不招，
与我夹起这畜生。

知县一声板子响，
好好直说快招认；
生员本是冤枉事，
叫我怎样来招成？

知县见他不招认，
喝吆左右动大刑；
可怜先生周明月，
为何受得这苦情？

先生为难多一会，
口哄心思自评论；
不招之时也是死，
招了眼前免受刑。

知县见他来招认，
吩咐两边且松刑；

别个杀人得财宝，
我今替他顶罪名。

一二从头来招认，
是我杀了李宜生；
县官见他招认了，
喜在眉头笑在心。

吩咐送往监牢内，
申详启奉上司身；
知县呈书上了省，
三司五道定罪名。

不言一人定了罪，
且表桐城有一人；
姓张字号名幼卿，
见问此案怒生嗔。

不明不白定了罪，
身遭冤枉受苦情；
本当有心来搭救，
没有力量怎救人？

将身来到王家内，
送个信儿他知音；
一二从头来告诉，
之万听言吃一惊。

刘氏心思双流泪，
娇儿连连叫几声；
这个冤枉怎能了？
屈打成招定罪名。

之万想罢无主意，
又表送信张义人；
身至周家开言道，

先生娘子口内称。

你的夫主遭冤枉，
屈打成招定罪名；
我见知县多糊涂，
他不私访逼良民。

我今前来送个信，
娘子得音把事行；
话语说完辞别了，
娘子气得好伤心。

上无兄来下无弟，
何人救得我夫君？
忙把茶饭来造起，
随加酒菜就行程。

要到监中把夫望，
送些点心与他吞；
身带银子数余两，
送与禁子做人情。

禁子见银心欢喜，
开门给你会夫君；
明月此时看见了，
夫妻会面好伤心。

大哭一场如何了，
夫君连连叫几声；
一生读书做好事，
怎知今日受苦情？

你妻是个女流辈，
只能说来不能行；
又无兄来又无弟，
何人与你把冤申？

明月开言劝说道，
贤妻连连叫几声；
五行八字命生就，
先注死来后注生。

阎王注定三更死，
断不留人到五更；
若还将我处斩了，
买口棺材装我身。

多则守我三年整，
少则一年去嫁人；
把我尸首抬回去，
埋在祖坟旁边存。

陈氏听说如刀割，
夫君说话少聪明；
倘若我夫有长短，
同夫黄泉把冤申。

好马不配双鞍子，
烈女不嫁二夫君；
明月听得心欢喜，
难得贤妻至诚心。

你今去到女牢内，
会会受苦王桂英；
陈氏来到女牢内，
骂声女儿不是人。

你本年幼记拜我，
把你当做我亲生；
干父哪些得罪你，
因何反说你先生？

桂英听言又流泪，

干父连连喊几声；
先生教我知礼义，
不做低三下四人。

可恨狗官无道理，
糊糊涂涂害良民；
难道干母不知我，
我的心事母知音。

苦打成招来定罪，
说我师徒有奸情；
陈氏听得伤心处，
双手扶起女儿身。

你本生来知礼义，
为娘也知你的心；
如今判成一死罪，
怎样得脱这火坑？

随带酒菜并茶饭，
干女充饥用点心；
陈氏转到男牢内，
丈夫连连叫几声。

你在桐城开书馆，
结交朋友多少人？
哪些朋友才学好，
哪些是你忠实人？

你今从头说与我，
为妻做个通信人；
明月思想好一会，
贤妻听我说言因。

结交朋友人多少，
哪个与我把状申？

无赃无证怎去告？
难道还告他不成？

只好告倒陈知县，
糊糊涂涂审不清；
我的朋友人才广，
个个都是有名人。

南京结交一好友，
他是前科副榜身；
姓吴名字叫天寿，
一生单打道不平。

虽然异姓来结拜，
胜似同胞一母生；
南京路途多遥远，
贤妻怎好下书文？

陈氏听得开言道，
夫君只管放宽心；
只要救得丈夫出，
千里迢迢不辞辛。

明月听了心欢喜，
相求禁子开大恩；
施些小银来交上，
略略表表小意情。

相借文房与四宝，
修封书信去南京；
禁子见了有银子，
即去拿来不留停。

上写桐城周明月，
拜上恩兄吴大人；
当初与你来结拜，

犹如同胞共母生。

弟今有一冤枉事，
特写书信故兄知；
弟在王家把书教，
王家所生两个人。

男名叫做王金保，
女的名叫王桂英；
同我读书三年满，
冰清玉洁不乱行。

桂英端阳来出嫁，
她夫名叫李宜生；
就在娶亲那一夜，
被人杀死好伤心。

李家刘氏把冤喊，
说是桂英诛夫君；
锁拿桂英去审讯，
屈打成招定罪名。

知县设计来搬问，
问她记拜哪些人；
她说拜我为干父，
从你愚弟习五经。

可恨知县不察访，
就拿小弟到公厅；
不分皂白只顾打，
屈打成招定罪名。

望乞恩兄把状告，
搭救小弟出牢门；
送信之人陈氏女，
是你弟媳到府门。

救得小弟性命在，
来生来世不忘恩；
一封书信写完了，
交与陈氏好收存。

恩兄贵名吴天寿，
水西门内副榜身；
当时夫妻来作别，
夫妻难舍又难分。

陈氏回到家中去，
托人照管自家门；
忙将行李来收拾，
一心又奔南京城。

不避风雨往前走，
舍死忘生走一程；
路上行程无话表，
访到南京水西门。

忙把书信投进去，
拜上恩伯天寿身；
天寿接到书信看，
一二从头看分明。

看罢书信双流泪，
叫声弟媳听原因；
就是贤弟遭冤枉，
这个命案难得清。

叫我出头把状告，
又无对头告何人？
你夫当堂招认了，
要想翻案确是难。

陈氏一听双流泪，

一跤跌在地坐埃；
跪在地上她不起，
还望恩伯救残生。

天寿思想好一会，
拉起弟媳把话论；
若要救你亲夫主，
必须亲人到来行。

有个亲人来替死，
方可救得你夫君；
若无亲人来替死，
想救你夫怎能行？

陈氏听思开言道，
谁肯舍命救他身？
若还救得我夫君，
弟媳愿替他当身。

副榜听说双流泪，
弟媳连连叫几声；
只要你今舍身替，
住在我家莫回程。

等到八月中秋节，
带你前去把冤申；
南京到了中秋节，
与民同乐不关门。

堂上堂下俱灯彩，
任凭百姓来往行；
你在法堂来吊死，
就烦总督张大人。

要是总督来提审，
说他为官不管民；

0348

良民自有神灵救，
不愁此案审不明。

若是此案审明了，
方可救得你夫君；
陈氏听了心愿替，
只等中秋到来临。

天寿做了三张状，
张张做的是苦情；
一张状救周明月，
一张状救王桂英。

三张状告陈知县，
行行字字写得清；
虽然百姓告官长，
王子犯法照律行。

六月炎天容身过，
八月中秋到来临；
天寿办席多美味，
请来明月陈美人。

盅盅酒劝弟媳饮，
为救你夫周官人；
你为救夫身虽死，
身在南京永传名。

虽有山珍和海味，
难得下喉口中吞；
饮罢一场方才了，
收拾状子就登程。

无心观赏街市景，
只奔总督大衙门；
谯楼打了三更鼓，

街上渐渐少人行。

到了总督头门口，
又进大堂内中存；
天寿此时开言道，
就在此处把冤申。

这是总督大堂上，
好救你夫出牢门；
陈氏此时开言道，
叫声恩伯听原因。

奴家情愿把夫救，
恩伯只管定计行；
救了我夫冤枉事，
身死黄泉报你恩。

若是我夫救不出，
死在黄泉不甘心；
副榜一听双流泪，
两眼茫茫泪汪汪。

双膝跪在尘埃地，
祝告神灵保弟媳；
我若救弟有歹心，
千刀万剐命归阴。

陈氏听言心欢喜，
一心舍命救夫君；
解下青丝带上吊，
吊在总督大衙门。

她把头发来打散，
告官状子顶在心；
左手状救周明月，
右手状救王桂英。

0349

副榜正劝她上吊，
突然狂风卷土来；
刮得沙尘掩了面，
副榜惊得胆震烈。

待到风停沙尘静，
看见弟媳暴眼睛；
舌头长长断了气，
天寿愁肠更伤心。

将身躲在公案下，
且看总督怎样行；
谯楼打罢四更鼓，
鼓打四更鸡又鸣。

南京不打五更鼓，
恐防惊动水西门；
不觉东方天明亮，
缓缓现出太阳星。

制台衙内出奇事，
官堂更夫吊了魂；
昨夜法堂出了事，
吊死一个女钗裙。

急忙通禀张总督，
大人慌忙看假真；
就把官堂打四十，
门上个个尽遭刑。

取来死人三张状，
一二从头看分明；
看状看得心大怒，
捶胸顿足恨几声。

这是桐城翻了案，

糊涂知县审不清；
吩咐将尸埋葬了，
本督不管这事情。

若有亲人来到此，
没有尸首问何人？
两班排队如狼虎，
就抬尸首外面行。

案下爬出吴天寿，
大叫一声且慢行；
震得总督欲破胆，
吓得排班断了魂。

法堂逼死好百姓，
难道这样了不成？
为官之人也是命，
妇女百姓也是人。

尸首放在大堂上，
我与大人说详情；
大人若不容我讲，
就与大人面圣君。

与你金殿去评理，
藐视法律怎样行？
那时休怪吴天寿，
要你总督不安宁。

总督听得慌忙了，
开言就把相公称；
尊姓贵名哪里住，
此案应该怎么行？

副榜听了从直说，
我是南京本地人；

取名叫做吴天寿，
我身本是副榜人。

大人依我三件事，
此案方可了得清；
若不依我三件事，
要了此案不能清。

大人就问哪三件，
从头说起我知晓；
副榜上前来禀告，
大人在上听详情。

舍命救夫天下少，
这样烈女也难寻；
买棺收殓头门事，
七日道场度亡魂。

超度七日并七夜，
大人提牌到桐城；
原判二告都提到，
大人亲自审分明。

总督听了将头点，
件件依从有能人；
七天七夜来超度，
又差指挥四个人。

星夜赶上桐城县，
去提孀户刘氏身；
又提桂英和明月，
知县一家解南京。

大小家眷均上锁，
一路行程快如云；
不觉到了南京城，

指挥上前去禀明。

吩咐打动升堂鼓，
立即升堂审分明；
两边排队如狼虎，
尚方宝剑好惊人。

审问寡妇刘氏女，
后来又审王桂英；
三来又问周明月，
事事行行查得清。

又将知县来带上，
叩见制台老大人；
大人一声板子响，
吆喝一声好惊人。

你审桐城这案事，
审得不清又不明；
自古无赃不定罪，
难道你还不知情？

不问情由来苦打，
屈打成招欲害人；
陈氏在此舍苦命，
亏你贪赃害良民。

别人听了尤自可，
明月听得断了魂；
贤妻连连叫几声，
怒骂天公地不平。

总督大人板子响，
怒骂知县不是人；
要你宝贝来见我，
万事干休不理论。

0351

若无宝贝来见我，
你这狗官活不成；
不见乌金和玉镯，
必定是你一口吞。

骂得知县无言对，
不敢抬头见大人；
大人越骂越有气，
大胆狗官了不成。

忙把家眷来点对，
押在衙中做质人；
官复原职回本县，
查访强人解南京。

拿得乌金和玉镯，
还要捉拿真强人；
堂官打了退堂鼓，
知县移步叩了恩。

知县走出头门外，
捶胸顿足好伤心；
大人要我拿强盗，
无名无姓哪里寻？

吩咐打道回衙去，
在轿行程好焦心；
知县回衙心思想，
这案何时弄得清？

左思右想无主意，
城隍庙内问神灵；
祝告一场望神引，
吩咐打轿回衙门。

三班六房来领令，

又差快马去拿人；
不表各班走私访，
又说知县姓陈人。

坐在衙中心烦闷，
闷闷愁愁少精神；
扶在椅上昏迷睡，
一阵清风到来临。

城隍叫声陈知县，
李家公子拜堂前；
李家公子把话讲，
城隍开口道言章。

本是强盗来杀死，
冤枉明月和桂英；
大人要你前去访，
你今亲自去拿人。

私访莫到别处去，
江西地界走一遭；
点化一场清风去，
惊醒南柯梦里人。

知县醒来是一梦，
一身冷汗透衣衫；
明明神灵点化我，
叫我江西访强人。

只说为官多自在，
为何要我不安宁？
带了手下八九个，
乔装打扮就登程。

过了多少山河岭，
不辞劳苦往前行；

在路几日行得快，
来到江西地界边。

边界有个能仁寺，
知县抽签问神灵；
双双跪在尘埃地，
祷告能人大世尊。

只为桐城一盗案，
望神指引往前行；
祝告一场方才了，
抽支灵签看分明。

若要拿这真强盗，
赌宝场中会他身；
解罢此签多欢喜，
知县此时又登程。

将身到了九江府，
再往瑞昌县内行；
各班私访来汇聚，
只待知县把令行。

不表大人去私访，
回头来说强盗人；
自从杀了李公子，
奸淫小姐王桂英。

劫了金钱和珠宝，
逃往瑞昌去安身；
强盗心惊开眼跳，
行卧不安少精神。

乌鸦又在头顶叫，
叫得心慌胆又惊；
从前大事未犯案，

桐城小事把状伸。

总督衙内告了状，
四处捉拿我三人；
城隍庙内去许愿，
祝告城隍大尊神。

保佑安然无甚事，
砍牛杀猪敬神灵；
祝告一场方才了，
心慌意乱出庙门。

后面走来人两个，
满脸横肉好惊人；
两人悄悄附耳语，
像是李家抬轿人。

许愿三人窃私语，
他俩定是桐城人；
二人向前打招呼，
三位客官哪里行？

三位客官答言道，
奉命去拿强盗人；
你道二人都是谁，
原是知县捕快人。

知县听得心欢喜，
贼喊捉贼看他行；
将计就计跟他转，
猫儿捕鼠随他行。

三个落在张家店，
二人跟到张家门；
张家店内做旅客，
知县也是投宿人。

假装客商做买卖，
是个收宝卖珠人；
同住店内九日整，
强盗忽然要散心。

坐在店内不快活，
思想赌博散精神；
知县听说心中想，
能仁真君果然灵。

能仁真君来点化，
权且做个赌博人；
我今若是摆个赌，
与他三人赌一场。

莫追他们在聚赌，
又说捕快李得清；
得清按照知县意，
调来衙役九个人。

张恩张得上屋去，
王刚王猛堵后门；
得清推门进店去，
后面又跟五个人。

大叫一声拿强盗，
雷氏兄弟吓掉魂；
想从天门来逃走，
流星一对到来临。

雷虎跃身上瓦背，
张恩张得用刀迎；
雷龙欲走后门去，
王刚王猛把他擒。

雷豹推开陈知县，

夺路拖刀做顽徒；
九个官兵如狼虎，
拿住强盗三个人。

当时带到瑞昌县，
知县升堂问详情；
强盗跪在大堂上，
四十大板不容情。

知县拍响惊堂木，
破口大骂贼强人；
家住哪州并哪县，
姓甚名谁哪里人？

同伙强盗有多少，
从直说来免大刑；
可是你杀李公子，
可是你奸王桂英？

强盗听说呵呵笑，
知县我儿听原因；
要问老子名和姓，
姓雷名龙是我身。

不是别州并别县，
老子就是太湖人；
问我一伙有多少，
只有兄弟三个人。

是我杀了李公子，
是我奸了王桂英；
想是老子气数到，
你把老子怎么行？

知县听了发虎威，
胆大贼子莫猖狂；

劫人财宝尤自可，
奸杀奸淫罪不轻。

忙将强盗来绑了，
解往南京见大人；
又点五百人和马，
大家押送一路行。

当时知县告别去，
星夜赶路到南京；
知县辕门来交令，
又交玉镯并乌金。

大人看了两件宝，
吩咐牢中叫桂英；
将手指骂陈知县，
险些误害好良民。

桂英即忙来到了，
制台开言把话论；
乌金玉镯今到此，
是否你的祖家传？

桂英向前细细看，
分毫不差我家宝；
既是你家祖传宝，
依然退归你当身。

你夫未盗先杀死，
强人劫你宝和珍；
于今知县访到了，
拿了强盗来公厅。

桂英接得两件宝，
号啕大哭好伤心；
又把强盗来带上，

要他口供审得清。

制台此时心大怒，
喝叫左右手下人；
快把强盗来处斩，
尚方宝剑下无情。

将他人头来斩下，
解往桐城晓谕民；
斩了强盗人几个，
总督把本奏当今。

大人一本来奏上，
奏上乾隆万岁君；
万岁见奏龙心喜，
御笔批下到南京。

卿家才高见识广，
任你发落怎样行；
圣旨发下南京去，
总督忙忙接圣旨。

拜了二十单回样，
打开圣旨看分明；
总督心下多欢喜，
由我发落怎样行。

瑞昌解囚功劳大，
加升三级把官升；
又把副榜连声叫，
念你为人有才能。

赐你正榜主人职，
加升知县爱万民；
副榜叩头将恩谢，
叩谢青天张大人。

开口又问陈知县，
你为进士少才能；
若依律法就要斩，
念你访盗一点心。

这个官儿你莫做，
带你家眷返回乡；
知县得了残生命，
领了家眷转回程。

制台又把明月叫，
你近前来听分明；
这个莫怪别一个，
是你命里有难星。

你妻陈氏贞节女，
为你死在南京城；
本督与她立牌位，
春秋二季受香烟。

大人说话尚未尽，
狂风卷瓦响叮当；
半空落下一女子，
轻轻立在公案前。

在堂之人傻了眼，
吓得三魂掉二魂；
明月睁眼仔细看，
眼前立着什么人。

你是人来还是鬼，
快快禀明张大人；
陈氏急忙往下跪，
樱桃小口开了言。

八月十五中秋夜，

来到法堂呈状纸；
恩兄要我来上吊，
我愿替夫不想生。

捆上颈骨蹬升凳，
狂风卷来救残生；
昏昏迷迷飘了去，
观音庙内去藏身。

今日救得夫君命，
叫我归来报大恩；
总督大人开口问，
那天吊死是何人？

天机不可未泄露，
陈氏低头不敢言；
总督叫人去开棺，
又见衣物不见人。

总督重把高堂坐，
又道明月是福星；
明月夫妇把头叩，
叩谢青天张大人。

大人又把刘氏叫，
你今近前听分明；
你的儿子遭冤枉，
莫怪桂英半毫分。

媳妇如今跟你去，
回家侍奉你一生；
刘氏又把头来叩，
眼泪汪汪谢大人。

桂英哭得肝肠断，
刘氏哭得更伤心；

明月夫妇也难过，
苦命逢着苦命人。

恻隐之心人人有，
感动高堂张大人；
制台又把话来讲，
相劝四人把话论。

一把明月夫妇叫，
二把桂英叫一声；
三把李家刘孀妇，
四人可做一家亲。

明月夫妻拜刘氏，
拜她做了干娘亲；
桂英从前是假拜，
总督相劝变成真。

许配先生作为妾，
一妻一妾度光阴；
劝你三人为方便，
周李两家奉姻嗣。

陈氏所生为周姓，
王氏所生李姓人；
四人听说心欢喜，
叩谢青天张大人。

大人见允心高兴，
四人俱是飞红凌；
笙箫鼓乐齐奏起，
送他四人出府门。

收拾行李回家转，
四人同到吴府门；
入得府门把恩谢，

倒身下拜天寿恩。

天寿一二来扶起，
丈夫扶危理应当；
吴府备办席宴酒，
恭贺明月周先生。

留在吴府月余过，
收拾打扮就起程；
赶得船只忙上去，
立刻开船不留停。

船行顺风去得快，
回到桐城县中存；
三亲六眷来贺喜，
天大冤枉今日明。

一齐来到李家内，
打扫房间不留情；
刘氏告知众亲友，
总督大人有成全。

明月过继接我子，
又有媳妇陈妇人；
桂英许配明月妾，
四人合做一家亲。

明月来到大厅上，
拜了天地和神灵；
请来法神师公爷，
再为公子度亡魂。

超度亡魂七昼夜，
众朋亲友倍伤心；
七日道场做完了，
打扫洞房再完婚。

0357

桂英重新来打扮，

明月再次做新郎；

三亲六眷来贺礼，

一对鸳鸯巧凑成。

你看洞房花烛夜，

戏对鸳鸯缠绵绵；

原是师徒父女俩，

而今白头偕老人。

次日又把猪羊斩，

敬祭周李二家神；

如今只当亲生子，

又有儿媳两个人。

团团圆圆一家过，

和睦相处度百年；

这是一部《乌金记》，

留作后人万古传。

女子要学陈氏女，

替夫献身求扬名；

莫学糊涂陈知县，

草菅人命无法章。

说来这本《乌金记》，

行行件件讲得清；

知音君子买一本，

得到教育习文章。

流传地区：

富川瑶族自治县

传唱者：

盘启有（瑶族）

搜集整理者：

唐庆得（瑶族）

搜集地点：

富川瑶族自治县富阳镇凤溪村

时间：

1984 年

原载《广西少数民族与汉族民歌民间故事》（第九集·下），南宁师范学院[1] 广西民族民间文学研究室，1986 年 11 月编印。

附记

《乌金记》是清乾隆年间，在安徽桐城北乡发生的大案，经过艺人整理成戏剧进行演出，是黄梅戏 36 大戏经典剧目之一。《乌金记》在全国广泛流传，安徽、江西、湖北、湖南、云南均有此剧目，戏剧种类有黄梅戏、赣南采茶戏、庐剧、都昌鼓书、楚剧、皖南花鼓戏、湖南花鼓戏等。

剧情是，有位家财万贯的王之万员外，生有一女，名叫王桂英。双亲视为掌上明珠，宠爱有加，聘请距此地五六里地的王集周庄秀才周明月为私塾先生。王小姐貌美贤淑，知书达理，二八妙龄与一河之隔的猴岭李湾书生李官保（仪春）结为伉俪。王小姐出嫁时，其父以传家无价之宝——四块乌金和一对玉镯为其陪嫁。一时惊动四县八乡。新婚之夜，盗贼雷龙潜入洞房，借新郎辞客进门之际将其杀害，盗走乌金。次日一大早，王小姐房内寂静无声，公婆上楼，不见了公子，桂英说："公子昨晚下楼送客后就没有上楼，我正纳闷呢！"李家人见楼梯步步有血，顿觉大事不好，只见李公子已被杀，倒在房外墙角。李仪春被杀，乌金被盗，李家以为是媳妇桂英勾引奸夫所为，告到县府。桐城知县陈琳仅凭现场周明月的一把折扇主观臆断，盗案当作奸案办，认为王桂英勾结奸夫——她的恩师周明月杀死李仪春。严讯逼供，王、周被屈打成招，打入死牢。周明月之妻陈氏（大关镇台庄村牡丹冲陈门大户之女），勤俭贤淑，与丈夫恩恩爱爱，情深似海，奔走营救，挪着三寸金莲至南京找到丈夫挚友大讼师吴天寿，哭诉冤情。鉴于死刑已定，问斩在即，吴天寿进退维谷，苦无计可施。陈氏

[1]　南宁师范学院：曾更名广西师范学院，现名南宁师范大学。

信誓旦旦，决意刀山火海喊冤情。吴天寿义愤填膺，疾书一百零八张状纸，陈诉真相，痛斥草菅人命。陈氏女"将诉状顶在头上，跪在衙门，逢官遇轿高声叫喊，百姓围观尽诉冤情，万一遇有清官动了恻隐，就有指望救夫君，若无清官来过问，硬闯大堂死命拼"。可是人海之中，未见一个青天。"文官见我催轿走，武官见我马加鞭。"中秋之夜，南京城官民同乐，大放花灯，大小衙门七十二道，道道门不关，陈氏女将诉状掖于发际和周身上下，潜入总督府大堂，夜半击鼓鸣冤，哭诉冤情。总督张柏龄权衡再三，不愿扯一发而动全身，更是使自己下属亲信桐城知县官位难保，自己颜面受损，将陈氏女三番五次轰下大堂，烈女陈氏拼死拼活，冲上大堂，舍身救夫，撞死于总督案前。正当皂隶移尸匿迹之时，吴天寿拦尸闹堂，南京总督张柏龄责令下属桐城知县复查此案。陈琳不敢违命，县官装扮商人，明察暗访，几经周折，终于在江西瑞昌县将真凶雷龙捕获归案。周明月、王桂英均获释，乌金完璧归赵。桐城知县陈琳慑于众怒难犯，则披麻戴孝，伴护陈氏灵柩回桐城北乡安葬。至此，此一天下奇冤得到了昭雪。周明月、王桂英的同乡和友人曾欲助失妻的周明月和丧夫的王桂英结为夫妻。对此结局有三个版本：一说南京总督见案情大白，从中牵线，李家失子，收周明月为螟蛉，与王桂英洞房花烛，侍奉二老，并养老送终。一说周王二人牵手伉俪，白头偕老。一说周明月铭感陈氏义烈，更有师生醒醍之嫌，誓不再娶，仍以授业终生。王桂英念李郎罹难，看破红尘，身心俱碎，遁入深山空门，削发为尼，甘同晨钟暮鼓为伴终身。

富川《乌金记》以七言长诗形式流传，传到富川瑶族地区的时间不详，在流传过程中也有一些变异。如新郎李官保取学名叫宜生（安徽黄梅戏本里叫"仪春"）。陈氏在总督大堂上吊，但被神仙所救并没有死去，陈知县得李公子托梦，去到江西瑞昌县寻访抓到强盗雷龙，张总督让王桂英与明月夫妻把刘氏（王桂英丈夫的母亲）认为干妈，将王桂英嫁给周明月为妾。陈氏所生为周姓人，王氏所生为李姓人，传宗接代。

该长诗搜集地今鲜有《乌金记》的传唱者。（过竹）

0359

长诗·广西卷（一）
婚姻爱情长诗

娘梅歌

（侗族）

序歌

鼓楼石坪宽又广哟，

弹起琵琶把歌唱，

四弦琵琶响丁冬，

把人牵引向远方，

听到乐处哈哈笑，

听到苦处心悲伤。

今晚听唱一首《娘梅歌》，

请你听罢论短长，

这故事发生在古州的三保[1]。

一、坐夜

在古州三保那个地方，有位侗族姑娘，名叫秦娘梅。她聪明坚强，人才漂亮，名传四方。经常有人从远地专程前来看望，装饭的竹壳摆满她的屋旁。每到晚上，行歌坐夜的后生，来来往往。屋里的歌声呀，动听悠扬：

"喜鹊爱落大树上哟，

鱼爱游深水塘，

星星陪伴月亮走咧，

我陪同伴来走巷，

木楼上坐着的姑娘哟，

影子好像金凤凰，

有情的人呀请快把门开，

我有满怀欢歌对你唱。……"

打开窗子就看到明朗的月亮，

听到歌声就知是那兰笃[2]和杨助郎[3]。

月儿光光照墙脚，

歌声阵阵飘楼房，

"你们像自由自在的鱼儿，

我们是清清的水塘，

鱼儿不来水塘也空有哟，

我们好久好久在盼望。……"

姑娘轻轻呀把门拉开，

后生慢慢地沿楼梯走上，

勒汉[4]勒勉[5]欢乐坐夜哟，

歌声笑声快把木楼挤胀。

公鸡啼了一遍又一遍，

欢歌越唱越多越想唱，

细绵绵难说尽哟，

恋情长长不能坐到大天光，

喝过糖就要回家走，

娘梅上前轻轻拉助郎，

"同伴面前不好讲哟，

人多不便细商量，

明早我到岭上挖地种棉花，

请哥借斧砍杉杨梅岭下来帮忙。"

[1] 古州的三保：古州即今贵州省黔东南苗族侗族自治州榕江县，三保即县城对河的车江寨。传说秦娘梅家在今公路监理所房址。娘梅助郎私奔，经九十九坳而去，以后私奔者都不走此道。

[2] 兰笃：人名。

[3] 杨助郎：人名。

[4] 勒汉："小伙子"。

[5] 勒勉："姑娘"。

二、破钱

第二天清早，娘梅起来刚挑得一担水回家，妈妈就有点埋怨地对她说：

"你们晚晚坐夜到三更，

不怕寨上的人来议论？

一个妹仔不要那么野，

惹出丑事怎样有脸见别人？"

娘梅听了吃一惊，

开口来把妈妈问：

"是谁教人学踩堂？

是谁教人吹芦笙？

是谁教人唱耶歌[1]？

都是公公父父前辈人。

哪个勒汉不走寨？

哪个勒勉不开门？

这些事情都是老人教，

何必还要怪后生！"

妈妈说话无依据，

再讲几句述原因：

"不是妈妈不许你坐夜，

怕你踩错门槛看错人，

假如舅舅又有三言和两语，

那时可怜我女有理讲不清。"

听了妈妈一番话，

娘梅心里明七分：

"枫树椎树虽然同山不同根，

表哥表妹虽是亲戚不同心，

舅舅难管懒表哥，

还要管我这个穷外甥！

若他爱讲随他讲，

若他爱论由他论，

女无心谈这些，

快快装饭我要赶去杨梅岭。"

娘梅吃过油茶，把糯饭包放进竹篓，扛把锄头，一个人走上山坡，一路走来一路唱起木叶歌[2]：

"扛斧上山砍树不怕树木大又弯，

扛锄上山挖地不怕黄土硬，

棉絮洁白一年只开一次花，

有心看花耐烦等。……"

树上蝉叫好动听哟，

山头唱歌有回音：

"有心登山不怕山坡咧，

有心下水不怕水塘深，

有心等妹不怕久哟，

听妹歌声我像山鹰飞出林。……"

原来杨助郎躲在树底下等了好久，听到秦娘梅的歌声，跳了出来。两人在棉地里边挖边谈，时笑时唱：

"天地是多么宽广啊！

睁开眼睛只见你一人，

你那金鸡一样的俏影哟，

在我眼里已扎下了深根。"

"世上几多动听的笛声哟，

都比不上你的笑声，

笛子好听只响过一阵咧，

你的笑声久久飘绕在我的耳门。"

[1] 耶歌："多耶"，侗语音译，为"踏歌而舞"之意，它是侗族的传统民歌形式之一，也是侗族大型集体舞，参与者须手拉手围成一圈，跟着领唱的节奏边唱边舞。

[2] 木叶歌：侗族民歌种类之一，因采用木叶（树叶）伴奏，故称"木叶歌"。

山歌越唱越甜蜜，

林中画眉来偷听，

看见地脚落有一对鸟，

一石打去两飞腾，

助郎见了抿嘴笑，

娘梅趁机吐真情。

"一对小鸟比翼飞，

一对情侣难丢情，

听妈妈说表哥他要依旧理，

就怕你我相爱一世空背名，

假如有人作怪来拆散，

你不难过我伤心，

今日约哥上山帮挖地，

实想问哥出个主意怎样行。"

助郎听了，大吃一惊。他心想，他俩平时好好的，总没有什么风波。为什么今天讲这种话，难道真的有人来挑唆？他对娘梅说：

"有心围鸟不怕爬坡岭过岭，

有心围鱼不怕滩急水又深，

有心结情不怕有人来拆散，

真心相爱我俩换把凭，

哥送手镯妹你送银梳，

今后不再连别人。"

手拿银梳换银镯，

娘梅再度诉衷情：

"不信老人死也不愿嫁表哥，

你也不要见了别个丢旧情，

虽换银梳银镯心难宁哟意难足，

不比破钱盟誓结真情。"

助郎听了这样话，高兴万分，从怀里取出一枚沉甸

甸、亮铮铮的"康熙钱[1]"，扯起柴刀破成两半，各拿一半，两人双双对天盟誓：

"杨梅老树来作证，

太阳公公看得清，

如今我俩破钱来盟誓，

愿结夫妻一世人，

哪个中途丢钱变心意，

刀砍雷劈火烧身，

要像王素[2]与月长相伴，

生不离来死不分……"

不用媒人不放炮哟，

高山大坳来订婚，

清泉跑来祝贺像酒涌，

金樱银花开口笑盈盈。

三、逼婚

在娘梅上山挖地的时候，她的舅舅来到她的家。舅舅又肥又矮，满脸横肉，一进门就对娘梅妈妈怒气冲冲地说：

"青菜留久不收会飙[3]心，

白菜留久不摘会开花，

妹仔留久不教会撒野，

你不该管女不严任由她，

我从旁细查又细问，

听说娘梅她和别人有勾搭，

[1] 康熙钱：清王朝康熙年间所铸，是清朝最大最重质最好的铜钱，后来，为侗家后生、姑娘所珍爱，男女青年往往将一枚铜钱破为两半，各拿一半，表示爱情的坚贞，也有说，秦娘梅悲剧产生在清王朝雍正年间（康熙之后）。

[2] 王素：人名，类似"后羿"。

[3] 飙：猛然长出之意。

哪家娃仔骨头发痒额头硬，

敢来攀枝打丫我就不饶他！"

娘梅她妈听了心里也有点不服，忙与大舅争辩：

"大舅你说哪样话？

娘梅是个懂事的妹仔家，

白天上山勤挖地，

晚上回屋纺棉纱，

她走得稳来也坐得正，

不要乱听别人挑唆话。"

姑妈劝说大舅，大舅又警告姑妈：

"娘梅本是我媳妇，

女还舅门[1]是旧法，

假如我家不放手，

还有哪家敢娶她！

姑妈快备衣服我备酒，

后天就来接她到我家。……"

　　大舅说罢就走。娘梅妈妈很着急，担心娘梅不依，站在门口等着娘梅回家。日头快落山了，才见娘梅收工回来，一进门，妈妈迎头就问：

"画眉归巢了你才回程，

同你上山还有哪个人？"

妈妈问得好奇怪，

娘梅无奈顶几声，

"若说无人有一个，

若说有人有一群，

阳春时节人人都在家，

还有谁种棉花谁造林？"

妈妈想到刚才大舅的话，又听娘梅答非所问，更是有气，就照直对娘梅讲：

"我不是问你有人没人去做工，

我是问你身旁有没有后生。

这几天闲言闲语听了不少，

就怕失脚走错道路难见人。

你也要为娘争口气，

后天表哥就来把你接过门。"

娘梅好像当头挨了一棒，昏昏沉沉，好久好久才清醒。她对妈妈讲：

"妈说九十九样我都依顺，

这一次真使女儿难做人，

嫁到舅舅家我实在不愿意，

羊仔和豹子怎能配成婚？

一世夫妻不是去挑井水走一转，

我求妈妈去劝舅舅退了这门亲。"

妈妈见娘梅求救，趁机对女儿教训：

"娘梅你不要这样任性，

你要懂得老人一片心，

天底下哪一个表哥不愿讨表妹？

哪一个外甥女不愿回舅门？

何况我家就靠舅父相帮养大，

你对表哥不爱也要记住大舅的恩。

人家要你也算你幸运，

你还想做门槛故意装横！

假若你舅舅发气翻了脸，

怕你这四两命也活不成。"

妈妈又劝又骂不停嘴，

[1]　女还舅门：侗家旧俗，表妹一定要嫁表哥，称为"女还舅门"。侗家允许男女青年行歌坐夜，走寨谈情，不允许婚姻自主，造成许多悲剧。这也就是《娘梅歌》产生和流传的社会基础。

娘梅不流眼泪硬碰硬：

"山羊过坳任它跑，

鸟不进套任飞行，

我愿嫁谁任我选，

纵是打扁我身哟抵死不进舅家门！"

听娘梅这么一讲，妈妈就骂起来："你这个鬼妹仔呀，真是老鼠命，米桶不进你要进糠桶！横直过两天就要出嫁，今晚不准你去跟别人坐夜，和我在家一起纺棉花。"

笼里关鸟难高飞哟，

盆里关鱼难远游，

屋关娘梅纺棉花，

棉线越拉越断头，

棉线断能接上哟，

难见助郎哥哥心忧愁。

四、双奔

晚上，母女二人在家纺棉花。妈见女儿纺车不停，语无埋怨，以为刚才自己办法对路。再过两天，糯米蒸成饭，要想再闹也是枉然。哪里知道女儿的心像油煎，思绪万千啊！

纺棉纺到一更天，

打锅油茶吃了妈说甜；

纺棉纺到二更天，

妈说困了催她去睡眠；

纺棉纺到三更天，

像有千丝万线绞心田：

为什么妈妈只听舅舅的话？

为什么近来寨上有闲言？

为什么有情的人不能成夫妻？

为什么"女还舅门"旧规不能变？

娘梅一时难得想清楚，

心里苦苦像黄连，

想找知心人诉知心话哟，

但闻阵阵笛声飘屋檐，

娘梅一听心明亮，

晓得助郎走寨到屋边。

轻轻开门接引助郎进，

未递板凳先开言：

"老人逼我进舅门哟，

婚期就定在后天，

舅舅不准妈妈对人讲，

妈妈不准你我再会面，

心乱如麻无计想哟，

单等助哥哥对铜钱。"

助郎听了好难过，

一团怒火心中燃：

"不犯地呀不犯天，

破钱定情誓在先，

既然老人逼着我们走，

只有学那鹞鹰飞高雁飞远。"

二人商量一下，认为舅家财高势大，斗不过他，唯一的办法只有逃奔外乡[1]。二人捡点简单行李，连夜出门，去找兰笃帮助。等到天亮，他们已经登上了九十九坳大坡。兰笃一面带路一面唱：

"九十九坳高又高，

岩石尖尖好像杀人刀，

[1] 侗家风俗允许情人私奔。如旧夫家贫势小，私奔一段时间可以回来，出一些钱给旧夫洗脸洗耻辱，解除婚约。如旧夫家财高势大，私奔就不得不一去不回了。秦娘梅远道私奔，属于后一种情况。

从前曾有八对年轻人，

为了逃婚一同出三保。

谁不想做河里的游鱼？

谁不想做山上的飞鸟？

可是刚刚逃到半坡上，

后面的人就追到；

跑不脱啊飞不了，

心里急得像火烧；

一同飞下万丈岩，

鲜血染红岩边草。

可怜那八对年轻人哟，

被古老的规矩埋葬掉，

从此逃婚的人选走别的路，

不敢再过这九十九垴。

今日我们走上这个坡，

郎猛[1] 表哥他也想不到。

愿你们一路上平安多小心，

日后带仔转回外婆家同欢笑。"

兰笃送了一程，他们互相嘱咐一阵，依依不舍分手了。
兰笃转回家，助郎娘梅继续往前行。

涉过一水又一水，

翻过一山又一山，

大雁不怕千里远，

鲤鱼不怕万重滩！

助郎娘梅双奔去，

冲破牢笼过难关！

大雨淋来当茶饮，

肚饿歌声能顶餐，

但愿夫妻同到老，

茅屋竹舍也心甘。

他们走啊走啊，翻过九十九垴，又到一片荒山野林，

四面不见村寨，天快黑了，雨又大，雷又猛，怎么办哟？
发现山边有个工棚，他们就在那里过夜了。

天黑地暗路难行，

雨打雷震山欲崩，

可怜娘梅遭磨难，

衣裙淋湿冷如冰，

助郎忙找干柴来起火，

夫妻烘烘衣服暖暖身。

几时等到天大亮？

几时雨过天转晴？

搬个石头当坐凳，

搬捆木叶当靠枕，

哥吹笛子妹唱歌，

雨夜荒坡也欢腾：

"不要紧！

大雨湿头不湿心，

风吹雨淋心头暖，

患难夫妻见真情。

哥在身旁我不累，

哪怕坡高路远石山崩！

莫像鸡鸭有翅难飞任人宰，

要学阳雀双双远飞行。

我们要去同耕同种同饱暖的孟婆寨[2]，

我们要找没有豺狼的幸福村。"

一把干柴一把火呦，

一阵歌声一片心。

篝火明明照得山头亮，

歌声阵阵引来小夜莺，

娘梅唱困靠柱睡，

梦里逢喜笑盈盈。

[1] 郎猛：人名。

[2] 孟婆寨：传说三国时，孟获降了诸葛亮，他的妻子孟婆带领父老子弟东迁，开
垦了同耕同种同饱暖的幸福寨。

助郎持刀棚外来巡视，
进棚拿起琵琶独自吟：
"风雨夜宿荒山岭，
见我娘梅喜在心，
好比初春嫩竹笋，
好比天上五彩云，
好比十二月亮岭上照，
五百里榕江难找第二人。
哪怕表哥郎猛心毒狠，
我有半边铜钱藏在身；
哪怕财主势头大，
我们远走高飞你难寻！"

五、落寨

他们走了好几天，住过工棚，住过岩洞，也住过寨子。曾在兰笃的朋友——卜爱的家住过几天。因离三保太近，怕表哥追来，又继续前行。这一天，他们夫妻二人，翻过几个坡，来到贯洞寨[1]。

七百贯洞寨子宽，
高高的鼓楼有九层，
走进寨门想问路，
只见两个妹仔舞芦笙，
问过她们名和姓，
知是培央和培英。

小小姐妹好热情，
拉着两位客人走进村。

那天正是尝新节[2]，
鼓楼坪上闹盈盈；
又是踩堂又吹笙，
多嘎多耶[3]挤满人。
银圈银环光闪闪，
花鞋花衣像彩云。
莫非这里就是孟婆寨？
莫非这里就是幸福村？

走近鼓楼坪边仔细看，
生人吸引众乡亲，
围得助郎娘梅难挪步，
看的看来问的问：
"哪里飞来一对好雁鹅？
哪里飘来两朵五彩云？
这样的人才哪里生？
五百里榕江也难寻。
你俩双双哪里去？
还是同来贯洞共尝新？"

秦娘梅眼望众人不开口，
杨助郎上前答乡亲：
"我们打从古州来，
这里没有朋友和亲人。
我们也不知该到哪里去，
云游天下哪里适合哪里停。
哪位乡亲心肠好哟，
愿留我们落脚住夜永记恩。"

助郎短短几句话，
感动坪上众乡亲：
"留下吧！年轻人，

[1] 贯洞寨：在今贵州省黔东南苗族侗族自治州从江县贯洞镇。旧时有七百户，所以称"七百贯洞"。

[2] 尝新节：侗家六七月间过"尝新节"，也叫"新米节"，具体时间各地不同，是全年盛大节日之一。

[3] 多嘎多耶：侗语，唱歌，合唱耶歌。

家家乐意留你们，

穷帮穷哟贫帮贫，

同饮汗水过光景。"

有个财主叫银宜，

低头低脑献殷勤：

"莫说走，好后生！

七百贯洞留你们，

这里楠竹杉木满山岭，

这里棉花茶花铺白银，

新糯米饭随你抓，

酸鱼送酒任你饮，

我家就像你的家，

我银宜就是你亲人，

年长月久就知这里要比古州好，

年长月久就知我银宜的一片心。"

他叫阿赖来带路，

领着助郎娘梅进他木楼去安身。

后来银宜大摆酒席请寨老，

他要助郎入他房族认家门；

又划许多田地租给助郎种，

好像财主也是有良心；

众人面前称兄弟，

和和气气度光阴。

为何财主也对长工特别好？

娘梅看了心里有疑问。

老虎拜羊为吃肉哟，

猫哭老鼠假慈心。

六、拒银

助郎、娘梅到贯洞寨住了几月，银宜总是尽量讨好，后来就派助郎放运木排下柳州，看起来好像非常信任，实际上调虎离山。助郎走后，娘梅一个人在家，好不烦闷，她边补衣服边自叹：

"哥放木排下柳州，

独我在家不自由，

银宜不时来挑逗，

肉麻眼跳心里忧。

我们像一蔸禾苗插在别人田里长，

我们像一双燕子把窝筑在别人楼，

不知哪时有福分哟，

夫妻带儿带女回古州。"

娘梅越叹心越忧哟，

突然门口银宜伸出头，

笑得眼睛鼻子做一堆，

讲话像有骨卡喉：

"好妹妹呀你莫愁，

老弟放排去不久，

家中还有哥哥在，

有事请你同我来商谋。"

娘梅顺手端个凳，

问声"过来有何求？"

银宜手拿一件烂衣衫，

东翻西看编理由：

"有咧！有咧！真有咧！

无事不来你这头，

有件衣服被鼠咬，

请你帮补……这襟、这扣、这背……这衣袖。"

"大娘针线活路样样会，

为何不送到她手？"

"她手不比你手巧，

她补不比你的秀，

再说篮里青菜不比野菜鲜，

喝厌'三花[1]'想来你家喝甜酒。"

"请你莫说哥贪杯，

得你同坐乐悠悠，

点点银礼莫嫌少，

哥哥心意你快收。"

银宜边笑边递白毫子，

趁机捏着娘梅手；

娘梅一推毫子落，

又慌又气严词飞出口：

"马脸长长有鬃遮，

牛脸厚厚不知羞，

这里没有酒灌你肚，

这里没有野菜塞你喉！

你送的钱难收下，

你讲的话太下流，

我要告诉大娘和乡亲，

看你面子哪里藏来哪里收！

你若要脸留条路，

拿起衣服赶快走！

贪色想避老婆骂咧，

贪财想避名声臭。"

银宜还在屋里要花招，

忽听门口有人咳声嗽，

偷吃的饿狗心慌张咧，

银宜夹尾后门溜。

原来大苦爷爷暗护佑，

这时特地送菌到屋头，

娘梅险中得救流热泪，

爷爷安慰又分忧：

"得点笋子两家分，

得点菌子同煮粥，

财主头人酸鱼糯饭杀鸡饮酒同享受，

我们孤苦人家同吃野菜稀粥共苦愁，

富人眼像毒箭心有刺哟，

他送封包银宝切莫收，

出门随身拿根打狗棍，

进屋不忘放下门杠加石头，

假若屋里有急事，

你把水桶挂窗口，

爷爷难比你亲爷好哟，

这里难比你古州。……"

大苦爷爷一席话，

好像一盏明灯得添油，

不是亲爷胜过爷好哟，

苦瓜苦藤共苦兜。

再讲那个财主银宜，表面装好人，肚里尽是鬼，既想霸占娘梅玉身，又想骗取娘梅芳心。他一计未成，又生一计。他去找六洞地区款首[2]，七百贯洞寨老[3]，老奸巨猾的万松。不知他们又搞什么诡计啰！

财主堂屋阴森森，

头人喝酒又会把事生，

好像两只饿狗吃骨头，

一个吐来一个吞。

银宜饮过三杯酒，

摇头晃脑他向万松试浅深：

"茶树败了种杉树，

[1]　三花：桂林名酒，即三花酒。

[2]　款首："款"是旧时侗家的一种地区性政治组织。有大款、小款，所辖地区大小不同，小款服从大款。款有款约，人人必须遵守。全款开会，称为起款。或传送悬鸡毛、火炭、辣椒的火急木牌或击响法鼓，集众起款，商量和处决重大事项。款首是领导者，主持款会，执行款约。

[3]　寨老：是寨里主持全寨公务的老人。

妻子厌了另外找新人，

世间常情人人都知道，

万松你说行不行？"

万松放下酒杯举起长烟袋，

阴阳怪气故意念条文：

"周夫六郎立款二十一[1]，

千寨万户做事要遵循；

停妻再娶不合理，

强夺生妻太不仁；

贤侄到底心里有何事，

说出给我仔细评一评。"

财主、头人本穿一条裤，

银宜吞吞吐吐来禀呈：

"有笼难关鹭鸶鸟，

有钱难买美人心，

我想娘梅想得肚子痛，

龙肉送饭也难吞；

送布送银她不要，

鱼不吃钓我伤心，

假若有人帮我成好事，

我愿年年鱼肉酬谢送金银。"

银宜取出一堆大元宝，

万松见了口水肚里吞，

"要吃蜂仔先烧母，

要吃红薯先割藤，

要想成双破对，

到时开个款会定可行。"

两个人咬着耳朵窃窃私语，密议一番，就大摇大摆走
出堂屋，上楼抽鸦片去了。

[1] 传说周夫六郎订了二十一条款约，成为侗家封建法规。

七、惊变

再说自从杨助郎放排下柳州以后，秦娘梅天天盼望，
又受财主银宜欺负，心中闷闷不乐。那天，她一个人上山
采棉花。

身背竹篓走上屋背坡，

无心看花也无心唱歌，

望见雁鹅飞天过，

低头思念助郎哥：

"雁鹅雁鹅请你等一等哟，

请你帮我把信托，

叫我助郎转回寨，

快快离开虎狼窝。"

正当娘梅在想念助郎的时候，助郎已经回到家了。他
回到寨上，听大苦爷爷说娘梅上山了，他就急忙赶上坡。

饭也未吃茶未喝，

急忙背把钩刀赶上坡，

山高坡陡不觉累，

嘴里还唱木叶歌：

"燕子双双头上过咧，

助郎娘梅脚跟脚，

久别重逢心欢畅呀，

呢喃呢喃永安乐。"

娘梅听到歌声心舒畅，

地里直立竖耳朵，

棉地相逢好比初相会哟，

喜得棉桃开口笑呵呵。

蜂窝手巾递给哥抹汗，

抱捆木叶给哥坐，

又问"柳州怎么样？"

助郎详细来诉说。

勤劳夫妇闲不住哟，
边说边唱边干活：
"桃花朵朵开满坡咧，
好做新衣新被窝，
明年添得一个小宝宝，
后年带去古州看外婆……"

助郎一唱到这里，娘梅倒发愁起来了，她对助郎说："财主心肠毒，不如快快走。"助郎不懂娘梅的意思，正想问个明白，突然听到山下鼓声大作，真使人肉跳心惊啊！

狗腿阿赖急如火，
跑到地头叫哦哦：
"回去回去快回去！
寨里起款事急多。
头人叫我四处来传令，
全寨男人集合长剑坡。"
多问一句他不答，
边叫边把助郎拖。
眼望助郎下山去，
娘梅心潮滚滚像油锅，
鱼进竹钻[1]难逃跑哟，
鹰落索套无奈何。

八、赴款

财主银宜和头人万松，经过一番密谋，一见助郎放排回到家，当天立即起款。说什么独寨要来攻打贯洞，擂起法鼓[2]，召集全寨老少，在长剑坡开款会，饮鸡血酒，吃枪尖肉，发誓对敌，好不紧张。

长剑坡上设款场，
个个拿刀又背枪，
款首发布乡规和团令，
众人只能遵命难开腔。
款首万松迈步走上台，
手拿禾秆来把款词唱：
"独寨之人真猖狂，
起兵要把贯洞伤，
全团人丁齐上阵，
不准哪个乱退场，
哪个勾生吃熟刀下死，
哪个勾外吃里枪下亡。"
唱罢款词摆起鸡血酒，
个个举杯一饮光，
接着又吃枪尖肉，
银宜抢先吃肉带头讲，
"我是猛狗守寨子，
我是老虎守山岗，
若我勾生吃熟，引祸进寨，
刀口下死，枪尖下亡。"
万松赞扬银宜胆子大，
说他表心的话有分量。
一个吃了再一个，
个个胆战心发慌。

这时，万松说自己年老了，力气不足，不能继续拿枪递肉了，有意把枪交给银宜。银宜就喊："谁来？这回轮到杨助郎。"助郎说：

"我像青苔巴岩石生，
我像菌子靠着老木长，
我没有歹心肠，从不做坏事，
若我勾生吃熟枪下亡。"
说罢刚刚张口去接肉，
银宜一枪杀倒杨助郎。
大苦爷爷跑过去，

[1]　竹钻：竹制鱼钻，捕鱼工具。
[2]　法鼓：侗寨鼓楼，悬有法鼓，鼓声一响，人人必须往鼓聚集。

万松举刀来阻挡：
"勾生吃熟就是他，
吃里勾外太猖狂，
按照本团款约应杀掉，
今后不准哪个向外扬，
款条规定保守秘密要记清，
谁敢违犯就杨助郎！"
财主心肠狼样狼，
杀人好像把鸡劏，
可怜助郎含冤死哟，
可怜娘梅空等空守断肝肠。

九、闻讯

自从那天起款以后，只见别人回，不见助郎归。娘梅在家盼呀盼，等呀等，问乡亲，乡亲不敢讲；问银宜，说不知；问阿赖，阿赖支支吾吾讲几句：

"那天我们去杀敌，
遍山遍野丢死尸；
助郎认为自己力气大，
我们向东他偏杀向西；
至今不见他回来，
是死是活我不知。
假若是活当然好，
假若死了你也不要太可惜；
糯米总要给人吃，
女人总要做人妻，
死了穷鬼嫁富郎，
有吃有穿享福过一世。"

狗嘴讲话臭难闻，
娘梅身受欺凌一肚气，

回到家中独自坐，
饭也不吃头不洗，
银镯银环都不戴，
面色憔悴好孤凄。

剪完禾把已立冬，
冰封野岭雪泪滴，
春来百花盛开无心看，
四处寻探助郎无消息。
千愁百苦向谁诉？
纺车呜呜似妹泣，
泪水湿蜂窝巾哟，
愁比棉纱长万尺。
从前有话可和助郎讲，
如今满腹心事有谁知？
常常一人依门临窗朝外望，
嘴喊"助郎哥呀！你在哪里？"

娘梅正在想得痴，
忽听有人响步上楼梯，
原来是培央培英两姐妹，
送笋送菜传消息：
"爷爷告诉阿姐莫悲伤，
众乡亲会帮你报仇的，
银宜起款杀害助郎哥，
长剑坡上藏骨尸……"

娘梅一听霹雳惊，
头昏眼花难支持，
极力拼气冲出门，
荒山野岭去寻觅。

十、辨骨

娘梅一气跑到长剑坡，只见古树密密，怪石林立，阴阴森森，鸟鸣兽叫，好不吓人。娘梅大声喊助郎，只听得空谷共鸣，哪里有助郎回音！娘梅边哭边找，边找边喊：

"助郎哥哟助郎哥！
你要显身快来回答我，
我不怕虎狼成群把我吞，
我不怕山路崎岖摔岩窝。
太阳啊太阳你慢点走，
小鸟啊小鸟你等下再回窝，
风啊云啊请你停停步，
大家帮我寻找助郎哥……"

不见助郎显身来答应，
只见太阳悲愤下山坡，
小鸟为难林中走哟，
风吹愁云头上过。
千呼万唤无回音，
千寻万找无下落，
满山白骨堆成堆哟，
不知哪堆才是助郎哥？

想起老人曾说过，
"滴血辨骨"认得着。
用力咬破食指头，
鲜血滴滴骨上落：
"若是助郎骨头就吸血哟，
不是助郎骨头你莫吮。"
堆堆白骨过不见哪堆吸啊，
娘梅心里迷茫长琢磨：
莫不是助郎死在别的山？
莫不是助郎如今还活着？
培央培英不会哄哟，

心痛心乱好像猫抓心窝窝。

猛然记得从前破钱盟誓各半边，
找到铜钱就能找到助郎哥。
娘梅一堆一堆尸骨去寻找，
一堆一堆尸骨去翻摸，
翻了九堆不见半边钱，
但愿不见铜钱能见助郎活。
翻到十堆翻出半边钱，
两边一对完完整整成一个！

一个铜钱破了还能合一起哟，
一对夫妻散了永世难结合，
两眼睁睁望着铜钱头昏昏，
娘梅如今心碎像刀割。
扑向骨堆放声哭哟：
"助郎呀！我的助郎哥！
燕子飞了留下一个泥窝，
水牛死了留下一双长角，
你给我留下一堆白骨哟，
是老天无眼还是我俩命薄？
为什么天底下穷人都是这样苦？
为什么财主都是那样恶？
难道逃过九十九坳的人都是同样命运？
难道宽宽大地竟没有一寸土地给我们搁脚？
你和跳崖的人一同回到牙安村[1]，
我像孤雁乱飞不知到哪里降落。
本讲变鸟共山林，
本讲变鱼共江河，
本讲双双同找幸福寨，
本讲结伴到老同生活，
如今你被银宜杀害在荒坡，
丢我一人一影，无依无靠，今生今世怎样过？"

[1] 牙安村：侗家传说，人死后魂归此处。

娘梅跌跌冲冲站起来，对大树碰去，她猛然想起"大仇未报，我不能死"，马上止步。她振起精神，把助郎的骨装进口袋，背在身上，化悲为仇，对天发誓：

"为了报仇我要活哟，
火海刀山我敢过，
不把银宜烧成灰，
大海也难灭我心头火！"
娘梅身背尸骨，一腔悲哟一腔怒，
一步一步下山坡。

十一、击鼓

娘梅上山寻尸的时候，众乡亲着急，银宜阿赖也着急，各有各想法，大家都去找。娘梅却回到寨上了。她向鼓楼走去。

寨里的鼓楼石坪宽又大，
高高的鼓楼像宝塔，
层层檐角像飞起，
画鱼画鸟又画花，
红红的葫芦楼顶站，
长长的法鼓楼里挂。

平时走进鼓楼唱歌多欢喜，
今日走进楼有点怕，
娘梅决心登上擂鼓台，
举起鼓槌奋力打，
鼓声好像雷鸣响咚咚，
七百贯洞处处都惊讶：
谁有什么急事要聚众？
莫不是又要起款动兵马？
鼓声催得人心急哟，

阿赖、银宜不知底细喊喳喳。
等到寨上老少都来到，
娘梅慢慢才说话：
"众位乡亲都知道哟，
师刀[1]不乱摇，法鼓不乱打，
娘梅今天擂法鼓，
有件大难事情求大家。
我和助郎到贯洞，
多蒙寨上好心收留下，
去年起款去打仗，
助郎不幸被敌杀。
昨日我去长剑坡，
寻见尸骨背回家，
我是孤苦伶仃一女人哟，
无钱无米想做道场[2]没办法，
谁肯亲手帮埋尸骨斋祭七天整，
我愿终身报答嫁给他……"

众人听了纷纷议，
银宜当众大声来答话：
"房族弟弟杨助郎，
他为保团保寨被敌杀，
他的金玉骨头我不葬，
我这个哥哥对不起他。"
银宜说罢装着很难过，
万松跟着补句话，
"鼓楼议事非儿戏，
不准哪个再变卦。"
众人忿忿不平不敢惹，
大苦爷爷培央培英陪伴娘梅转回家。

[1] 师刀：巫师所用降神伏鬼的一种道具。

[2] 道场：旧时由道公巫师进行的一种祭奠亡鬼的宗教迷信仪式。

十二、诛银

双方讲过，按照道师的安排，先葬尸骨，接着就摆七天道场，烧香拜祭。按照娘梅的要求，鼓楼议事，不可儿戏，谁一个人亲手埋尸骨，才能嫁给谁。银宜一一答应。那天傍晚，娘梅背着助郎的尸骨袋，银宜扛着锄头撮箕，两人上山葬尸去了。

山路不平岭又高哟，
归巢的乌鸦头上叫。
前面娘梅走得快，
后面银宜跟着跑。
一个想当新郎公，
一个想把大仇报，
两人走了一程又一程，
太阳落岭点起灯笼把路照。
娘梅看见身边跟着仇人恨又气哟，
银宜心想娘梅快要到手开口笑。

走了一段路，银宜想休息，他对娘梅讲："这个山头风水好，就葬在这里了。"娘梅回答说："嗨！亏你是个堂堂的大财主，连这点都不懂！刀枪下死的人，要远葬深埋才行。不然你会断子绝孙咧，赶快走。"银宜为了讨好娘梅，又乖乖地跟着走。

走过一坡又一坡，
前面是个小山坳，
银宜说："这里葬得了。"
娘梅说："这里听得牛牯叫，
以后的子孙当强盗，
我们另到别处找。"

又走一坡过一坡，
前面是个大山坳，
银宜说："这里葬得了。"

娘梅说："这里听得老狗叫，
以后的子孙不忠孝，
我们再到别处找。"

再走一坡又一坡，
前面是个深山坳，
银宜说："这里葬得了。"
娘梅说："这里听得公鸡叫，
以后的子孙爱赌嫖，
我们再到别处找。"

摆得银宜团团走，
像只贪吃野狗进了套。

一直走到长剑坡，
娘梅才说："这里好！"
银宜捋起衣袖猛挖坑，
娘梅唱歌一蒙银宜耳朵二传哨：
"去年冬天我俩讲好了哟，
寨上的同伴都知道，
等到今年腊月二十九咧，
哥备好草鱼就来讨。……"

歌声穿进密密的森林，
歌声飘过对面的山坳，
林里的爷爷听到作准备，
坑里的银宜听到心醉了。

大苦爷爷和两位伴同助郎放排下柳州的穷兄弟，听到娘梅的歌声，懂得快到动手的时候了，他们一步步逼近坑边。银宜听到歌声，以为娘梅的芳心当真倒向他了，心里乐滋滋的，他笑着说："嘻嘻！唱得真好。你唱了，我更有力。"娘梅心里却是对着助郎唱的，更增加她复仇的勇气。她对银宜说："你爱听歌，我再唱几首。"

"天地是多么宽广哟，

睁开眼睛只见你一人，

你那金鸡一样的俏影哟，

在我眼里已扎下了深根。

世上几多动听的笛声哟，

都比不上你的笑声，

笛子动听只响过一阵咧，

你的笑声久久飘在我的耳门。"

这时银宜得意忘形，站在坑里讨好地说："唱得真好！以后什么我都听你的。你看，挖有三尺多深，得了吧！"娘梅说："还不行，再挖三尺，远葬深埋你又忘记啦！如果坟地不深，野鬼会爬出来的。"银宜说："好好好！"又低头继续挖。

唱歌的人哟怒火千丈，

听歌的人哟得意忘形。

忽听坑前一声叫，

一锄砸向狗脑门。

爷爷、乡亲闻讯跑过来，

乱棍乱石齐把银宜埋深坑。

娘梅她为丈夫报了仇，

也为寨上除了一个大祸根。

凶狠狡猾的财主被姑娘用计杀死，

从此侗乡山寨传遍了这一奇闻。

尾歌

这位勇敢聪明的姑娘，她用计把财主银宜杀死，为丈夫助郎报了仇。她在大苦爷爷和众乡亲帮助下，背起助郎的尸骨，离开贯洞，走到很远很远的地方，继续寻找幸福村寨去了。

雁鹅远飞过云底，

鲤鱼远游离山溪，

娘梅走离贯洞寨，

路途遥遥无尽期。

可怜娘梅美丽聪明受孤零，

可怜助郎勤劳老实又被财主欺。

为何一对恩爱夫妻被拆散？

侗家老老少少难忘记！

有人编成这首《娘梅歌》，

一代一代传唱到今日。

流传地区：

贵州榕江、从江、黎平；广西三江侗族自
治县、龙胜各族自治县、融水苗族自治
县；湖南通道侗族自治县等地

传唱者：

众多歌师

搜集整理者：

吴居敬（侗族）、吴贵元（侗族）、
过伟（汉族）、杨通山（侗族）

搜集地点：

广西三江侗族自治县

时间：

1979 年

原载《侗族民歌选》，杨通山（侗族）、蒙光朝（壮族）、
过伟（汉族）、郑光松（土家族）编，上海文艺出版社，
1980 年 12 月。

附
记

娘梅的故事在广西、贵州交界的侗族地区广为流传。叙事形式有
长诗、故事，还有侗戏。

该长诗用侗族琵琶歌的形式弹唱。

侗族琵琶歌有两种：只唱不说的叫"嘎常"体，有说有唱的叫
"嘎锦"体。

侗族琵琶歌，以侗族乐器琵琶伴唱而得名。侗族琵琶与汉族三弦
相似，造型有所差异。琵琶有三弦、四弦。三江侗族琵琶为四弦。母
弦、子弦各 1 根，中弦 2 根。

《娘梅歌》的原始材料来源如下：

（1）三江王朝，吴金魁（70 岁）口述，吴邦尚、吴岩美、吴振
宗补充，琵琶长歌《助郎娘梅之歌》，陈永杰口译，过伟 1956 年记
录；

（2）三江林溪，吴居敬 1956 年记，琵琶长歌《助郎娘梅之歌》；

（3）黎平黄现，宣世华（30 多岁）唱，琵琶长歌《助郎娘梅之
歌》，吴贵元口译，过伟 1956 年记录；

（4）龙胜庖田，覃辉唱并口译，琵琶长歌《珠郎和秦妹》，依易
天 1962 年记录；

（5）三江守昌，吴宏义（55 岁）唱并口译，《助郎娘梅之歌》，
覃世松 1979 年记录；

（6）三江王朝新寨，吴贵元口述，琵琶长歌《助郎娘梅之歌》，

林兰编歌（不明年代），杨通山 1979 年翻译；

（7）三江富禄，廖振茂（50 多岁）所藏手抄本，廖振茂、石玉
福、覃忠义口述补充，侗戏《助郎与娘梅》（约 1916—1926 年间罗
文星编剧），吴贵元口译，过伟 1956 年记录；

（8）从江新安，梁绍华（64 岁）收藏手抄本，并口述补充，侗
戏《珠郎娘美》（这是他年轻时和梁耀庭合作，根据梁婆口述故事
改编），吴贵元口译，过伟 1956 年记录；又，贵州省文化局、剧协、
音协侗族民间文艺工作组 1960 年整理本。（过竹、黄毅）

梅岛

（侗族）

古老的月亮，
照在侗寨的鼓楼上，
贤郎长到十八岁了，
长得像棵杉树一样。

一家人在火塘边，
把贤郎的婚事商量，
贤郎弹拨着心爱的琵琶，
伴奏父母的对唱。

母唱：

贤郎呀，
该讨媳妇了，
讨了媳妇，
才算成家，
你今后的日子，
才有了甜蜜和芳香。

父唱：

女人呀，
你不用操心，
贤郎有个表妹，
名叫梅岛，
住在远方，
要讨，
就去定亲，
明天我亲自去走一趟。

贤郎唱：

父母的话语像火一样红，
大人的恩情像水一样长，
可是我自己的婚事，
今天却拿不定主张，
远方的那个表妹，
我未曾见过面，
人才好不好，
是什么模样？
要我吃远方的野肉，
我不愿意，
在家吃菜，
味道也香！

父唱：

贤郎呀贤郎，
看你整得红了脸膛，
你不用怄气，
也不要惊慌，
你表妹人才出众，
眉毛弯弯，眼睛亮亮，
讨她做我家的媳妇，
福气一定很长很长。

天刚蒙蒙亮，
阿妈就蒸好了九斤糯饭，
九斤酸鱼，
九斤蜜糖，
还特地贴了一条红纸，
祝福、如意、吉祥，
让阿爸走到定亲的远方，
祝福如意、真的如意，
祝福吉祥、真的吉祥。

就在这一天夜里，
梅岛在家得了一梦，

梦见满山满坡的牛羊，

长得又肥又壮……

梅岛醒来，

就叫阿爸评梦，

是好梦，

还是恶梦？

是凶险，

还是吉祥？

父唱：

好梦啊，好梦，

吉祥啊，吉祥！

过了几天，

有一只喜鹊，

从远方飞到我家的楼上，

他是远方的亲戚，

来我家定亲，

你要好好准备，准备，

不要负亲戚的期望。

贤郎的父亲走了七天七夜，

走过了四十九条小溪，

又爬过了四十九山岗，

吉祥的喜鹊鸟啊，

来到了梅岛的楼房。

一篓糯饭，

一只鸡，

二只鸭，

还有三斤猪肉，

这是侗家定亲的礼物，

一件排一件，

摆在梅岛家的八仙桌上。

梅唱：

看看这些定亲的礼物，

却使我心中惆怅，

面对着这远方来的舅舅，

话到口边却不知怎样开腔，

舅舅呀，舅舅！

村村寨寨有好花采，

山山岭岭都有好藤攀，

舅舅的家乡人才也多，

何必来这里把我看上？

我没见过表哥，

怎能嫁给贤郎？

母唱：

梅岛呀，

我的好女儿，

树枝离不开树根，

外甥离不开舅，

在你头发还没有结鬏时候，

舅舅就把你的亲事订下来了，

舅舅家是个大家庭，

人口多，

朋友也不少，

牛羊多，

钱财更多，

丫头奴婢样样有，

不用累，

也得吃[1]，

舅舅的名声，

传扬到四方。

梅唱：

钱财我不爱，

名声我不晓，

爸妈养我一个女，

我舍不得离开爸妈，

[1] 得吃：获得、得到之意。

就像鸟儿离不开树林，

青山离不开花草，

山高路远怎么回得了？

哥唱：

如果你是一个弟弟，

就永远住在家里，

如果你是一个妹仔，

就一定要嫁出去的。

爸妈生男儿，

就能守在身边，

爸妈生女儿，

女儿是不守在家庭的。

像一片树叶一样，

飘到哪，

就落到哪里。

不分贵贱，

不分远近，

不分高山，

不分平地，

落到哪里就在哪里安家，

三年五载，

五载三年，

你还可以回家看望父母，

看望姐妹兄弟。

梅唱：

哥哥的一席话语，

打动了我的心意，

出嫁罢，

我再也不可推辞，

侗寨的风把我吹到哪里，

我就飘落到哪里。

盘起我的发髻，

穿上我的嫁衣，

舍不得离开生我养我的父母，

舍不得离开，

陪我伴我的姐妹，

我走了，

窗口留给哥哥赏月，

我走了，

木叶留给姐妹吹笛。

鸟离开自己的山林，

它的歌声也是流泪的。

梅岛嫁给贤郎，

转眼过了三年时光，

一千个夜晚，

她一千回想念父母，

一千个早晨，

她一千回遥望着家乡。

又是一个寒冬腊月，

她又想念着远方的父母，

日子是否平安？

缸里有没有酸鱼？

锅里有没有糯饭？

罐里有没有虾酱？

身体是否安康？

舅唱：

你是我的媳妇，

又是我的外甥，

你的心事我也明白，

你不提我也挂在心上，

如今年节已经逼近，

我们的年货都准备妥，

等过了年再去，

你要回去，

到那时我送你回去，

保你一路平安无恙！

梅唱：

　　舅舅的话虽有道理，

　　但解除不了我的忧伤，

　　看望父母，

　　心急如火，

　　睡不安，

　　吃不香，

　　山高路远，

　　鸟儿为我送行，

　　孤独寂寞，

　　行人为我做伴，

　　山路弯弯，

　　我会认路，

　　山岸陡陡，

　　我能攀上，

　　一个人去我好赶路，

　　你送我去，

　　反而拖延时光。

舅母唱：

　　媳妇今日转回乡，

　　我送媳妇把路上，

　　脚下小河水不清，

　　身边草木也枯黄，

　　云雾层层来遮眼，

　　高山重重把路挡。

　　梅岛呀梅岛，

　　一个人，

　　你不要赶夜路，

　　天未黑，

　　就投宿，

　　找良心好的人家过夜，

　　今天，我送你就送到这，

　　你要保重，

　　一路顺当。

梅唱：

　　舅妈今天来送我，

　　千山万水情意长，

　　你不用再送我了，

　　路上不会出事的，

　　遇事我也会有主张。

　　夜里睡觉，

　　我不脱衣服，

　　把被子紧紧裹在身上。

　　要是有坏人来害我，

　　天也不会饶恕他的。

　　舅妈呀，

　　过了年，

　　我一定再来孝敬你们，

　　陪伴贤郎。

　　婆媳辞别，

　　各把路上，

　　梅岛渡过了一条急水，

　　又翻过了一丘梁，

　　只见前面云雾翻滚，

　　云雾间闪着绿光，

　　火路上飞沙走石，

　　草木中哗哗作响，

　　梅岛心中阵阵惊慌，

　　躲在路边仔细张望。

　　只见路上横着一条大蛇，

　　圈着身子，

　　像十二层磨盘。

蛇唱：

　　从哪里飞来一只孔雀？

　　从哪里飞来一阵花香？

　　是一位漂亮的姑娘啊，

　　请你不要惊慌，

　　我不是吃人的大蛇，

我是守在这里的龙王，

坏人我见过一万个，

好人我也见过五千双，

千人万人，

千双万双，

谁也比不上你可爱，

谁也比不上你漂亮，

你愿意留在我这里，

就天天得到享福，

你不愿意留在我这里，

就见不到你的爹娘！

梅岛听了这般话语，

又望了望蛇王的模样，

想到爹娘，

禁不住悲泪双流，

只好向大蛇哀求一场。

梅唱：

春夏秋冬年过年，

东西南北岭过岭，

我是侗家的一个苦命的女子，

今天来到你这里，

请你龙王让条路，

让我回家探望父母亲，

将来我一定报答你。

大蛇听罢腾空起，

大叫三声惊天地，

不行！不行！不行！

你不答应我，

我就绞死你！

大难临头，

昏天倒地，

梅岛被吓得不省人事，

等她惊醒过来的时候，

发现自己睡在蛇洞里。

大蛇挡住了洞口，

要想逃跑出洞，

就是孙猴子也不那么容易。

映山红，

这朵美丽的鲜花，

被压在石头下面，

压了三年根还不死，

梅岛这个侗家的女子，

被关在蛇王洞中，

关了三年还把父母挂在心里。

梅唱：

不管你把葵花种在哪里，

心儿总是向着太阳的，

不管你把儿女关在哪里，

儿女总是想念父母的。

龙王啊！

我被你禁了三年，

衣服破了，鞋子烂了，

可我探望父母的心思，

是永远也不可毁灭的。

龙唱：

你在我家里住了三年，

你是我家的人了，

你回去还来不来？

来也罢，

不来也罢，

我把三片鳞甲，

嵌在你的身上，

限你三天回来，

你不回来，

莫怪我不客气，

你就是逃到哪里，

我都能够找到你！

梅唱：

我在你洞里住了三年，

已经是你洞里的人，

像是你的牛羊，

早上出门，

晚上也会回来的，

我是这座山的猴子，

住惯了这荒山野地，

就是有人拿枪来赶，

也赶不走她的，

我回去探望父母，

探姐妹兄弟，

在你规定的三天内，

就回到这座龙宫里，

我请求你，

不要把龙鳞嵌在我的背脊，

如果你这么做，

就损坏了我的美丽。

说一千，

求一万，

大蛇还是放心不下，

把三片鳞甲，

嵌在梅岛的身体。

梅岛走出蛇洞，

走到大山脚下，

咬紧牙，

忍住痛，

摸着背脊上的鳞甲，

一块一块剥下来，

就是手掌上的那片蛇鳞，

舍命也剥不下。

气得她欲死难生，

呼天喊地，

哭爹喊妈，

一步一步爬到路边去，

在一棵大树下吊颈自杀……

牛羊在山上停住了脚步，

画眉在树上变成哑巴，

幸亏有个看牛人，

好心地把藤解脱救了她。

牧人唱：

正好的鲜花怎么遭霜打？

正好的女子怎么要自杀？

有什么苦楚你尽管说。

梅唱：

好心的大哥，

我的苦难数不完啊，

就像大山的石头，

十万筐篓也装不下，

你不要救活我，

让我死去吧。

如今你救活了我，

带着这一身的伤，

一手的鳞甲，

是回娘家，

还是先回夫家？

牧人唱：

不要把忧伤告诉父母，

不要把苦难带回娘家，

女人出嫁就是夫家的人，

应该先到夫家的门下，

看在夫妻情分，

丈夫会帮你想出解救的办法。

带着一身的伤，
带着一手的鳞甲，
梅岛回到了贤郎寨，
却不敢进家，
心里挂着十五个吊篓，
八上七下，
七上八下，
衣衫褴褛，
一身邋遢，
被贤郎妹妹看见了她。

妹唱：

是远方飞来的小鸟，
却为何被打伤了翅膀？
是我家的那位嫂嫂，
却为何像个哑巴？
哥哥呀，
你快点出来看嘛。

贤郎走出家来，
两眼瞪着梅岛，
气得说不出话，
他手捏一把弯刀，
守在楼梯口，
等着梅岛进门，
一刀砍了过去，
幸得妹妹拉了一把，
梅岛躲过一边，
双脚在楼下，
诉说着三年来的苦难，
请求贤郎谅解她。

夫妻二人抱头哭，
妹妹帮着把泪抹，
抹干泪水把计定，
一定要把大蛇杀！

请一位打刀匠，
打把钢刀七尺长，
七尺钢刀握在手，
此仇不报，
不是好贤郎。

背上石灰，
梅岛前边去引路，
披着牛皮，
贤郎跟着巧扮装，
来到洞口就掩蔽，
持刀等待大蛇王！
蛇郎看见梅岛回，
腾空起舞喜若狂，
灰尘滚滚翻云雾，
龙王殿上闪绿光。

梅唱：

蛇郎呀蛇郎，
你先别起舞，
你先别歌唱，
我才回去三天，
这里就这么肮脏，
我来把地扫一扫，
龙宫宝殿换换装。
龙王你先出洞口去，
避一避灰尘，
晒一晒阳光，
龙鳞宝甲定能更漂亮。

大蛇听了梅岛话，
心中像喝了甜酒酿，
大摇大摆爬出洞，
刚刚爬到洞口大石旁，
突然间寒风一吹，
眼前升起三道银光，

0383

大蛇脑袋一缩，

正想腾空一翻，

却被贤郎拦腰砍一刀，

洞口溅满了腥臭的血浆。

谁知道，

龙腰刚刚裂了口，

抽刀出来，

伤口立即又合上，

蛇身砍不断，

惊慌了勇猛的贤郎，

向洞里大喊一声，

梅岛，

快来帮忙。

梅岛早就跟在后头，

拿着铜盆跑到洞口，

只见洞口龙腾虎跃，

斗得十分紧张，

又见一刀砍去，

龙头滚落下地，

龙王又想要弄妖法，

把头颅再次合上，

谁知铜盆扣住了龙头，

动也动不得，

想合也合不上，

终于一命归天，

再也不能逞狂。

贤郎和梅岛，

杀死了害人的蛇王，

双双回到娘家，

探望了年老的娘。

爹娘养育了儿女，

一代传下一代啊，

把一个又一个故事，

留给世人歌唱！

流传地区：

　　　　罗城仫佬族自治县龙岸乡侗难屯

传唱者：

　　　　石内萍（侗族）

搜集整理者：

　　　　梁瑞光

搜集地点：

　　　　龙岸乡侗难屯

搜集时间：

　　　　1979 年春

原载《罗城歌谣集》（下），罗城仫佬族自治县民间文学
集成办公室编印，1987 年 8 月。

附
记

　　《梅岛》流传于罗城仫佬族自治县侗族地区。在广西侗族主要聚
居区三江侗族自治县没看到该作品。民间文艺工作者梁瑞光于 1979
年春在罗城仫佬族自治县龙岸乡侗难屯采录，40 岁侗族女歌手石内
萍传唱。

　　该长诗搜集地今鲜有《梅岛》的传唱者。（过竹、黄毅）

独郎与茶妹[1]

（侗族）

高高山崖上有一对鹰，

不抓鸡鸭养牲不伤人，

盘旋山中长鸣瞪慧眼，

专叼出洞毒蛇解长恨。

侗家人民却说山鹰是爱情的神，

叼死一条毒蛇哼一声，

爱情本是生命常开的花啊，

爱花的哥妹不忘山鹰长鸣声……

一

山里要算阳雀声音最动听，

寨里要数茶妹歌声最感人，

山林里杨梅鲜红红似心，

山寨里的独郎心声美又亲。

阳雀夜夜用歌催人醒，

茶妹的歌声叫勒汉丢了睡意失了魂，

杨梅鲜鲜叫人不舍吞来难舍吐啊，

独郎实心的话使人听了还想听。

庄稼人哪个不爱阳雀？

寨里勒汉哪个不讲茶妹的油茶打得香？

山里人哪个不喜欢杨梅？

寨里勒勉哪个不讲独郎的竹篓打得漂亮？

和茶妹坐伴[2]一夜纺完三斤棉花，

和独郎背工[3]一天就挖三亩三，

和茶妹登山步步像在云里走，

和独郎下河不知哪是陡来哪是滩。

可怜茶妹早给舅爷穿针牵了线啊，

好比雏凤戴链难求凰，

可怜独郎孤苦凄凉长相思，

好比无毛小鸡笼边打圈心惶惶。

端午佳节好比一阵痴情的风，

勒汉勒勉们啊匆匆飞向翡翠的山林，

采菁[4]的郎倾听摘棕叶妹的歌啊，

就像岩羊过坡不让山鸟把歌惊。

茶妹的歌漫又清，

好像蜜糖流进勒汉的心灵，

独郎的歌粗又沉啊，

好像白石落进深潭波粼粼。

从密密的老林寻到清清的泉边，

流水潺潺数哥听：

"独郎啊独郎心太痴，

你的茶妹不像山溪这样浅又浸！"

从青青的山脚找到峻峻的山尖头啊，

山风嗖嗖诉妹听：

---

[1]　独郎与茶妹：此歌原名《德郎茶妹》。

[2]　坐伴：也称坐妹，侗族青年谈爱的一种方式。

[3]　背工：同等劳力，兑换工日，互相帮工。

[4]　采菁：到山上割嫩青草、采嫩树叶当绿肥。

"茶妹啊茶妹莫误猜，
你的独郎才不露外不是出头露面人。"

离开泉边来到棕竹旁，
翻过山梁快到杨梅树下寻，
好比含苞的花遇甘露啊，
好像花线穿上了针。

独郎怨命：
"年深月久岩石也长出了蕨草啊，
我俩的旧话滔滔越诉越长，
我好比那孤零的羔羊隔溪望咧，
望断愁肠怕那溪水涨。

舅爷帮你办了银镯项链有几箱，
油竹花篮外有花布床，
今日山雀巧遇金雉头难举啊，
包谷再煮也难比糯饭香。"

茶妹伤情：
"我哥灯草打人妹难当，
我好比鱼怕出浪潭底沉，
采片棕竹绿叶递给哥，
哥把糯米放心妹包成。

我看你走路步步留深影，
耙田整地比那棉被还要平，
话语轻轻透过薄云能见天，
良心不歪不偏比牛还要勤。

舅爷园中的大瓜我不想，
单想高高山上杨梅红透心，
哥真有情丢下锄耙换竹筒，
管他水浪多高我俩形影不离分。"

独郎奋发：

"阿妹的话好比板栗包在刺中央，
不怕刺伤方可尝到栗心甜味长，
我咬破嘴唇淌出了血啊，
血染手心捧给妹端详。"

茶妹脱下闪亮的银镯来做当[1]啊，
独郎解下头巾长又长，
银镯揣在怀里照着心，
头巾缠在腰襟好像用火包心不凄凉。

二

斧头打凿凿钻木，
舅爷逼妹娘逼女，
斧凿钻木响叮叮，
娘舅逼女女呻吟。

舅爷的话大如天，
胜似竹鞭打下不见外伤内断筋，
一不给私自出门伤风败族规，
二要关门紧催织布按照限期接过门。

从此木楼断歌声，
只听茶妹声声叹气望天明，
为什么舅爷狠心娘狠心啊？
茶妹绞肠苦想难分其中情。

"问声阿妈你种豆角刚见苗上秆，
怎忍把苗拔去晒干给那刺蓬满园生？
我与独郎换当[2]成了命同根，

[1] 当：定情的信物。

[2] 换当：男女交换东西定情。

0387

煮熟的糯饭不要水来淋。"

"鸡蒙夜露不恋家，
人受山风发痧乱弹琴，
好女守规安分绣花学织布啊，
不让木叶花歌[1]勾了魂。

舅爷看你像颗掌上珠，
阿妈爱你处处想透心，
孤寡独郎好比高山瘦田干又浅，
哪比舅爷肥田寨边泥脚深！"

"我听说水自山来山阻水，
千阻万隔难断流，
尽管条条规矩如同重重山，
自古山关难使水回头！"

"舅爷送来了九十九斤白棉花，
你要在一个月呀纺成纱，
两个月内把纱织成三十三匹布，
织成了布就出嫁。

女儿是花表[2]是叶，
红花绿叶两相搭配谁不夸！
莫怪阿妈成了舅爷的牛鞭，
先苦后甜日后才知恩情大！"

蜜枣滑滑内包针啊，
哪比板栗外面有针心里甜？
月亮圆圆比霜冷啊，
竹篾捆笋忘了同根生。

[1] 木叶花歌：吹木叶伴奏的情歌。
[2] 表：舅家的表哥、表弟。

三

在一个月色朦胧的深夜，
独郎穿上一身女伴的衣裙，
头巾插着一根白色鸡毛，
就像茶妹的女伴来临。

茶妹一看又喜又惊，
好比夜半三更见明灯，
她忙转身声声告慰好阿妈，
声音比那羽毛落水还要轻。

"阿妈夜夜伴女听鸡叫，
脸上又爬上了一道道深纹，
今晚女伴来临帮纺帮织啊，
您去打锅油茶再好好休息养神。"

久抱的老母鸡眼花昏，
长熬的母亲想打盹，
谁料抓在手心的蛋会起裂缝啊，
母爱的线缠不住想飞的鹰。

茶妹一见独郎好像花带雨，
声声话语泪不停：
"月月三十夜夜望穿眼，
只见月移树影不见人。

舅爷送棉逼妹一天天紧，
妈妈形不离影像根绳，
想哥想得纺纱不成老断线啊，
三餐茶饭是淡是咸也难分。"

"想妹想得断了魂，
手扶犁耙如同揪树根，
牛打捞圈我打圈，

牛跑耙散我只抓得半根绳。

难道我的一生就如这根绳？
难道我和你就只有一袋烟的爱情？
今夜登门我好比是鱼进网啊，
甘愿情网绞得层层紧来层层深。

你妈罚我挑石不怕磨破肩，
要我把黑炭洗鲜也担承，
贫寒孤苦一世还有什么难舍啊？
月光虽白虽亮却是冷冰冰。"

"再莫讲出这咬心的话啊，
投石难使水变清，
我盼你划一叶小船载我走，
就是船破江心也要和你同浮沉。"

"妹真有心哥有心，
有心能推半天的云，
有心定能搬山来填海，
苍天无眼找龙神！"

"鸡叫三遍近天明，
阿哥快快想个好章程，
九十九斤棉花逼我织成布，
就怕蚕把丝吐绞自身。"

"浪打竹排不乱心，
火烧眉毛不哼声，
下河寻海也要有只船来坐，
和妹离寨私奔哪能无分文？

明天我去放排[1]下长安[2]，
逐浪破滩我赶路程，
十天半月哥打转，
计算行程不出月底回家门。

你要留神多保重，
早晚防风防雨加小心，
守口如瓶莫给风声漏，
要像杨梅不见花开果自生。"

"哥放心啊哥放心，
我好比鲤鱼上滩等时辰，
九十九斤棉纱我纺个八十五，
八月十五连纱带布伴哥行。"

四

茶妹的心像那清澈的井水，
井里闪现着独郎的影，
扎出的棉花像一团团云朵，
纺出的纱像雨丝一样匀。

茶妹的心像一面铜镜，
早晚照见心里的人，
梳纱浣线滚银波啊，
织出的布像流水翻滚。

茶妹的歌像叮咚的泉声，
纺纱织布紧紧和独郎一同赶路程。

[1] 放排：侗族地区自古以来就盛产杉木为主的用材林。明清时期，由于交通闭塞，土地贫瘠，山多地少，穷人多以放排为生。放排很危险，要随时注意水流的变化，以免排翻人亡。

[2] 长安：广西融安县长安镇。

十天赶做一天过啊，
早和哥哥飞出村。

茶妹织布每晚加一根绿丝，
计算独郎还有九天路程，
茶妹织布五天加一根金丝，
计算独郎还有一半路程。

茶妹十天加一根红丝，
等着哥哥窗前唤一声，
随身衣服首饰早已偷偷打了包，
单等独郎哥人到就离家门。

第十个夜晚像万口绣花针，
刺痛茶妹的心通宵难眠，
三十个十天过去了啊，
茶妹恨不得变只飞鸟把哥寻。

雨淋日晒坏不了妹的身啊，
梦里难寻的约会使妹死得成，
只有让泪水洗刷心上的伤，
只有等待恶病磨死妹的心灵。

五

且说独郎放排到长安，
木排刚刚靠岸难临头，
三根篾绳将他绑得邦邦紧，
连拖带撞昏昏沉沉牢中囚。

诬他偷放木材下长安，
茶妹舅爷告官来扣留，
外罚苦役三百天，

三百个夜晚白天要服看守。

断了筋骨断不了郎的心，
皮肉烂尽难烂心头的恨，
世上恶人心狠终怕鬼，
逼得活人变鬼把冤申。

搓了一百次的草绳冒火星，
磨到一百天的独郎发狠心，
擦黑一脸犹如鬼神眼圆瞪，
把衙役扫滚落荒乘夜奔。

六

风吹麻叶响飒飒，
吱吱喳喳舅爷这边逼女嫁，
鱼跳不怕浪头高，
茶妹好比那嫩笋不畏石头大。

那天的夜晚月不明，
茶妹心里沉沉把巧计生，
找个白瓜做人头，
纱绞棉花烂布兜兜当人身。

穿上舅爷帮办的新衣裳，
包上阿妈织绣的花头巾，
戴上舅爷帮办的银镯和项链，
系紧阿妈织绣的花边裙。

把假人吊在织机上，
风吹摆动响叮叮，
月下透窗望着白瓜脸，
十八的勒汉也痴神。

茶妹四更溜出江边啊，
河水溅了为她鸣不平，
茶妹奔到三岔路头啊，
灰蒙蒙的山路往黑暗里伸。

刚出笼的鸟忘了飞，
逃出的闺女不懂朝哪奔，
"独郎啊独郎在哪里？
你也该一样急急把我寻！"

江水在黑暗中奔流，
茶妹在路头思忖，
等她匆匆来到望郎山下，
一尊山神挡住她的路程。

失路的人碰见了寻路人啊，
心中的人变成了陌生人，
双双戒备相盘问，
银镯头巾印证又喜又惊。

"我盼你盼得天地阴沉沉，
百般无奈只身出门敢夜奔，
今晚不见哥的面，
我横心翻过阎王大界把你寻！

去到阎王殿里把你告啊，
讨我三两薄命还我这颗交给你的心，
骂你这五尺铮铮的男子汉，
腰不敢直来腿不敢站也算人？"

"我的遭遇你全不知情啊，
我好比鱼落网里咬牙切齿死求生，
你舅爷勾结官府头人来害我，
逼我活人装鬼找仇人。

今晚趁黑闯回村，

先找那毒蛇变的畜生把理评，
火冲到头顶压不住啊，
一块飞石出手将'三从四德'的牌子打得碎
纷纷。

只怪他家今晚人客纷纭碍手脚，
放脱了那老畜生心中隐隐痛难平，
正想奔出找你未到天明离村去，
如今正好相遇形影一起永不分。"

可怜天边山头已放明，
可恨寨前寨后喊腾腾，
茶妹急中猛生一巧计，
用布包块大石掷向浪中沉。

舅爷、阿妈、头人追到江边，
都拉长了脸又气又悲又哼，
还是老畜生心肠最狠：
"找不到活的要具死尸来顶！"

独郎茶妹听得清，
看穿舅爷毒嘴张开要伤人，
独郎怒火烧心肺气炸，
挽袖捡石就想扔。

茶妹忙把独郎来按下，
叫他千万不能死硬拼，
两人鼓足气力往望郎山上爬啊，
风吹木叶沙沙响不停。

来到那月那日幽会的杨梅树下，
仔细寻找留下的双双脚印，
来到流水叮叮的泉边，
行行泪水涓涓比水清。

把双双的脚印踩得深又深啊，

给来年走坡的平伴[1] 好找寻，

一行行的泪水莫给干啊，

给多情的勒勉勒汉细细评。

脚印深啊情意长，

泪水长啊仇恨深，

两人如梦初醒正待踏上私奔路，

忽见一群狼虎步步逼近追得紧。

两人爬上大山崖顶，

双双昂头伸颈诉不平：

"不要为花谢花落叹苦情啊，

留颗坚硬的种子度过冬天来迎春。"

"用泪水打茶泡饭难吃难吞下啊，

不如像劳燕双双来去追春，

留在世间给那毒蛇来咬死啊，

不如变成山鹰破雾穿云去找光明。"

七

山风呼呼卷乌云，

电光闪闪天恐地惊，

望郎山上出现一道彩虹，

乱云中飞翔着一对山鹰。

山鹰飞落山寨的鼓楼顶上，

声声尖利声声钻心：

"勒汉、勒勉平伴们啊，

当心，当心，当心！"

[1]　平伴：伙伴。

流传地区：

　　龙胜各族自治县

编唱者：

　　侯稚过（侗族）

搜集整理者：

　　黄裔（侗族）、石本忠（侗族）

搜集地点：

　　龙胜各族自治县平等乡新元村

搜集时间：

　　1982 年

原载《广西民间叙事长诗集成》，韦守德、韦苏文主编，广西民族出版社，2012 年 12 月。

附记

　　《独郎与茶妹》是琵琶歌传统曲目，大约在清道光年间由三江侗族歌师侯稚过编唱传世。原名《德郎茶妹》，1950 年后，删除曲目中的两世姻缘情节，改名为《独郎与茶妹》。

　　故事叙述独郎与茶妹上山采青，两人建立了感情。独郎"咬破嘴唇滴哥血，血染手心献妹察端详"，并与茶妹交换了定情物。但茶妹的舅爷逼迫茶妹按当地习俗要"女还舅家"，嫁给表哥为妻。茶妹与独郎约定在独郎放木排挣回工钱后私奔。事为舅爷察觉，遂勾结官府，诬独郎盗运木排而关进牢中。茶妹久盼亲人不归，婚期又逼近，便半夜出逃，恰遇越狱归来的独郎，而此时舅爷率众追捕，独郎遂与茶妹上山崖化鹰而去。

　　侗族情歌是侗族民间数量最多、质量最优、生命力最强的一个品种。它往往用生动形象、质朴简洁、诗意浓郁、感情真挚且富有音乐的语言，表现侗族人民对爱情的渴望和追求，同时也间接地折射出这个民族的生活方式、婚俗习惯和审美心理。侗族情歌具有恋爱自由、真诚高尚、忠贞专一、大胆追求、选择对象等恋爱道德价值。通过资料的收集，我们可以发现侗族情歌中有大量表现哀怨情调的内容，由于侗族通婚圈群体关系的存在和约束作用，侗族婚恋生活出现了普遍的恋爱自由，婚姻不自主的现象，并衍生出抗婚、逃婚、私奔的局部社会冲突的后果，相应地也就产生了痛述悲剧婚姻的哀怨情歌。在封闭落后的侗族山区，侗族男女青年只有借助侗族民间情歌歌谣这一传统的媒介方式，在对歌交往中发泄内心的哀怨，使得内心达到一种平衡。

　　女还舅门是侗族地区曾经存在的血缘婚，在姑舅表婚习俗的重压下，姑表姐（妹）其实就是为了给舅表兄（弟）充当妻子而存在的。

只要年龄相当，姑表姐（妹）自出生之日起就以"买标"的形式作为舅表兄（弟）"号定的妻子"而存在。姑表姐（妹）要想嫁给舅表兄（弟）以外的人，必须征得舅父和舅表兄（弟）的同意，并且欲娶姑表姐（妹）为妻的人必须送给舅父家一份相当的彩礼。侗家的女子，一出娘胎就被认定为是舅家的人。她们本来已属于另外一个家庭，但由于母亲来自舅家，她便得按照祖宗订下的婚俗，回到舅家门庭。舅权在这里所代表的角色，完全是母系氏族社会的"使者"。只有作为母氏家族的成员，才能以这样的口吻来说话。父系氏族社会中残存的母权，是通过新的代表人物舅舅而得以继承，并以"女还舅门"作为具体的表现形式。

坐妹是侗族地区流行的男女交际和恋爱习俗，亦有"行歌坐月""走寨"之称。吃过晚饭后，未婚女子结伴在一位姑娘屋中纺纱、做针线。太阳落山后，外村寨的青年男子三五人一伙携带琵琶、侗笛前来伴坐，唱歌聊天。夜深人静，姑娘架起锅头，打油茶招待客人。通过唱歌，互相倾吐爱情。情深时，男女换记（信物）定情，约为夫妻。

"帮工"是侗族社会中民众之间的互助形式，贯穿于婚丧嫁娶、建房修屋和农业生产等日常生活之中。帮工习俗以预期性强的劳力交换为基础，而村庄本身的强稳定性也固化了这种人情交往方式，村民之间可以通过帮工的方式实现人情互换。

该长诗搜集地今鲜有能完整演唱《独郎与茶妹》的传承者。（过竹、黄怡鹏）

雄当和配莉

（苗族）

一、重重山峰叠上天

重重的岭呀重重的山，
重重的山峰叠上青天。
青青的大杉林呀，
像后生们的头巾。
翠绿的楠竹林呀，
像姑娘们的百褶裙。
红红绿绿的山花呀，
像姑娘们织的苗锦。
奔流在山谷的泉水，
就像姑娘们的歌声，
伴着后生们嘹亮的芦笙。
就在这苍翠的山岭旁，
就在这美丽的地方，
世世代代，
住着苗家的子孙。

二、要找寻鸟里的凤凰

就在这俊秀的山岭旁，
就在这美丽的地方，
有个寨子叫阳当鸟。
阳当鸟的后生，
个个都像健壮的小马，

小伙子雄当是马群里的英雄。

雄当是勤劳的庄稼汉，
也是个勇敢的猎人；
他的锄头能挖平高坡，
他的弓箭能射天边的雁；
玉米堆满他的楼上，
鸟肉挂满他的屋檐。

老人们捋着白须，
笑眯眯望着雄当的背影；
后生们挺着胸膛，
雄赳赳踏着雄当的脚印；
千万个姑娘，
被雄当的名字迷住了！
闭住眼想念着雄当，
打开眼老望着雄当。
千万个红红的嘴唇，
发出颤抖的声音：
"我心爱的雄当啊，
我求求你啦！
这件金丝线衣裳，
求求你收下吧！
我的心绣在衣裳上了！"

不晓得有多少次了，
雄当咬着自己的嘴唇，
回答那些水汪汪的眼睛：
"姑娘啊，
听到你的亲切的话，
我看见了你的心。
我们结做好同年吧，
请你收回订婚的礼品！"

姑娘用颤抖的手，
接回金丝线的衣裳：

"你是个呆蝴蝶，

不晓得闻花香；

你是个傻蜜蜂，

不晓得吸花蜜；

雄当啊雄当，

你是不懂爱情的后生！"

她们走在蒙蒙大雾里，

看不清雄当的心事。

雄当这个后生啊，

要找寻百鸟中的凤凰。

三、卖红绒丝线的人

雄当像燕子一样，

飞过了九百个苗寨。

雄当像蜜蜂一样，

飞过了九百个山坡。

年轻的姑娘都见过了，

却没有一个合意的人。

有一天他坐在枫树坳上，

孤单单的心头，

像被青蛇咬一样。

走来一个大嘴巴的人，

他是卖红绒丝线的小贩。

他也停在树阴下休息，

他和雄当很快地成了好友。

雄当对他倾吐自己的心情：

"做小生意的人啊，

你挑着担子走苗山。

你没走过千个寨，

也走过了百个寨，

你没渡过千条河，

也渡过了百条河，

你没见过万个姑娘，

也见过了千个姑娘。

请告诉我吧，

在这些百鸟中，

有没有一只凤凰？"

小贩吸完了一口烟，

抹一抹大嘴巴才讲话：

"我走过寨子千千万，

我见过姑娘万万千，

只有在奔辉寨里，

见到一个美丽的姑娘。

她的名字叫做配秋，

我认为这个姑娘，

是百鸟中的凤凰。"

小孩子看见树上有红杨梅，

他的口水流出来了，

恨不得纵身跳上树枝，

摘下红杨梅一口吞下肚。

雄当听说有个美丽的姑娘，

他的心头痒起来了，

恨不得一步跨到奔辉寨，

和美丽的配秋谈情。

四、扁嘴的野鸭

雄当穿起新的衣裳，

围起飘丝须的紫头巾，

把绣袋背在肩膀上，

提着一支猎枪走了。

他比朝阳先登上山坡，

他却嫌自己来晚了；

他比苍鹰先飞过森林，

他却恨自己的脚慢了。

他在奔辉寨后的山坡上，

扯一张木叶吹起来。

接着又打开嗓子唱：

"什么地方的鸟最好，

算这个树林的画眉最好；

什么地方的花最香，

算这个山头的山茶花最香；

什么寨子的姑娘最美，

算这个寨子的配秋最美，

最美的配秋啊，

请你快出来和我谈情。"

配秋正在竹楼上，

垂着眼皮晒太阳，

歌声震开了她的眼睛，

歌声震动了她的心。

她向着歌声讲话，

甜甜的声音蛮好听：

"鲤鱼爱溜来清水滩头，

画眉爱落在杨梅树枝，

我呀，爱你吹木叶的人。

我的父母挖地去了，

我的哥嫂打柴去了，

你若真心来打讲[1]，

就请你上竹楼来，

同我摆一摆知心话。"

竹楼旁有一株老松，

松枝上站着一只乌鸦。

猎枪砰的一声响，

乌鸦落在竹楼上。

配秋正要起身拾鸟，

雄当已经跑到配秋身旁。

配秋急忙站起来，

笑眯眯握住雄当的手：

"年轻的神枪手啊，

我认识你啦！

你是大山里的金鹿，

你是阳当鸟的后生。

你雄当的名字啊，

迷住了千万个姑娘。

你是来走亲戚，

还是来买牛准备过拉鼓？"

"蜜蜂为了寻找多蜜的花朵，

再高的围墙也拦不住。

马鹿为了喝最甜的闷水[2]，

再陡的山坡也要爬上。

姑娘呀，你那美丽的名声，

把我从老远的地方招来！"

"远道的后生呀，

我把心肝割给你，

就担心你不把它放在胸上，

你把它当作一片叶子，

丢在路旁走了，

你连头也不回转望一望！"

雄当望着她那红嘴唇，

望着她那明亮的眼睛，

望着她那细长的睫毛，

正想说几句甜甜的话，

忽然看见配秋的盘髻里，

爬出两个大母虱，

像黄豆一样掉到脚边。
他的猎枪叭的一声，
从手中滑倒在竹楼上。

配秋吓了一大跳，
两眼鼓鼓地望着雄当。
雄当无精打采地讲：
"刚飞过一只大鸟，
初看像美丽的锦鸡，
再仔细一看，
原来是只懒惰的野鸭！

锦鸡在山林扑扑飞，
野鸭也在河边扑扑飞。
锦鸡日夜织不停，
织成衣衫像彩云。
野鸭滩头天天睡，
石头压扁了它的嘴。"

配秋凶凶地瞪了一眼，
她双手抱着头抓痒：
"寻你的锦鸡去吧，
你这个狠心的人！"

雄当走下了竹楼，
配秋望着他的背影。
她咬起牙齿发下恨：
"看我这个扁嘴鸭，
要撕掉锦鸡的彩衣！"

五、红花寨有个姑娘

雄当走在弯曲的山路上，

口里唱出肚里的烦恼：
"为了寻找多蜜的花朵，
蜜蜂飞遍了山野的花丛。
为了追求美丽的姑娘，
我走遍了千百个寨子。
蜜蜂衔着蜜糖回巢了，
我却空着一双手回来。
我的青青的叶子，
不久要变成黄叶子，
落下山沟里面，
被流水推走了。"

雄当垂头坐在枫树坳，
大嘴巴的小贩，
又挑着红绒丝线来了。
"年轻的猎人，
你垂下头做什么？
难道你到了奔辉寨，
寻不着那心爱的人？"
"我要的是勤恳的锦鸡，
我不想那扁嘴的野鸭！"

"枕差寨还有个梅妹，
她像杜鹃花那么美。"
"枕差寨我到过了，
梅妹我见过了。
她的确像杜鹃花，
只是她不会织锦，
锦架空在门角落。"

"周仙寨有个梅葛，
她脸孔像中秋的月亮。"
"周仙寨我到过了，
梅葛我见过了。
她的脸孔的确像月亮，
只可惜她偷摘别人的糖梨，

跌断了一个手指。
她拿不动大锄头了，
她开不得荒山了。"

"你这骄傲的小公马啊，
天下难找到配你的金鞍！"
"好心肠的朋友啊，
耐烦地再告诉我吧，
是不是还有美丽的姑娘，
来买过你的红绒丝线？"

"红花寨有个姑娘，
她的香名叫做配莉。
那姑娘长得实在好，
乌黑光滑的头发，
盘在她的头上，
头发梢吊在后颈窝，
像天鹅翅下的黑绒毛。
她的脸孔比月亮还美，
她的眼睛像熟透的葡萄，
她打开金嗓子唱歌，
像一朵朵的香花，
从她口里喷出来。

她锄过的山地，
像塘水那么平。
她织起的苗锦，
像天边的彩霞。
除了天上的仙女，
谁也比不上她。"

雄当霍地站起来，
脸上放出了光彩：
"我要学紫色的燕子，

飞上红花寨的芦笙柱[1]，
又飞进配莉的火塘里。
我对美丽的配莉讲：
我们去筑一个燕窝，
我们两人住下来吧！"

"年轻的人啊，
你不要那么急躁嘛，
要摘那一朵花王，
最好在芦笙坪上。

鲁六寨拉鼓的日子快到了，
你吹响你那嘹亮的芦笙，
你吐出你深情的歌唱，
那金色的鲤鱼，
自然会挂在银钩上。"

六、情话谈了九箩筐

秋天是收获的季节，
秋天是欢乐的季节。
人们剪完了禾把，
人们摘完了棉花。
嘹亮的芦笙四处响了，
大家在迎接拉鼓的节日。

姑娘们忙着缝新装，
用细细的花针绣花样。
做一件裙子来跳舞，
织一条花带送情郎。

[1]　芦笙柱：在芦笙坪的中央，竖一柱，柱上安有羊角形的木条，以便靠放芦笙。

后生们到翠绿的竹林里，
挑选金竹做芦管。
做好了芦管吹一吹，
试试这种悠扬的声音，
能否激动姑娘的心肠。

拉鼓的日子到来了，
千千万万的后生，
千千万万的姑娘，
像一条条的溪流，
从各个山头涌出来了。
雄当吹奏着五号的芦笙，
带领着芦笙队，
向鲁六寨走去。
队伍像飞翔的雁群，
脚步像风吹动的轻云。

鲁六寨的坡上人山人海，
芦管像春雷一样轰鸣。
姑娘们像千万只蝴蝶，
展开翅膀快乐地飞舞。

雄当像一匹蹦跳的马鹿，
芦笙好比那鹿角摇荡。
满坡的芦笙，
数雄当那支最响。
姑娘们的眼睛，
跟着雄当溜溜转，
千万个姑娘的心，
都挂在雄当的芦笙上。

雄当一边吹一边望，
总见不到那个美丽的姑娘。
太阳走向西山了，
雄当的脸孔发烧了，
他压抑不住心头的焦躁，

他哼起歌来了：
"红红太阳落到西山，
像石头掉下了深潭，
我要找寻的姑娘啊，
像花针躲在草丛里，
望穿了眼睛也找不着，
看来我今生要打单身。

美丽的姑娘啊，
只要见你一面，
我心头压着的大石块，
就会变成棉花一样轻松。
美丽的姑娘啊，
只要见你一面，
夜晚的月亮，
会变成太阳一样暖烘烘！"

山那边来了个姑娘，
满坡明亮起来了！
山那边来了个姑娘，
满坡欢笑起来了！
姑娘来到坡上，
跑近雄当的身边唱：
"唱歌的后生啊，
你是骄傲的龙仔，
满坡姑娘满坡的花，
就没有一朵合你的意？"

"美丽照亮了我的眼睛，
美丽照亮了我的心。
美丽的姑娘呀，
你是跳出深潭的龙女，
你是飞出密林的凤凰。"
大嘴巴从人群里出来，
指着他们两人讲：

0399

"这姑娘就是配莉,
这后生就是雄当。"
雄当伸开两只手,
把配莉紧紧接住:
"百鸟中的凤凰,
到底给我找到了!"

配莉的脸红得像红布,
将头靠近雄当的胸膛:
"我早就听到你这个名字了,
我早就想见你这个人了!"

棉花沾着水,
棉花就湿透了;
雄当遇着配莉,
两人就紧靠在一起了。
他们坐在芭蕉树下,
唧唧哝哝在打讲。

他们谈了许多知心话,
雄当在自己手上取下金镯:
"我心爱的配莉呀,
我为了找寻美丽的凤凰,
喝干了路边多少闷水,
走光了苗山多少草坡。
今天我遇见了你,
我一肚子的忧愁,
化成了九千九百个欢喜。
现在不管我妈愿不愿意,
我大胆把这保命的镯[1]戴在你的手腕上。"

"我心爱的后生呀,
我愿和你做一对鲤鱼,

[1] 保命的镯:孩子如果多病,老人就向亲戚朋友处凑一点银子,打成手镯来戴。
传说戴了这种镯,可以保命长寿。

并头游在河里,
我愿和你做一对斑鸠,
并翅站在枝头。
我剪下这亲手织的绸子,
围在你的腰上,
这几尺绸子呀,
把我们两人的心连起。"

雄当和配莉在芭蕉下,
情话谈了有九箩筐。
配秋远远看见,
麻绳绞着她的肝肠。
她狠狠地瞪了他们一眼,
一转身就离开了芦笙坪。

七、蝴蝶翅上有毒粉

森林里的红菌子,
算是美丽的了,
但菌头上是有毒汁的。
花丛上的蝴蝶,
算是美丽的了,
但翅膀上是有毒粉的。
配秋的样子蛮好看,
不仅她头上有母虱,
她的心头还有毒呢!

日头落到岭背后,
野猫子出现了,
配秋悄悄溜来了。
配秋溜来阳当岛,
看见雄当的妈妈,
在屋边喂鸭子。

"年纪老的妈妈，

你是个好心肠的妇人。

只可惜你的儿子，

却爱上了一个鸭变[1]。

他把你保命的金镯，

送给了那个鸭变。

好心肠的妈妈啊，

不幸的鸭脚木[2]种子，

快要点种在你家里了！"

轰隆隆，

天上响了一阵闷雷，

配秋打了一个冷战，

吓得脸也青了。

她抓着发痒的头，

像野猫一样溜跑了。

八、从配莉的身边回来了

拉鼓节后的第三天，

雄当踏着轻快的脚步，

从配莉的身边回来了。

他一路上唱着快乐的歌。

树林里的画眉鸟啊，

闭住你的嘴，

停住你的歌唱吧！

你以为你的歌唱得好吗？

那你的想法就错了。

苗山里只有我的配莉，

有一个金的喉嗓，

她的动人的歌声，

现在还在我的耳里回荡。

野蔷薇花间的蜜蜂啊，

你转回去吧！

不要再采花制蜜了！

你以为你制的蜜糖甜吗？

那你的想法就错了。

你听过我的配莉说话吗？

她那话语啊，

比蜜还甜，比花还香！

悬岩上的大瀑布啊，

停止你汹涌的冲击吧！

你以为你力量最大，

能冲毁任何的东西吗？

那你的想法就错了。

山脚的树林冲得倒，

山脚的石块冲得碎，

可是，我和配莉的爱情啊，

你无法把它冲破！

大门口的红公鸡啊，

你伸长脖颈叫什么？

是不是说我很快乐？

是的，红公鸡，

我刚从配莉的身边回来，

我心中的确很快乐！

[1]　鸭变：亦称鸭变婆，传说会变成鸭变婆的女人都非常漂亮，但寿命不长，多在
　　　年轻或中年时死去。死后3—7天会变成鸭变婆从坟里爬出来，鸭变婆通常先回
　　　自己家，家人要用白公鸡给它抱，骗它背过河送走。
[2]　鸭脚木：是一种叶子像鸭脚板一样的树，传说这是种不吉利的树。

九、骂了九天九夜

雄当的妈妈听了配秋的话，
她气了三天三夜。
雄当的双脚踏进门槛，
妈妈就拍桌骂起来了。
"天下美丽的姑娘，
像坡上楠竹那么多，
你一个都看不上眼，
却爱上了一个鸭变，
你把我的保命金镯，
也送给了鸭变。"

"妈妈，她不是鸭变，
她是个好好的姑娘。"

"远方出现好的姑娘，
为什么没人要她？
为什么还不出嫁？
一定是鸭变才剩下来。
鸭变来到我的家，
我们所有的亲戚朋友，
都会被她把名誉搞坏。
你这个坏冬瓜，
你这个大蠢崽！"
妈妈整天整夜骂，
一直骂了九天九夜。
骂得坡上的鸟落了毛，
骂得门口的树落了叶。

雄当白天吃不下饭，
晚上睡不着觉，
黄黄瘦瘦像病人，
躺在床上流眼泪：
"你要我退婚，

除非是日头西边升！"

妈妈拿出一把菜刀，
又拿出一根棕绳。
"你不去拿回金镯，
你不去退婚，
那你就趁早死去吧！"
雄当躺在床上，
咬着牙根讲：
"我不死，
我也不退婚！"

妈妈把舅爷叫来，
喊舅爷带雄当去退婚，
舅爷拉了雄当一把，
同时又眨了眨眼睛。

雄当跟舅爷走出门外，
舅爷凑着他的耳朵讲：
"孩子，我和你去红花寨，
看看配莉是个什么人。"

十、手摸金镯眼泪流

舅爷和雄当走进红花寨，
问问配莉的情况。
人人都异口同声地回答：
"配莉不是个鸭变，
她是一个好姑娘。"

舅爷和雄当走进配莉家，
看见一个姑娘在堂屋里织锦。
舅爷问："是不是这个？

这个姑娘很好啊！"

雄当点点头讲：

"她就是配莉。"

配莉笑眯眯地起身来，

迎接她心爱的人。

"昨夜我做了个梦，

有人替我扯眉毛[1]，

今天就应验了。"

他们坐在火塘边，

雄当默默不出声，

摸着配莉手腕上的金镯，

他的眼泪滴在金镯上。

配莉"啊"了一声，

用惊疑的眼光望他。

舅爷在一旁讲：

"孩子，你不要流泪了！

姑娘是个很好的姑娘，

生得那么美丽，

她又会织美丽的锦，

决不是鸭变啦，

这头亲事订稳下来吧！

你在这里玩几天，

我先回去了。"

舅爷高兴地回家了，

雄当在配莉家玩了九天。

天天在火塘边打讲，

天天在火塘边歌唱。

雄当穿上了配莉的汗衣，

配莉也穿上了雄当的汗衣。

雄当像掉进酒罩子里，

配莉像掉进蜜糖罐里。

雄当走了，

配莉和他并着肩膀送行。

送过了一个坡，

她还要送过一个坡。

送过了一条河，

她还要送过一条河。

配莉含着眼泪讲：

"山羊啊，你走上那个山头，

莫忘记这个山头的青草。

鹧鸪啊，你飞到那株树上，

莫忘记这株树上的阴凉。"

雄当抓紧她的手讲：

"日头虽然落下西山，

你不要挂心啊，

日头明早又从东山出来。

我虽然回家去了，

你不要挂心啊，

不久我又回转来。"

配莉在雄当的脚板上，

勾下一块泥巴：

"留下一块脚板泥[2]，

你会认得回来的路。"

十一、野猫又溜来了

红红的菌子是有毒汁的，

花花的蝴蝶是有毒粉的。

配秋的心啊，

[1] 扯眉毛：苗族妇女喜爱将眉毛扯去一部分，使它成为弯弯的、扁长的蛾眉，就像汉族姑娘结婚前要开脸一样。扯眉毛是青年女子需要爱情的表现。

[2] 留下一块脚板泥：苗族男女，大都赤足。留下一块脚板泥，是女的希望男的今后常来唱歌谈情。

比毒汁毒粉还毒。

日头将落下岭背了，
配莉的妈妈在楼下喂猪。
配秋这个扁嘴鸭，
像野猫一样溜来了。
"年纪老的妈妈，
你是好心肠的妇人，
只可惜你的女儿，
爱上了一个大骗子，
他专门玩弄姑娘。
他像一只大马蜂，
蜇了这个姑娘的头，
又蜇那个姑娘的脸。
有的姑娘跳了河，
有的姑娘吊了颈。
好心肠的老妈妈啊，
你要禁止你的女儿，
和那大马蜂接近。"　·

轰隆隆，
天上响了一阵闷雷。
配秋的脸青了。
她抓着满是母虱的头，
像野猫一样溜走了。

十二、埋进坟里了

月亮从山后出来了，
配莉含着一泡眼泪回来。
妈妈在竹楼上破口大骂：
"日头落下山坡，
鸡还晓得回窝，

只有你这个妹仔，
像野猫子一样。
别人送爱人送到寨边，
你送爱人送到天边。
我以为送的是个好人，
却原来送的是个大马蜂。
你想做鬼还是想做人？
你想跳河还是想吊颈？"

妈妈把配莉骂了九天九夜，
配莉倒在床上哭了九天九夜。
配莉九天九夜不喝一口水，
配莉九天九夜不吃一颗饭。

妈妈怕女儿饿死了，
杀了一个赖抱母鸡[1]，
夹了一块鸡肉给女儿吃。
女儿不肯吃，
妈妈塞给她吃。
鸡肉块大又有骨头，
卡住配莉的喉咙，
配莉透不出气来，
两眼翻翻讲不出话，
两脚乱蹬脸发青，
配莉就这样死去了。

妈妈杀了一头水牛，
请寨上人来埋配莉。
整个红花寨的男女，
都可惜这美丽的姑娘，
个个都流下眼泪。
抬配莉出大门的时候，
妈妈掉了两滴眼泪，
落在女儿的脚上。

[1]　赖抱母鸡：是刚产完蛋的母鸡。这时母鸡很瘦，杀了待客是不够尊敬的。

女儿的脚动了一动，
妈妈用手按住女儿的脚：
"妹仔，人死了，莫抽筋了！"

抬配莉到了大山梁，
太阳热烘烘晒着。
配莉额头冒出几点汗，
妈妈以为女儿身体坏了，
出了腐烂的水。
她拿手巾替女儿抹去水：
"妹仔，不要烂出水来啊！"
一个美丽的姑娘就被埋在大条岭上了。

十三、你到哪里去了呢

雄当在家里做活路，
锄头碰破了脚指头，
流出来一丝丝的鲜血。
他想，好久不见配莉了，
配莉一定在家骂他。
于是他带起一包糯饭，
翻山过岭去看配莉。
他走到红花寨后山，
摘下一片木叶吹起来，
声音比画眉鸟叫还好听。
吹了很久很久，
没有人答复他的声音。

他走到红花寨边，
望着配莉的屋子，
只见门环上挂着铁锁，
两扇大门紧紧关上。
"你到哪里去了呢，我的姑娘？"

他走到冷清清的河边，
摸摸配莉的捶衣石，
只见油滑滑的绿苔，
布满在捶衣石上，
"你到哪里去了呢，我的姑娘？"

他走到一株大樟树脚，
看见他和配莉坐过的地方。
一张张吹破了的木叶，
丢在地上发了黄，
"你到哪里去了呢，我的姑娘？"

他走到草蒙蒙的玉米地，
摸摸配莉亲手种的玉米。
只见玉米发了黑，
还没有人摘入竹筐，
"你到哪里去了呢，我的姑娘？"

十四、并排坐在坟边

雄当走到大条岭上，
看见个老人在挖红苕。
他忙上前去问一问：
"配莉的家门锁起了，
她们到哪里去了呢？"
老人的脸像乌云一样：
"配莉的妈走亲戚去了，
配莉死去了。
你看，对面那个山梁，
那一堆有稻草的新黄土，
就埋下那个美丽的姑娘！"
老人讲到这里，
眼泪流下来讲不出话了。

雄当听见配莉死了，
他的心被野猫抓烂了。
他一滚就滚下这个山梁，
又爬上那个山梁。
他看见一堆新的黄土，
他坐在坟边哭起来了。
"前不久还是好好的人，
你怎么就会睡在泥里呢？
我心爱的姑娘！"

雄当的眼泪，
泪滴到坟上，
一只竹鼠从坟里钻出来。
雄当看见坟头泥土崩塌，
竹鼠穿了一个大洞。
"啊！竹鼠这个坏东西，
会不会咬坏配莉的身体？
我用锄挖开来看，
她死了，我也要看一眼，
我心头才舒服。"

雄当跑下这个山梁，
又爬上对面山梁。
"老人家，借你的锄头，
我去做好配莉的坟，
坟被竹鼠搞坏了。"

老人讲："好的，后生，
这姑娘死得太可怜了。
你拿锄头去做好坟吧，
我要回家了。
你做好坟以后，
就将锄头放在这地边，
明天我再来锄地。"

雄当拿起锄头，

跑下这个山梁，
又爬上对面的山梁。
雄当几锄挖开坟，
现出了黄黄的木皮。
掀开了黄黄的木皮，
现出了配莉的身体。
她死去好多天了，
身体一点也没坏，
像一个人睡觉一样。
雄当的脚一滑，
踏上配莉的胸口。
配莉喉头的鸡骨头，
掉下肚里去了。
配莉的眼睛张开来，
嘴巴也一动一动的。
雄当以为她是鸭变，
心里有点惧怕。
他爬到一株树上，
睁开惊奇的眼睛望着。

配莉躺在坟里，
低微地发出声音：
"远道来的后生，
你是不是我的爱人？
如果是我的爱人就好了，
你到山冲摘一片芭蕉叶，
装闷水来给我喝，
喝饱了，有气力了，
我们两人慢慢打讲。"

雄当想试她一试，
看看是不是鸭变。
他走下山冲摘张芋头叶，
到水牛塘里舀了牛臊水，
来到坟边给配莉喝。
配莉闻了一闻，讲：

"这水是臭臊的，
是牛塘里的牛臊水，
我不喝这号水，
你怀疑我是鸭变吗？
不啊！我是好好的人。"

雄当走下山冲，
摘了一大片芭蕉叶，
舀了一大瓢闷水，
拿来给配莉喝。
配莉喝了一大口水，
她讲："我不是鸭变，
我咬出血给你看。"
她用牙齿咬嘴唇，
嘴角流出鲜红的血。

雄当看见配莉咬出血来，
他哭起来了。
眼泪像屋檐水一样，
落进配莉的嘴里。
配莉吞下雄当的眼泪，
她有气力了，
她一坐就坐起来了。
她讲："我的爱人，
你抱我出来吧！"

雄当抱配莉出来，
两人并排坐在树下。
雄当把带来的糯饭给配莉吃，
配莉吃完了糯饭，
靠在雄当身上边哭边讲：
"我的爱人啊，
想不到我还会活，
我们两人还会见面。
那天我和你分别回家，
我妈骂了我九天九夜，

我躺着哭了九天九夜。
妈给我一大块鸡肉吃，
鸡骨头卡住我的喉咙，
我断了气。
我样样都晓得，
就是讲不出话。
抬我出去埋的时候，
我妈的眼泪滴在我脚上，
我的脚动了一动，
我妈按住我的脚。
抬我上大条岭的时候，
太阳晒得我出了汗，
我妈用手巾抹去我额头的汗。
我样样都晓得，
就是讲不出话。
我被埋进坟里了，
盖上了木皮蒙上了泥，
我看不见天了。
我一想到你，
我就流眼泪。
你送我的金手镯，
幸亏衣袖遮住了他们的眼，
还戴在我的手腕上。
又全靠一只竹鼠，
它打了个大洞，
坟里头可以通气。"

雄当搂住配莉讲：
"我送你回你妈妈家吧！"
配莉望望黄土坟堆，
她的脸孔变青了：
"让我妈妈埋我，
不如你埋我。
你若要我回家，
就请你仍旧放我进坟里，
盖好黄黄的木皮，

让我永远躺在黄泥里。"

雄当想了一想才讲：
"好，回我的家吧！"
他把锄头放回红苕地，
回头来扶起配莉，
配莉没有气力走路，
雄当就背起她走。

十五、搭起一间野鸡棚

走过山，走过坡，
回到雄当的家里。
雄当把经过告诉妈妈，
妈妈当着配莉就骂起来。
"姑娘死去六七天了，
挖起来还能活，
那一定是鸭变，
我家里不要鸭变，
赶快走，赶快走！"

配莉两脚一软，
跌倒在竹楼上。
呜呜地哭起来了，
眼泪大滴大滴地滚。

雄当扶起了配莉，
"不要哭，不要哭，
不在家住不会饿死的！"
雄当背起配莉，
向着一座高山走去。
他们在山溪旁边，
搭起一间野鸡棚，

他们就在棚里结婚了。
黄茅做金色的毡毯，
月亮做银色的大灯。
星子欢笑地眨眼，
蟋蟀快乐地唱歌。
这一对年轻夫妻，
掉进蜜糖罐里了。
他们用他们的手，
开光了荒山，
种下了玉米，
种下了红苕芋头，
他们又养起许多鸡鸭鹅。
他们天天唱歌，
他们夜夜唱歌。
鸟听到歌声舍不得走，
云听到歌声也停在山头。

有一天配莉去挖地，
看见一个野母鸡抱蛋，
抱得很是辛苦，
胸口的毛都落光了。
配莉心头动了一下，
就跑回去对雄当讲：
"我看见野鸡抱蛋，
我想着我妈，
我两人去走亲戚吧！"

雄当杀了三只鸡，
又杀了三只鸭子三只鹅，
蒸了一桶糯饭，
雄当挑起一大担，
和配莉回到红花寨。

十六、坳底倒下个女人

他们走进配莉妈妈家里，
隔离七八年，
妈妈的眼睛也蒙了，
已经不认识他们了！
"远道的客人，
你们来我家有什么事？"
配莉讲："妈妈，
女儿回来看妈妈的。"
妈妈讲："你不是我女儿，
我的女儿早死去了。"

妈妈拿一个禾把，
到楼底下去舂米，
配莉去替她舂。
妈妈讲："你这个女人舂米，
好像我的女儿。"
配莉讲："妈妈，
我就是你的女儿！"
"你不是我的女儿，
我的女儿早死了。"

妈妈身上有跳蚤钻，
她搓着身子骂跳蚤，
配莉伸手替妈找。
妈妈讲："你的手指，
很像我女儿的手指。
我的女儿死去了，
现在我很想念她。"
配莉掉下眼泪来，
滴在妈妈的脚上。
妈妈讲："今天好天气，
怎么有雨淋脚？"

配莉讲："不是雨啊，
是你亲生女儿的眼泪。
你就认不得我吗？
我还小的时候，
舅爷拿小白瓜打我的头[1]，
打得太重了，
现在有个地方不出头发。"
妈妈扳过配莉的头来看，
还不肯相信，
因为女儿的确埋在大条岭上。

配莉又讲："我缝衣服，
有一个装针筒，
放在大门口的石头底，
你可以找来看看。"
妈妈走到大门口，
掀开石头看到了装针筒。
她回头搂着女儿的脖子，
哭着说：
"你真是我的女儿呀！"
女儿也靠在妈妈胸前，
眼泪湿了妈妈的衣襟。

妈妈忽然想起一件事，
她回转头对雄当讲：
"你和我女儿结婚，
要送几头牛给舅爷[2]？"
雄当心头不舒服，
"配莉已经死去了，
如果我不去挖起，
舅爷向哪个要牛呢？"

妈妈的气生得很大，

[1] 小孩出生后叫舅爷用小白瓜打头，听说可以很快地长大。
[2] 苗族风俗是舅爷为大，凡是女儿结婚，一定要送几头牛给舅爷。

0409

推开身边的女儿。
"你娶了我的女儿，
你就要送牛给舅爷！"
"叫舅爷去问大条岭要！
叫舅爷去问黄泥堆要！"

配莉只是啼哭，
口里讲不出话。
雄当拉着配莉，
离开红花寨走了。

他们走到枫树坳上，
天上忽然打雷下雨，
电光一闪一闪的，
他们看见一个女人，
倒在枫树坳底。
那女人的头发像乱草一样，
爬满了大个大个的母虱。

十七、尾声

我们苗族的姑娘，
梳自己长长的头发，
在头上盘了几转，
把头发梢吊在后颈窝[1]。

流传地区：

融水苗族自治县

传唱者：

贾老邵（苗族）

搜集者：

覃桂清（壮族）

整理者：

肖甘牛（汉族）、覃桂清（壮族）

搜集地点：

大苗山苗族自治县[2] 白云区邦阳乡[3] 邦阳下屯

时间：

1957 年春节

原载《哈迈》，肖甘牛、覃桂清整理，作家出版社，1958 年 9 月。

附
记

《雄当和配莉》曾在融水苗族聚居区流传。农闲时节，众人多围坐在木楼火塘听歌师演唱。

壮族民间文艺家覃桂清 1957 年春节深入大苗山苗族自治县白云区邦阳乡邦阳下屯采风，在苗族歌师贾老邵家的火塘边听其传唱，由当地小学教师（姓名已忘记）口译，覃桂清当即记录。据贾老邵介绍，《雄当和配莉》是前辈歌师传唱下来的。

《雄当和配莉》与散文体故事情节基本相同。

《雄当和配莉》的社会意义在于，通过长诗（或故事）破除了长期影响苗族生活的"漂亮姑娘会变成鸭变"的迷信传说。

该长诗搜集地今有少许歌师能完整演唱《雄当和配莉》。（过竹）

[1] 把头发梢吊在后颈窝：据老歌手们传说，这个歌不能唱完，唱完会带来灾害。尾声这一段就是用妇女梳头发的形式，来说明此歌要留下一个尾巴，就像妇女梳头要将发梢吊在后颈窝一样。

[2] 大苗山苗族自治县：今融水苗族自治县。

[3] 白云区邦阳乡：白云区改为白云人民公社，今更名白云乡；邦阳乡改为邦阳大队，今更名邦阳村民委员会。

友蓉伴依[1]

（苗族）

1. 友蓉伴依

你说山上的茶花最美丽吗？

你说林里的锦鸡最美丽吗？

你说河里的金鲤鱼最美丽吗？

嘿嘿！你哪里知道啊，

甘央[2]的友蓉还要美丽啊！

她赛过重瓣的红茶花，

她赛过五彩的锦鸡，

她赛过金色的鲤鱼。

有人说她是彩虹里落下来的，

有人说她是玉石里生出来的，

有人说她是金水银水养大的。

2. 迭功

你说林里的马鹿最英俊吗？

你说天空的苍鹰最英俊吗？

你说山顶的云杉最英俊吗？

嘿嘿！你哪里知道，

当索杨[3]的迭功还要英俊！

他赛过腿快的金角鹿，

他赛过飞旋的苍鹰，

他赛过参天的云杉！

有人说他是白云里跳下来的，

有人说他是大石里爆出来的，

有人说他是在大瀑布里养大的。

3. 抵皆

你说沟里的癞蛤蟆最丑吗？

你说山里的黑熊巴最恶吗？

你说黑乌鸦最令人讨厌吗？

呸呸，你哪里知道，

松勾[4]的抵皆还要丑恶啊！

他的样子丑过癞蛤蟆，

他的心肠坏过黑熊巴，

他的声音难听过黑乌鸦，

有人说他是臭沟里爬出来的，

有人说他是野狗吐出来的，

有人说他是粪坑里养大的！

4. 友蓉去芦笙坪

新年的歌节到了，

苗山里处处都是欢笑。

芦笙坪[5]的芦笙响了，

[1] 友蓉伴依："友蓉"是姑娘的名字，"伴"是姑娘的意思，"依"是石头，合起来就是石头姑娘友蓉。

[2] 甘央：地名。

[3] 索杨：地名。

[4] 松勾：地名。

[5] 芦笙坪：是苗族男女青年跳芦笙舞的地方。

达配[1]们的心头像滩浪一样跳动。

友蓉在河边捞鱼，
听到芦笙响了。
她转回屋里问妹[2]老：
"妹啊，我去芦笙坪吗？"
妹老笑眯眯地讲：
"孩子，去过你们的歌节吧！"

友蓉跑到清溪边洗头，
红绯绯的脸蛋，
黑黝黝的头发，
倒映在清清的溪水里。
溪里的鱼像喝醉了酒，
静静地靠在水藻边，
抬头望着美丽的友蓉，
连尾巴也不晓得摆了！

友蓉回到房里打扮，
穿起绣花衣服，
围起百褶裙子，
勒起五色的金丝腰带，
佩起银白的项圈手镯。
窗外的画眉鸟像吃醉了酒，
呆呆地站在桃枝上，
偏头望着美丽的友蓉，
连翅膀也张不开了！

"妹，你喂猪啵，
我要到芦笙坪去啦！"
友蓉像一只美丽的孔雀，
从树林里飞出来了，
飞过九个山坳，

九个山坳都有了光彩。
友蓉像一朵鲜艳的彩霞，
从天边飘出来了，
飘过九个山岗，
九个山岗都堂堂亮。

友蓉朝芦笙响的地方飞去，
友蓉朝芦笙响的地方飘去。
她到了根井高地方，
九万八千的男子不会吹芦笙了，
九万八千对眼睛朝着她望！

5. 迭功去芦笙坪

新年的歌节到了，
苗山处处都是欢笑。
芦笙坪上的芦笙响了，
达亨[3]们像野马一样欢跳。

迭功在山上砍柴，
听到芦笙响了，
他转回家问妹老：
"妹啊，我去芦笙坪吗？"
妹老愁眉苦脸地讲：
"仔呀，我们是穷苦的人，
房子同守野鸡的茅棚一样，
三块石头架个半边锅头，
连烂棉被也没有半床，
哪里来的新衣裳！
你到了芦笙坪上，
人家用手指你的背，

[1] 达配：青年女子的普通称呼。
[2] 妹：也称"咪""哗"，即"娘"。
[3] 达亨：青年男子的普通称呼。

0412

向你吐一泡浓浓的口水，
仔呀，还是不去吧！"

迭功是个年轻人，
他哪能不去芦笙坪！
他走到舅爷那里，
问舅爷借衣裳，
舅爷是个心肠顶好的人，
哪能让外甥不快活，
舅爷打开大笼箱，
拿出一条元青色的头带，
拿出一套青缎子的衣裳，
拿出九锭白银子。

舅爷打开大马栏，
拉出一匹大花马，
配上一副金马鞍，
"孩子，你去吧！
快快乐乐地去吧！"

迭功像一头美丽的花鹿，
从山林里跑出来了，
跑过九个山坳，
九个山坳都有了光彩。
迭功像一道光亮的闪电，
从云缝里闪出来了，
闪过九个山岗，
九个山岗都堂堂亮。

迭功朝芦笙响的地方跑去，
迭功朝芦笙响的地方闪去。
他到了根井高地方，
九万八千个姑娘不会踩堂了，
九万八千对眼睛朝他望。

6. 抵皆去芦笙坪

新年的歌节到了，
苗山处处都是欢笑。
芦笙坪上的芦笙响了，
像蛤蟆在田里扑扑跳。

抵皆在门外玩画眉，
他听见芦笙响了，
挪起臃肿的身躯回家来，
扁起嘴巴问妹老：
"妹老，我去芦笙坪啵！"
妹老讲："宝具仔，去吧！
我们是大财主佬，
家里银子堆成山。
你要天上的龙角也行，
你要海里的珠宝也行。"

抵皆穿了绫罗绸缎，
要两个仆人挑肉菜，
要两个仆人挑酒，
又要两个仆人挑画眉鸟，
他自己坐上高头大马。

抵皆像一个癞蛤蟆，
从山沟里跳出来了，
跳过九个山坳，
九个山坳都沾上污水。
抵皆像一头黑熊巴，
从荒林里爬出来了，
爬过九个山坳，
九个山坳的石头都黑了。
抵皆朝芦笙响的地方跳去，
抵皆朝芦笙响的地方爬去。
他到了根井高地方，

九万八千个姑娘吐口水，

九万八千个姑娘忙捂眼睛。

7. 芦笙坪上

美丽的孔雀和英俊的花鹿，

在高山岗上相遇了。

美丽的友蓉和英俊的迭功，

在芦笙坪上相会了。

迭功吹着响响的芦笙，

友蓉傍着迭功走芦笙[1]。

迭功吹到哪里，

友蓉跟到哪里。

抵皆也吹着芦笙去引友蓉，

友蓉捂着脸走开了。

抵皆丢下了芦笙，

气鼓鼓地坐在地上。

迭功对友蓉讲：

"比仙女还美丽的达配，

你的美名天下扬啦！

你的歌声盖过画眉鸟，

你踩堂像金鲤鱼翻浪。

达配，今天是我们的歌节，

打开你的金嗓子吧！"

友蓉笑着对迭功讲：

"年轻结实的达亨，

你的本领好强啊！

你吹起美妙的芦笙，

声音响过九重山。

达亨，喉咙是生来唱歌的，

我一定陪你歌唱！"

迭功的芦笙更嘹亮了，

友蓉打开金嗓唱起来了。

友蓉的歌声像山茶花，

一朵朵从嘴里飞了出来。

大家的眼睛望呆了，

大家听得入神了。

友蓉越唱越靠近迭功，

她拿出一团红丝球，

悄悄挂在迭功的芦笙上。

抵皆气凶凶走了过来，

"穷小子怎配挂呢！"

他抢下了红丝球，

把红丝球挂在自己的芦笙上。

天黑下来了，

地黑下来了，

芦笙坪黑下来了，

芦笙坪上的人们愤怒了！

友蓉过来抢红丝球，

迭功过来抢红丝球。

抵皆扬起大马鞭，

向他俩身上抽打。

迭功一手抢下马鞭，

叭一声折做了两段。

抵皆指使他的仆从：

"打翻这个穷小子！"

芦笙坪上的怒声，

像雷一样轰起来了！

芦笙坪上的拳头，

像杉林一样举起来了！

[1] 走芦笙：男青年走动着吹芦笙，女青年跟着芦笙的声音，有节奏地边走边舞，叫做走芦笙，也叫"踩堂"。

抵皆的脸孔吓青了，

仆从的手脚吓软了。

美丽的友蓉和英俊的迭功，

肩膀靠着肩膀，

口里哼着山歌，

笑眯眯地回寨上去了。

抵皆气得像蛤蟆跳，

他望着友蓉和迭功的背影，

他恨恨地讲：

"穷小子啊穷小子，

你的歌唱得响，

我的银子还要响！

友蓉啊友蓉，

就算你是飞天鸟，

也飞不过我那一百座杉树山！"

8. 坐妹[1]

月亮圆圆地挂在天上，

迭功在友蓉家里"坐妹"，

火塘里烧起红红的篝火，

照得他们的脸孔比山柿还红。

他们打开了深情的金嗓，

甜甜的歌声，

从他们的口里飘出来了。

歌越唱越甜，

唱得心更加跳了，

唱得脸更加红了！

门外的狗叫了几声，

抵皆挪着臃肿的身躯进门来了！

像吹来一阵黑风，

火塘里的火不红了，

火塘边的歌声断了，

友蓉捂起眼睛进房去了。

抵皆冲到房门边，

嘎[2]着嗓子讲：

"你同穷小子唱，

为什么不同我唱？"

友蓉用被蒙住头，

什么话也不讲。

抵皆要冲进房去，

被迭功伸手拦住了。

抵皆抽起柴棍就打，

迭功也抽起柴棍回打。

蛤蟆打不过花鹿，

抵皆爬回去了。

9. 杨梅树下

白云轻轻飘在天上，

友蓉挑着一担鸭到山坡。

她把鸭放进梯田里，

独自坐在杨梅树下，

一边绣花一边哼山歌。

树上的杨梅红，

绣出的花朵红，

友蓉的脸蛋也红透了。

---

[1]　坐妹：男青年到姑娘家里去唱歌谈情。

[2]　嘎：是从喉咙里挤出来的一种声音，沙哑而又凶恶。

迭功从山头翻过来，
悄悄走到友蓉的背后，
双手捂住友蓉的眼睛。
友蓉吓了一大跳，
挣脱手来回头一看，
"嘻嘻！是你！"

两人并排坐在杨梅树下，
迭功告诉友蓉，
他砍了屋后几十条杉木，
扎起了一大串木排，
他要放排下柳州卖。
友蓉讲："为什么放排那么远？"
迭功好久好久才回答：
"新做的画眉笼啊，
还要买块布来围；
我们快要住在一起了，
哪能不备办些东西！"

友蓉的脸又红起来，
低下头望着一对对的鸭。
"我什么也不要你买，
只要你快一点回来！"

迭功好久好久才讲话：
"路头太远了，
我回的日子难定啦！
……抵皆的银子多哩，
抵皆的势力大哩！"

友蓉拉下迭功的钩刀[1]，
忽然站起身来。
她走到竹林里，
砍回一段金竹子，

一刀割开做两半。
友蓉扬起眉毛讲：
"竹子里面白，
竹子外面黄，
竹子的节巴硬硬的，
有钱的人用金银来做凭证，
我们穷人用金竹来做凭证，
以后哪个反悔，
哪个就吞下半边金竹！"
迭功接过半边金竹，
插在衣襟里面。
他摘了几颗红杨梅，
放在友蓉的衣袋里。
他吹着口哨走了，
像花鹿跳山坡，
像苍鹰飞出树林。

友蓉靠在杨梅树下，
呆呆地望着迭功的背影，
忘记了绣花，
忘记了看鸭，
直到日落西山，
她才挑起鸭回家。

10. 放木排

迭功放木排下柳州，
他两只脚站在木排头，
像两只铁钉钉在木头上。
他挥动着竹篙，
木排流得飞快。
转了一个湾又一个湾，
下了一个滩又一个滩。

---

[1]　钩刀：砍柴的刀，头是钩形的，所以叫钩刀。

迭功看见晚霞倒映在河里，

他以为是友蓉绣花的围裙；

迭功看见水中的月亮，

他以为是友蓉甜蜜的脸孔；

迭功听见流水的声音，

他仿佛听见友蓉向他唱歌。

一天晚上他睡在木皮棚里，

他正在睡得又甜又香，

四个人悄悄爬到木排头，

用刀刻十字叉在木头上。

第二天早上迭功还没起身，

四个人恶凶凶走上木排，

一根绳子将迭功绑住。

"你偷我们的木排，

你是个凶恶的强盗！"

迭功气愤愤地站起来讲：

"木排是我的，

你们诬赖好人！"

四个人指着木排头，

木头上都画有十字叉：

"这就是我的记号，

流到海里我们也认得！"

迭功望着十字叉，

眼睛喷出了火！

四个人拖起迭功，

送到土官衙门里。

他们把一大堆银子，

堆在土官的桌上。

土官拍一拍桌子，

迭功就被关进监牢里了。

11. 抵皆家里

四个人溜回松勾，

把情况讲给抵皆听。

抵皆咧开猪嘴笑了，

赏了每人两锭银子。

抵皆杀了一头猪，

请个媒人吃得饱饱的，

叫媒人拿了十两银子，

到友蓉家里说媒。

媒人去了半天，

垂头丧气带着银子回来了。

媒人哭丧着脸讲：

"友蓉吐了一泡口水，

把银子丢出门外。

她说烂屎臭的银，

难买我友蓉的心！"

抵皆杀了两头猪，

请两个媒人吃得饱饱的，

叫媒人拿了百两银子，

到友蓉家里说媒。

两个媒人去了半天，

皱起眉头带着银子回来了。

两个媒人发出沙哑的声音：

"友蓉打了我们的嘴巴，

把银子踢出门外。

她说烂屎臭的银，

难买我友蓉的心！"

抵皆杀了三头猪，

请三个媒人吃得饱饱的，

叫媒人挑了千两银子，

到友蓉家去说媒。

去了大半天，
三个媒人嘟起嘴巴回来了。
把千两银子交还给抵皆。

12. 望了七年

友蓉胸前插着半边金竹，
天天挑鸭子到梯田里放，
天天站在坡上的杨梅树下望。
树上的杨梅结果了，
树上的杨梅红了，
树上的杨梅落了！
"英俊的迭功啊，
怎的还不回来呀？"
友蓉问遍了远道来的过路人，
友蓉问遍了天那边飞来的鸟，
可是呵，迭功的踪影，
始终是石沉大海，
友蓉的心比石头更沉重。

"大河里滩陡水急，
难道迭功跌下河了？"
不能呀，迭功顶会放下排，
他的脚站在木排上，
像钉子钉住木头那么稳！

外面很多美姑娘，
难道迭功被姑娘迷住了？
不能呀，迭功那样诚实的人，
哪能忘记半边金竹！

日头又晒雨又淋，
难道迭功病倒了？

不能呀，迭功像牯牛那样健壮，
哪能经不起一点风霜！

友蓉分下的半边金竹，
在衣襟里枯了啰！
迭功给的几颗杨梅，
在荷包里早就干了啰！

友蓉在杨梅树下望呀望，
挺起脚望了七年啦！
杨梅树下站出了坑坑，
坑坑里面装满了眼泪。

13. 七把铜刀

抵皆在七年里，
讨了七个老婆，
七个老婆都死了。
抵皆在七年里，
派人到友蓉家说了七次媒，
七次都被骂回了。

抵皆的第七个老婆死了，
没有人嫁给他了。
他杀了七头猪，
请七个汉子吃得饱饱的，
他交七把铜刀给他们：
"你们去抢友蓉来，
赏你们每人七两银子。"

坏人的眼睛见不得银子，
他们拿起七把铜刀，
跑到杨梅树下，

要把友蓉拖去。

友蓉紧抱着杨梅树，

坏人狠心把杨梅树砍断，

友蓉哭啊，喊啊！

友蓉骂啊，咬啊！

一千句，一万句：

"我死也不愿和熊巴共一窠。"

抵皆把友蓉关在房里，

房门加一把大铁锁。

他沤一百坛酒，

他杀一百头猪，

挂起红布办喜事：

"你友蓉再有本领，

也逃不出我的手掌心！"

14. 金竹活了

迭功被关在监牢里，

他咬着牙齿恨抵皆，

他咬着牙齿恨土官，

牙齿也咬碎了！

友蓉怎么会晓得我在这里呢？

又高又厚的墙壁，

又粗又硬的铁窗，

有翅也难飞出去啊！

迭功想起心爱的友蓉，

白天吃饭不下喉，

晚上睡觉难合眼，

好像断肠草绞断了心肠。

有一只岩鹰飞过铁窗，

迭功对岩鹰讲：

"请你飞到甘央告诉我的友蓉，

总有一天迭功会冲破牢笼，

展开翅膀飞到她的身旁。"

迭功手摸着半边金竹，

躺在牢里双脚踢墙，

白天里踢着，

黑夜里踢着，

踢了七年整，

墙壁踢歪了，

土官忙跑来看，

哗啦一声，

墙壁倒了，

土官压成了肉饼饼。

矫健的岩鹰从牢笼里飞出来了，

迭功从监牢里跑出来了。

他像花鹿一样跑，

他像岩鹰一样飞。

他回到杨梅树下，

只见两个深深的泥坑。

有人对他讲：

"友蓉在杨梅树下，

等了你七年啦！

抵皆把她抓去了。

抵皆沤了一百坛酒，

杀一百头猪，

挂起红布办喜事了。"

迭功气愤得说不出话，

一口气跑到抵皆的门前，

看见一伙客人在猜拳喝酒，

又听到一旁传来友蓉的哭声。

他朝着窗口探望，

抵皆正在逼迫友蓉成亲。

迭功心头火升起万丈，

忙搬起大石头砸坏窗门，
一跳就进了房间，
飞起石头打在抵皆头上。
抵皆大叫一声四脚朝天，
喝酒的客人忙拍房门，
迭功扶着友蓉从窗口逃跑，
一转身就躲进漆黑的森林。

他们跑进远远的深山，
搭起茅棚住下来，
他们把两片金竹合拢，
种在茅棚旁边。
金竹活起来了，
金竹高起来了，
金竹长满了翠绿的枝叶。

金竹脚下生出许多笋子，
笋子长大又成了金竹，
没有几天，
一大片翠绿的竹林，
围绕着他们的茅棚。

流传地区：
　　融水苗族自治县
传唱者：
　　梁老岩（苗族）
搜集者：
　　覃桂清（壮族）
整理者：
　　肖甘牛（汉族）、覃桂清（壮族）
搜集地点：
　　大苗山苗族自治县四荣区香粉乡[1]雨卜
村雨梅屯
时间：
　　1955 年 6 月
原载《哈迈》，肖甘牛、覃桂清整理，作家出版社，
1958 年 9 月。

附
记

《友蓉伴依》曾在融水苗族聚居区流传。农闲时节，众人多围坐在木楼火塘边听歌师演唱。

覃桂清 1955 年 6 月深入大苗山苗族自治县四荣区香粉乡雨卜村雨梅屯采风，在苗族歌师梁老岩的火塘边听其传唱，由当地小学杨姓教师（名字已忘记）口译，覃桂清当即记录。据梁老岩介绍，《友蓉伴依》是前辈歌师传唱下来的。

《友蓉伴依》与散文体故事情节基本相同。

覃桂清根据《友蓉伴依》改编同名苗戏，配苗歌曲调，由苗族演员排演，成为第一部"广西苗戏"，覃桂清因此在融水获得苗族群众尊称"友蓉工作[2]"。

该长诗搜集地今有少许歌师能完整演唱《友蓉伴依》。（过竹）

[1]　四荣区香粉乡：四荣区后变更为四荣人民公社、四荣乡；四荣区变更为四荣人民公社后，撤销香粉乡，后于 1984 年 10 月从四荣乡分出独立建乡。
[2]　友蓉工作：即做编写《友蓉伴依》苗剧工作的同志。

冷祥

（苗族）

一、冷祥和梅美

1. 摘杨梅

哪个地方的杨梅多？
苗山里面的杨梅多。
哪个山的杨梅红又甜？
别培岗的杨梅红又甜。
哪个地方的姑娘多？
苗山里面的姑娘多。
哪个寨的姑娘美？
林鸟寨的姑娘美。
寨里哪个姑娘最美丽？
古雅的两个女儿最美丽。

古雅的大女儿叫梅涡，
古雅的二女儿叫梅美。
她们背着禾箪[1]，
到别培岗上摘杨梅。
她们爬上杨梅树，
红绯绯的脸蛋，
把杨梅映得更红了。
她们坐在树枝上唱歌，
甜甜的歌声，
把杨梅唱得更甜了。

别培岗下有个龙潭，
龙潭里面住着个龙仔，
龙仔被歌声惊醒了，
把头伸出潭水面。
"啊！杨梅树上的姑娘，
太美丽了，太美丽了！
真是天上找不出，
真是地上见不到。
若是得一个来做老婆，
我不吃东西也会饱了。"

2. 盘地[2]

古雅扛起斧头和锄头，
到舍楷山去盘地。
他用斧头砍一株大树，
砍了九十九斧树才倒。
树倒下来压着他的脚，
他的右脚骨被压断了。
古雅坐在地上，
血流了一地。
他的脸像一张白纸，
他想他要死在这里了。

一条有红花纹的大蛇，
从树林里溜出来，
昂着头对古雅说：
"我的名字叫冷祥，
我来替你医好脚，
替你盘光这些树，
替你锄好这块地。"

古雅望着大蛇讲：
"冷祥大哥，

[1] 禾箪：一种篓子。

[2] 盘地：是把地上的树木荆棘砍掉，将泥土翻起。

你能医好我的脚，

你能盘光这些树，

你能锄好这块地，

我一定给你报酬。"

"我不要你的报酬，

我只要你答应我的要求。"

"你的要求我一定答应，

我若不答应你的要求，

你就把我吞到肚里。"

冷祥把尾巴卷一卷，

一株大树就滚下山脚。

冷祥把尾巴卷十卷，

十株大树就滚下山坡。

卷了一顿饭时间，

几百株大小树都卷光了。

冷祥又对古雅讲：

"你把锄头绚[1]在我的尾巴上，

我就可以锄地了。"

古雅解下腰带，

把锄头绚在蛇尾巴上。

冷祥拖着锄头，

在地上直走走又横走走，

大约两顿饭的时间，

一块十多亩的山地，

泥土都翻起来了。

古雅在蛇尾上解下锄头，

欢欢喜喜对蛇讲：

"冷祥大哥，

讲出你的要求吧！"

冷祥讲："我还是个单身汉，

我要你一个女儿做老婆。"

古雅的心头慌乱了，

怎能把女儿嫁给蛇呢？

想不答应蛇的要求，

但苗人是不讲谎话的，

以前的话讲得太死了！

他只有哭丧着脸对蛇讲：

"好，你跟我回家吧！

若是我女儿答应了，

我一定把女儿嫁给你。"

古雅扛着斧头锄头前面走，

冷祥一弯一扭后面随。

古雅回头看见蛇跟来，

心里头暗暗着急。

3. 娶妻

古雅回到寨子边，

他叫冷祥躲在禾仓[2]底。

冷祥讲："我在仓底盘着，

你叫女儿快出来啵。"

古雅回家放下斧头锄头，

他到火塘边对大女儿梅涡讲：

"我养得你大，

养不得你老，

我在山上找着个郎仔，

那郎仔很能干，

他医好了我的断脚，

他替我盘好了地，

他要求娶我的女儿，

我已经答应了他。

他来到了寨口禾仓底，

你嫁他去吧！"

[1]　绚：缚的意思。

[2]　禾仓：苗族将禾穗剪回家来放在一间小木楼里。这小木楼就叫禾仓。

梅涡穿起了新衣裙，
戴满了一身银器，
丁零当啷走到禾仓边。
她寻来寻去不见后生，
只见一条大蛇盘在仓底。
大蛇昂起头来讲：
"姑娘，我就是你的丈夫，
你跟我一道回家吧。"
梅涡吓出了一身汗，
吓得脸都发青了，
慌慌张张地跑回来对爷老讲：
"我愿嫁最丑的老汉，
不愿嫁这号东西。"

古雅走到织锦架边，
对二女儿梅美讲：
"大姐姐既然不愿意，
那你就嫁给他吧！"
梅美对爷老讲：
"他是那么能干，
爷老又答应了他，
老人家话讲出了口，
怎么可以随便反悔呢，
我就嫁给他吧！
你杀一只鸭包起糯饭，
让我带着路上做午餐。"

梅美换了新衣裙，
戴起项圈和手镯，
背起一包糯饭，
走到寨口禾仓边。
寻来寻去不见后生，
只见一条大蛇盘在仓底。
大蛇伸出头来讲：
"姑娘，我就是你的丈夫，
你跟我回家去吧！"

姑娘吓了一大跳，
回转身就要逃走，
一下子她又想转来了，
"若是我不嫁给他，
他一定会吃我爷老去，
我还是嫁给他吧！"
梅美回头对大蛇讲：
"我们走吧，
你要帮我背着糯饭包。"

冷祥摇摆着身体讲：
"我没有手，
又没有肩膀，
我请求你自己背吧！"
冷祥一弯一扭走在前面，
梅美背着饭包跟在后头，
走过了九条大岭，
又走到一条河边，
冷祥讲："我下河洗澡，
你背转脸站在河边，
不要回头看我。"

冷祥溜到河里去洗澡，
梅美回头望了一望，
不见了大蛇，
只看见一个漂亮的后生，
像一株杉树站在河里。

后生走上岸来讲：
"姑娘，我就是你的丈夫。"
梅美讲："我丈夫是大蛇，
不是个后生。"
后生讲："我洗了个澡，
皮子脱了就变后生。
我叫你不要回头看，
你却回头望了一望。

所以我脚上的鳞脱不完，
你看，这斑斑点点的鳞片。"

姑娘跟着后生到了龙潭，
龙潭的水绿幽幽的。
后生用手拍一拍水，
水就分开现出一条大路。
后生回头牵着梅美的手，
他们双双进了龙潭。

4. 生女

龙潭里有一座金屋子，
堂屋里挂着一颗珠，
像八月十五的月亮那么亮。
还有一个美丽的房间，
里面挂着透明的绿帐子。
床铺上铺着绿色的兰丝草[1]，
软绵绵的很暖和。
他们当夜就结婚了，
一个是漂亮的后生，
一个是美丽的姑娘，
你爱煞了我，
我也爱煞了你。

快乐的日子度过了一年，
他们生下一个女孩，
女孩白胖胖的，
很逗人喜爱。
他们叫她做鸡茉。

梅美对冷祥讲：
"我抱孩子回家去，
爷老和大姐看见了，

[1]　兰丝草：河底或潭底的一种水藻。

一定笑出眼泪来。"

5. 回娘家

梅美穿得美美的，
背了一袋金银，
抱起白胖胖的女儿，
高高兴兴回娘家。

梅美回到娘家，
看见大姐抱着一个孩子，
坐在火塘边流眼泪，
她的脚上敷了很多药。
梅美惊异地问道：
"大姐啊大姐，
你为什么哭呢？"

梅涡一边哭一边讲：
"我嫁了一个男子，
他是个很凶暴的人。
他天天喝很多的酒，
喝醉了就乱打我。
我刚生下一个男孩，
不能出外种地，
他说我在家偷懒，
拿起斧头就砍我，
砍断了我一只脚。
他也慌乱地跌倒了，
恰好斧头仰在地上，
他的颈子碰着斧头，
割断了喉咙就死了。
爷老背我娘仔回来，
他天天出去种地，
养活我娘仔两个人。"

梅美安慰姐姐：

"姐姐不要愁苦，
我嫁的不是大蛇，
是一个漂亮的龙仔。
我们的日子过得很美。
我拿了一袋金银回来，
养活爷老和你娘仔。"

爷老种地回来了，
听见二女儿嫁个好郎仔，
又见外孙女长得白胖胖，
他捋着胡须老是笑。
回头望一望大女儿，
他又沉下脸来叹口气。

晚上月亮白光光，
梅涡躺在床上想：
"我不去嫁漂亮的郎仔，
却嫁了一个喝酒的懒汉，
到如今生不生来死不死，
越看着妹妹我越心急。
我还是死去吧，
免得累倒爷老和妹妹。"

梅涡喂奶给孩子吃，
把孩子喂得饱饱的。
她起来摸摸孩子的头，
"劳义，今后你没有娘老了！"
她的眼泪滴在孩子脸上。
她轻轻拉开后门，
乘着月色跑到河边，
噗咚一声溅起了水花，
梅涡跳河死去了。

6. 遇虎

梅美在爷老家里，

一想起姐姐就哭。
她在家里待不下去了。
她对爷老讲："爷老，
你带好姐姐的孩子吧，
这一袋金银够你两人吃的，
我回龙潭去了，
我和郎仔约定了日子，
不回去是不好的。"

梅美抱着女孩走了，
她走到一座树林边，
一只老虎跳了出来，
一口叼住女孩跑了。
梅美跟着老虎跑，
披散着头发大哭大喊。
追过了九条大岭，
一只画眉鸟飞了过来，
啄瞎了老虎两只眼睛。
老虎痛得大吼一声，
丢下女孩逃走了。

梅美跑过去抱起女孩，
看见女孩还是活的，
她就坐在树脚下喂奶。
她想："全靠那只画眉鸟，
不然我女儿就完了！"

那画眉鸟飞来站在树上，
低下头来对梅美讲：
"妹子，我是你姐姐梅涡，
那天我跳河死了，
变成一只画眉鸟。
天上的仙姑爱我的歌唱，
她们叫我上天去住。
今天经过这里，
就要飞上天去了。

我那没娘没老子的孩子，
请你好好照顾他。"
画眉滴了四滴眼泪，
落在梅美的手上，
落进手上的肉里面，
她扑扑扑飞上天去了。

梅美仰望天上，
连声叫着：
"姐姐，我一定照顾你的孩子。"

7. 手上流眼泪

龙潭里的兰丝草长了，
龙潭里的鸡茉也大了。
兰丝草长得很美丽，
鸡茉长得更加美丽。
冷祥讲了九百九十句话，
九百九十句话都说女儿美。

有一天一只海燕飞来，
把一颗红珠吐到龙潭里。
冷祥对梅美讲：
"我的父亲龙王派人来了，
他叫我们回大海里去。
父亲的命令不敢违背，
我们和女儿回大海去吧！"

梅美手上肉里的眼泪，
忽然像泉水一样流了出来。
梅美悄悄地对丈夫讲：
"我姐姐救了我女儿的命，
姐姐飞上天的时候，
叫我照顾她的儿子。
鸡茉年纪大了，
我们让她留在这里，

和姐姐的儿子结婚吧！"

冷祥望着梅美手上的眼泪，
又望着自己的女儿，
想了一顿饭的时候才说：
"好，就这样吧！"

晚上，鸡茉还睡在梦里，
夫妻装起一葫芦的话，
把葫芦放在女儿枕头边，
他们含着眼泪走了。

第二天早上鸡茉起床，
不见了爷老和娘老，
只见一个葫芦在枕头边。
她抽开葫芦塞看一看，
葫芦里面飞出话来：
"孩子，我们回大海去了，
你姨妈救了你的命，
你留在龙潭里，
将来和姨妈的孩子劳义结婚。"

二、冷祥的女儿

1. 老梨树倒了

劳义没有爷老和娘老，
跟着外公古雅过日子。
劳义爱他的外公，
外公也爱劳义。
劳义还小，下不得田地，
外公老了，也下不得田地，
梅美留下来的一袋金银，

年长月久也吃光了。

屋门口的柚子树，
一年一年地长大了。
劳义这个孩子，
也一年一年地长大了。
屋后面的梨子树，
一年一年地衰老，
一阵大风吹来，
哗啦，梨子树倒了。
外公也一年一年地衰老，
生了一场重病，
两脚一伸死去了。
劳义没爷没娘，
现在又没有了外公。
他一个人住在茅屋里，
一个人上山砍柴，
一个人挑柴去卖，
独藤独苗好孤凄。

2. 金钓钩

一个挑担的小贩进山寨来了，
卖红绒丝线又卖钓钩。
姑娘们选红绒丝线买，
后生们选钓钩买。

小贩有个金钓钩，
金光闪闪很好看。
他开口要九两银子，
太贵了大家都不肯买。
劳义望着那金钓钩，
伸手摸了一摸，
他心里九百九十个想买，
可惜荷包空空的。

忽然一阵大风吹来，
把小贩的担子吹倒了。
等到大风吹过了，
小贩捡好担子，
他发觉不见了金钓钩。
他曾经看见劳义摸过，
就一口咬定是劳义偷去。
劳义没有偷，
他骂小贩诬赖好人。
小贩打了劳义一手板，
挑起担子走了。
劳义不服气，
捡起石头掷过去，
小贩的头出血了，
劳义回头跑了。

3. 钓鱼

劳义到舍楷河边玩耍，
看见许多人在河边钓鱼，
他们钓得一条条的大鱼。
劳义也想钓鱼，
只是没有钓钩。
他望着一条条的大鱼，
手拍胸膛口叹气。
忽然，手板拍着了硬东西，
低下头来一看，
前襟布缝里露出个金旺旺的东西，
他忙拔出那个东西，
啊！金钓钩，金钓钩！
大概是那一阵大风，
把小贩的金钓钩吹进衣缝里。

劳义砍下一条金竹，
绉上丝线，系上金钓钩，
他坐在舍楷河边钓鱼。

别人下钩扯得大鱼，

劳义下钩扯得大螺蛳。

劳义把螺蛳丢到滩底，

又走到滩头钓鱼，

钓钩还是扯得大螺蛳。

看看天色晚了，

劳义想："得不到鱼得螺蛳，

今晚用这个大螺蛳炖粥吃。"

劳义捧起螺蛳回家来，

把螺蛳放进粥锅里。

烧了三把柴火，

揭开锅盖来看看，

螺蛳滚了出来，

在火塘边打转转，

像姑娘们踩堂一样。

劳义捧起螺蛳又丢进锅里，

烧了七把柴火，

揭开锅盖来看看，

螺蛳又滚了出来打转转。

劳义心头发了火，

捞起一根柴头就敲螺蛳，

用力敲了九下也敲不碎。

螺蛳滚进房里，

劳义点起火去房里找，

找来找去找不见。

劳义没有办法，

只好舀起白粥来喝。

4. 鸡茉来了

第二天早上劳义去砍柴，

日头落山才转回家。

他看见桌上摆满了饭菜，

心里非常奇怪：

"我锁了门出去，

哪里来的饭菜？"

他肚子饿极了，

坐在桌边吃得香香的。

第三天劳义砍柴回家，

又见桌上摆满香香的饭菜。

他一边吃一边说：

"这件事太古怪！"

第四天劳义又去砍柴，

出了寨口又忙转回来。

他从后门缝里向屋内望，

一个大螺蛳从腌坛中爬出来，

打一个滚变成一个美姑娘。

美姑娘走到火塘边洗锅头，

劳义忙踢开后门冲进屋，

两手搂住姑娘的腰。

姑娘红着脸挣扎，

劳义死死抱紧不肯放，

"姑娘，你是哪里来的？"

姑娘讲："我叫鸡茉，

是你的亲戚，

我特地来嫁给你的。"

劳义九百九十个欢喜，

搂住姑娘老是跳。

他们当天晚上，

就在茅屋里结婚，

劳义笑得嘴巴也合不拢。

第二天早上姑娘拿起葫芦，

走到房前一块空旷的地方。

葫芦里倒出许多青砖绿瓦，

转眼出现一间高大的房子。

葫芦里倒出许多蟋蟀，

转眼出现几百头牛羊。

葫芦里倒出许多蚂蚱，

转眼出现几千只鸡鸭。

鸡茉和劳义住在大房子里，

像住在皇宫里一样。

屋门口的石榴结了果，

屋里面的鸡茉也生了男孩。

男孩长得又白又胖，

劳义乐得跳了起来。

5. 哑孩子

卖丝线和钓钩的小贩，

又来到劳义住的寨子里。

他看见劳义一家很兴旺，

高大的砖瓦房，

成群的鸡鸭牛羊。

他问附近的人：

"什么人住在这里？"

附近的人对小贩讲：

"劳义得了一个金钓钩，

钓得一个美丽的姑娘，

家庭就兴旺起来，

美姑娘又生一个孩子了。"

小贩想起过去的事：

"劳义偷我的金钓钩，

又用石头砸破我的头。"

他摸摸自己的头，

越想越有气。

他把一点哑巴药，

放进宝塔糖[1]里面。

他拿到劳义的家，讲：

"娃娃吃了宝塔糖，

身体就会肥胖胖。"

劳义买了一颗宝塔糖，

给小孩子吃，

小孩子长到四五岁，

还不会讲话，

人们都叫小孩哑巴。

劳义很生气，

天天骂鸡茉，

"你是个坏女人，

生出来的孩子是哑巴。

我不要你这坏女人，

你滚吧，你滚吧！"

鸡茉天天哭，

吃不下饭也睡不着觉。

6. 逼走

有一天劳义越骂越凶，

拿起一把斧头来赶鸡茉，

鸡茉只得哭着逃走。

鸡茉走到舍楷河边，

回头来对劳义讲：

"我的劳义啊，

你真的不要我了吗？"

劳义气汹汹挥着斧头：

"不要，真的不要！

不要你这坏女人！"

鸡茉走进河水里，

流着眼泪回头来：

"我的劳义啊，

你真的不要我了吗？"

劳义恶狠狠挥着斧头：

"不要，真的不要，

你这养哑巴仔的女人！"

[1] 宝塔糖：是一种形像宝塔的糖，里面放有杀蛔虫的药。客商常挑进大苗山里去卖。

鸡茉沉进河水里，
眼泪像水一样地流，
她露出头来：
"我的劳义啊，
你硬是不要我了吗？"
劳义更恶狠狠地挥动斧头：
"不要，硬是不要你这养哑巴仔的女人！"
鸡茉凄惨地大哭一声，
沉进河底去了，
两条眼泪柱，
射起来几丈高，
河水也呜呜地哭起来了，
似乎有声音冒出水面：
"劳义，带好我的孩子啊！"

7. 红珠

劳义转回寨里抬头一看：
青砖绿瓦的大房子不见了，
只见一堆碎砖烂瓦。
几百头肥胖的牛羊不见了，
只见一群群蟋蟀。
几千只美丽的鸡鸭不见了，
只见一群群的蚂蚱。
哑巴孩子打着赤膊，
躺在草地上哭哀哀的。

劳义带着哑巴孩子，
仍旧住进自己的茅屋。
父子两个人，
过着贫苦的日子。
这时，劳义想着鸡茉了，
他天天抱着哑巴孩子，
走到舍楷河边哭泣：
"鸡茉，我错了，
你回转来吧！

你丈夫要你啊！
你孩子要你啊！"

屋门口的楠竹大了，
哑巴孩子也长到七八岁了。
一个热天，
孩子脱光衣服，
跳进深潭里洗澡，
看见一个女人坐在潭底，
呜呜呜地啼哭。

那女人见到了孩子，
她讲："我的孩子，
你认不得娘老了吗？"
哑巴孩子呆呆地望着，
女人拖住孩子的脚，
拉到自己的身边，
撩开衣襟喂奶给孩子吃。
孩子大了不好意思吃，
女人硬塞给他吃。
孩子吃完了奶，
女人在潭底摸出一颗红珠，
这颗红珠是海燕丢下来的。
她把红珠放进孩子嘴里，
孩子一口吞下肚。
孩子忽然会讲话了：
"娘老，回去吧！
爷老想着你呢，
他天天抱我到河边哭，
他讲他错了，
请求你回家去。"
娘老流着眼泪说：
"我不在舍楷河了，
我回龙潭里来了。
你爷老那把斧头，
吓掉了我的魂魄，

我冒不出龙潭了。

若是你爷老要我出去，

叫他用金钓钩钓我出去，

不过要告诉他，

拉钩不能太急，

太急就会坏事的。"

8. 红云

孩子不是哑巴了，

他回家告诉爷老听。

劳义即刻拿起钓竿，

和孩子来到龙潭边。

他看见自己美丽的老婆，

坐在深潭底下哭泣。

他恨不得一钓就钓起来，

紧紧地搂着对她讲：

"鸡茉，我自己错了！"

劳义把金钓钩甩下潭里，

很快地用力拉上。

拉得太快了哟！

金钓钩钓住鸡茉的脖颈，

把脖颈钩破了，

血像泉水那样涌出来。

血在水里凝结了，

金钓钩拉上来一团血。

一阵大风吹来，

把这团血吹上天空。

天上的白云被染红了，

从此天上有了红云。

鸡茉死在龙潭底下，

尸体变成了一块白石头。

流传地区：

　　融水苗族自治县

传唱者：

　　梁老岩（苗族）

搜集者：

　　覃桂清（壮族）

整理者：

　　肖甘牛（汉族）、覃桂清（壮族）

搜集地点：

　　大苗山苗族自治县四荣区香粉乡雨卜村雨梅屯

时间：

　　1955 年 6 月

原载《哈迈》，肖甘牛、覃桂清整理，作家出版社，1958 年 9 月。

附记

　　《冷祥》曾在融水苗族聚居区流传。农闲时节，众人多围坐在木楼火塘边听歌师演唱。

　　覃桂清 1955 年 6 月深入大苗山苗族自治县四荣区香粉乡雨卜村雨梅屯采风，在苗族歌师梁老岩的火塘边听其传唱，由当地小学杨姓教师（名字已忘记）口译，覃桂清当即记录。据梁老岩介绍，《冷祥》是前辈歌师传唱下来的。

　　《冷祥》与散文体故事情节基本相同。

　　该长诗搜集地今有少许歌师能完整演唱《冷祥》。（过竹）

枫蛾歌[1]

（毛南族）

引歌

巴音山[2]高高百丈，
青石铺路曲曲弯，
崖畔潭水深千丈，
六月潭水透心凉，
依山傍水枫树村，
村边枫树血泪养，
妮迈[3]艰难达凤苦，
寡婆孤媳苦情长。

一、遗腹子

妮迈毛南农家女，
生出娘肚受孤寒！
三岁学会看弟妹，
七岁捡柴会爬山，
穷家长出伶俐女，
纺纱织布巧花样，
高山岭顶农索花[4]，
移栽花园配牡丹。

花开果落年过年，
青丝转发白霜染，
四十死了宝贝仔，
三代独苗断了线！
三代积聚无分散，
肥田好地有一片，
今后田地哪个种？
丈夫一气闭双眼！

"吃草母牛有仔跟，
衔泥燕子孵子孙，
女人不是白虎命，
哪样克夫又绝根！"
皇帝金口哼一哼，
文臣武将失了魂，
族长轻声一句话，
重比圣旨全村惊。

妮迈挨骂成白虎，
辣椒苦胆拌泪咽，
哭声爹娘偏心眼，
留仔嫁女图银钱，
哭声丈夫死得早，
烂碗落锅任煎熬，
哭声祖宗无恩义，
死仔绝孙断香烟。

香烟断了坟碑在，
妮迈世上难做人，
不准白虎伤房族，
妮迈逼迁独家村，
眼看家产挨霸占，
心里盘算夺回来，
身装怀有遗腹子，

[1] 枫蛾歌：枫蛾，枫蚕的成虫。枫蛾歌，唱枫蚕成虫的歌。
[2] 巴音山：毛南族地区的一座山名。
[3] 妮迈：毛南语，即寡妇。
[4] 农索花：毛南语，是一种藤蔓生的金黄色的山花，即九里明。

石压竹根要标笋[1]。

天上月亮护星星，
人间仔女靠娘亲，
妮迈反要胎儿护，
不犯王法变罪人，
"天高喊冤你不闻，
我变鬼魂上天庭，
地厚叫苦你不听，
我进地狱把冤申！"

"妮迈迈，教仔乖！
人家果树你莫抓，
阎王殿上记有账，
贪吃贪喝扭嘴巴！"
门外骂走坏头人，
妮迈担心结冤家，
梨树秋花不结果，
枕头当仔难长大。

一张饭桌四四方，
妮迈独自坐一旁，
三面空空无儿坐，
鸡腿鸭腿无人扛……
忽见门楣细腰蜂，
口叼青虫当仔养，
莫非花婆[2]开了眼，
妮迈求仔得秘方。

手捧枫蚕像捧金，
望蚕感恩化成人，
莫要再生双翅飞，
莫离我家进山林，

给蚕做个大摇篮，
喂饭喂菜当亲生，
窸窸窣窣像讲话，
大眼晶晶望娘亲。

辛苦喂养春过春，
许愿苍天扑扑[3]长，
檀香龙床鹅绒被，
娶来嫦娥配儿郎，
邻村有个油嘴婆，
乌鸦凤凰哄成双，
一锭白银一丈布，
驱得媒人两唇忙。

二、好媳妇

古枫百丈栖彩凤，
达凤生在古枫村，
葡萄眼睛翠柳眉，
面如桃花红又嫩，
公奶爹娘教女乖，
耕种耘锄门门行[4]，
姑嫂哥姐教妹巧，
纺织染绣样样精。

油嘴媒婆进厅堂，
望得达凤心发慌，
声声句句赞达凤，
要为巧女选玉郎，
"五进瓦房百亩地，

[1] 标笋：指笋从石头下顽强地长出来。

[2] 花婆：毛南族传说中掌管生育的女神。

[3] 扑扑：象声词，指向苍天许愿后成长迅速。

[4] 门门行："样样都会"。

猪牛满栏粮满仓，

姑爷用功读诗书，

身高五尺美儿郎……"

九月田垌一片黄，

妮迈拉亲百事忙，

一顶花轿抬到家，

妮迈媳妇进新房，

祖宗留下老风俗[1]，

不拜天地不拜堂，

新娘不要新郎伴，

姐妹陪唱到天光。

一夜唱歌到天亮，

不落夫家回旧房，

出门好比秋归燕，

来春天暖再来方[2]，

自古姻缘由天定，

达凤随俗天话[3]讲，

愿得丈夫人忠厚，

莫像竹子无心肠。

三、会夫君

"月亮光光，

照我裁新装，

裁件新裳给阿妮[4]，

新衣摆屋堂，

蓝靛细纱布，

过胶闪闪亮，

飞针细细缝，

阿妮穿上百年长。"

"月亮晶晶，

做鞋到夜深，

金针银线密密连，

白布底千层，

外帮黑缎面，

铜扣双双钉，

颗颗晶晶亮，

我夫穿了不变心。"

"月亮清清，

照妹绣围裙，

妹系新裙给郎看，

细布蓝茵茵，

丝绣五彩艳，

滚团[5]簇簇新，

芙蓉配鸳鸯，

穿上妹身郎欢心。"

梳妆打扮走婆家，

来来往往两年间，

两年不见丈夫影，

音带羞怨问一言，

"儿盼十五月儿圆，

谁料天狗咬半边，

南风又吹连天雾，

半边几时才露脸？"

"日出东山月落西，

千里万里两相离，

[1] 老风俗：毛南旧时风俗，结婚之夜对歌通宵达旦，新郎新娘不拜堂，不同房，第二天早上新娘即回娘家，农忙时来夫家小住，几年后才长落夫家。

[2] 方：疑为"访"之误。

[3] 天话：上天的话，犹言古话。

[4] 阿妮：方言，即家婆。

[5] 滚团：圆滚，指围裙上绣有圆形的大团的花。

千里万里没相会，
日月总有共天时，
前年我仔离家门，
寻访名师苦读书，
有朝学成回家转，
夜夜十五月团圆。"

六圩[1] 请个巧秀才，
苏杭细绸画金装，
画个俊俏后生哥，
浓眉凤眼脸四方，
后生就是读书仔，
交给达凤贴空房，
一年三百六十夜，
夜夜伴妻到天光。

豆角结子早成对，
同班姐妹早成家，
前年抹泪上花轿，
今年逗仔笑嘻哈，
五年不见郎一面，
达凤心事乱如麻：
"不是家婆心肠好，
鬼才替他守空家！"

李树花开白茫茫，
妮迈头发起白霜，
眼看姐妹已抱孙，
忍叫媳妇守空房，
厢房锁着那一个，
妮送茶饭忙又忙，
难交钥匙给媳妇，
难诉真情难遮挡。

"阿妮待你如亲生，
人前人后莫乱声，
我仔天黑常回家，
关门磨墨写书文，
人不戒荤不成佛，
书不苦读不成名，
少小不丢恩情爱，
哪成蟒袍官夫人！"

谷雨桃花黑了脸，
标芽甘蔗[2] 哪还甜！
守得妮迈割猪菜，
达凤倾听厢房间，
听见窸窸窣窣响，
猜是磨墨写诗篇！
有心会郎手抚门，
妮迈回到灶门边。

笋子开叉[3] 谁还拣？
四月藕塘[4] 难采莲！
守得妮迈赶街去，
达凤拢近厢房间，
听见窸窸窣窣响，
猜是割纸做稿笺，
有心会郎手拍门，
妮迈回到堂屋间。

嫁郎不得会郎君，
背名夫妻哪心甜！
守得妮迈走亲戚，
撬开铁锁进房间，
望穿双眼不见人，

[2] 标芽甘蔗：指长了芽的甘蔗。

[3] 笋子开叉：竹笋长出竹枝，意指错过了时间。

[4] 四月藕塘：四月，藕塘中的莲藕还未长出莲子，故难采莲，意指时机不对。

[1] 六圩：为毛南山乡最大的圩填，即今环江毛南族自治县下南街。

0435

长诗·广西卷（一）
婚姻爱情长诗

喊哑嗓子不见面，
撩开蚊帐心胆惊，
桶大枫蚕卧床眠！

"媒婆为什把我哄？
蚕虫讲成美郎君！
家婆为什把我骗？
娶我做个假夫人！
受供天神在哪块[1]？
吃粮蒙官[2]到哪寻？
上天有路山崖断，
入地有洞洞无门！"

嫁得鸡来难随鸡，
嫁得狗来难跟狗！
爹娘嫁我给条虫，
砍断双腿也要走，
泪珠簌簌腮边跌，
怨气腾腾心里收，
提起一桶滚[3]猪潲，
烫死枫蚕假老头。

四、报娘恩

枝头蝉虫叫喳喳，
妮迈急急赶回家，
跨进家门脚打战，
房门洞开眼发花，
媳妇跌坐房门边，

[1] 在哪块：在哪里。
[2] 蒙官：传说中毛南山乡的土司官。
[3] 滚：水烧开称为"滚"。

潲桶跌烂床脚下，
扶起媳妇柔声问，
两眼定定无声答。

妮迈掀开青麻帐，
蚕仔脱皮变了样，
不长不短好身材，
宽额方口直鼻梁，
妮迈叫仔仔不应，
妮迈扶仔仔骨软，
粘壳鸡仔日不足，
刚变人样不再长。

"老天有眼瞎了眼，
观音有心黑了心！
夺了丈夫又夺仔，
步步逼我苦命人！
我杀七牲许大愿，
廿年辛苦枉费心！
我愿替仔死千回，
不愿媳妇像我命！"

招魂纸幡一串串，
妮迈埋儿山南面，
愿得身后好心人，
也葬老身在这边，
山南多生香枫树，
儿有吃米娘放心，
清明无人烧香纸，
风吹叶落当纸钱。

蚕坟堆泥尖又尖，
生菀玉米指青天：
青天有主不做主，
万个神仙也枉然！
神仙有灵不显灵，

害我早早入黄泉，
结包玉米比玉美，
三里开外闻香甜。

玉米就是枫蚕变，
金珠银粒报大恩，
谢妮喂养二十年，
谢妮娶媳一片心，
本想变人报妮恩，
奈何已成坟里人，
不享仔福享孙福，
求神送孙养娘亲。

妮迈收回大苞米，
煮锅香粥尝尝新，
妮迈吃了精神爽，
眼明耳聪转年轻，
达凤吃了身体壮，
腰粗腹鼓像有孕，
达凤诧异妮迈怕，
凶吉难定心担惊。

五、伴孤灯

潭水清清有鱼虾，
寡妇门前是非多，
话有脚来语是翅，
异闻传扬不用锣，
同班姐妹讲风凉，
姑姑嫂嫂骂轻浮，
山脚族长咬牙齿：
"不捉奸夫不罢休！"

猫吃鱼腥狗背名，
白白挨打讲不清，
达凤无夫肚子大，
冷言风语实难顶：
"姑嫂姐妹你白笑，
爹娘叔伯你空恨，
美玉沾泥还是玉，
牛油进水一身轻。"

岭上扯把断肠草，
断送苦命断恶言，
半夜吞药天亮死，
清清白白见祖先，
断肠草花鲜又鲜，
鲜花送我上阎殿，
阎王殿上骂阎王：
"糊涂昏君该油煎！"

饿虎扑食不过三，
妮迈连连遭苦难，
媳妇含冤离妮去，
空剩灵前灯一盏，
灵前长灯夜夜明，
妮迈夜夜翻苦肠[1]，
神鬼不知妮迈知，
达凤是个好姑娘。

缝衣给婆整十套，
为夫做鞋装满箱，
件件衣裳像石头，
双双鞋子长谷芒，
石头沉沉压心头，
谷芒利利扎肝肠，
何处寻得灵芝草，

[1] 翻苦肠：指唱苦歌。

救我达凤转还阳！

一年三百六十夜，

夜夜灯前求神灵，

哭得嘶哑难出声，

哭得眉毛跌落净，

达凤魂归魄不散，

苦鬼同情苦命人，

每逢寒风凄雨夜，

化做枫蛾伴孤灯。

枫蛾绕灯叫嘤嘤，

劝婆莫哭快快停，

劝婆保重多行善，

来生不再做女人，

免得夫死成寡妇，

时时处处受欺凌，

婆当爹来媳当仔，

风里雨里跟爹行。

枫蛾绕灯鸣嘤嘤，

千圈百圈伴苦人，

千呼百呼婆不应，

夜夜不眠到天明，

枫蛾心急扑灯灭，

媳妇想让婆安宁，

蛾死灯灭黑沉沉，

妮迈惊魂飞天庭……

尾歌

后人传唱《枫蛾歌》，

妮迈达凤有名声，

生无名来死出名，

传歌也是受苦人，

苦情苦歌苦人唱，

苦歌向天诉不平，

世上苦事年年出，

人间苦歌不断音。

流传地区：

    环江毛南族自治县

传唱者：

    卢玉兰（毛南族）、谭月亮（毛南族）

搜集者：

    蒋志雨（壮族）

直译者：

    韦志华（壮族）

整理者：

    蒋志雨（壮族）、韦志华（壮族）、

    韦志彪（壮族）、谭贻生（毛南族）、

    过伟（汉族）

搜集地点：

    环江毛南族自治县水源、下南

搜集时间：

    1980 年 9 月、1981 年 3 月

原载《毛南族民歌选》，袁凤辰等编，广西民族出版社，1987 年 9 月。

附记

本歌毛南语原名叫《比妮迈》，即《寡妇歌》，也叫《比桶年》，即《虫的歌》。原歌七言八句腰脚韵勒脚体（即八句重复咏唱成十二句）。1980 年 9 月、1981 年 3 月搜集者先后在环江毛南族自治县水源、下南两地毛南族民间歌手座谈会上搜集记录。

这是一首妇女悲歌：妮迈从小受苦，四十岁时三代单传的独生儿子死了，丈夫一气之下也闭了眼。族长说妮迈是白虎命，不仅逼妮迈搬离村子，还要霸占妮迈一家的财产。怎么办呢？妮迈假装自己怀了遗腹子。但仅靠枕头来蒙骗别人是不行的，她见细腰蜂叼青虫来当仔养，顿时受到了启发。她捉了一只枫蚕回来养，希望枫蚕能感恩化成人。她给枫蚕做了个大摇篮，每天给它喂饭喂菜，和它讲话，就像对自己的亲生儿子一样。一年一年过去了，枫蚕到了该娶亲的年龄了，妮迈决定给枫蚕儿子娶亲。媒婆很快就给枫蚕物色好了对象——古枫村的达凤。九月田垌黄的时候，妮迈为枫蚕与达凤举办了婚礼。但毛南族有不落夫家的习俗，婚礼完毕后，达凤就回家去了。在之后的两年多时间里，达凤多次到妮迈家，但始终不能见到丈夫，达凤起疑，妮迈总是推说儿子外出访学或正在努力读书。已经五年了，达凤的同班姐妹都已经有小孩了，她再也不能忍受她的丈夫对她的躲避了。一天，趁妮迈去走亲戚，她打开了丈夫的房门。房里哪有她朝思

暮想的丈夫啊，蚊帐里只有一条像水桶般大的枫蚕。达凤明白自己受了骗，她非常气愤，立刻提起一桶滚烫的猪潲泼向枫蚕，枫蚕被烫死了，烫脱的皮里，是已经成形的一个英俊后生。妮迈只好埋葬了枫蚕儿子，为枫蚕儿子造了一座坟。坟尖长出了一株玉米，妮迈把玉米收回家煮粥吃。妮迈喝了玉米粥转年轻精神爽，达凤喝了玉米粥却有了身孕。族长认为达凤伤风败俗，达凤的同班姐妹也讲风凉话。达凤受不了这些风言风语，从山上扯了一把断肠草回来，半夜吃下去，天亮就死掉了。死掉的达凤变成枫蛾，天天陪伴孤独的妮迈。妮迈在孤独中死去，枫蛾扑向灯火，蛾死灯灭。

这首诗当属妇女苦歌一类作品。全诗叙唱了妮迈的不幸，感情充沛，非常感人。

该长诗搜集地今鲜有能完整演唱《枫蛾歌》的传唱者。（过竹、黄毅）

宋珍和陈菊花

（京族）

一

叮叮叮，叮叮叮！
独弦琴[1]声摄心弦，
弹不尽悠悠世事如云卷，
诉不完茫茫人间苦和甜，
且不弹阮通把石生关，
暂不唱金桃和阮郎恋，
只弹一曲《宋珍和陈菊花》，
像晶莹珍珠传世间，
叮叮叮，叮叮叮……

二

叮叮叮，叮叮叮，
宋珍八岁父归天，
嫩枝幼苗霜雪打，
子母相抱泪涟涟，
屋漏偏遭连夜雨，
母子落魄野道边，
一日来到西山村，

村里有座豪华大宅院，
宋珍把娘亲安顿破庙里，
自己讨饭乞施怜。
大宅院财主名叫陈茂良，
金银钱谷万万千，
财主女儿名唤陈菊花，
素性温雅人品贤。
她在闺阁把书读，
门外传来哀乞声声扣心弦，
她撂下书卷悄悄看，
见那乞丐竟是端庄俊少年！

姑娘惊异又怜悯，
姗姗移步细相问：
"请问少年姓甚名谁住何处？
看你不似穷苦沦落人，
家中有无父母兄弟和姐妹？
不妨对我细言明。"
宋珍见姑娘动问惊又惭，
含泪拜谢细述陈，
菊花越听越感动，
婉言相慰表同情，
施赠少年三斗米，
米里悄悄放了一两银，
患难时节遇知音，
犹如茫茫长夜见光明，
宋珍寻路回破庙，
把姑娘的美德禀娘亲，
春光吹暖甘露洒，
娘亲瘦脸添欢纹，
宋珍欢欢喜喜淘米把粥煮，
姑娘倩影仿佛依身边，
煮出来的稀粥分外香啊，
未曾品尝心已甜，
母子捧粥细细嚼啊，
热泪滴滴点点乐心田。

[1] 独弦琴：京族特有的乐器，用一根琴弦和大半个竹筒或几块木片制成。琴身长约二尺半，一端插上一根圆木柱子与琴身成直角，另一端安上一个把手系上一条弦线，连接到小圆柱子上。独弦琴音量较小，曲音清雅。演奏时，用小竹片拨动弦线，弹出的声音悦耳动听。

三

雪中遇逢人送炭，
母子双双喜开颜，
怎知突然来了陈府人，
气势汹汹到跟前，
口口声声要把宋珍传，
破口大骂又瞪眼。
"哎呀我儿闯了什么祸？"
宋母惊得瞠目嘴唇颤。
"娘亲娘亲你莫惊，
孩子顶天立地无惭心，
人不亏心不怕鬼神欺，
孩儿何惧陈府仗势来欺人！"
宋珍随同来人往陈府，
昂首登门直上厅，
陈茂良见宋珍堂堂正正无怯色，
怒发冲冠气凌人：
"你这乞丐真无礼，
可知你的身世贱过泥土尘！
莫非你吞了鲨鱼胆，
竟敢勾搭陈家小千金！
给我马上滚出西山村！
不准再近陈家门！……"
宋珍正要启齿把理辩，
菊花冲出闺房义填膺，
如花容颜双鬓乱，
面对严父语铮铮：
"父亲不要乱发火，
不孝女儿有话要述禀：
宋珍是个孤寒儿，
无亲无靠苦伶仃，
无兄无弟父已亡，
只有个白发苍苍老娘亲，
女儿怜他品貌出众才华高，

立志非凡定能乘青云，
不是他无礼把菊花缠，
却是怜惜人才女儿我甘心，
父亲啊你欺世骂人欠检点，
依情依理实不应……"
女儿申诉如同旺火泼液油，
陈茂良暴跳发雷霆：
"反骨女哟反骨女，
枉费父亲养育恩，
大逆不孝乱伦理，
从此一刀斩断父女情！
快把衣衫剥下来，
还我珠宝与金簪，
只当陈家没有你，
立即揽尸把路行！"
叮叮叮，叮叮叮！
陈菊花啊好个女精英！
她不怨不悔不求怜，
绫罗珠宝全卸净，
毅然跟随宋珍去，
春燕双双齐飞奔。

四

叮叮叮，叮叮叮，
铮铮独弦琴声扣人心，
女是娘的身上肉啊，
菊花出走娘亲泪淋淋，
哪忍女儿受熬煎啊？
背着茂良给女儿偷送十两金，
十两黄金比泰山重，
重不过亲娘爱女一寸心！
菊花得金细水长流买来盐，

一心栽培郎君闯前程，

日日上哈亭^[1]把香烧，

又拜佛来又敬神，

保佑郎君无灾难，

保佑郎君得成名，

潮涨潮落春秋又夏冬，

流光把十两黄金全淘净，

潮涨潮落夏冬又春秋，

宋珍背熟了四书和五经，

叮叮叮，叮叮叮，

文章诗词随口吟，

叮叮叮，叮叮叮，

才华横溢像那大海涨潮浪飞奔。

那年朝廷发榜招状元，

天下书生雀跃上京城，

无奈宋珍囊干贫如洗，

身无分文路难行，

贤妻为郎好着急，

解下贴身玉罗裙：

"夫啊将这罗裙去典押，

换些路费好进京。"

男人胡须女人奶^[2]，

人间精华是灵魂，

大丈夫处世步步当珍重，

典当贤妻罗裙难应允：

"菊花啊我的好贤妻，

情深似海郎承领，

郎要学那十万大山青冈木，

狂风暴雨站得稳。

郎愿徒步行乞把路赶，

决不浪掷贤妻玉罗裙，

此去路途凶吉难预料，

家母要累贤妻多照应。"

夫妻相离情难舍啊，

拜别老母泪淋淋，

叮叮叮，叮叮叮，

悠悠琴声依依情，

千里送郎嫌路短，

溪水淙淙啊流不尽。

五

叮叮叮，叮叮叮，

孤身只影别母离妻登远程，

宋珍行乞把路赶，

早行夜宿多艰辛，

历尽风尘乱发鬓，

好不容易进了京。

开考那日好拥挤，

轿挤马拥人纷纷，

考前宋珍还得把食乞，

进场挥毫两耳生风头发晕，

揭榜那日人山又人海，

宋珍全身酸软脚步困，

直到傍晚人散后，

才得挪步看榜有名还无名，

啊，"宋珍"两字榜上光闪闪！

宋珍顿时模糊双眼睛，

正要给亲人写信把喜报，

朝廷使者带着锦衣将他迎，

皇帝眼看状元恁英俊，

宣旨招为驸马当皇亲，

宋珍惊闻心忐忑，

慌忙一五一十把身世细陈禀，

说完长跪又叩首，

〔1〕　哈亭：京族民众举行唱哈的固定场所，每个京族村寨都建有哈亭，除供奉各种
　　　神位之外，还有村中各姓祖先的灵位。

〔2〕　男人胡须女人奶：京族俗语，含有神圣不可侵犯之意，也寓珍惜与不容揶揄之意。

丹心尽露不遮隐:

"陛下万岁万万岁,

望皇上以国为重细酌斟,

微臣宁弃功名决不学陈世美,

乞陛下宽恕微臣心!"

六

自从宋珍进京去,

婆媳俩日夜牵肠挂肚又担心,

这日早起天晴朗,

喜鹊枝头吱吱喳喳不停闲,

菊花扶着婆婆正要出门去讨乞,

马蹄嘚嘚震心弦,

猛听得一声:状元到!

宋珍下马到亲人前!

消息传到陈家门,

陈茂良嗤嗤冷笑嚼蒌烟:

"哎哟真是白日把梦做,

哪有蛤蟆能飞天!

那穷宋珍也能成状元,

除非日头出西边!……"

怎知讥笑声未落,

状元喜报送上门,

陈茂良顿时嘴傻鼻呆眼失神,

不知是喜还是惊:

"哎呀呀我的眼光比鼠目,

不该错怪娇女太绝情,

多亏贤女佳婿肚量宽。"

陈茂良笑跌牙齿把女婿迎,

村上歌声闹盈盈,

莺歌燕舞齐欢庆,

忽的一声圣旨到,

宣召宋珍回朝廷,

状元接旨难离乡,

款待钦差把酒敬,

钦差犹豫有难色,

杯中美酒不沾唇,

长叹一声放下筷,

钦差爱惜贤才露真情:

"当日皇上有意招驸马,

公主暗暗为你动春心!

怎料状元秉性耿直品德高,

婉言不愿当皇亲,

皇上赞你德性贤,

只是公主对你生怨恨,

皇后护女进谗言,

说你心高欺圣君……

望状元火速离乡莫迟误,

望状元返回朝廷倍小心!"

晴天霹雳雷轰鸣,

两番离别两番情,

叮叮叮,叮叮叮,

棒打鸳鸯两离分!

叮叮叮,叮叮叮,

马蹄嗒嗒叩人心!

七

重进京都心惶惶,

宋珍风尘未洗上朝廷,

皇帝一改常态呈怒色,

声声叱责不容情:

"违逆君命罪非轻,

念你年轻免极刑!"

宋珍含冤无处诉,

流放边塞心如煎，

每日劳役受折磨，

手裂脚破血点点。

县令见他端庄年又轻，

心生诧异暗下怜，

问他因何遭流刑，

正当青春就受这苦熬煎？

宋珍把前因后果细叙述，

县令不禁心震惊，

皇上糟蹋英才欠斟酌，

皇后恃势进谗太亏心！

嘱咐管押对状元处处细留神，

衣食住行加照应，

仗义修书把谏进，

竭力规劝皇上开龙恩，

皇帝明知流放宋珍失体统，

只因难碍皇后、公主情，

如今屡接塞外贤臣谏，

不禁悔恨交加愧上心，

这时状元含冤流放八年长，

皇上传旨宋珍回朝廷。

谁知春来寒未退，

皇后、公主暗中布阴云，

收买心腹半路挖陷阱，

上面锦席花毡来铺陈，

两旁香烛融融百花艳，

仪式隆重使官远相迎，

宋珍谨慎又机警，

频频对使官表谦逊：

"不才宋珍是一名流役犯，

面对盛礼愧在心，

大人朝廷命官理当前面走，

罪臣理应后边行。"

使官认为有道理，

昂然策马自领先，

怎知马蹄踏处锦毡塌？

连人带马命归天！

宋珍心潮滚滚不平静，

扬鞭策马闯朝廷：

"皇上啊身为天子要公正，

恕我一片忠耿惹雷霆，

微臣本是皇上亲点一状元，

未曾报国无端遭流刑，

陛下既有心意召臣归，

为何有人阴谋设陷阱？

陛下有心治国享盛世，

定要不分亲疏国法明……"

宋珍慷慨陈词披肝胆，

震动了皇帝治国心，

众官面前亲传旨，

任命状元为左大丞。

八

叮叮叮，叮叮叮，

流光匆匆能透世人心，

宋珍流放边塞八年长，

菊花思念郎君情殷殷，

赡养婆婆甘受苦，

夜夜孤枕无怨心！

只恨父亲太势利，

迫女另嫁新夫君，

菊花心痛如刀割，

双唇咬破来抗争：

"女儿不是路边草，

任人践踏随风摇，

女儿不是海上那水母，

随波漂荡任人捞，

女儿是那傲雪梅，

霜雪越打花越俏！

纵然此生宋郎不团聚，

死落黄泉同上哈亭唱通宵！"

茂良见菊花不听劝，

火上心头脸发青：

"你是堂堂陈家金玉枝，

从今不准再提贱宋珍！"

菊花情深心坚贞，

离乡背井要把郎君寻，

她把婆母安顿好，

拜别婆母连夜出了村……

长夜茫茫路漫漫啊，

菊花披月又戴星，

不分东南西北把路赶，

天明时分来到落魂岭，

莽莽林海无人烟，

菊花对天哭拜泪涔涔：

"郎君啊如今在何处？

妻子呼唤可听闻？

苍天有眼快显灵，

还我郎君还我人！……"

哭声惊动百兽心，

兽王匍匐来探问，

菊花饮泪把实情诉，

兽王愿为菊花寻郎君，

菊花咬破中指写血书，

兽王嘱马面虎带书寻宋珍，

回头又把菊花来安慰，

叫她在岭上住下莫忧心。

陈茂良发现女儿离了家，

气得两眼冒火星，

带领家丁猛追赶，

辗转追到落魂岭，

见菊花坐在虎群中，

命家丁驱散百兽要回人，

百兽愤怒把家丁撵，

兽王抓住茂良吼阵阵：

"菊花贤惠古今少，

你欺她逼她理不当，

你若执迷不悟再害她，

把你粉尸在山冈！"

茂良一听汗涔涔，

花言巧语忙把话塞搪：

"一时糊涂欠思量，

万望兽王息怒多原谅，

菊花是我亲骨肉，

领她回家聚家堂。"

说罢长跪又叩首，

双眼还流泪两行，

兽王见他语真意又切，

率领百兽簇拥姑娘回家乡，

兽王前他待女儿甜如蜜，

把宋母接进房，

谁知人心隔肚如隔山，

兽王才离翻脸露真相，

他把菊花锁进房，

又将宋母赶入牛栏。

九

那日宋珍谢过龙恩回官邸，

马面虎闯门呼唤宋状元，

宋珍惊问怎知我的名？

马面虎额首把血书呈，

宋珍慌忙把书信展，

分明是贤妻手笔血凝成

点点滴滴泪痕在，

字字句句血犹新：

"陈氏菊花，顿首百拜，

沥血修书，谨致夫君，

郎去八载，杳无音讯，

妾与家婆，相依为命，

朝夕相处，茹苦含辛，

只憾我父，势利狠心！

拆我姻缘，迫嫁新人，

妾虽命苦，死难从命，

一心爱郎，不渝坚贞，

郎接此书，祈速回音，

此情绵绵，难以言尽，

丹书沥血，聊表方寸……"

宋珍读罢惊又喜，

百感交集泪飞溅，

恨不能长翼凌空飞，

同慈母贤妻欢团聚！

他把虎差安置好，

匆匆把血书呈御殿。

皇帝读完血书深感动，

亲执状元双手细抚慰，

赏赐宋珍千里驹，

立即登程会亲人。

十

亲兵簇拥旗伞扬，

历尽磨难更风光，

宋珍载誉回乡来，

马蹄嗒嗒嫌步慢，

将到乡境心开朗，

加鞭驰马到村头，

忽闻村内笙歌响，

是谁家人儿办喜酒？

状元施礼问乞丐，

乞丐一一二二说缘由：

"富家姑娘陈菊花，

今日出嫁办喜酒，

新郎名叫朱得贵，

远近知名大户头……"

犹如晴天霹雳炸，

左丞相暗惊疑心头，

宋珍打扮成乞丐，

一身褴褛走向岳家去，

"财主今日可是做大斋，

施点素食来充饥。"

"你这乞丐真大胆，

胡言乱语不吉利，

要是陈爷来听见，

难免剥你九层皮！"

"因为肚饥心乱说错嘴，

多多包涵莫介意。"

宋珍一边说话一边走，

拐弯抹角悄悄混入内屋去，

忽闻哭声悲切切，

声声断魂叩心扉，

宋珍循声悄悄把步挪，

缩身倚在墙角里，

透过窗口往里望，

菊花烧香叩头在悲啼，

口口声声唤宋珍，

泪珠串串如落雨：

"状元宋珍我郎君，

妾今受迫改嫁君可知？

人说虎牙最凶恶，

我父比虎牙更犀利！

今日我心已碎乱，

郎君为何无信息？

婆婆在牛栏受折磨，

妾力无奈君可知？……"

宋珍急急离开岳家卸却乞丐服，

重披袍冠好堂皇，

金镫骏马飞飞跑，

浩浩荡荡跨过海滩进村庄，

朱家花轿来迎娶，

陈家笑迎新婿郎，

忽然家丁来禀报，

宋状元宋丞相大驾回故乡！

陈茂良顿时脸如蜡，

朱得贵屎屎尿尿一裤裆，

众宾客如海滩沙蟹乱纷纷，

慌张四散忙躲藏，

左丞相跨下马鞍到牛栏，

亲手把娘亲扶进厅堂，

陈菊花轻举莲步热泪洒，

袅袅娜娜见夫郎……

叮叮叮，叮叮叮，

听众越听越有瘾，

独弦琴悠悠扬扬代代传，

宋、陈坚贞贤惠传美名。

叮叮叮，叮叮叮！

……

流传地区：

　　防城各族自治县[1]

传唱者：

　　阮继绪（京族）、范仲芳（京族）、
　　苏锡权（京族）

搜集翻译者：

　　苏维光（京族）、阮成珍（京族）

整理者：

　　苏维光（京族）、符达升（京族）、
　　过伟（汉族）

搜集地点：

　　防城各族自治县江平公社[2]沥尾岛、
　　山心岛

时间：

　　1980 年

原载《京族民歌选》，苏维光、王弋丁、过伟编，广西
民族出版社，1988 年 4 月出版。

附 记

　　本长诗民间称《宋珍歌》，流传于广西防城县（今东兴市）巫头岛一带，为京族唱哈节中所唱的京族叙事长歌之一，也有口述故事流传[3]。长诗与故事的情节有差异。故事中公主帮助宋珍，长歌中公主陷害宋珍。整理故事与长歌时，各保留其本来面目。据长歌传唱者之一苏锡权老人回忆：他年轻时，阮其福（京族道公"三家师"，20世纪 60 年代初去世，去世时 70 多岁，苏锡权的岳父）传他《宋珍歌》。等他唱熟后，叫他写成"字喃歌本"（用汉字记京语），是他 20 多岁时抄写的。后阮其福将此"字喃歌本"送给外甥苏维芳。20 世纪 50年代高级社时，山心岛范仲芳到沥尾岛向苏维芳借来歌本，幸而保存

[1]　防城各族自治县：原为广西钦州地区管辖，1993 年 5 月 23 日，国务院批准撤
　　销防城各族自治县和区，设立防城港市（地级），以原防城各族自治县和防城港
　　区的行政区域为防城港市的行政区域，将钦州地区的上思县划归防城港市领导。
　　防城港市辖防城、港口两个区和上思县。同时，广西壮族自治区人民政府决定，
　　原东兴经济开发区（现为县级市）划归防城港市领导，按处级建置管理。1996
　　年 4 月 29 日，经国务院批准，民政部同意设立东兴市（县级），防城港市代管。
　　以防城港市防城区的东兴、江平、马路 3 个镇的行政区域为东兴市的行政区域。
[2]　江平公社：今东兴市江平镇。
[3]　口述故事流传：口述故事见《京族民间故事选》，中国民间文艺出版社，1984
　　年出版。

下来。1980 年苏锡权 50 多岁时知道此歌本尚存，借来抄录三本：一本传给儿子苏维光，一本赠张廷德（时任江平镇文教助理），一本自留吟唱。据此情况推断，《宋珍歌》至迟清代后期已流传于京族三岛。

《宋珍和陈菊花》通过宋珍与陈菊花的爱情故事，反映了京族青年对自由婚姻的渴望和对封建礼教的反抗精神，融入了京族人对现实生活的批判和控诉，形式技巧更为丰富。

该长诗搜集地今鲜有《宋珍和陈菊花》的传唱者。（过竹、黄怡鹏）

卡桑内和蜜翁塞米

（彝族）

巴鲁山上一对伶俐的夫妻，
迷人的故事铭刻在世人心里……

一、猎人的后裔

翠绿绿的山哟，
碧蓝蓝的水；
绮丽的山容水色哟，
令人如痴如醉；
青翠翠的金竹哟，
长幽幽的大树；
巍峨的巴鲁山哟，
左右连绵起伏叠翠；
一间古老的始祖古庙，
屹立在巴鲁山头。

那年九月重阳，
一个单身猎人，
斩绝山底恶狮，
落脚在巴鲁山上；
猎人立起一座木架茅房，
单身打猎度时光；
狮子寨上山民撮合，
猎人娶上了寨中一家姑娘；
悠悠岁月顺天行，
融融春意从天降；

猎人夫妻恩爱一春秋，
生养一个宝贝儿郎；
宝贝落地满三朝，
外族爷爷立上字与号；
依我彝音取名"卡桑内"，
隐义聪明伶俐武艺高。

丈夫出门去赶山，
妻子带儿理家活；
一家三口同欢喜，
日子过得红红火；
天有不测风云日，
人有旦夕祸福时；
桑内刚满十二春，
父母双双离人世；
单家的木屋空溜溜，
桑内伏下床缘眼泪流；
强弓利箭挂在墙哟，
一只猎狗在桑内身边留守；
小小年纪失去了爹娘，
就像羊羔羔别了乳娘。
多少户善良的山民，
多少对叔伯和婶娘；
一回回劝说呀，
一次次邀约；
请桑内锁上自家木屋，
与寨上亲人同住一房；
桑内一回回感激，
桑内一次次谢绝；
宁愿孤身独守自家屋房，
不愿连累四邻叔伯婶娘；
清早带着弓箭上山岗，
学着先父开弓射鹿帮；
日落过后回到自家茅屋，
仿效先母开火弄食填肚肠；
星辰一回回转向，

日月一次次出在东方；
桑内踏着天时度日，
桑内伴着岁月成长；
转眼六个春秋，
桑内长到十八个年头；
继承先父张弓射箭，
一日能射下百十鸟兽。

深山老林哟，
常见桑内的身影；
高坡野岭哟，
留下桑内的足迹；
熙熙攘攘的集市上，
桑内销出猎物一件件；
小小的竹木屋房，
桑内亮出兽皮一张张；
山货换来了米粮，
猎物换来了衣裳；
桑内早出晚归来，
日子过得还安详；
只是一个人进出这屋房，
唯有那猎狗和影子在身旁；
白天顾得出门谋生，
夜里总有一阵阵凄凉……

二、奇异的金竹

东山托起红艳艳的太阳，
坡上洒满柔和的阳光；
竹林里布满一道道光柱，
桑内登上那巴鲁山顶上；
弓弩紧贴着他的身腰，
猎狗竖耳紧随他同往；

走过弯弯的小道哟，
越过深深的山涧；
春风徐徐送爽哟，
山花微微放香；
桑内来到两山间，
歇脚一道小溪边；
双手捧起一掬清水，
洗洗脸来揉揉面庞；
桑内回头看四周哟，
不见猎狗在身旁；
打响一声长口哨哟，
叫它也来歇一歇；
只闻猎狗汪汪叫声，
不见猎狗打转回程；
莫非它又遇上了猎物？
桑内心中在思量。

桑内拔下了箭弦，
循声走向那猎狗；
猎狗望见了主人，
赶忙回头来报讯；
伸伸脑壳摇摇尾，
引着主人往前去；
瞧它那副焦急样，
桑内心中费思量；
准是兽敌在近尺，
不然猎狗不会吠不停；
桑内自明有主张，
拉弓持箭隐身大树旁；
一双慧眼放清亮，
静声屏气巡四方；
只待猎物冲出巢，
叫它箭下把命丧；
山竹翠绿草青青，
远远近近没动静；
桑内静候半晌午，

无奈收起了弓弩；

猎狗呀猎狗，

是你听错了耳朵，

还是看花了眼睛？

累了你就过来歇一歇；

猎狗听明桑内的话音，

理会主人误解它的新发现；

急得它又回原处，

汪汪一阵叫不停；

桑内再度去盘寻，

水土依旧草木静；

内心瞬时增烦恼，

遗憾猎狗不会说人话；

桑内想留不见异样物，

桑内欲走却又心不忍；

一时主意难确定，

无奈跟随猎狗朝前去；

猎狗不再狂奔跑，

猎狗停止了叫声；

围绕一兜小金竹，

前前后后绕不停；

山前一兜小金竹，

青青茎儿绽出土；

迎着微风轻摇曳，

朝霞线下叶更青；

桑内走近那金竹，

俯首细看金竹兜；

竹梢轻击他身腰，

好似朝着他勾头；

桑内转换一方向，

再瞧一眼金竹兜；

微风轻轻又吹来，

竹梢再次轻拂他额头；

桑内一次一次受干扰，

隐隐只觉心头不舒畅。

蓦然找出砍柴刀，

就要砍下那金竹；

不料心头自蹦跳，

怎能伤害这幼苗！

不如将它移植护理它，

来年许有大用场；

桑内拿定了主意，

削根木尖作工具；

细细挑凿竹根土，

双手扒开竹根泥；

猎狗一旁看主人，

好似心中石头落下地；

利爪一双抠干泥，

尽为主人出大力。

桑内取下小金竹，

就像拿到了宝物；

伸手摘下大树叶，

包上那金竹随根土；

捧着那棵小金竹，

登上了回屋的小路；

一步高来一步低，

傍晚回到自家的小屋；

门前一块小坪地，

土地肥沃日照好；

往日爹娘用这地，

种过瓜菜和鲜米；

如今桑内独一人，

上山出猎度光阴；

屋边菜地育杂草，

正好种上这金竹；

桑内铲光那杂草，

挥锄挖开一大坑；

再填表土和肥泥，

松松软软打底子；

金竹找到了栖身地，

全凭主人精心来设计；

四面围上栅木栏，
预防人畜来撞击。

清晨桑内出门去赶山，
先把那金竹来张望；
傍晚桑内回屋房，
再把那金竹去打量；
晴天为小金竹浇水，
雨天为小金竹排水沟；
三天两日来施肥，
十天半月来松土。

卡桑内伴随日月辛劳，
小金竹迎着雨露生长；
不知是哪月和哪日，
小金竹开始了衍生；
原先一棵小小的金竹，
长高叶茂茎儿壮；
无数棵细小金竹，
簇拥着大竹往上长。

日头东起又西沉，
月儿出山又落山；
金竹越长越茂密，
为这小小茅屋增春色；
冬日为小屋减少寒气，
夏日为小屋送凉爽；
望着这簇翠绿的金竹，
桑内日夜舒心又惬意。

三、飞来的姑娘

桑内种上那金竹，

一晃就过几春秋；
不知是何缘与何故，
他又从赶山转做农活路；
是山上猎物难追，
还是山货抵不过农田五谷？
他曾盘问过自己，
有谁道出其中的缘故？
那年他在坡上开荒地，
栽上了荍米和包谷；
又在溪边开丘田，
学着插秧种稻谷；
桑内起早又贪黑，
清早去把秧田照护；
午后上山驱赶鸟兽，
忙里忙外把几道活路兼顾；
桑内住在巴鲁山上，
不缺柴草不缺粮；
可他独独一人在山里，
白日无暇夜里凄凉。

山下泥舍瓦屋成行，
成家成户老少喜气洋洋；
桑内无心下山凑热闹，
暂且独居自家木房；
天地有眼日月闪光，
桑内自持他的行当；
那日他从地里回到家，
屋里似有饭菜飘香；
揭开鼎锅朝里一望，
香香米饭还在发烫；
再看那炒菜的小铁锅，
豆芽青菜放着清香；
是谁人弄好的饭菜？
桑内心里好生奇怪。

竹门关得严严密密，

莫不是有人钻空进来？

再说多少个年月以来，

山上山下人不相来往；

如今却有好心的人儿，

进屋为我弄饭菜；

夜里竹片床板吱吱响，

桑内难眠翻腾在床；

就像今人服用药过了量，

一夜难得把双眼合上；

许是山下好心人行善，

背后为我张罗做饭；

桑内美滋滋喜在心，

次日却又带疑团上山。

访那东寨老阿婆哟，

阿婆举目言称奇怪；

问那西头的大叔，

大叔一年来没上巴鲁山；

寨上的男男和女女，

山左山右耕耘犁禾；

就是没有一人上山，

更说不上给桑内做饭；

寨老萨芒[1]见桑内百思难，

托人叫他前来相见；

问他可知"台巷哉米达[2]"，

桑内顿时心眼明亮。

想那"台巷"小伙桃花运，

好似我桑内移栽金竹；

莫不是当真有了奇缘！

桑内辞别寨老萨芒；

登山回到自家屋房，

吃罢早饭去做活路；

出出进进行若往常，

只待天空日头西斜；

桑内提早半晌回屋悄望，

啪一声屋前闪出一姑娘；

姑娘打金竹丛里来，

水灵灵双眼柳叶眉；

走起路来双脚碎，

轻盈盈的身子蜜蜂腰；

桑内心儿笃笃跳，

是喜是怕酸菜罐上加着盖。

门缝一闪进屋来，

生火架锅做饭菜；

顷刻间饭菜放清香，

眼看姑娘就要离开房屋；

桑内不能再犹豫，

急忙进屋拦住那姑娘；

姑娘瞬间被截拦，

又羞又怕好慌张；

姑娘你且莫慌张，

桑内我有话同你讲；

阿哥你且放过我，

你有房屋我有家。

小时阿哥开了恩，

如今再求阿哥饶饶我；

桑内越听越糊涂，

不知姑娘说的哪样恩；

不知姑娘求的哪样情，

赶紧求求姑娘道真情；

姑娘说出了原委，

姑娘道出了真情；

原来她是个金竹精，

早有心思做凡人；

地祇怪她不规矩，

打发她在边山林；

独居边山数年月，
失类失群好可怜。

那日桑内去赶山，
猎狗发觉了秘密；
桑内心灵有缘分，
双手捧回小金竹；
小金竹繁衍成一簇，
竹精长成漂亮的姑娘；
不甘长住金竹丛，
泉娜[1]来到了世上。

四、双飞的蝴蝶

桑内得了金竹姑娘，
消息就像长了翅膀；
四方邻寨听了心奇，
纷纷前来相看望；
桑内左右来应酬，
里里外外劳碌奔忙；
姑娘含羞又带臊，
拜见父老和兄长；
星辰隐了又重现，
日月交错又连绵；
姑娘变身入凡间，
兄妹相处已半年。

半年兄妹来相称，
阿妹生来无姓名；
父老为她起个号，

"蜜翁塞米[2]"传人间；
塞米住在桑内家，
就像山里绽开一朵花；
当初她只能理家活，
末了兄妹双双把田下；
妹妹在屋能管家，
妹妹出门会种又会插；
哥哥心里甜滋滋，
哥哥心头乐开了花；
那日兄妹一路下田庄，
阿哥锄草妹薅秧；
一群蝴蝶纷飞来，
田边戏水一双双；
桑内眼望蝴蝶群，
心头好似虫蠕动；
莫看他原先是个闷小伙，
情意绵绵开金嗓。

嗯呐呐，
泉边蝴蝶一双双，
双双飞过小田旁；
瞧见蝴蝶哥心动咧，
何时阿哥能成双？
塞米低头抿嘴笑，
假说不知阿哥唱的是哪样；
桑内指着成双的蝴蝶，
说是顺口练练嗓；
塞米转脸望蝶群，
口说不知心里明；
悄悄一眼瞄阿哥，
柔声柔情亮金嗓。

嗯呐咧，
泉边蝴蝶一双双，

[1]　泉娜：金竹姑娘。　　　　　　　　　　　　　　　　　　　　　　[2]　蜜翁塞米：金竹姑娘的名字。

0454

双双飞过大路旁；

望着蝴蝶妹寻思咧，

恩人定能早成双；

塞米歌声细绵绵，

桑内心中比蜜甜；

赶忙打开心灵窗，

一路唱出新话题。

嗯呐呐，

新来的阳雀不开声，

难见山中木叶青；

新来的阳雀不开怀，

难得人间叫三春；

塞米是个有心人，

早已听出弦外音；

春心萌动歌自来，

拣起话题也唱开。

嗯呐哎，

莫怪阳雀不开声，

风雨不调树难青；

莫说阳雀不开怀，

早有心思一路来；

园中瓜果一串串咧，

多蒙当初有人栽；

塞米诚意开金腔，

桑内心眼更明亮；

三五大步朝前去，

瞬时来到妹身旁；

家中有把金竹笛，

只恨阿哥不会吹；

有朝一日笛声脆，

一路歌声带妹回；

塞米正眼来相迎，

双颊红晕到耳根；

急忙背过一张脸，

再以歌喉赠一言；

放着竹笛你不吹，

留着骏马你不骑；

莫怪竹笛不开声，

莫怪骏马不扬蹄；

山前桃花一片片，

全凭老天及时雨；

园中葡萄红艳艳，

全靠主人下苦力。

蝴蝶飞去又飞回，

蝴蝶成双又成对；

歌声送去又送回，

歌声唱得人心醉；

桑内塞米两相依，

山寨彝人传佳言；

有情有意自相随，

不用钱财不用媒；

消息传遍百里弄，

父老乡亲心里乐；

那年十月初十日，

蜜翁塞米与桑内，

含羞带涩见乡亲，

献上美酒一杯杯；

阿公阿婆证婚人，

声声祷语紧相随；

天地授意人相依，

百年偕老上百岁！

五、塞米开腔

墙内开花墙外香，

坝尾种稻坝头黄；

桑内塞米结成双，
消息就像长上了翅膀；
传到了山里和山外，
传到了族王的府上。

世间万物分雌雄，
两性交合育后代；
山民男女成婚配，
不是奇来不足怪；
只因塞米身世不一般，
费神的事儿接踵来；
那日百里山外一群人，
来到巴鲁山上看塞米；
当中一人与众不一般，
他是族王管家桑架基；
架基从小跟族王，
依仗权势把人欺；
常在府上贪小利，
汉人叫他"丧家鸡"。

"家鸡"来到巴鲁山，
贼眼毒睛看塞米；
一见塞米赛过马缨花，
口水流了三尺八；
悄悄回报族王爷，
施计献媚弃良心；
族王听得"家鸡"话，
色欲眯眯走出家；
巴鲁山下平坝里，
桑内夫妻在锄地；
忽见南边人一帮，
为首骑马就是族王爷；
管家一旁来比划，
族王下马话阴阳；
贼溜眼睛紧盯着塞米，
桑内夫妻探知是族王；

忙打招呼忙施礼，
族王怪声又怪气；
金竹姑娘真美丽，
塞米听了族王言；
分明族王没好意，
催着桑内收锄把。

哎哎哎，
你俩且莫走；
族王今日不上朝，
就是有话同你聊。
"家鸡"拦住了桑内，
桑内不知族王心藏鬼胎；
只好转身留下步，
听听族王把话讲；
传闻你们两夫妻，
样样事儿办得起；
今日我来问你一句话，
就看你俩是否答得起；
桑内夫妻面对面，
四眼相视待片刻；
管家一旁正得意，
族王抢先又开言；
你俩夫妻来干活，
常跟泥土打交道；
一天能挖几块地，
一日能挥几下锄；
桑内出身猎户门，
少年做起农家人；
赶山种地是能手，
答辩却是外行人；
如今族王来问话，
不知咋个来回答；
官人一旁催得紧，
心中主意难定下；
塞米看见丈夫正为难，

赶紧上前把话题接；

挖土论筐不论块，

锄地计宽不计锄；

今儿族王问这话，

不如先把别的话题答。

吧吧吧，

你个娘子像个什么话；

族王叫你回答你不答，

反问族王难道不怕杀？

塞米听得管家言，

心不慌张脸不变；

悄悄瞄了他一眼，

面对族王又开言：

马帮要有头马引，

羊群要有头羊带；

族王不回小人话，

小人怎能把话答？

管家带怒号塞米，

人不着急狗着急；

炉灶生上一夜火，

火不烫人灰烫人。

族王一副宽松相，

嘻哈伴笑厚脸皮；

姑娘说的也在理，

要我回答何话题？

且把话儿挑明瞻，

我就不信答不起。

族王生来福气大，

出门骑着高红马；

一天能走几多步？

一年能串多少家？

莫看族王势头大，

出门三步骑着马；

遇上这等小事情，

不知咋个来回答。

族王摸着后脑壳，

族王捏着右耳根；

回过头来问左右，

左右个个像群木疙瘩；

桑内见到这般情，

夫妻心头暗喜庆；

趁此小胜的机会，

收拾犁锄返回程；

族王因为亏了理，

一时无心去追逼；

悻悻骑上高红马，

招呼左右回旧居；

夫妻相伴回到家，

桑内对着妻子发感叹：

今日若不是你伶俐，

族王可要更无理；

塞米得到丈夫的赞扬，

心里就像吃了蜜糖；

可她不忘往后事，

往后日子会更长。

六、染山的法术

族王果然心不甘，

回到府上重盘算；

招来管家与部下，

授命如此又这般；

那日桑内去坡上，

刚刚来到一棵大树旁；

突然遇上一帮蒙面人，

三五两下将他绑。

桑内斗得山上虎，
却防不了伤人狗；
桑内下地扳得过野牛，
却敌不过成群的暴徒；
桑内当日被劫走，
有人给塞米报讯；
塞米施个变戏法，
赶在暴徒们前头。

塞米不用思索心里明，
暴徒定是族王府上人；
绑架队伍才到族王府，
塞米早已守在王府门；
我夫犯了哪样罪？
我郎犯了什么法？
无辜无罪的山民，
你等为何将他来绑架？
桑内万万没想到，
王府门前遇贤妻。

心中又喜又着急，
一时张口不成句；
患难时刻见亲人，
夫妻双双格外亲；
只因相会在虎口，
桑内提胆吊着心；
塞米声言要评理，
话音传到族王的耳里；
族王巴望肥肉到嘴边，
赶忙出门见塞米。

哈哈哈，
本官正要找你们，
不料你们自登门；
那天本官在地里，
你们提的怪问题；

族王不阴又不阳，
带着一副慈悲样；
喝令部下左右人，
快为桑内来松绑。
你俩夫妻莫紧张，
本官我请你们来府上；
只因手下人失礼，
暂时委屈了你俩。

塞米本是神明人，
看见族王施客套；
心中必定有内因，
不卑不亢问细根；
山民无事不下沟，
皇帝无事不开口；
族王心中有事情，
何必拐弯打圈兜；
族王又要绕圈圈，
喊过管家去一边；
管家连连点着头，
回过头来忙开言：
今日族王请你俩，
是托你俩来办事一桩；
办得成了受大偿，
办不成嘛……

管家话音半吞吐，
桑内面前卖葫芦；
塞米心中早明白，
族王敲的什么鼓；
莫把我俩当童娃，
是黑是白一句话；
何必动神费心思，
圆嘴扁舌卖关卡。

管家一双贼眼睛，

扫描塞米看族王；

族王目光视管家，

叫他赶快话出腔；

萨刚岭上九座山，

不高不矮是一般；

如今族王下旨令，

叫你三天把山染；

染红染黑不打紧，

只求草木变原样；

话说萨刚九座山，

九座连绵九道弯；

莫说三天染完它，

十天走遍也够难。

桑内听说要染山，

一时感到事难办；

赶忙一旁扯塞米，

悄悄耳语来商谈；

塞米理解夫郎心，

示意叫他莫慌张；

只要族王不反悔，

一切由她拿主张；

回头问声族王和管家，

什么颜色任由她；

夫妻心中更明亮，

离开王府返回家。

那日是个大晴天，

傍晚过后是夜间；

事前族王已讲定，

明日天明他就去检验；

夫妻不能把山染，

族王就拿桑内去当差；

再拿塞米做王妾，

一对鸳鸯就要挨分开；

桑内夫妻要把山染色，

功夫就在今天这一夜；

山民看见他俩没动静，

担心他们受害于蛇蝎。

莫看他们不着急，

一夜之间染完山；

族王心里美丝丝，

没想又是一阵空欢喜；

桑内不用颜色不用料，

染山实是用火烧火燎；

深更半夜人归寨，

夫妻结伴上山开火道；

秋时气候干又燥，

草木遇火易燃烧；

大火燃遍九座山，

山土变黑树叶黄；

族王一个大早去收验，

山色黑黄一望不见边；

回头哀叹自个儿痴，

弄巧成拙再丢脸。

七、神秘的绳索

刀割光马草，

断芽不断根；

火烧芭蕉树，

死树不死心；

族王一心想娶到塞米，

诡计一直藏心底；

两个法子败了阵，

后头还有二三计。

那日他又传旨意，

限令桑内两夫妻；

给他拿出四样货，

三天之内要交齐；

一是九根火灰绳，

二是九条蚂蚁索；

三是九担田中鱼，

四是九只山老虎；

四样东西四样物，

四样货物送王室；

莫说三天又三夜，

就是三年你也难造出；

桑内夫妻费思量，

饭不入口睡不香。

终于一夜想出个眉目，

笑脸迎来大天光；

夫妻找来小碎布，

从早到晚熬辛苦；

搓成绳索十八根，

根根绳索二丈五；

十八根绳索分两组，

九根晒干九根浸猪油；

那夜黑更半夜里，

夫妻带着绳索上王府；

趁着族王还在梦境里，

夫妻把绳铺在院子里；

九根干绳点上火，

九根油绳引蚂蚁；

干绳成了火灰绳，

油绳成了蚂蚁索；

族王一早听人报，

半信半疑起了身；

族王门前挤满人，

吱吱喳喳发话语；

桑内请来八个山里人，

保护灰绳蚁索不受损；

族王穿过众人群，

风风火火挤进去；

一眼看见灰绳和蚁索，

顿时瞪目又口呆。

族王你且睁眼瞧，

是真是假你自料；

蚂蚁火灰两样绳，

不多不少十八条；

族王早已无话说，

听了桑内的话更恼火；

高高扬起一只脚，

踢散一条蚂蚁索；

不料一群蚂蚁攀上脚，

族王左甩右甩甩不脱；

红头蚂蚁上了身，

咬得族王周身起斑点。

族王难受呀呀叫，

后悔不该动手脚；

赶忙使人请太医，

成天为他上药膏。

八、奇特的老虎和活鱼

前头说的二三件，

桑内你能办得到；

族王我就不相信，

最后两样你还弄得了？

寄托希望在明天，

明天天明一大早；

桑内就得交完差，

老虎和鱼看他咋个搞！

族王越想越得意，

族王越想越入迷；

下令左右备空房，

等待塞米进王室；

不料明日一大早，

族王不再睡大觉；

王府门前闹哄哄，

大人称奇小孩叫；

原是桑内赶着群虎到，

随后还有一帮挑鱼苗；

族王闻声忙起床，

门外一片闹嚷嚷。

九虎冲着族王走过来，

族王一时吓破胆；

急急忙忙往后跑，

声声向桑内求饶；

桑内提嗓叫两声，

老虎鱼苗全来到；

不多不少满九数，

问你族王要不要。

自从盘古开天地，

世间有人有万物；

水里鲨鱼充鱼王，

山中老虎当大王；

老虎从来会伤人，

有谁见着不慌张？

族王心中早预料，

桑内哪里请得老虎来？

如今老虎进府来，

自知事情没好歹；

族王急得身冒汗，

求求桑内把虎调离开；

桑内问他往后事，

敢再欺负我夫妻？

族王心里一阵慌，

全身发抖像筛糠；

声言当初悔不该，

平生做好一族之王；

桑内把虎放归山，

九担鱼苗倒下河；

招呼同路打回程，

当日回到巴鲁山。

九、人造的动物

话说桑内管得虎，

带虎去把族王吓；

世人何知虎来历？

内中有真又有假；

你说是真它是假，

你说是假它是真；

假假真真能分辨，

真真假假任人分；

塞米本是金竹人，

生性气质不一般；

凡间自有真假事，

真真假假她会变；

那阵族王下指令，

要她夫妻三天内；

交出老虎和鱼苗，

过时就当犯王法；

山中是有虎，

河里是有鱼；

可就这三日，

天大本事也难办。

桑内和塞米，

夫妻同商定；

使用佛法借神力，

变戏变出虎和鱼；

桑内找来了九个猪笼，

套在九只羊身上；

塞米取过山泉水，

洒向那群带笼的山羊；

一只只受驯的山羊，

瞬时改变了原来的模样；

再过那半个时辰，

九只"老虎"就在桑内身旁；

桑内夫妻不慌又不忙，

一个把"虎"归拢到耳房；

一个到屋边割来青草，

给一只只"老虎"添粮；

"老虎"听从主人的指唤，

显灵被桑内带到府上；

桑内骑在一只"大虎"背上，

威风凛凛面对着族王。

再说那鱼苗，

不多不少有九挑；

挑挑担担都是真，

都是桑内夫妻一手造；

桑内掘了一口井，

深深的井底水清；

塞米往水里撒下一把米，

成群的鱼儿满水井；

九担鱼苗跟随九只虎，

一齐送到族王府；

族王顿时吓昏头，

桑内把鱼苗倒下了山湖。

十、无情的大树

园中的芝麻爆了壳，

山中茶子结了果；

地里的玉米已结棒，

田中的稻子已抽穗；

桑内两口起早又贪黑，

辛辛苦苦劳作一春秋；

夫妻早晚查看着稻田，

乐滋滋等着开镰；

一个晴日中午，

夫妻来到自家田头；

一棵大树伸长着枝丫，

树荫遮盖了大田半丘；

桑内攀上了那棵大树，

削去大树部分枝和丫；

不料又见那族王，

骑马来到大树下；

哎哎哎，

你去削那树枝丫，

不如把树木砍下。

明知族王不怀好意，

桑内还是下树施个礼；

三言两语说声好，

赞扬族王给他出了好主意；

族王眼见桑内顺从他，

心中暗自一阵得意；

待到桑内你把树砍下，

我就有理惩罚你夫妻；

桑内已察觉族王心思，

却装出一副求情样子；

族王你若能帮个大忙，

你拿我夫妻如何都依得。

这可是你桑内说的话，
日后不许你反悔；
只要我把树砍下，
你妻子塞米就得归我家；
桑内晓得这招真毒辣，
可他脸不变色心不害怕；
只是他叫族王应诺一句话，
定要族王亲自把树砍下；
族王拍拍自己的后脑，
又再摸摸自己的下巴；
双眼巡视左右人，
一阵沉思又一阵思考。

问族王又来耍啥花样，
桑内把塞米扯一旁；
告诉她正在与族王较量，
塞米理解了夫郎意图；
更明白族王用心恶毒，
她代桑内再追问一言：
族王敢不敢亲手砍树？
族王见到蜜翁塞米；
顿时口水流下三尺，
面对眼前的两夫妻；
当着蜜翁塞米面，
他岂敢有懦弱表示！
要我亲自动手也无妨，
明日傍晚你俩来看望；
我不能把这大树砍下，
甘愿不做这一族之王；
只要族王亲自来动手，
时辰再长也无妨；
五天五夜砍下这大树，
塞米我甘愿改嫁族王；
族王听得塞米一腔言，
内心欣喜得若狂；
随身翻上高头大马，

挥手示意随从回府上；
次日族王带着家丁，
扛着大斧来到大树旁。

族王亲自砍上几大斧，
便叫家丁来顶上；
家丁抢起了大斧，
猛力砍向那大树；
不料斧头一弹出，
就像遇着了一根钢柱；
族王打骂家丁没用力，
指手划脚一旁示意；
家丁赶忙拾起那斧子，
回到树旁再砍几次；
斧头照样连连飞走，
主从一齐俯身看大树；
家丁没能砍下半分毫，
就连族王砍下的缺口也愈平。

族王令家丁捡起斧头，
斧头完好无异样；
族王望着大树锁眉头，
莫非真的只能由我动手！
族王抢起斧复又砍几斧，
大树被砍下一点缺口；
可他气喘吁吁汗淋头，
砍不了几下累昏头；
另换家丁来帮手，
斧头照样弹起又飞走；
再看那大树，
找不出半点伤口。

哈哈！
族王你当我们眼瞎，
旁人代替斧头搬家；
不是你族王砍到底，

别想让这大树倒下。

桑内夫妻来到田头，
看看族王本领多高强；
见到大树枝干依旧，
小两口滋滋乐在心头；
原来是塞米种的奇树，
凡人若要对它动刀斧；
非但不能把树砍下，
还要遭受骨肉的痛苦；
家丁侍从帮不了大忙，
族王为争上一口气；
又为尽快得到塞米，
硬着头皮也来试一试。

咦咦咦，
大树虽说硬又坚，
族王手下却变质；
一斧两斧好深浅，
当天砍下了树半边；
砍了半边夜来临，
族王一行回屋去；
次日大伙又来到大树旁，
大树缺口又复原；
大伙动手又砍树，
没想蓦然老天雷鸣又闪电；
说时迟来那时快，
大树瞬间一倒下；
族王来不及躲身，
一伙侍从陪他来上天。

哎呀呀，哎呀呀！
你说族王不精灵，
他能取得万人的视听；
山里山外彝人啊，
谁敢违抗他口令！

你说族王够精灵，
他被塞米弄浑了神情；
为着显示自己的能干，
想着要娶上一民女；
族王他能只身抢大斧，
恨只恨老天不助力；
非但老天不助力，
风雨雷电一齐送他鬼门里。

尾声

族王府上啊，
有人哭来有人笑；
巴鲁山下彝民哟，
把桑内夫妻抬得老高老高；
如今的巴鲁山上哟，
一座祖神庙；
相传是，
当年桑内和塞米成亲的地方；
如今的千里彝山啊，
再也找不到昏庸的族王；
那是因为，
桑内夫妻惩治了当道的豺狼；
多少个乡亲父老，
把故事世代传扬；
多少个桑内夫妻传奇，
道出了人间沧桑……

流传地区：

　　　　那坡县

传唱者：

　　　　梁绍安（彝族）、黎金丽（彝族）

翻译整理者：

　　　　王光荣（彝族）

采集地点：

　　　　那坡县城厢镇各彝族村寨

时间：

　　　　1988 年 8 月

本长诗为首次刊发。

附
记

　　《卡桑内和蜜翁塞米》曾在那坡县城厢镇达腊、念毕、者祥等彝族村寨中传唱。

　　那坡县彝族为白彝支系，不过火把节，过跳弓节。跳弓节，通常在每年农历四月上、中旬举行。彝语称为"嘈契"，意为"跳弓舞"，也称"孔够"，意为"快快乐乐，祈祷祝福"。

　　该长诗曾是跳弓节的重要节目，晚饭后，人们或围坐火塘，或散坐庭院，听歌师叙唱《卡桑内和蜜翁塞米》。

　　今长诗搜集地鲜有能完整演唱《卡桑内和蜜翁塞米》的传唱者。

（过竹）

车龙花灯记

（汉族）

上卷

1. 开书叙事

自从盘古分天地，
几朝天子几朝臣；
亦有忠良扶社稷，
亦有奸心败国臣。

丢下闲文都莫唱，
开书且唱有名堂；
家住江西吉安府，
太和县[1]内姓车人。

乡宦车爷名梦解，
夫人金氏结朱陈[2]；
所因未有儿和女，
夫妻行善甚殷勤。

到处寻门[3]都施舍，
又来施舍庙堂神；
热天施舍热天服，
寒天施舍冷衣衿。

逢山路坏修平正，
遇水无桥造桥临；
判官把笔天宫奏，
奏上玉皇大帝闻。

玉皇听奏龙颜悦，
就唤判官把簿人；
判官展开阴阳簿，
列出凡间修善人。

查来梦解多修善，
唯是祖宗十恶人[4]；
今世他门应绝嗣，
应无子息及他身。

多少众官齐到奏，
我王听奏纳微臣[5]；
若是我王不降子，
世间哪个肯修行？

玉皇听奏龙颜喜，
金童玉女降凡尘；
金童降去车家内，
玉女降去姓余人。

降作廷祥为小姐，
姻缘配合[6]姓车人；
不唱玉皇分发事[7]，
且谈金氏歇安身。

将近睡到三更鼓，
三更鼓后梦来临；

---

[1] 太和县：太和县现隶属于安徽省阜阳市，但从上文"家住江西吉安府"来看，这里说的"太和县"应为江西省泰和县。

[2] 结朱陈：方言，结婚姻、结连理。

[3] 寻门："什么"之意。

[4] 唯是祖宗十恶人：唯独祖宗是十恶不赦之人。

[5] 我王听奏纳微臣：我王请听纳微臣之奏。

[6] 配合：指婚配。

[7] 分发事：方言，指安排处理各种事情。

梦见黄龙飞入屋，
龙头搭在他们身。

醒来说与车爷听，
夫妻同论[1]喜欢欣；
梦见黄龙是好子，
天地不亏好善人。

不论男时不论女，
随天随地降来临；
女儿生下招佳婿，
生男长大奉宗亲。

不唱车爷同讲论，
回文又唱姓余人；
夫人三更得一梦，
梦见红花[2]一朵新。

醒来就对余爷讲，
余爷听得喜欢心；
就对夫人开口讲，
红花必定女佳人。

千祈保重千金体，
平安生下谢天神；
养得女儿成长大，
请师教她术和针。

但愿长成无疾病，
千金[3]亦可当麒麟[4]；
不唱余家同讲论，

回文又唱姓车人。

夫人十月怀胎满，
降生一子貌超群；
夫妇二人同爱惜，
爱子犹如掌上珍。

三朝抱出安名字，
安为车龙单名人；
寒天抱子归罗帐，
热天摇扇他安身。

四季光阴容易过，
无灾无难长成人；
渐渐成长年七岁，
将来送去[5]习书文。

诗书经卷皆通晓，
百般文字记归心；
不唱车龙勤习读，
回文又唱姓余人。

夫人十月怀胎足，
产下一个女千金；
生成倾国倾城貌，
爱惜如同掌上珍。

三朝抱出安名字，
余娇名字姐千金[6]；
四季光阴如箭急，
无灾无难养成人。

渐渐长成年七岁，

[1] 同论：一同讨论。
[2] 红花：广西民间传说，人是花山花婆花园中的花所化，男人是白花，女人是红
　　花，此处暗示余家会有女儿出生。
[3] 千金：指女儿。
[4] 麒麟：指儿子。

[5] 将来送去：把他送去的意思。
[6] 余娇名字姐千金：千金小姐名字叫余娇。

针术描花胜过人；
余爷夫妇多欢喜，
端的[1]聪明系一身。

不唱余娇勤刺绣，
又唱仁宗个[2]帝君；
君王有诏来宣诏，
诏选车爷察院身。

就升梦解为察院，
云南省内管良民；
车爷领旨多欢喜，
就对夫人说事因。

生下孩儿难割舍，
我今赴任带他行；
就择良辰和吉日，
祭了江河[3]就起程。

路上行程多喜色，
水路行程风送云；
一程来到云南省，
到了云南安住身。

择日坐堂来上任，
云南察院尽忠心；
家内运银衙内用，
做了清官不受银。

莫唱车爷多正直，
又来唱出姓余人。
君王天子来宣诏，

诏选余爷要出身[4]。

诏选余爷为学道，
云南省内考文人；
余爷接旨忙遵诏，
就对夫人说事因。

皆因此女多聪俊，
带随任所且安身；
即择良时来赴任，
祭江事毕起程行。

一路平安无阻滞，
便到云南任所行；
择日坐堂开印毕，
余爷提学论书文。

2. 车余订婚

住唱余爷为学院，
又唱君王召取臣；
曾爷改取为兵道，
云南全省管军民。

时逢八月中秋节，
余爷高席请乡亲；
同府同州同一县，
如今同省管人民。

去请曾爷来赴宴，
又请车爷察院身；
一程来到衙堂上，
两相作揖两分宾。

[1]　端的：方言，犹言真的。
[2]　个：方言，即这个，那个。
[3]　祭江河：远行前先祭江河，以便出行顺利。
[4]　出身：指出仕做官。

茶罢即时来上席，
传杯递盏笑吟吟；
饮到其间[1]同讲论，
余爷启口说言因[2]。

借问台翁几公子，
如今任所几随身？
车爷回答称不敢，
荆妻本是姓金人。

生产[3]小儿单一个，
弟今任所他随身；
余爷听得多欢喜，
台翁必好令郎君[4]。

弟生一女年登对[5]，
最好两下结朱陈；
今在席中相许口[6]，
愿同公子结婚姻。

车爷笑答余爷语，
豚儿何敢对佳人？
余爷乃便相言道，
年兄说话欠思寻[7]。

现在当朝为察院，
岂云贫富不相登？
曾爷即便[8]来恭贺，

年兄不必讲斯文[9]。

冰人一面[10]我来做，
分明才子对佳人；
余爷听得多欢喜，
就磨京墨写年庚。

小女今年方七岁，
上元十五子时生；
一纸年庚都写了，
交过曾爷兵道身。

曾爷双手来相接，
递过车爷察院身；
车爷接得多欢喜，
就将财物定佳人。

二百白银来做礼，
曾爷兵道做媒人；
莫唱车余亲定了，
又唱朝廷钦选臣。

钦取曾爷为内阁，
曾爷奉诏转京奔；
住唱曾爷回京事，
又唱车爷他本身。

在任年高公务重，
车爷得病欠精神；
夫人心内多惊惧，
请医调治老爷身。

医生打脉将言说，

老爷病体十分深；

纵使小生有妙药，

妙药难医死症[1]人。

谁人医得车爷好，

黄泉路上断行人；

打发医生回步转，

夫人啼哭泪纷纷。

车龙见得多流泪，

爷爷[2]此病十分沉；

今在衙中身若丧，

我爷怎得转回身[3]？

车爷见说多流泪，

我儿你且听言因；

我若早晚归阴府，

无人扶助我儿身。

若在衙门身已丧，

随娘安殡外边停；

待等我儿成长大[4]，

运了棺骸返故林。

但命怎知长与短？

阴司请我就行程；

车爷说话还未了，

化做南柯一梦人。

公子见爷声气断，

双手抚胸两泪淋；

夫人哭得多凄惨，

丫鬟个个泪涔涔。

爷在衙门身早丧，

一家无主靠何人？

就把衣棺来殓殡，

七七修斋作道场。

做得七完斋又满，

六亲叹息到来临；

叹息车爷为察院，

几多体恤我们身。

今在衙门身早丧，

皇天不佑善心人；

不念车爷公子少，

乃念车爷察院身。

所赠白银三百两，

运转车爷察院身；

车龙见得多流泪，

就时[5]下拜谢恩人。

他年若得身荣显，

好把功劳报你恩；

就择良时共吉日，

祭江选柩起程行。

水路行程非一日，

一程就到本乡津[6]；

已入东门城脚下，

六亲致祭又来临。

叹息廉明车察院，

[1]　死症：指必定死亡的病。

[2]　爷：方言，即父亲。

[3]　转回身：指返回家乡。

[4]　成长大：长大成年。

[5]　就时：即时。

[6]　津：渡口。

几多遮护我们身；

不幸如今身已丧，

乡亲无福靠何人？

又赠南山地一穴，

送来安葬姓车人；

葬了车爷归土毕，

众峰相拱尽朝临。

3. 欺孤煽骗

不唱车爷安葬事，

又谈佃户起刁心。

一程来到车家宅，

轰轰响响骂无停。

你父当初为察院，

偏偏害我几多巡[1]。

耕得你田三百亩，

不曾少欠半毛银。

个个衙门来害我，

害我卖男卖女身，

使抛[2]白银五十两，

本利算来又对停[3]。

你今赔我才作罢，

万事皆休不理论；

车龙便乃将言道，

田客欺心不是人。

我父当初为察院，

云南任上几修行，

家内运银衙内用，

从[4]做清官不受银。

哪有衙门来害你？

何见卖男卖女身？

与你到官来论理，

你莫含血来喷人。

田客闻言大声骂，

高堂死对你们身[5]；

把你地皮去几寸[6]，

老鼠担枷做罪人[7]。

夫人见他如狼虎，

便对儿子说事因，

五十两银无打紧，

多求安乐少求银。

取出白银五十两，

赔还田客去回身；

不谈田客来欺骗，

林爷跳骗[8]又来临。

一程来到车家府，

虎威唬喊骂不停；

你爷察院非容易，

同我借银去显名。

借我白银一万两，

[1] 巡：方言，即次。

[2] 抛：方言，指不得不拿出，即损失。

[3] 本利算来又对停：指利息也同样损失了这么多的银子。

[4] 从：从来。

[5] 高堂死对你们身：不把你们告倒不罢休。

[6] 把你地皮去几寸：让你们家的地皮都被削去几寸，指严重损失，威胁人的话。

[7] 老鼠担枷做罪人：地方俗语，指像老鼠一样被戴上枷锁，成为人人喊打的罪人。
因人们痛恨老鼠，故有此说。

[8] 跳骗：跳出来诈骗。

本利算来又对停；
车龙便乃将言道，
林爷在上细思寻。

父在云南为察院，
公廉二字颇留名；
借银一节从何说？
并无遗嘱我们身。

纵系因我年纪幼，
亦该嘱下母亲闻；
今日老大[1]不见说，
显然跳骗我孤零。

林爷大唱高声骂，
你莫赖账忘恩情；
我父现在为国老，
一本奏王你难分[2]。

将你捉去收禁住，
老鼠担枷做罪人；
吓得车龙心胆碎，
夫人吓得泪涔涔。

处处田庄都卖了，
所有家产卖给人；
凉亭卖去张家府，
凑成一万去赔人。

田屋卖完无得住，
借人茅厕歇安身；
车龙母子真悲惨，
夫人金氏哭沉沉。

不怨天时不怨地，
只怨车爷早归阴；
叹息夫君为察院，
孩儿今日苦伶仃。

屋内贫穷无米煮，
黄昏受苦到天明；
车龙行近[3]来开解，
亲娘一旦放宽心。

放怀一面休烦恼，
莫来恼坏老年人；
苦寒亦去攻书史，
亦去温习学书文。

车龙入到书房内，
同窗朋友叹声频；
叹息贫寒车氏子，
凄凉孤苦苦伶仃。

果系林爷无道理，
唔该[4]跳骗你们银；
看你文章多压众[5]，
此人他日必荣身。

各赠白银三五两，
归家买米度光阴；
车龙接转多欢喜，
多蒙列位友朋心。

若然一旦身荣显，
结草衔环报大恩；

[1] 老大：指父母。
[2] 难分：指难分辨。

[3] 行近：走近。
[4] 唔该：方言，即不该。
[5] 压众：指超过众人。

0472

一程归到高堂上，
买柴买米养娘亲。

亲娘乃便将言道，
娇儿听我说言因；
归家往日多烦恼，
如何今日喜欢欣？

车龙行近忙来禀，
亲娘在上听儿陈；
我今去到书房内，
多谢众朋众友人。

所赠白银三五两，
买柴买米度光阴；
亲娘听得连声叹，
感蒙众友大恩人。

若得我们身发达，
答谢今朝济你恩；
公子近前来禀告，
母亲今且听言陈；

自古人无生活计[1]，
珍珠食尽斗量金[2]。
数天就系元宵节，
今年做个卖灯人。

4. 车龙卖灯

夫人乃便将言道，
我儿你且听言因；
你今青春年十二，

怎能识得古贤人？

车龙便乃将言道，
随得孩儿做起身[3]；
扎竹[4]就时[5]买两把，
点明灯火扎花灯。

不扎风花雪月事，
就扎前朝众古人；
扎成恩义高文举，
伯嗜无义别妻身。

妻不下机嫂不顾，
孤寒受苦系苏秦；
饮酒赌钱刘知远，
马王庙里歇安身。

蒙正破窑成造化，
千金刘氏共成亲[6]；
扎出前朝《三国志》，
关张刘备共条心。

桃园结义三兄弟，
胜似同胞骨肉亲；
扎出安安去送米，
安安送米养娘亲。

扎出姜诗行孝义，
庞氏三娘避难星；
贤妇寻夫孟姜女，
哭倒长城八百里。

[1] 生活计：指生活方面的谋划。
[2] 珍珠食尽斗量金：坐吃山空。

[3] 随得孩儿做起身：方言，即由得孩儿做。
[4] 扎竹：扎花灯用的竹子。
[5] 就时：方言，即立即、立刻、马上。
[6] 共成亲：方言，即与之成亲。

扎出目莲来救母，
目莲救母上天庭；
扎出孟宗泣冬笋，
王祥求鲤雪中眠。

扎出郭华来送客，
月英店内卖胭脂；
因卖胭脂多日久，
二人情热念佳期。

丁兰刻木遗亲像，
郭巨埋儿天赐金；
扎出玉莲投水丧，
不肯重婚为十朋。

扎出商郎身早丧，
雪梅好节过门庭；
扎出月红来走路，
木鱼教化上京寻。

扎出三娘挨磨苦，
三娘挨磨到天明；
扎出古时林超德，
街头担水养双亲。

各样古人都扎出，
花灯扎出十分新；
花灯扎起人人爱，
又来扎出好灯裙。

将将扎到三更鼓，
灯裙灯带尽完成；
花灯架起高堂上，
请我娘亲来看真[1]。

亲娘看见连声赞，
难为我子聪明人；
暗想当年公子辈，
谁知今日苦伶仃。

我儿今日遇穷困，
卖灯养活老年人；
车龙行近将言禀，
亲娘端坐在家庭[2]。

我今担出街头去，
即时变做卖灯人；
东街卖到西街去，
南街串过北街行。

怎知四处都卖过，
无人施舍买花灯；
车龙左思右又想，
就过街坊左右邻。

谁人买我花灯点，
万千事务尽从心[3]；
八十公公买我花灯点，
增添福寿又精神。

八十婆婆买我花灯点，
点得耳灵眼又清；
老爷买我花灯点，
朝上招他做大臣。

秀才买我花灯点，
今年科举占头名；
后生买我花灯点，

[1]　真：方言，即分明、清楚。

[2]　家庭：此处是指家里。
[3]　从心：指如意。

买田置产四时兴。

耕家买我花灯点，
收仓积谷斗量金；
客商买我花灯点，
本钱虽少利钱深[1]。

妇女买我花灯点，
天降麟儿早赐临；
梅香买我花灯点，
出门捡得宝和金。

小姐买我花灯点，
珍珠殿内做夫人；
叫干舌底无人买，
望见牌楼五色新。

牌楼望见多名望[2]，
四边牌匾尽镶金；
花灯暂架牌楼上，
车龙坐在石中心。

将身独坐头门下，
吟诗一首解愁心；
远望青山百鸟飞，
鸳鸯失对望归于[3]。

今日卖灯来养母，
明年朝上着紫衣；
不谈公子吟诗句，
回文又唱姓余人。

余爷省亲回在府，
同女在堂万谈论[4]；
余爷坐在高堂上，
开言就叫女儿身。

明日元宵佳景节[5]，
办齐物品尝芳辰[6]；
你在深闺无别事，
扎出花灯奉祖神。

余娇即便[7]从亲命，
就叫梅香使唤人；
明早正系元宵节，
老爷吩咐我装灯。

今日精神多不爽，
无心难扎古贤人；
我今使你街头去，
花灯买盏奉宗神。

梅香听得多欢喜，
领命登程就起行；
梅香走出街头看，
果然遇着卖灯人。

抽头[8]看见花灯面，
不精神处亦精神[9]；
看见花灯多故事，
果然精巧实惊人。

[1] 利钱深：方言，指利润丰厚。
[2] 名望：方言，此处意为辉煌。
[3] 归于：方言，即回归。

[4] 万谈论：方言，即闲谈。
[5] 佳景节：佳节。
[6] 尝芳辰：过佳节。
[7] 即便：方言，即立刻。
[8] 抽头：方言，即抬头。
[9] 不精神处亦精神：指见到花灯后精神为之一振。

借问花灯怎样卖，

价钱多少说知闻；

车龙便乃将言道，

梅香大姐听言因。

一盏价钱二钱半，

花灯两盏五钱银；

梅香便乃将言道，

卖灯哥子[1]听言因。

两盏花灯我府买，

特来相请入厅心[2]；

车龙听见多欢喜，

花灯拿起就跟行。

一程入到高堂上，

坐在南楼里面停；

梅香近前来走报，

入房告禀姐千金。

姐今命婢街头去，

要买花灯奉祖神；

花灯两盏多齐整，

果然装得[3]十分新。

小姐闻言多喜色，

等我梳妆来看真；

头上先梳龙凤髻，

满头插银宝和金。

长短金钗分左右，

耳上珠环八宝珍；

上行大红多艳色，

身下白绫锦绣裙。

脚下金莲方三寸，

目似秋水貌惊人；

一身打扮多齐整，

就叫丫鬟左右跟。

连忙步出厅前去，

睇见[4]花灯兼看人；

看来不是花灯子，

此子原来是贵人。

昨晚三更得一梦，

梦见黄龙飞入厅；

龙头缠在栏杆上，

卖灯[5]今日到来临。

梦见黄龙是贵子，

此人他日坐朝廷；

即忙步入香房内，

就叫梅香使唤人。

梅香你听我吩咐，

出厅问过卖灯人；

问他何州何县子，

问他哪处哪方人。

因何不去攻书史，

却做卖灯下贱人；

梅香即便将言答，

为何小姐有闲心？

[1] 哥子：哥哥。

[2] 厅心：厅。

[3] 装得：指做得。

[4] 睇见：方言，即看见。

[5] 卖灯：指卖灯人。

买灯就讲买灯事，
为何庭前要问人？
倘若外人知晓得，
一时传诵你声名[1]。

姑娘听说高声骂，
何用丫鬟你担心？
你只一面要听使，
莫要多言出外论。

梅香急忙赔个笑，
连忙去问卖灯人；
卖灯之人指明路，
梅香心里顿时明。

5. 暗计赠银

梅香出到高堂上，
就时开口问言因：
小姐命奴来问你，
问你何州何县人。

问你高名和上姓[2]，
如何不去习书文。
车龙便乃将言说，
梅香姐姐听言因。

不是别州别县子，
我是本州本县人；
车龙是我名和姓，
我爷前为察院身。

因爷死后人欺骗，

被人欺骗我家贫；
左右思量无计较[3]，
如今权做卖灯人。

余娇立在屏风听，
原来此子系夫君；
不怨天时不怨地，
只怨我身命不长[4]。

世上谁人不习读，
贫穷就做卖灯人？
今日卖灯来我屋，
爷爷若晓你家贫。

知你家贫多落魄，
必然退了这头亲；
两盏花灯我买落[5]，
再添两盏到来临。

再添两盏来交我，
早称白银你转身；
车龙便乃将言道，
小姐听我说事因。

等紧[6]白银归使用，
买米高堂养母亲；
再添两盏非难事，
明朝送上你门庭。

母亲在堂年又老，
无人服侍老娘亲；
余娇听得暗流泪，

难为夫主苦为人[1]。

花灯所值五钱整，
多给二钱他转身；
小姐深闺房内去，
登时包了细丝银。

封皮包好完成正[2]，
就叫梅香使唤人；
你把白银拿出去，
将来[3]交与卖灯人。

你话[4]花灯扎得好，
再添二盏到来临；
明日拈来[5]交到府，
就称白银你转身。

车龙听得多欢喜，
白银一接就回程；
一程归到高堂上，
欢欢喜喜笑不停。

亲娘就乃将言道，
我儿你且听言因；
花灯卖得银多少？
为何喜色笑吟吟？

车龙即便将言禀，
母亲在上听言陈；
想你孩儿真好彩[6]，

遇一小姐大方人。

深房称银望无准[7]，
五钱比着[8]七钱银；
她话花灯扎得好，
多添两盏奉宗神[9]。

娘亲听罢将言道，
我儿你且听言因；
那位小姐非错看，
非系深房看错戥。

怜你贫穷多落泊，
二钱加称你回身；
好把花灯再扎起，
莫来[10]误了姐佳人。

不唱母亲来嘱咐，
车龙移步入厅心；
将身入到书房内，
点明灯火扎花灯。

不扎闲文并野史，
就扎前朝节义人；
扎出淑英裴氏女[11]，
断发恩情盖古今。

将将扎到三更鼓，
花灯两盏就完成；
车龙心内多思想，

[1] 苦为人：指生活过得艰难。
[2] 完成正：方言，即完成。
[3] 将来：拿去。
[4] 你话：方言，即你说。
[5] 拈来：方言，即拿来。
[6] 好彩：方言，即好运气。

[7] 望无准：方言，即没有看清楚。
[8] 比着：方言，即给了。
[9] 奉宗神：方言，即拜祖宗。
[10] 莫来：方言，即不要。
[11] 淑英裴氏女：裴淑英，隋唐时烈女，以贞节闻名。

快些天光^[1]去卖灯。

挨到五更天将晓，
车龙早早起了身；
炒些冷饭食饱了，
花灯拿起就行程^[2]。

一程走到余家府，
拍门连叫两三声；
余娇听得人来到，
就叫梅香使唤人。

两盏花灯我府买，
莫来惊动老爷闻；
将他带去花园内，
等称白银他转身。

车龙听得多欢喜，
花灯拿起入园林；
一程来到花园内，
坐在花园内时亭^[3]。

怎知车龙一直等，
朝头^[4]饿到日西斜；
车龙心内多埋怨：
天杀灾瘟姐玉人。

深房小姐无天理，
因何磨难我穷人？
无银又去买灯点，
饿到黄昏眼无神。

余娇听得夫埋怨，
心里真是急如焚；
心想送些白银他，
怎奈身上无了银^[5]。

要从家里取出来，
怎知机会不从心；
小姐即时生一计，
生条良计哄他人。

侍婢行来^[6]听我使，
明日元宵正节辰；
老爷吩咐备馔盒，
多少糖姜及杏仁。

我今使你街坊去，
买齐两样奉宗神；
梅香听得忙从命，
即便登程就起行。

不唱梅香街上去，
余娇关紧个门庭；
浓磨京墨银盆上，
即时拈笔写书文。

磨起墨时拈起笔，
正巧娇嫂到来临；
小姐开门相请入，
斟上茗茶待一巡。

饮罢茗茶放下盏，
两房娇嫂问言因；
姑娘何以不装扮，

遍身穿着素衣衿？

今晚元宵佳景节，
特来同姐出园林；
出去花园无别事，
百花开放见精神。

小姐即时将言道：
两房贤嫂听言因；
今晚精神不觉爽，
不能陪伴出园林。

明朝待我精神爽，
大家齐步出园林；
两嫂闻言欢喜甚，
辞别姑娘就转身。

莫言两嫂出门去，
松了口气把门闩；
时间一点点过去，
夫君发怒更麻烦。

余娇急便写书文，
拜上车门家母亲；
当日大人为察院，
如今孩儿苦伶仃。

因他卖灯到我宅，
知道夫家落泊贫；
倘若我爷知落泊，
必然要退这门亲。

我有白银三百两，
加上首饰共黄金；
二百得来家使用，
一百才郎习学文。

此后莫将灯去卖，
才郎不是卖灯人；
一纸音书都写尽，
封皮包好就完成。

大大米箩拿两个，
十指尖尖拍净尘；
音书放落箩心内，
取出白银放箩心。

米头[1]三斗如银白，
雪白米头盖箩心；
住唱[2]余娇整备好，
梅香买物步回身。

余娇接得多欢喜，
快些打发卖灯人；
你话老爷因请酒，
未曾打发你回身。

米头三斗给过你，
担它归家度日辰；
梅香听得多欢喜，
可是箩米重沉沉。

将来挑起步难动，
登时埋怨姐千金；
余娇看见唱起势[3]，
就要锻炼你身筋[4]。

算来两箩不甚重，
唯你身筋不够坚；

[1] 米头：方言，即大米。
[2] 住唱：方言，即停唱。
[3] 唱起势：方言，即出声教训。唱：即叫。
[4] 身筋：方言，即身体。

梅香听说不服气，
作性[1]挑起去如云。

余娇看见心喜悦，
梅香一程到园林；
看见卖灯人静等，
梅香开口说言因。

昨日老爷请官酒，
未曾打发你回身；
米头三斗如银白，
给你归家度日长。

车龙听得多烦恼，
深房[2]小姐不成人。
无银又学买灯点，
饿得肚饥眼又昏。

行路都会见脚软，
怎挑得米回家奔？
梅香即便生良计，
卖灯哥子听言因。

如今正系元宵节，
老爷爱看花园新；
一时看见卖灯子，
必然拿捉做强人。

捉到府中将你打，
将来送入衙门心[3]；
吓得车龙心胆战，
米头挑起就回身。

心想小姐真阴湿[4]，
偏要给米驮死人；
害得我来心胆战，
赶紧低头会做人。

6. 错怨余娇

过了一程又一程，
肩头[5]担[6]得痛归心[7]；
咒你嫁夫明年死，
年年月月是单身。

过了一巷又一巷，
眼中苦得泪两行；
过了一湾又一湾，
肩头挑得背弯弯。

咒你嫁夫明年死，
年年月月守孤单；
莫言公子多埋怨，
一程就到自家庭。

亲娘便乃将言道，
我儿娇子听言因；
昨日卖灯归得早，
欢欢喜喜笑无停[8]。

今日卖灯归得晚，
如何愁闷叹声频？
车龙行近将言禀，
可恨娇姐不是人。

[1] 作性：方言，即发脾气。
[2] 深房：深闺。
[3] 衙门心：方言，即衙门。

[4] 阴湿：方言，即阴险。
[5] 肩头：方言，即肩膀。
[6] 担：方言，即挑。
[7] 痛归心：方言，即非常痛，仿佛痛到心里。
[8] 笑无停：方言，即笑不停。

无银又学买灯点，
米箩打发我回身；
今日可知她故意，
米头担得泪伤心[1]。

亲娘便乃将言道，
孩儿听我说言因；
白米算来真正好，
米头正好度光阴。

说罢就时来捡出，
白银无数在箩心；
亲娘见来心惊怕，
如麻胡乱想没停。

我儿出去卖灯子，
必然又去做强人；
定系穿墙和挖壁，
白银偷了转回身。

昨日曹爷打失[2]物，
想必偷得步转行[3]；
车龙即便来告禀，
我是卖灯度日长。

深房小姐无天理，
几多磨难我穷人；
说是无银来给我，
哪知银在米箩心？

母亲就时来拾起，
一封书信在箩心；

车龙就拆书来看，
看见书音两泪淋。

早知是我亲妻子，
也不埋怨她们身；
忆起怨言真惭愧，
宁愿牙崩为泥尘。

亲娘忙便将言问：
我儿你且听言因；
书内有何古怪[4]话？
何话讲得你伤神？

或者我儿不识字，
书中句语细看真；
车龙行近将言禀，
亲娘在上听言因。

昨日买灯我妻子，
偷银把我度家贫；
书信念过亲娘听，
拜上车门家母亲。

当日大人为察院，
如今孩儿苦伶仃；
今日卖灯到我宅，
知道夫家落泊贫。

倘若我爷知落泊，
必然要退这门亲；
我有白银三百两，
连同首饰共黄金。

二百将来家内用，

[1] 泪伤心：流泪、伤心。
[2] 打失：方言，即丢失。
[3] 步转行：转步行，回来的意思。
[4] 古怪：方言，即特别。

0482

一百才郎习学文；
亲娘听得多流泪，
倘得我儿身显贵。

我来感谢媳儿身，
不唱亲娘多叹息；
车龙打整[1]习书文，
难为媳妇贤惠人。

上卷缘由今唱尽，
把与香闺细展[2]真；
自古姻缘天注定，
搜寻下卷便知因。

下卷

1. 赵府求婚

上卷毕，
续添新，
详讲因由与世闻；
既唱车龙勤习读，
回文又唱姓余人。

余爷坐在高堂上，
花灯分吊在庭心；
一盏吊归堂上去，
一盏将来挂楼亭。

一盏百花亭上吊，

又将一盏吊街心；
街坊邻里来观看，
都来叹息姐佳人。

叹息我儿娇小女，
难为娇女巧灵心；
住唱余家多叹息，
回文又唱姐千金。

小姐就将娇嫂问，
两房贤嫂听言因；
如今正是元宵节，
大家同步出园林。

娇嫂闻言多喜色，
同姑游玩百花林；
姑着红时嫂着绿，
胭脂泊点[3]貌惊人。

梅香叫个[4]跟随后，
三人同步出园林；
不唱余娇园内事，
回文且唱赵家人。

有一赵爷官世宦，
单生一子赵龙身；
十五芳年登府学，
如今二八长成人。

二八长成年十六，
不曾聘定个头亲[5]；
今晚元宵佳景节，

[1] 打整：方言，即收拾好。
[2] 细展：方言，即细看，仔细阅读。
[3] 泊点：方言，即点缀。
[4] 梅香叫个：叫个梅香。
[5] 不曾聘定个头亲：意为不曾聘定一头亲，即还未聘亲。

街头玩耍看花灯。

游过余家门口下，
看见余娇姐玉人；
若得姻缘来配合，
胜如金榜中头名。

赵龙归到书房内，
得病书房不起身；
不唱赵龙身有病，
三年岁考又来临。

车龙听得多欢喜，
就时投卷[1]赴场行；
县中考取居头等，
府考头名压众人[2]。

学道高高居第一[3]，
考入黉门[4]秀士身；
宗爷[5]看卷多惊讶，
此人必定受皇恩。

彩旗鼓乐摆齐备，
恭迎秀才转回身；
一程归到高堂上，
亲娘老母喜欢心。

今幸孩儿登府学，
暗镜重磨又重明；
莫言老母多欢喜，
街坊人讲乱纷纷。

车龙昔日贫穷子，
今日黉门秀士身；
偶遇余爷门口站，
耳聋听说不分明。

人说车龙进府学，
错闻乞食过街心；
当日不该放坏女[6]，
不该放坏女终身。

左思右想无计较，
决意另择高门人；
夫人听得心中怒，
相公心下欠思寻。

自古姻缘天注定，
如何可退女婚姻？
七岁衙中亲许口[7]，
曾爷兵道做冰人。

今日曾爷为阁老，
一本奏朝害你身；
相公大喝高声骂，
果真妻房不是人。

虽乃曾爷为阁老，
几时[8]看着个[9]穷人；
再话两声你不怕[10]，
叫人捆绑你们身。

夫人吓得心中怕，

[1] 投卷：把书放下。
[2] 压众人：指压倒众人，成绩超越别的人。
[3] 学道高高居第一：学道取为第一。
[4] 黉门：古代称学校的门，代称学校。
[5] 宗爷：学道。

[6] 放坏女：方言，即错许女儿的婚姻。
[7] 亲许口：亲口许。
[8] 几时：方言，即什么时候。
[9] 看着个：方言，即关照过。
[10] 再话两声你不怕：不怕你再说两句。

任从相公自施行；
不唱余爷起歹心，
回文又唱赵家人。

赵爷见子身染病，
不知病体若何因[1]；
孩儿去玩元宵节，
如何不见读书文？

孩儿又乃将言道，
爷爷在上听言因；
只因行往余家过，
相逢小姐余娇身。

若得姻缘成配合，
胜如金榜中头名；
赵爷听得心中喜，
我仔[2]宽怀莫恼心。

就请黄爷来我宅，
黄爷为我做媒人；
黄爷听得心欢喜，
婚姻喜事我担承[3]。

就把金瓶来斟酒，
三杯饮罢就抽身；
一程去到余家宅，
余爷迎接入厅心。

接入内堂欢坐下，
斟上茗茶递一巡；
食罢茶时放下盏，

余爷开口说言因。

好久未曾来光顾，
今到寒门有什因？
黄爷即便来恭喜，
低头贺喜把言陈。

有一赵爷为太府，
单生一子赵龙身；
年方十五登府学，
如今二八长成人。

闻知府上千金姐，
特来府上做媒人；
余爷听得多欢喜，
话亲赵府[4]遂我心。

开箱取出红笺纸，
磨浓京墨写年庚；
小姐今年方十五，
上元十五子时生。

一纸年庚俱写好，
黄爷接转[5]复辞行；
不唱余爷亲许了，
又唱梅香使唤人。

梅香走入深房内，
告禀缘由小姐闻；
姐在深房未知道，
老爷立起不良心。

姻缘许配赵家府，

[1] 若何因：方言，即因为什么。

[2] 仔：方言，即儿子。

[3] 担承：方言，即承担、负责。

[4] 话亲赵府：说与赵府结亲。

[5] 接转：方言，即接收。

黄爷通判做媒人；

余娇听得双流泪[1]，

爷爷确实无良心。

自古姻缘天注定，

如何重富就欺贫？

倘若我今从改嫁，

肉烂骨消尽化尘。

不抹胭脂眉不画，

三餐茶饭懒沾唇；

朝夕为夫身骨瘦，

颜容减了二三分。

梅香行近来开解，

小姐在上听言因；

既然要嫁车公子，

写书我报他知闻。

我报姑爷行聘礼，

老爷主张[2]就分明；

若然[3]唔接[4]车家礼，

告出[5]官司审断明。

余娇听说有道理，

就时提笔写书音；

书中不写闲言语，

只写爷爷无良心。

姻缘退比[6]赵家子，

黄爷通判做媒人；

专命[7]写书来拜上，

望夫行聘定奴身。

若然不接夫君礼，

告出官司审断明；

一纸书音俱写了，

便唤梅香急行程。

梅香一程到车宅，

书音递上姓车人；

车龙接转书来看，

看见书音泪淋淋。

多烦大姐来禀报，

传书来报我知闻；

我们若得身荣贵，

好把功劳报你恩。

回家拜上余娇姐，

一面开怀[8]莫恼烦；

我做男人为七宝[9]，

赵家何敢共争亲[10]？

车龙言明梅香知，

道心坚定不可移；

梅香听得心欢喜，

忙忙辞别就回身。

2. 受贿曲断

慢讲侍婢传书事，

[1]　双流泪：双泪流。

[2]　主张：方言，即主意。

[3]　若然：方言，即如果。

[4]　唔接：方言，即不接。

[5]　告出：上告引出。

[6]　退比：方言，即退给。

[7]　专命：方言，即专门。

[8]　一面开怀：方言，即放宽心。

[9]　我做男人为七宝：作为男人我有七宝。

[10]　共争亲：方言，即与我争亲。

又唱车龙习学文；

将身入到书房内，

双眼流泪湿衣衿。

其中朋友将言问，

车兄何事甘[1] 伤心？

昨日见你微微笑，

如何今日泪涔涔？

车龙行近将言道，

列位贤兄听言陈；

想起恼羞不好讲，

讲讲羞惭失礼人[2]。

其中朋友将言道，

车兄何事欠思寻[3]？

有事正该言过我[4]，

众人争救[5] 你们身。

车龙听罢回言说，

我父云南管万民；

聘定余爷提学女，

他今重富就欺贫。

姻缘退给赵家子，

黄爷通判做媒人；

荆妻昨日书来报，

催我行礼定她身。

若然不接我茶礼，

告到官司审断明；

众位朋友心烦恼，

难为小姐好贤人。

我今大众[6] 来帮赠[7]，

特赠车龙公子身；

林家公子欣然赠，

就赠车龙去定亲。

所赠整齐十个盒，

槟榔银子共黄金；

陈家公子来相助，

所赠生鹅五十双。

杨家公子来相赠，

车龙公子快定亲；

所赠礼银三百两，

又赠全猪三百斤。

郑家公子来相赠，

赠他美酒三百埕；

择定良时和吉日，

就行酒礼定佳人。

住唱车龙行酒礼，

赵家迟到纷纷乱；

车家人役议纷纷，

赵家无理又来到。

我们据理要力争，

余爷见来心烦乱；

一时不识[8] 怎样分，

车家行聘原有理。

[1] 甘伤心：方言，即这么伤心。

[2] 失礼人：指失礼于人。

[3] 思寻：方言，即思考。

[4] 言过我：方言，即告诉我。

[5] 争救：方言，即帮助。

[6] 大众：方言，即大家。

[7] 帮赠：帮助、赠送。

[8] 不识：方言，不知道。

赵家又是我造成，
若收赵家个酒礼；
唯怯[1]车家据理争，
面红耳赤眼定定[2]。

嘴巴鼓鼓难出声，
两家人役争相讲；
十个耳朵听不清，
赵家人役恶如虎。

出手打起车家人，
车家人役不服气；
便来还手打起身，
余爷却有个希望。

车家害怕会溜人，
怎知朋友亦帮手；
人役虽少志气高，
两家打得纷纷乱。

吓得余爷愁上愁，
打来打去无结果；
一直扯到县里头，
县官封门不理事。

打到都堂府里庭，
请那都堂来判定；
都堂即把堂来坐，
余爷俯首说言因。

弟唤廷祥生一女，
当初原许姓车人；
近为车龙无长进，

处处田庄卖与人。

况且沿途来乞食，
怎能养得女终身？
愿赔聘礼银千两，
姻缘把与赵家人。

车龙跪下将言禀，
父台在上可怜人；
自古姻缘天注定，
岂因贫富便移心？

今我黉门为秀士，
何曾乞食过街心？
七岁衙中亲许口，
曾爷兵道做媒人。

曾爷在朝为国老，
无人[3]争救小姐身；
万望府台来做主，
把个姻缘审断明。

都堂看见微微笑，
现在审理难得清；
两个对头且回去，
明朝审断就分明。

车龙一夜难成睡，
做张状词去诉明；
余爷一夜念诡计，
送起银两说人情。

即送白银三百两，
买赎都堂断婚明；

[1]　怯：方言，害怕。

[2]　眼定定：方言，指眼珠子不转动。

[3]　无人：指朝中无人。

赵宅送银一百两，
送与都堂讨面情[1]。

都堂得银来曲断，
婚姻断与赵家人；
就写车龙无道理，
不该反赖这门亲。

假公[2]即便来拘出，
车龙气倒地中心；
什么都堂凭大胆[3]，
受贿曲断我婚姻。

不念我爷为察院，
当念簧门士子身；
不念簧门为秀士，
当念朝中公子身。

无念朝中公子面，
亦念曾爷国老身；
曾爷在朝为国老，
一本当朝奏你身。

捉住你们来审实[4]，
削职为民做罪人；
车龙回到书房内，
众多朋友说言因。

他把姻缘来拆散，
你今须要问媒人；
纵系曾爷不在屋，
家中亦有令郎身。

一位学门两位举[5]，
都堂堂上说分明，
车龙闻说曾家去，
公子三人喜接迎。

迎接车龙相坐定，
煮上茗茶待一巡；
食了茶时放下盏，
曾家公子问言因。

表台[6]好久没来过，
今到寒门有什因？
车龙便乃将言答，
表台三位听知闻。

想起心烦不爱讲，
讲起羞惭失礼人；
曾爷当日为兵道，
衙中共我做冰人。

聘定余家提学女，
如今反悔退婚姻；
婚姻退与赵家子，
黄爷通判做媒人。

同他打到都堂上，
都堂受贿不分明；
把我姻缘来回判[7]，
判交姓赵结朱陈。

此婚今日归人手[8]，

[1] 面情：方言，即人情。
[2] 假公：派公差。
[3] 什么都堂凭大胆：都堂凭什么这么大胆。
[4] 审实：方言，即审判证实。

[5] 一位学门两位举：疑指学道余爷（余廷祥）、察院车爷（车梦解）和兵道曾爷，即曾爷做媒，余爷与车爷为儿女订婚之事。
[6] 表台：方言，为曾家公子对车龙的客气称呼。
[7] 来回判：来判。
[8] 归人手：方言，即归了别人。

表台尊意怎样分？

三人闻说心烦恼，

何妨早说我们身？

左右思想无计较，

速写家书送上京；

书中不写家庭事，

只写车龙婚事情。

爷爷当日为媒主，

今日姻缘事不明；

姻缘退与赵家子，

黄爷通判做媒人。

三人打到都堂上，

都堂受贿做人情；

即把车龙来逐出，

姻缘拆散实伤情。

一纸书词但写毕，

付与家人早上京；

家人领命忙收拾，

整齐行李就登程。

3. 怒责都堂

不唱家人京上去，

曾爷得梦到来临；

梦见梅花风打散，

更将梅子落园林。

便请国师来解梦，

国师见请就来临；

国师俯首来恭贺，

躬身贺喜太师身。

曾爷便乃将言道，

国师且听我言因；

夜梦梅花风打散，

更将梅子落园林。

国师便乃将言答，

太师在上听我陈；

禄光[1] 当日为媒主，

今日姻缘事不明。

姻缘今日不明白，

尚烦操坏你身心；

详梦[2] 言谈犹未了，

两个家人就到临。

即把音书来递上，

递上曾爷阁老身；

曾爷便拆书来看，

看见书音忿气生。

果系孩儿无长进，

都无争救姓车人；

忙叫家童磨起墨，

音书写札你回身。

书内写来无别事，

只写都堂太不明；

什么都堂凭大胆，

敢来受贿拆婚姻。

姻缘回断[3] 车家子，

免你遭刑做罪人；

[1] 禄光：指曾爷。

[2] 详梦：方言，指解梦。

[3] 回断：方言，指重判。

姻缘若断赵家子，
法律难饶曲理人。

又写廷祥无道理，
一女不该许二人；
姻缘回给车家子，
免你终身受罪刑。

姻缘许给赵家子，
朝廷三尺[1]不容情；
一封音信书齐备，
付与家人快转程。

一程归到曾家府，
就把音书递上呈；
公子接书忙拆看，
直到都堂来分明[2]。

一程就到都堂上，
都堂迎接入衙庭；
接入府中同坐下，
桌上茗茶待一巡。

公子饮罢放下盏，
曾家公子骂不停；
今日京中书信到，
你将狗眼看分明。

都堂即接书来看，
魂飞魄散震不停；
去请乡官来劝解，
哀告求情公子身。

三位公子留不住，
叫人摆轿就回身；
将身出到头门[3]外，
遇着余爷提学身。

曾家公子齐声唱，
唱起家人打他身；
打得余爷无地走，
公子即时就转身。

莫言公子身回转，
余爷哭得泪涔涔；
曾家公子无天理，
全无念我老年人。

左思右想无计较，
都堂府上诉言因；
一程来到都堂府，
面呈都堂诉言因。

一程来到都堂府，
都堂大喝骂声频；
都系廷祥无道理，
一女唔该[4]许二人。

阁上曾爷书信到，
几多来怪我们身；
余爷便把书来看，
一看书音吓坏人。

提学官家无脸面[5]，
小女羞怕到此行；

[1] 三尺：指剑。
[2] 直到都堂来分明：指到都堂处把事情分辨清楚。
[3] 头门：方言，即大门。
[4] 唔该：方言，即不该。
[5] 提学官家无脸面：指提学无脸面到官府打这样的官司。

敬请大人到草舍，
问我小女嫁谁人。

都堂见说亦有理，
叫人摆轿就行程；
一程来到余家府，
又派公差四个人。

两人去请赵公子，
一人去请姓车人；
一人去请余娇姐，
都堂来判审分明。

三个对头俱已到，
单等余娇小姐临；
余娇听得心烦恼，
未知此事若何能。

我今不到官前去，
误了才郎夫主身；
浅浅乌衫[1]穿一件，
乌裙穿在身下边。

乌纱罗帕齐眉抹，
打扮准备见官人；
两房大嫂知情况，
来向余娇把言陈。

姑娘仔细说真情，
莫要包藏事不明；
姻缘苦许赵家子，
得来行往[2]贵家人。

姻缘若断车家子，
我们不答贫贱人；
无言娇嫂来嘱咐，
亲娘嘱咐又来临。

我女真情要实说，
莫要包藏事不明；
自古姻缘天注定，
莫来重富去欺贫。

余娇听得多欢喜，
娘亲说话遂我心；
若然得到身荣贵，
决无忘了我娘亲。

余娇步出见官人，
低头跪在地中心；
都堂看见心有数，
单问余娇一个人。

心中爱嫁车家子，
抑或爱嫁赵姓人？
好好从头照直讲，
莫要包藏事不明。

余爷在旁使眼色，
威胁女儿个心情[3]；
想要女讲爱嫁赵，
莫嫁车龙败家精[4]。

怎知余娇心胆定，
向着官人表真情；

[1] 乌衫：方言，指黑色的上衣。

[2] 行往：方言，即来往。

[3] 威胁女儿个心情：指余爷不断地给女儿递眼色，试图影响女儿的选择，从而导致女儿心情不好。

[4] 败家精：方言，即特别败家的人。

余娇低头向上禀，
天台在上可怜人。

姻缘匹配天排定，
再无贪富就欺贫；
姻缘乞断[1]车家子，
尚留残命奉双亲。

若断姻缘归姓赵，
愿死黄泉不做人；
都堂听得微微笑，
余娇果是不负人。

姻缘断转[2]车家子，
车龙行礼定佳人；
就问余父违律例，
一女不该许两人。

赵家应罚银千两，
不该强占夺人婚；
黄爷要罚银千两，
不该反逆做媒人。

廷祥又罚银千两，
修整两街一样平；
三位对头俱罚了，
都堂打轿就回身。

三人见来真不爽[3]，
都堂荷包胀乒乓；
鹬蚌相争均不利，
渔翁得利笑纷纷。

4. 劝试钱别

不唱都堂回转去，
余爷喝骂女佳人；
可恨贱奴无道理，
声声要嫁个穷人。

叫人逐出门前去，
北风吹得冷腾腾；
余娇惨切多流泪，
丫鬟来听我言因。

同我传音多拜上，
拜上曾家公子身；
小姐因他被逐出，
几多狼狈不成人[4]。

梅香领命忙忙走，
来到曾家府上行；
梅香便乃将言说，
三位公子听言因。

小姐被爷驱赶出，
几多狼狈不成人；
公子听见即果断，
即为车龙娶佳人。

派起人夫共乐队，
即抬花轿接佳人；
八音锣鼓喧天响，
彩旗对对[5]就行程。

一程来到余家府，

[1]　乞断：方言，即请求判定。
[2]　断转：方言，即判回。因此前判给了赵家。
[3]　三人见来真不爽：指见三人都不爽。

[4]　不成人：指不成人样。
[5]　对对：方言，即一对一对。

赵家人抢又来临；
曾家公子齐声喝，
喝起人夫就打人。

赵宅人夫俱打坏，
八音打烂碎如尘；
赵家见得心烦恼，
明见吃亏无处申。

不唱赵家多叹息，
又唱两位娇嫂身；
门前鼓乐沉沉响，
谁家连夜娶新人？

小姐即时将言讲，
原来二嫂未知真；
八音鼓乐沉沉响，
正真[1]车家娶新人。

不唱二嫂来询问，
又唱小姐下铁心；
急急上了车家轿，
人夫抬起去如云。

吹吹打打震天响，
赵家狼狈就溜人；
曾家人夫欢欢喜，
直向车家路上行。

一程入到车家内，
六亲邻舍看新人；
三位公子将言道，
叫人取件锦衣衿。

余娇打扮得齐整，
赛过南海观世音；
堂前恭拜宗和祖，
双双跪下拜娘亲。

房中点起银花烛，
即时拜谢姓曾人；
今晚洞房花烛夜，
是你功劳海样深。

三日华筵俱客散[2]，
车龙打整习书文；
即时入到书房内，
窗中朋友说言因。

莫恋亲婚[3]耽误阻，
各人打点去求名；
若无盘费考科举，
众人相赠你们身。

车龙得助多欢喜，
回家拜别老娘亲；
转身又别贤妻子，
胸前泪落湿衣衿。

余娇便乃将言道，
才郎为何恁伤心？
或系嫌奴面貌丑？
抑或嫌奴少嫁奁？

车龙便乃将言答，
贤妻听我说言因；
不是嫌妻容貌丑，

[1] 正真：方言，即正是。

[2] 俱客散：客俱散。

[3] 莫恋亲婚：不要恋亲人，不要恋新婚妻子。

不是嫌妻少嫁奁。

今年正系当科考，
众朋叫我赴科场；
我为娶娇方七日，
十分难舍我妻人。

堂上亲娘年又老，
无人侍我老娘亲；
余娇便乃将言答，
才郎何故欠思寻？

亲母在堂交给我，
放心出门去求名；
就把金壶来斟酒，
饯别才郎去上京。

初杯酒，
竹叶清，
奴奴斟酒劝夫君；
才郎饮了这杯酒，
状元高中转回身。

二杯酒，
菊花黄，
奴奴斟酒劝才郎；
才郎饮了双杯酒，
鳌头独占正还乡。

车龙听得多欢喜，
金鞭白马便行程；
金鞭白马登程去，
一路行程风送云。

不唱车龙京城去，
余娇思想闷沉沉；

自从夫去为科考，
不搽脂粉少衣衿。

余娇行近将言禀，
婆婆在上听言因；
当日公爷为察院，
必然建有好凉亭。

夫人即便将言说，
凉亭卖与姓张人；
余娇听罢心中喜，
吩咐梅香去借亭。

梅香听得遵从命，
领命起身就登程；
一程来到张家府，
告禀张爷老丈人。

新娶姑娘方七日，
相公别却上京行；
今日姑娘心不乐，
锁匙相借玩凉亭。

张爷听说便应允，
锁匙付与婢钗群；
梅香接转心欢喜，
拜谢张爷就转身。

一程归到高堂上，
锁匙递上见夫人；
夫人小姐多欢喜，
凉亭去玩解愁心。

将身入到花园内，
四边标致甚清新；
众多宝物排亭上，

独惜夫君没福承^[1]。

小姐言谈犹未了，
不觉车爷就现神；
夫人吓得心惊怕，
忙呼媳妇快来临。

余娇答道奴不怕，
忽见财星又现神；
余娇把眼来观看，
睇来梁上有书音。

余娇便叫担梯到，
即忙踏上取书文；
将手探入金龙口，
果然取出一书音。

小姐拆开书来看，
称言宝物在凉亭；
关紧大门前去挖，
挖开地下取黄金。

挖起白银方一雍^[2]，
金打槟榔^[3]有几埕；
余娇便乃将言道，
夫人在上听言因。

凉亭卖去银多少，
兑回原价赎回临；
夫人便乃将言说，
好贤媳妇听言因。

当日卖亭银五百，
现今备足一千银；
余娇听得多欢喜，
吩咐梅香听我陈。

你话姑娘银办足，
将来求你赎凉亭；
丫鬟听得心中喜，
领命登程就起身。

5. 天开文运

一程来到张家府，
上禀张爷老大人；
亲娶姑娘^[4]银有了，
特来赎取个凉亭。

张爷听得多欢喜，
难得小姐贤惠人；
只取本银五百两，
利钱与契^[5]付还娘。

梅香听得多欢喜，
拜谢张爷就转行；
一程归到高堂上，
低头告禀老夫人。

话只取回银五百，
利钱并契付还娘；
夫人听得心欢喜，
难得张爷好心肠。

若然儿子身荣贵，

不会忘他扶助恩；
起^[1]所祠堂多景致，
四边牌匾尽镶金。

丹青砌好棋盘石，
梁上条条尽点金；
不唱车家多富贵，
回文又唱姓余人。

余娇嫁去车家府，
全无音信到来临；
烂肉槟榔放一盒，
烂蒌一盒放中心。

就把蒌来遮正^[2]了，
即叫丫鬟使唤人；
丫鬟听得心欢喜，
领命登程就起行。

一程来到车家宅，
屋场宽大甚惊人；
余娇看见丫鬟到，
接着丫鬟喜欢心。

难为娇嫂有心意，
接起彩盒笑吟吟；
就时打开盒盖望，
烂槟烂蒌真恼人。

烂心槟榔谁稀罕，
金打槟榔有几埕；
取出金槟有十个，

放回盒里蒌盖匀^[3]。

莫给夫人^[4]看见真，
将来回盒她回身；
就把金壶来斟酒，
丫鬟饮了就转身。

一程回到余家府，
高堂告禀老爷身；
他话烂槟谁打紧？
金打槟榔有几埕。

余爷把盒开来看，
看来此物恼人心；
都说车龙家落泊，
如何宝物到来临？

必然他去为强盗，
贪财又去谋害人；
纵使眼前得到食，
终会弄出祸来临。

必受宫刑地狱死，
恐他扳倒^[5]老年人；
不唱余爷同讲论，
且唱车龙去到京。

去到京城不投店，
专访曾爷阁老身；
曾爷闻报来迎接，
连忙接入大厅心。

[1]　起：方言，即建。
[2]　遮正：方言，即遮好。
[3]　盖匀：方言，即盖好。
[4]　夫人：指车龙的母亲。
[5]　扳倒：指受连累。

接入内衙同坐下，
桌上茗茶待一巡；
食了茗茶放下盏，
借问萱堂[1]老年人。

车龙答言称不敢，
老亲托赖大恩人；
感得令郎兄弟好，
书回即救侄儿身。

今朝断转姻缘了，
今为求名到此行；
侄儿有幸登金榜，
报答功劳海样深。

大摆筵席高堂上，
设宴交情表侄身；
饮到其间同讲论，
出题来考姓车人。

看他文章多压省[2]，
必然殿试中头名；
二月初九头场日，
各州才子到来临。

就考三千和七百[3]，
只选高才七十名；
七十高才另外选，
只选高才三个人。

将卷进入金壶内，
焚香祷告上天神；

看他卷子谁为首，
看谁文字中头名。

探花中了林家子，
榜眼中了姓陈人；
状元高中车家子，
太和县内中三人。

场中考毕开金榜，
英雄原是读书人；
选上京城飞走报，
连忙走报状元红。

舡[4]上过舡马过马，
一时就到接官亭[5]；
一程走到南街上，
撞着[6]余爷提学身。

借问今科谁人中，
谁人金榜中头名？
报官马上将言答，
相公在上听言因。

探花中了林家子，
榜眼中了姓陈人；
状元中了车家子，
太和县内中三人。

余爷听得多欢喜，
我便是他岳爷身；
报官回说我不信，
摇鞭打马就行程。

[1] 萱堂：母亲。
[2] 压省：指超过各地来的读书人。
[3] 三千和七百：指考试的题目。
[4] 舡：船。
[5] 接官亭：城外迎送官员的亭子。
[6] 撞着：方言，即遇上。

一程来到车家府，
报官入报姓车人；
夫人听得多欢喜，
余娇闻报笑吟吟。

孩儿今日登金榜，
古镜重磨又复明；
堂前日日官来贺，
拜客留官饮酒巡。

县官发出银十两，
打发报官就转身；
莫唱报人回转去，
回文又唱姓余人。

车龙今日登金榜，
办齐物品贺佳人；
办起绫罗三百匹，
又办红袖[1]二十箱。

盏盆俱用银来打，
槟榔蒌叶点黄金；
办成一乘金镶轿，
送来箱柜尽金银。

尚有肥田三百亩，
都来送与女千金；
无唱余爷行贺礼，
且唱余娇姐玉人。

差使家丁人六个，
叫他守住大门庭；
别人贺礼由他进，
不许余家送礼临。

余爷知道心烦恼，
不该怠慢女千金；
待等车龙回府日，
亲自来临贺婿身。

6. 荣归团圆

不唱余爷心定计，
且唱车龙在京城；
五更三点皇登殿，
一本当朝奏主君。

君王听奏龙颜喜，
绣墩[2]敕赐状元身；
龙凤香茶赐一盏，
黄花美酒赐三巡。

俸银每月三千两，
妻封贤达太夫人；
胭脂水粉银三百，
母封贤达太夫人。

头上金冠兼带勒，
锦衣龙凤着[3]上身；
状元领旨将恩谢，
就时[4]一本奏明君。

恩人就把恩来报，
仇人就去报仇人；
君王听奏依他本，
诸侯剑赐状元身。

[1]　红袖：指衣服。

[2]　绣墩：凳子。

[3]　着：方言，即穿。

[4]　就时：方言，即立即。

状元得赐多欢喜，
二十四拜谢王恩；
三呼万岁朝天子，
再奏一本转回身。

尚书阁老来相送，
长亭请宴送他行；
八音鼓乐喧天响，
连烧三炮出朝廷。

逢州即有州官接，
过县即有县官迎；
逢山就有人开路，
逢水即时去搭桥。

一路行程多快乐，
一时就到接官亭；
官花头报张家府，
就时下拜答恩人。

就把张爷来封赠，
奏上朝中做大臣；
就把赵家人治罪，
黄爷一个问充军。

官花二报回家去，
二十四拜祖宗亲；
胭脂水粉银三百，
母封贤达太夫人。

头上金冠兼带勒，
锦衣龙凤着上身；
俸银每月三千两，
妻封贤达太夫人。

恩义就把恩义报，

感她贤淑一片心；
又把梅香来收起，
做个偏房小夫人。

左边起所状元府，
右边起座状元亭；
桅杆高竖开旗令[1]，
金榜题名第一人。

堂前日日官来贺，
拜客纷纷饮酒巡；
门前牌匾镶金字，
牌坊起正在前亭。

不唱状元多富贵，
回文又唱姓余人；
车龙今日荣归转，
办礼俱齐贺婿身。

状元听得多欢喜，
连忙迎接岳爷身；
迎接入厅欢坐落，
煮上茗茶待一巡。

食了茗茶放下盏，
状元开口说言因；
当日流途[2]来乞食，
不能养得女千金。

余爷答言称不敢，
海量江涵[3]莫记心；
只系老夫不见识[4]，

[1] 桅杆高竖开旗令：指在状元府前高高地竖起旗杆，上挂旗帜。

[2] 流途：流落路途。

[3] 海量江涵：像江海一样的肚量包容。

[4] 不见识：无见识。

状元量大莫生嗔。

入到后衙见小姐，
梅香去请姐千金；
余娇便乃将言道，
就时开口问言因。

好仔不用爷田地，
好女不用嫁时衣；
喝起家童将火化，
当天焚化做灰尘。

话得余爷无意思，
两脚如飞走回身；
一时归到高堂上，
捶胸气倒地中心。

气绝即时归地府，
黄泉一梦不回身；
余爷死了归泉土，
三年家内苦伶仃。

处处田庄水冲了，
数座楼房火化尘；
其中不过三年内，
屋场生草路生尘。

两个儿子来卖酒，
街头卖酒度光阴；
状元便乃将言道，
二位舅兄听言陈。

当日卖灯来度日，
失礼岳爷提学身；
今日舅兄来卖酒，
都不失礼状元身。

前言我亦不多讲，
我今周济舅家人；
我有禾田三百亩，
送与贤舅度日长。

且唱团圆多快乐，
又同岳母上京行；
五更三点皇登殿，
步上金街见圣君。

君王听见龙颜喜，
勒敕状元坐绣墩；
龙凤香茶赐一盏，
黄花御酒赐三巡。

俸银每月三千两，
高升官职辅朝廷；
受职三朝来拜谢，
拜谢曾爷阁老身。

好心之人有好报，
天地不亏孝义人；
状元后来生五子，
五子登科入翰林。

桅杆竖起开旗令，
天子门生压众人；
问言此事出何处，
翰林院内远传名。

家住江西吉安府，
太和县内姓车人；
世间无物堪为记[1]，
全本花灯劝世人。

[1] 世间无物堪为记：世间没有什么东西值得记。

为人学得车公子，

循良和善状元身；

女人学得余娇姐，

珍珠帘内太夫人。

流于四海教子弟，

传于天下劝善人；

唱完一本《花灯记》，

永世流传到于今。

流传地区：

平南县、容县、滕县

歌本提供者：

梁碧堃（汉族）

搜集整理者：

覃悦坤（汉族）

搜集地点：

平南县大安镇

时间：

2002 年

原载《广西民间叙事长诗集成》，韦守德、韦苏文主编，广西民族出版社，2012 年 12 月。

附记

《车龙花灯记》流传于桂东南的平南、容县、滕县等地，以手抄油印本的形式广泛流传。这里收录的唱本为平南县大安镇 80 多岁的民间老艺人梁碧堃所提供，覃悦坤收集。

《车龙花灯记》讲述了这样一个故事：江西吉安府太和县车梦解，娶妻金氏，因结婚多年未有儿女，故多方行善。判官感其诚心，上奏玉帝，玉帝让金童玉女降落凡尘。金童在车家出生，起名车龙；玉女在余家出生，起名余娇。仁宗皇帝下诏，车爷任云南察院，同乡余爷任云南学道，曾爷任云南兵道，车爷带车龙赴任，余爷带余娇赴任。中秋节，余爷宴请同乡车爷、曾爷。席间，余爷把余娇许配给车龙，并由曾爷保媒。不久，曾爷赴京转任内阁，车爷病亡，车龙与母亲扶其灵柩回乡安葬。歹人欺车龙年少，对其多方欺诈勒索，车家失去全部财产，车龙与母亲借人茅厕安身。元宵节，车龙做灯笼卖钱。余娇让婢女买灯，婢女正好买了车龙的灯，并让车龙送到家里。余娇暗中打听得此人正是与她订婚的夫君，于是暗中送他三百两银子助其求学。赵龙是官宦子弟，元宵节晚上看灯见到了余娇，回去就犯了相思病。车龙考中秀才，余爷误听为车龙做了乞丐，于是决定解除婚约，把余娇改许配给赵龙。余娇不从，暗中写信，叫车龙尽快前来行聘。车龙得同窗好友资助，来余府行聘，不料赵家也同时来行聘，两家人大打出手，并告到了都堂府。都堂受贿，把余娇判给赵龙。车龙不服，找保媒的曾爷为其作证。曾爷此时为朝中阁老，接到车龙的书信，立即写信要求都堂改判，否则不轻饶。都堂无法，问余娇意愿。余爷要余娇选赵龙，但余娇不从，都堂改判余娇归车龙。余爷怒，要把余娇逐出家门，车龙只好立即迎娶余娇。车龙进京赶考，高中状元，后荣归故里，夫妻团圆。

这是一个才子佳人的故事。故事虽以金童玉女下凡开头，但写实的特点突出。故事情节曲折，感情充沛，也体现了民间在婚姻问题上的基本观点。

今该长诗唱本搜集地鲜有能完整演唱《车龙花灯记》的传唱者。

（过竹、黄毅）

高文举

（汉族）

高文举遭灾落难
黄员外喜逢佳婿

不唱三皇和五帝，
且唱前朝有名人，
功名显达心不变，
真是有情有义人。

家住西京河南府，
洛阳城内系家滨[1]，
姓高大年系生父，
生我娘亲姓赵人。

上亦无兄下无弟，
父母单生我一人，
三朝共我安名字，
取名文举不差分。

日间书房来习读，
聪明伶俐甚超群，
诗书文艺皆通晓，
满腹经纶锦绣文。

父在浙江为布政，
做尽清官不受银，
满任归家年又老，

楼房屋宅且安身。

田塘土地亦算有，
晚年过得亦欢心，
不觉火星飞入屋，
楼房什物全烧尽。

爹娘二人一齐死，
无银殡葬实伤心，
功劳深恩未曾报，
留落孤儿受苦辛。

我已长成十六岁，
应有孝心效前人，
家里受灾贫如洗，
不若就此去卖身。

学着董永卖身事，
得些银钱葬双亲，
忙举步，到街心，
两行珠泪落纷纷。

只身孤单年又小，
无钱能去靠谁人？
一程去到张家府，
低头作揖老年人。

张公即便将言问，
这位书生是何人？
你因何事这么紧，
两行珠泪落沉沉？

文举近前将言答，
细说后果与前因，
还请公公可怜我，
给些银两葬双亲。

[1] 家滨：方言，即家乡。

等我殡葬明白[1]了，
就来你府做奴身，
张公听罢将言说，
这亦世间孝义人。

便称银钱三百两，
与你回家葬双亲，
若然殡葬办完了，
便来同我管数文[2]。

文举即便忙下拜，
多得张公施大恩，
即便出街买物件，
归家殡葬二双亲。

双亲葬了珠泪落，
就去张家做奴身，
料理数目皆伶俐，
张公见了喜在心。

话你[3]日间管数目，
夜间又可习书文，
十字街头开当铺，
文举件件尽皆能。

不幸火星飞入柜，
文契数目尽烧匀[4]，
火烧文契计无数，
件件计值五万银。

张公说他心不好，
送入监中受苦辛，

日间戴锁千斤重，
夜间吊打不饶人。

不唱文举监中事，
又来唱个有钱人，
本街有个黄员外，
娶个妻房身姓金。

夫妻二人皆和顺，
无男单生一女人，
安名叫做珍珍姐，
颜容生得甚超群。

生就娥眉和凤眼，
好像南海观世音，
好个聪明伶俐女，
日在深房绣花纹。

吟诗作对皆通晓，
绣龙绣凤件件能，
爹娘看见心欢喜，
果然才女甚超群。

不觉长成十六岁，
可惜生你系女人，
上亦无兄下无弟，
未曾共[5]他许配人。

珍珍即便将言说，
如今独生我一人，
若有人家同我命[6]，
爹娘在上要知闻。

[1]　明白：方言，即事情完结。
[2]　数文：方言，即文书会计工作。
[3]　话你：方言，即说你。
[4]　烧匀：方言，即烧尽。

[5]　共：方言，即把、将。
[6]　同我命：方言，即与我的命相同，与我的生辰八字相同。

同年同月同日时，
同我八字一样生，
方可开庚共他配，
爹娘心意若何能？

黄爹便对贤妻说，
贤妻听我说言因，
我请先生来算命，
看看有无同命人。

说完黄爹便出动，
到处先生匀匀[1]问，
可是算来又算去，
没有一个同命人。

同年同月不同日，
同日不同个时辰，
二老商量见烦闷，
怕没人继我香灯。

良田万顷无所用，
家有黄金当闲文，
现今同妻你商议，
我把金银来施恩。

好彩[2]皇天多庇佑，
死落阴司脱苦辛，
普天地下人多众，
或可遇着佳婿人。

金氏欣然同了意，
黄爹即便就抽身，
三街六巷都施过，

又来施到监中人。

亦有担枷并戴锁，
这种苦楚不堪闻，
近前望见一小子，
一貌堂堂[3]有十分。

一定人家富贵子，
因何犯法受苦辛？
家住何州并何县？
高名大姓说我闻。

文举即便将言说，
从头一二说到匀[4]，
一面哭着一面讲，
两行珠泪落纷纷。

黄公开口将言说，
你是何年何月生？
文举答言黄公听，
我今长成十六春。

甲午年生庚午月，
甲午日生午时辰，
黄公听闻心欢喜，
正与我女同命人。

即时安慰高文举，
不使[5]公子你忧心，
我给银钱赎出你，
招你做我女婿身。

[1] 匀匀：方言，即密集、频繁。
[2] 好彩：好在之意。

[3] 一貌堂堂：仪表堂堂。
[4] 匀：详尽、齐全。
[5] 不使：方言，即不用。

文举听闻觉难信，
天上难道掉馅饼，
闭着眼睛砸中头，
怎有这种奇新事？

即便开口将言说，
树高人矮不敢攀，
小生家贫人下贱，
烂铜怎能配黄金？

黄公答言文举听，
人生不论富与贫，
文举听闻心喜悦，
登时跪地就谢恩。

黄公即便拿银赎，
三万三千三百银，
赎出文举他一人，
回家择日就结亲。

洞房花烛成鸾凤，
大摆筵席饮酒巡，
文举珍珍多恩爱，
堂中父母喜欢心。

天下姻缘红线牵，
地上夫妻共百年，
皇天开眼有希望，
谢天谢地谢灵神。

高文举赴京考试
珍珍姐十绣送夫

不唱文举结亲事，
且唱朝中帝王君，
三年大考开科到，
考选天下读书人。

文举知道消息后，
即同妻房来谈论，
三年开科今年到，
我想上京考试文。

自古读书求名望，
娇妻心意若何能？
珍珍听罢将言说，
更觉眼中泪纷纷。

你今到来未几久[1]，
如今又讲上京行，
再等两科也未迟，
有福自然有时间。

文举又说贤妻听，
万事贵在抓时间，
一寸光阴一寸金，
寸金难买寸光阴。

我今确定上京去，
你在家中要欢心，
珍珍听罢珠泪落，
又对夫君说事因。

[1]　未几久：方言，即没多久。

你今到来未几时，

又要上京丢奴身，

共你花园发过誓，

免使奴奴挂操心。

文举听得便顺从，

就出花园发誓文，

一程来到花园内，

夫妻跪下表真心。

一拜天地和日月，

二拜慈悲观世音，

三拜黄门宗和祖，

我夫今日上京城。

妻有珍珠为凭据，

当时咬开做两边，

夫带一边上京去，

好似鸳鸯来伴身。

怕你京中多日久，

暗中取出正[1]知音，

文举接妻珍珠宝，

九重之路[2]不忘恩。

又拜四方天和地，

真心说与我妻表[3]，

若我小生反心对[4]，

九重地狱不复生。

二人拜罢抽身起，

我夫说话系真心，

今日夫你上京去，

出路行程要小心。

文举听得回妻说，

你今不用挂操心，

今日求名上京去，

把定心头[5]等我回。

珍珍听得心欢喜，

夫你说话是良言，

共你团圆三月半，

纳[6]些手艺夫上京。

吩咐秀莲和秀兰，

钥匙拿在手中心，

开柜拿出京绒线，

等我动手绣花纹。

一绣才郎一顶帽，

京绒丝线两边分，

我夫戴上京城去，

高中头名近王君。

二绣才郎贴内衣，

京绒丝线锁两眉，

我夫穿上京城去，

记奴针线莫丢离。

三绣才郎件衫袍，

问夫是长是短好，

针短[7]得来时常着，

针长[8]就系状元袍。

[1] 正：方言，即才。

[2] 九重之路：方言，指遥远的路。

[3] 表：表白，让对方知道。

[4] 反心对：方言，即不真诚对待对方，恩将仇报。

[5] 把定心头：指安心。

[6] 纳：方言，即拿。

[7] 针短：方言，指缝短的衣衫。

[8] 针长：方言，指缝长的衣衫。

四绣才郎一条裤，
四边裤旗[1]都绣匀，
一边绣出金狮子，
一边绣出玉麒麟。

五绣才郎花腰带，
京绒丝线十分新，
一边绣出亲夫主，
一边绣出你妻身。

六绣才郎一对袜，
密密丝线锁两行，
我夫穿上京城去，
留心记念你妻房。

七绣才郎一对鞋，
京绒丝线绣得佳，
我夫穿上京城去，
状元名字上金牌。

八绣才郎花手巾，
玉兰花朵在中心，
两边绣出茶花朵，
中间绣出采茶人。

九绣才郎荷包袋[2]，
又装槟榔又装银，
路上累了吃一只，
香香凉凉解心神。

十绣才郎锁超筒[3]，
上绣鸳鸯下绣龙，

我夫带上京城去，
今科一定状元红。

吩咐丫环办酒席，
等我伴夫饮酒巡，
这些说话[4]嘱咐你，
千祈人要记在心。

初杯酒，状元郎，
我夫饮了上京邦，
为着功名上京去，
丢下奴奴守空房。

二杯酒，献郎君，
高中状元转回身，
莫在京中贪花乐，
归家还有你妻身。

三杯酒，献与郎，
夫你饮了菊花王，
三杯烧酒夫饮了，
今科必定状元郎。

文举饮了三杯酒，
真感贤妻金口言，
自幼青春年十六，
得个贤妻有义人。

我今见得心欢喜，
又奉三杯我妻身，
珍珍饮了三杯酒，
吩咐夫主上京奔。

夫系读书真君子，

[1] 裤旗：方言，指裤子前后的布。
[2] 荷包袋：方言，即钱包。
[3] 锁超筒：方言，疑即古人常用的装随身物品的褡裢。
[4] 说话：方言，即话。

出门还须防小人，
遇着才郎称进士，
遇着小儿称学生。

遇着和尚称长老，
八十公公称老人，
担水姑娘称大姐，
行路千祈让先行。

自古过桥须下马，
行船过渡莫先行，
黄昏未晚先投店，
东升日出正当行。

时时一把清凉伞，
莫让风吹雨来淋，
未冷先设[1]冷衣服，
未饥先设肚饥粮。

读书随人低声读，
不可高声损精神，
小心莫让身染病，
冇有奴奴服侍君。

若系人得高官做，
切勿重板责良人，
京城有条花街路，
切莫贪花丢奴身。

文举听得心若醉，
难得贤妻一片心，
贤妻良言矢[2]记住，
不使贤妻忧挂心。

我是读书真君子，
莫比[3]闲花野草侵，
妻人吩咐我珍重，
我又吩咐我妻身。

你若绣花深房绣，
莫在屋檐坐更深，
一旦遭霜身染病，
两头阻隔不知闻。

若有邻人来生借[4]，
切莫贪人利息深，
记得古人一句话，
救人饥渴当修心。

吩咐丫环人两个，
小心服侍姐珍珍，
我若京中高中日，
回来发嫁你们身。

丫环听了多欢喜，
相公不用操挂心，
相公放心上京去，
服侍老人我小心。

文举听得多欢喜，
转入厅中见双亲，
员外坐在高堂上，
看见贤婿喜欢心。

文举即时就拜见，
堂上拜见二双亲，
禀明今科开场到，

[1] 先设：方言，先备好。
[2] 矢：方言，即发誓。

[3] 莫比：方言，即不给。
[4] 生借：方言，即借。

我今欲想上京行。

爹娘听得心欢喜，
登时开柜取白银，
便交白银三百两，
一切用具须带匀。

我有一匹银鞍马，
免你路上受苦辛，
双亲情义确系重，
文举感谢泪沾衿。

今日离别双亲去，
没齿难忘父母恩，
拜别双亲别妻群，
翻身上马登路行。

珍珍见夫上马去，
扯住夫衣泪淋淋，
送夫移步出檐前，
依依不舍泪涟涟。

吩咐才郎三句话，
戒酒戒花莫赌钱，
文举再三安慰了，
推马移步就行程。

送夫千里求名誉，
未知何日转回身，
珍珍送罢转回身，
举步烧香拜灵神。

深深拜拜灵神众，
保佑我夫得安身，

就在灵神起只愿[1]，
等夫回日再谢神。

高文举高中状元
温金姐恃权迫婚

不唱珍珍心愁闷，
又唱文举上京行，
为着功名上京去，
暂时离别我妻身。

忙举步，到长坡，
因为功名不奈何，
记念夫妻难分舍，
千山万水路奔波。

忙举步，到长冲，
眼中流泪落匆匆，
记念夫妻难分舍，
何日得见妻颜容？

忙举步，过长桥，
过了长桥心又焦，
记念妻房难分舍，
转望[2]青山路又遥。

忙举步，过长江，
江水波浪白茫茫，
登山涉水求名誉，
不知何日到京邦。

[1] 起只愿：许一个愿。
[2] 转望：方言，即回望。

忙举步，下船中，
水路行程去匆匆，
不觉来到京城地，
举步纷纷入城中。

文举越觉心欢喜，
去找黄公店安身，
睡到三更鸡报晓，
天光[1]早起出街心。

各州才子齐来到，
人山人海闹纷纷，
五更三点皇登殿，
文武官员两边分。

九月初九头场考，
众位卿家听言因，
皇榜贴出朝门外，
各州才子得知闻。

三军听得领皇命，
就拎皇榜贴朝门，
考官领了君皇令，
就拎考卷出朝门。

考罢头场就选择，
先选进士并举人，
各州各府都取过，
取上才子三千人。

三千取回人三百，
三百取回七十人，
七十才子取三个，
三个文才同高人。

第一就系高文举，
家住西京洛阳人，
第二就系雷国元，
家住广东不差分。

第三就系吴意凤，
家住湖广共三人，
三个文才我难取，
等皇来取正为真。

五更三点皇登殿，
山呼万岁见皇君，
七十才子我取过，
三个文才我难分。

我今传上金龙殿，
君皇龙目来取臣，
君皇接到来观看，
从头一二看到匀。

就写皇榜朝门外，
吩咐三军贴榜文，
三军朝门贴好榜，
炮响三声转回身。

才子听闻炮声响，
齐齐移步看榜文，
各州才子来看榜，
有有无无[2]转回身。

君王坐在金龙殿，
宣召三人到来临，
三人入到金龙殿，
殿前跪下见皇君。

[1] 天光：方言，天亮。

[2] 有有无无：榜文上有名字的和没有名字的。

君王殿上开金口，
三人在殿听言因，
状元就系高文举，
探花就系雷国元。

榜眼就系吴意凤，
敕赐三人坐绣墩，
龙凤香茶赐一盏，
桂花美酒赐三巡。

头上赐顶乌纱帽，
两朵金花两边分，
又把朝衣来着起，
一对朝鞋果然新。

红绫二丈御笔写，
金牌一面挂胸衿，
御赐游街三日晏[1]，
个个齐看状元身。

大小文武尽齐集，
探花榜眼亦同行，
满城人潮来涌动，
大街小巷鼓欣天。

不唱文举金街过，
又唱温爹转回身，
宰相温爹回堂上，
自叹状元美貌人。

他妻就对温爹说，
相爹在上要知闻，
新科状元高文举，
洛阳城内有名人。

闻得青春年十六，
一貌堂堂甚超群，
年纪同女又登对[2]，
招他为婿结成亲。

温爹答言虽系好，
恐怕状元有妻身，
夫人答言相爹听，
料他年少未有亲。

就叫丫环来吩咐，
房中报知姐温金，
温金听得心欢喜，
房中打扮足足新。

头上梳出龙凤髻，
银链环钗两边分，
轻轻擦过银水粉，
薄薄胭脂搽嘴唇。

头戴凤冠共玉佩，
身穿绸缎共绣裙，
脚下金莲三寸小，
各样装来十分新。

又把绣球来做好，
绣出狮子共麒麟，
拜别堂上宗和祖，
又拜爹娘就抽身。

自前[3] 娘儿[4] 已计定[5]，
利用抛球来招亲，

[2] 登对：方言，即般配。
[3] 自前：方言，即此前。
[4] 娘儿：指温金。
[5] 计定：方言，即考虑好。

[1] 晏：方言，即晚。

温金移步上楼去，
吹唱候等状元临。

状元车马将来到，
听到门楼吹唱音，
文举闻得相言问，
高楼吹唱是何人？

众人便对状元说，
温家小姐要招亲，
温爹就系温宰相，
听说要招状元身。

说时迟来那时快，
绣球已落状元身，
温爹自前已等候，
出来迎接佳婿人。

绣球落在文举身，
温爹移步状元前，
文举看见真烦恼，
可恨温爹不是人。

开口即对温爹讲，
小生不敢结成亲，
家中已经有妻室，
请你招过来科[1]人。

温金楼上高声叫，
爹爹扯住状元身，
谁知绣球扯烂了，
彩门打烂碎纷纷。

留他不住向前去，

快马加鞭走如云，
温爹见来不心爽，
温金顿时泪纷纷。

温金移步回家去，
含悲带泪头发昏[2]，
堂上禀过双亲听，
待我执本奏皇君。

皇上就系我姐夫，
就请姐夫做媒人，
如果这门亲不愿[3]，
过后难逢美貌人。

五更三点皇登殿，
温金俯伏见皇君，
君王殿上开金口，
俯伏金阶是谁人？

文武官员来禀奏，
皇姨名字叫温金，
君皇殿上微微笑，
今日我姨见寡人。

因为何事爹不奏，
如今要你上朝行？
温金即便上前奏，
我皇在上纳言陈。

新科状元高文举，
不说道理欺负人，
我在楼上招为婿，
打烂绣球当泥尘。

[1] 来科：方言，即后科。

[2] 头发昏：方言，即头昏。

[3] 不愿：不如愿、不如意。

万望姐夫来做主，
千祈为我做媒人，
君皇殿上下圣旨，
就叫两班文武臣。

皇姨请入宫中去，
又去宣召状元身，
且说温金入宫内，
皇后已知她事因。

于是即便将言说，
贤妹你真不是人，
父母无男生两女，
你今羞辱败人伦。

都说状元有妻室，
不愿同你结婚姻，
只怨温家风水薄，
何必迫婚败人伦？

温金含丑分辩说，
事有因由姐不闻，
你伴皇君多快乐，
我今守寡[1]闷死人。

女人十六思夫主，
男人十六思妻群，
说着赌气就辞别，
辞别姐姐转回身。

丢开温金且不唱，
又唱文举入朝行，
文举步入金阶去，
二十四拜见皇君。

君皇殿上开金口，
敕赐状元坐绣墩，
我姨招你为夫主，
为何不肯结成亲？

文举俯伏金阶奏，
我皇在上纳言陈，
家中已有亲妻子，
焉能共她结成亲？

君皇殿上开金口，
状元你今听我陈，
家中亲妻为正室，
温金小姐做妾身。

文举执本又来奏，
我皇在上纳言陈，
家住西京河南府，
洛阳城内我家滨。

姓高大年系我父，
赵氏夫人系娘亲，
父在浙江为布政，
做尽清官不受银。

满任归家一齐丧，
无钱殡葬二双亲，
将身卖入张家府，
取些银两葬双亲。

张公即便收留我，
帮他管数收账银，
怎知失火烧账契，
硬说我是一坏人。

将我丢监又戴锁，

[1] 守寡：方言，指单身。

日夜毒打险归阴，
幸得本街黄员外，
将银赎出我本身。

他因无男生一女，
安名叫做姐珍珍，
员外招我为女婿，
共他小姐结成亲。

夫妻团圆三月半，
为着功名暂拆分，
结发夫妻最为贵，
岂能转背就断分？

若是京中又招赘，
就是忘恩背义人，
宁愿一刀头落地，
断无入赘姐温金。

君皇听了状元话，
便对温金又言陈，
状元果有亲妻子，
来科招过有才人。

原来温金心不死，
别了姐姐又来临，
听见文举一席话，
不顾体面硬着心。

冲着君皇上前奏，
我皇在上纳言陈，
一统山河系你管，
何怕状元不服君？

君皇听得心烦恼，
下令退朝转身离，

可恨温金不是人，
定下杀人歹毒计。

我将状元来杀死，
睇你意下若何能？
就叫三军来吩咐，
立即捆绑状元身。

即刻押出法场去，
法场处斩不饶人，
可怜状元有情人，
挂念贤妻与双亲。

我把家书写一纸，
死亦全心忠节臣，
敬请城隍共[1] 土地，
共我送书报知闻。

就将家书用火化，
不觉双目泪纷纷，
有个老臣陈吏部，
即时出来救难人。

姓陈国老抗本奏，
我皇在上听言陈，
就算文举负义人，
可惜他系状元身。

你把状元来杀死，
情理不明难服人，
不愿抬赘[2] 就被杀，
来科无人上京奔。

[1] 共：方言，即与。

[2] 抬赘：方言，即入赘。

君皇听得有道理，

你出法场劝他身，

国老听得来辞别，

忙出法场去救人。

陈爹去到法场地，

状元跪在地中心，

陈爹开口将言说，

状元听我说言因。

皇姨招你为夫主，

只可顺从姐温金，

暂时入赘不要紧，

只有同床不同衾。

听得[1]年把和半载，

家书去报你妻闻，

你妻若然存节义，

琵琶一把上京行。

包爹审事甚清正，

你妻一告就成群[2]，

状元顺从陈爹说，

便入金阶见帝君。

我今顺从君皇令，

愿共小姐结成亲，

君皇听得微微笑，

我今共你做媒人。

开口便说温金姐，

速去打扮结成亲，

温金即时回家去，

打扮云鬟候夫君。

大小官员齐相送，

齐送状元去成亲，

状元去到温家府，

温爹迎接笑纷纷。

吩咐丫环请佳婿，

交杯合盏就成亲，

堂上拜过宗和祖，

又来参拜二双亲。

相携玉手归罗帐，

但系同床不同衾，

温金真系心烦闷，

口中无语自思寻。

一心招他为夫主，

谁知招着铁心人，

左思右想无计较，

愁愁闷闷过日辰。

温金斟茶奉夫君，

状元接茶无心吞，

回转书房心里闷，

看些文章过日辰。

温金封锁文举信
珍珍千里寻丈夫

文举闷着过日辰，

无时不想二双亲，

贤妻良言均在耳，

[1] 听得：方言，即等得、等到。

[2] 成群：方言，即成功。

双亲吩咐全在心。

双亲贤妻莫须虑，
文举不是忘恩人，
执笔上台便写信，
嘱报爹娘夫妻身。

皇天不负有心人，
得中状元我一人，
可恨温金不是人，
恃着她系皇姨身。

招我为夫我不愿，
她就上朝奏皇君，
皇帝为媒强迫我，
法场处斩不饶人。

幸得陈爹来搭救，
顺从入赘姐温金，
虽然入赘温金姐，
同床共枕不同衾。

妻你若然存节义，
琵琶买把上京行，
包爹为官甚清正，
一纸告上得同情。

写好家书来封好，
就叫唐兵两个人，
唐兵带文忙忙去，
立即登程去如云。

唐兵一去不复返，
家书去久无音讯，
温金闻知心烦恼，
即报关官截信音。

捉住唐兵人两个，
抄出家书不差分，
就将家书来烧掉，
伪写一封作代真。

磨墨执笔写信音，
书寄西京姐珍珍，
共你团圆三月半，
因为功名两拆分。

高中状元为第一，
皇姨招赘结成亲，
无奈寄书贤妻听，
另寻丈夫结过亲。

妻你若系接到信，
你亦不用来跟寻，
一封吓信写好了，
复交唐兵两个人。

唐兵以为原封文，
蒙在鼓里不知真，
直往西京黄家府，
将书呈上黄爹身。

读到皇姨来招赘，
骂声忘恩背义人，
开声便叫珍珍姐，
你夫高中状元身。

温金招他为夫主，
真个忘恩负义人，
从今我家无后继，
谁人拜扫爹山坟？

珍珍接书来观看，

叫声爹爹放开心，
此书不系亲夫主，
字迹毫无同半分。

不知此书何人写，
想来加害我夫君。
不唱珍珍来谈论，
又唱温金不是人。

仗着爹爹个名誉，
报过关官截信音，
如有高家书信到，
即便杀死带信人。

因此一年无信转，
状元日夜好伤心，
执笔又写书信音，
唐兵领命走如云。

关官抄出书信看，
杀死带信两个人，
一连又写两封信，
共被杀死六个人。

听候三年无信转，
状元日夜好伤心，
太白星君闻知到，
下凡托梦姐珍珍。

珍珍三更得个梦，
梦见星君说我闻，
说我夫君高文举，
得中状元第一人。

皇姨招他不肯配，
法场处斩不饶人，

幸得陈爹来搭救，
皇帝为媒强迫婚。

走投无路空望天，
迫着顺从君王命，
无奈只能去婚配，
只有同床不同食。

三纸家书被截住，
温金杀了带信人，
杀了带信人六个，
因此两头不知闻。

你今若然存节义，
琵琶买把上京行，
包爹为官甚清正，
一纸告上得成群。

珍珍醒来自思寻，
清清楚楚记得真，
天光早起见双亲，
从头说出爹娘闻。

金氏听得女儿说，
劝声我儿莫多心，
时时记念亲夫主，
因此夜间有梦魂。

我今识破春天梦，
凶星退位吉星临，
再等一年和半载，
状元一定转回身。

若然不回另斟酌，
另招一个继香灯，
珍珍听说将言讲，

爹娘说话欠寸分[1]。

夫在京中守节义，
妻在家中改嫁人，
若系奴奴另改嫁，
就系忘恩背义人。

就我夫君心肠看，
神人托梦我信真，
吩咐秀莲和秀兰，
近前听我说言因。

我有白银交与你，
买把琵琶早回身，
丫环领命忙去买，
得了琵琶就回身。

珍珍得到琵琶琴，
顿时心酸泪纷纷，
要得夫妻再相会，
托赖琵琶做媒人。

先把古人唱几句，
再把琵琶拨定弦，
琴弦操定拨好线，
琵琶弹出古贤人。

收拾房中珍宝物，
辞别爹娘去访君，
金氏看见珠泪落，
我女听我说言因。

想起京中多少路，
我女怎样上京行？

前时有个赵氏女，
因为寻夫丧了身。

珍珍听罢将言说，
爹娘一面放开心，
吉人自有天相护，
自有神灵护我身。

寻得夫君回归日，
爹娘共享百年春，
辞别房中好宝镜，
寻夫回日理乌云。

辞别床铺共衫架，
未知何日得安身？
辞别衣衫共枕席，
又别京绒数十斤。

又别诗书共镜匣，
未知何日得同群？
堂上拜别宗和祖，
转入厨房拜灶君。

辞别门官共土地，
未知何日转回身，
吩咐丫环人两个，
小心服侍老双亲。

五更早起茶共饭，
时时开解他愁心，
珍珍移步登程去，
双亲送出泪淋淋。

母女难舍分离别，
金氏哭死又还魂，
为寻亲夫上京去，

遥遥万里不怕难。

忙举步，出村行，
两行珠泪落汪汪，
奴奴因为寻夫主，
望见山高路茫茫。

忙举步，过田畴，
两行珠泪落盈盈，
奴奴因为寻夫主，
未知何日到京城。

忙举步，过荒田，
两行珠泪落涟涟，
奴奴因为寻夫主，
未知何日得团圆。

忙举步，过长江，
两行珠泪落汪汪，
奴奴因为寻夫主，
未知何日得成双？

忙举步，过长坡，
我去寻夫不奈何，
奴奴别夫无依靠，
今日路上受风波。

忙举步，过高山，
金莲小小实难行，
可怜母女分离别，
别夫容易见夫难。

忙举步，过高冈，
豺狼虎豹我见狂[1]，

奴奴因为寻夫主，
未知何日得同房？

忙举步，过长溪，
溪旁又闻鹧鸪啼，
行程不觉黄昏晚，
未知何处把身安？

上亦无村下无舍，
只见青天共山溪，
太白星君来下界，
化成古庙一座神。

珍珍见得心欢喜，
近前便问老年人，
借间茅屋我住夜[2]，
明朝早起上京行。

星君听得微微笑，
你是何州何县人？
珍珍开口将言答，
老人听我说言因。

奴系西京河南府，
洛阳城内姓黄人，
爹爹就系黄员外，
娶个亲娘身姓金。

一世无男生一女，
奴名叫做姐珍珍，
年登[3]长成十六岁，
招夫文举姓高人。

[1] 我见狂：见我狂。

[2] 住夜：方言，即住宿。

[3] 年登：方言，即年纪。

夫在京中将四载，
并无一张书信音，
幸得神人来托梦，
嘱奴弹唱上京行。

星君听得将言说，
就是西京姐珍珍，
吩咐山神共土地，
化些茶饭让她吞。

化张床席让她睡，
轮更守夜太夫人，
珍珍就在庙中宿，
星君移步行上云。

夜间不闻钟鼓响，
幸得山鸡叫我闻，
五更早起煮饭吃，
不见古庙一众神。

忙举步，出山林，
两行珠泪落纷纷，
望见东边红日出，
珍珍举步上京行。

奴奴因为寻夫主，
想起路长甚艰辛，
三寸金莲脚又小，
未知何日得见君。

忙举步，下山冲[1]，
东西南北起乌云，
风吹日晒真苦楚，
一时又怕雨来淋。

忙举步，过田畴，
两行珠泪落纷飞，
我去寻夫何日见？
未知何日才逢君！

忙举步，过河边，
两眼珠泪落涟涟，
夫妻团圆三月半，
鸳鸯拆散两分离。

不觉又见黄昏晚，
举目不见有村邻，
远远望见树林内，
思量此处有家人。

近前望见心欢喜，
开言且问老年人，
借间房屋住一夜，
明朝早起又行程。

珍珍姐深山遇难
老妈妈大义灭亲

再三求借得屋住，
恩谢婆婆怜爱人，
婆婆听罢将言说，
说给小姐你知闻。

老身生有两个仔，
安名大郎二郎神，
日在山中捉禽食，
夜去乡村又吃人。

[1]　山冲：方言，指山间大的沟谷。

珍珍听得心胆碎，
婆婆千万要救人，
奴奴初来不识去，
路上恐怕遇郎神。

郎母开口将言说，
姐是何州何县人？
珍珍开口将言答，
婆婆听我说言因。

家住西京河南府，
洛阳城内姓黄人，
珍珍边说边流泪，
直把身世说到匀。

奴奴因为寻夫主，
婆婆千万救奴身，
婆婆听得将言说，
可怜小姐受苦辛。

即时带入柴房去，
打扫柴房你安身，
若系我儿回转屋，
把身藏住不出声。

珍珍听说便感谢，
即到柴房去安身，
刚刚入到柴房去，
就见二郎转回身。

兄弟二人同入屋，
手拎人肉两三斤，
珍珍把眼来观看，
看见郎神吓怕人。

大郎身高有九尺，

二郎略短两三分，
就叫亲娘来煮吃，
我们吃了又杀人。

郎母听闻心惊怕，
孩儿听我说言因，
打虎不如亲兄弟，
上阵不如父子兵。

人生应多做好事，
莫要狠心做恶人，
大郎听了将言说，
不使娘亲讲言匀。

又叫二郎柴房去，
取些干柴到来临，
珍珍听得心胆碎，
我今一定他知闻。

二郎忽然高声咕[1]，
柴房藏住是何人？
郎母转口将言答，
猫儿捉鼠响声音。

郎神开口将言说，
不是猫儿捉鼠声，
一定娘亲藏有贼，
等我抄过才放心。

倘若藏有奸刁贼，
想来谋害我们身，
就把大刀拿在手，
就往柴房里面奔。

[1] 咕：方言，即喊。

郎母扯住二郎手，
说给孩儿你知闻，
不是什么奸刁贼，
她是一品太夫人。

正系西京黄小姐，
因为寻夫到此临，
等她柴房住一夜，
明朝早起上京行。

等她寻夫回转日，
封你兄弟做将军，
我儿若然有大量，
切莫陷害太夫人。

郎神开口将言说，
谁人敢害太夫人？
你若有心留住她，
铺好张床她安身。

郎母听得心欢喜，
就去柴房叫珍珍，
我儿有心招待你，
请姐出来见郎神。

珍珍开口将言说，
奴奴不敢见将军，
容我柴房住过夜，
明朝早起上京行。

郎神把眼来偷看，
果然娇娆美貌人，
我今已有廿多岁，
未曾见过美佳人。

万望娘亲来做主，

娶为媳妇若何能？
二位郎神齐跪禀，
都要娘亲做媒人。

若得共儿来配合，
得来服侍我娘亲，
大郎开口将言说，
二弟说话没来因。

未有亲皇先有殿，
先娶哥来后弟亲，
二郎微笑将言答，
兄弟同娶若何能？

大郎听得将言讲，
二弟说话没人伦，
兄弟同科自古有，
无有兄弟同妻群。

二郎听罢心中怒，
手拿钢刀白如银，
郎母看见心惊怕，
上前护住姐珍珍。

孩儿不必多争吵，
小姐成亲你两人，
各拿钢刀来比武，
是谁得胜是谁婚。

郎神闻得心欢喜，
各拿大刀起狠心，
出到山前来交战，
各显武艺比得真。

大郎力气本来猛，
挥刀杀死二郎神，

扛上山头来埋葬，
豪气冲天转回身。

珍珍苦，泪纷纷，
婆婆千万要救人，
趁你大郎不在家，
放奴移步上京行。

婆婆乃便将言说，
珍珍小姐要知闻，
我今放你上京去，
遇着大郎会杀人。

打死二郎当死蚁，
打死你们当泥尘，
今要假意来顺他，
然后用计走脱身。

珍珍听得正合意，
感激郎妈大好人，
珍珍拜，拜郎神，
奴奴自愿配将军。

郎神听得心欢喜，
叫娘快去整铺陈，
珍珍开口将言说，
将军在上要知闻。

君在山前为第一，
亦是知书识礼人，
成亲要择良时日，
交杯合盏正成亲。

郎神听得有道理，
就叫亲娘办酒巡，
好得婆婆手脚快，

满台酒肉都摆匀。

南北二方婆婆坐，
东坐郎神西珍珍，
婆婆起计来献酒，
郎神起劲饮得酣。

娘亲献过十杯后，
珍珍小姐献十轮，
今日洞房饮喜酒，
我儿威气武共文。

大郎得娘连连赞，
见酒得来立乱吞，
小杯大杯不够瘾，
大碗捧来他亦吞。

大郎饮酒气量大，
如饮河水一样吞，
一连饮了十埕酒，
此时越饮越精神。

珍珍苦，泪纷纷，
大郎未醉我难分，
似此如何得脱身，
奴奴一定会归阴。

太白星君知道后，
下界来救落难人，
麻蒙药放酒中内，
大郎立醉地中心。

珍珍看见心欢喜，
婆婆放我上京行，
婆婆开口将言说，
如今小姐要知闻。

我系亲娘你系女，
拜契如同骨肉亲，
珍珍感恩忙下拜，
多得亲娘救女身。

即把柴房来拆下，
干柴叠住大郎神，
把火来烧亲儿子，
郎神即时化灰尘。

娘女脱身忙举步，
带银共姐上京奔，
相亲相爱相扶助，
艰艰难难出山林。

奴上京都寻夫主，
得我娘亲伴奴身，
忙举步，落低山，
娘女步行甚艰难。

上京还有多少路，
未知何日得逢君？
行行走走多时日，
将近京都已黄昏。

就在黄公店歇宿，
黄公招待很热心，
怎知郎母到店内，
眼中翻白病加身。

黄公看见将言说，
叫声小姐要知闻，
你今要带她出去，
店房不住有病人。

此处有庙可安顿，

说时即帮扶母身，
扶母入到黄公庙，
风寒入骨病加深。

珍珍苦，泪沾衿，
重重灾难实艰辛，
脱了险阻刚到京，
怎知重病上娘身？

郎母知病难得好，
开言就叫姐珍珍，
白银五百交给你，
我命定然丧归阴。

便将二百收殓我，
尚留三百去寻君，
吩咐未完就断气，
化做南柯一梦魂。

珍珍苦，泪纷纷，
我娘今日归了阴，
大恩大德尚未报，
女儿悲苦泪涔涔。

托人去买棺材木，
绫罗绸缎殓娘亲，
七七斋烛开冥路，
免娘阴司受苦辛。

将棺停放黄公庙，
交银二百给僧人，
奴奴要去寻夫主，
有烦朝夜点香灯。

等我寻夫回归日，
再来择地葬山坟，

我今辞别上京去，
归来有谢众僧人。

珍珍卖唱寻文举
温金设计害珍珍

珍珍举步出街心，
随着人群上京奔，
不觉到了京城地，
且到黄婆店安身。

望见天光早早起，
街头卖唱寻夫君，
珍珍上到街上去，
听到传说乱纷纷。

前科有个高文举，
中了状元第一人，
皇姨招赘多快乐，
并无思念转归林。

不唱闲人多谈论，
又唱温金做夫君，
明日就系夫生日，
绣些手艺贺夫君。

就叫迎春来吩咐，
近前听我说言因，
我有白银交给你，
街上买锦早回身。

要买桃红兼柳绿，
最好京绒要半斤，

迎春领命出街去，
很快来到街中心。

来到街心买物件，
偶然遇着唱家人，
举目观看见奇特，
擦眼定神看到真。

云头有把黄罗伞，
高脚灯笼两边分，
金月斧，分左右，
重重遮住唱家人。

迎春上前将言说，
看你不是唱家人，
一貌堂堂多标致，
好似一品太夫人。

珍珍听闻心胆碎，
被你识破是夫人，
不敢包桩[1]欺瞒你，
从头说出你知闻。

迎春闻得微微笑，
果然正是太夫人，
相公现在温家府，
我家小姐结成亲。

小姐招他为夫主，
你夫相待做闲人，
我今引你家中唱，
把定心头假与真。

好好思情唱几套，

得来相逢相公身，

若得相公来相会，

夫人带我出人伦[1]。

珍珍答言承蒙你，

望你指引二三分，

若得相会夫君面，

黄纱盖面[2]不忘恩。

迎春吩咐暂等候，

买齐物件转回身，

迎春买得诸物转，

二人移步就行程。

一程行到温家府，

迎春回报姐温金，

门前有个弹唱女，

一貌堂堂有十分。

我在门前叫她唱，

高山流水唱古人，

小姐姻缘不遂意，

叫她来唱解心神。

温金闻得心欢喜，

快些叫她到来临，

迎春步出门前去，

叫声小姐你知闻。

我家小姐叫你唱，

快来同我见温金，

珍珍听罢心中想，

口中无语自思寻。

听言珍珍心犹豫，

不知去好不去好，

不去又怕失机会，

去了又怕挨哄人。

左思右想无通处[3]，

竟入温家府内行，

迎春引到厅堂上，

珍珍见了姐温金。

温金把眼来观看，

一貌堂堂有十分，

便叫迎春来吩咐，

快来听我说言因。

抽张凳儿让她坐，

有茶斟杯给她吞，

温金又向珍珍讲，

唱家大姐要知闻。

一貌堂堂多标致，

应该招个好夫君，

招个夫君得依靠，

免来弹唱受苦辛。

珍珍即便将言说，

叫声小姐你知闻，

皆因奴奴命鄙薄，

嫁夫十个九离群。

不是生离便死别，

被人生占我夫君，

[1] 出人伦：指同意或帮助其婚配。

[2] 黄纱盖面：当地的一种风俗，即人死后下葬时要以黄纱来盖住脸，因此，黄纱盖脸是到死的意思。

[3] 无通处：指想不明白，即不知道该怎么办。

温金听罢无言答，
谁人管到你闲文。

好好思情唱几套，
自有白银谢你身，
弹得好时唱得好，
又赐黄金共白银。

唱得丑时弹得丑，
琵琶打烂当泥尘，
珍珍开口将言说，
唱来亦有二三分。

扭定琵琶操定线，
先把古人唱一轮，
唱出古时张公艺，
九代同居不肯分。

天赐一棵摇钱树，
朝落黄金晚落银，
唱出郭兴生好仔，
九代同堂在朝廷。

又唱才子孝节义，
卖身取钱葬双亲，
将身卖入黄公庙，
打扫庙内点香灯。

遇着娘娘华诞日，
僧人叫他扫厅心，
不觉才子失仔细，
花瓶打烂碎纷纷。

僧人将他吊梁上，
把他打骂受苦辛，
感得召娇莲小姐，

又来救脱难中人。

六百银两赎他出，
拷折金钗结定亲，
唱出广平和文燕，
都是全心孝义人。

又唱八仙来贺寿，
玉杯美酒把瓶斟，
琵琶弹出古人事，
苦尽甘来正好神。

珍珍唱罢方才了，
温金赞叹好声音，
就把白银称四两，
拎来赏赐唱家人。

珍珍不肯收银去，
推三挡四未曾行，
温金开口将言说，
唱家大姐要知闻。

我有白银交与你，
再有思情唱几轮，
珍珍听罢心在想，
对头自唱口共心[1]。

左思右想无计策，
将琴奏出骂温金，
就把琵琶扭定好，
又转琴音唱一轮。

唱出一个陶氏女，
陶娇无情别买臣，

[1] 对头自唱口共心：面对对头，唱出自己的心思。

0529

后见买臣升官职，
马头倒水欲返婚。

唱出古时陈留伯，
百般无义别妻身，
夫妻团圆三月半，
因为功名两拆分。

高中状元为第一，
牛女小姐自招亲，
二娇小姐来招赘，
关官截信不传音。

十六年前回归日，
我娘家内受苦辛，
又遇三年天大旱，
几多凄凉不知闻。

感得朝廷开仓库，
开仓发谷救饥民，
我在家中无依靠，
真容标致去寻君。

好得二娇牛小姐，
后来请愿为妾身，
温金听罢面通红，
高声大骂唱家人。

定系西京黄氏女，
因为寻夫到此行，
就把琵琶来打烂，
抢回四两细丝银。

便叫丫环来吩咐，
麻绳捆住唱家人，
速用麻绳捆三度，

花园斩碎不饶人。

珍珍闻得心惊怕，
就叫迎春救我身，
你引我来到此唱，
今被温金害我身。

若被温金害死我，
罪归大姐你迎春，
迎春闻得心中苦，
两眼珠泪落纷纷。

慌忙跪劝温金姐，
小姐听我说言因，
看她不是黄家女，
说话原非大德人。

看来都系弹唱妇，
胆大无知得罪人，
不如收她柴房内，
日后便知假共真。

你若将她来杀死，
冤冤相报不除根，
温金听了丫环说，
迎春说话果然真。

叫人落了青丝发，
抢尽衣衫剥净裙，
耳上珠环都剥净，
金莲细小步难行。

安名叫做新来婢，

丢落[1]柴房做使人[2]，
要她挑水三十担，
又叫劈柴三千斤。

一日三餐三碗饭，
冻茶冷饭叫她吞，
日间深房来听候，
夜间柴房歇安身。

珍珍落在柴房内，
两眼珠泪落纷纷，
被她叫做新来婢，
有如刀割痛归心。

感谢好心迎春姐，
结为姐妹一样亲，
见人便叫新来婢，
无人就叫太夫人。

帮她担水十五担，
替她破柴千五斤，
得饭两碗各一碗，
得盆菜来两家分。

晚让床铺夫人睡，
迎春睡在地中心，
温金又来起毒心，
打把锄头百二斤。

叫人去唤新来婢，
要她入园种花根，
寅时种花卯时发，
万事皆休莫理论。

若到卯时花不发，
把她打死沤花根，
珍珍苦，泪纷纷，
必然条命丧归阴。

自长闺房年两十[3]，
手上未曾沾半斤，
今被温金来害我，
万望天公救我身。

寅时栽花卯时发，
就系神仙也不能，
迎春开口将言说，
珍珍小姐你安心。

小小锄头借两把，
助姐锄地种花根，
二人步入花园内，
观观[4]花树好伤心。

这段花树奴家有，
奴奴不愿上花林，
栽花树，是金兰，
我来栽你在园间。

奴奴不是栽花女，
为寻夫主受艰难，
栽花树，是海棠，
我来栽你在园旁。

奴奴不是栽花女，
为寻夫主上京邦，
栽花树，是石榴，

我来栽你望生球。

奴奴不是栽花女，
温金共我结冤仇，
栽花树，是瑞香，
我来栽你望生长。

奴奴不是栽花女，
为寻夫主泪悲伤，
栽花树，是苏英，
我来栽你望生青。

奴奴不是栽花女，
为寻夫主行上京，
栽花树，是牡丹，
我来栽你在园间。

奴奴不是栽花女，
为寻夫主实艰难，
栽花树，是芙蓉，
我来栽你在园中。

奴奴不是栽花女，
为寻夫主泪满胸，
栽花树，是金莲，
我来栽你在园边。

奴奴不是栽花女，
为寻夫主泪涟涟，
栽花树，是香萝，
我来栽你不奈何。

奴奴不是栽花女，
为寻夫主受奔波，
栽花树，是狗芽，
我来栽你望开花。

奴奴不是栽花女，
为寻夫主乱如麻，
栽花树，是紫薇，
我来栽你望生枝。

奴奴不是栽花女，
为寻夫主受奔波，
珍珍苦楚仙女怜，
仙女有心下凡尘。

将身步入花园内，
帮助受难姐珍珍，
大姐共她安好树，
二姐安枝好成林。

三姐共她安好叶，
四姐共她安花芯，
五姐共她安好卉，
六姐共她担水淋。

七姐样样都安好，
满园花发白如银，
寅时栽花卯时发，
迎春执朵给温金。

温金见到高声骂，
大胆丫环来骗人，
寅时栽花卯时发，
总是神仙也不能。

叫她背锄我看过，
看她本事若何能？
珍珍苦，泪纷纷，
太白星君下凡尘。

下凡助力珍珍姐，

举起锄头百二斤，
温金看见心惊怕，
此人力大有千斤。

珍珍苦，泪纷纷，
种花容易见夫难，
迎春闻得将言说，
珍珍小姐要知闻。

要使相公来相会，
东厅扫地可逢君，
珍珍闻得心欢喜，
鸡啼早起理乌云。

迎春婢巧计相助
珍珍姐幸会夫君

珍珍步入东厅去，
隔壁闻到读书声，
声声便系亲夫主，
只听声音不见人。

闻得声音不见面，
可恨城深隔几层，
珍珍苦，泪纷纷，
厅前气死又还魂。

哭了一场苦又苦，
手拿扫把扫泥尘，
松扫把，扫泥尘，
狂风吹到粉墙根。

君伴皇姨多快乐，

并无记念你妻身，
松扫把，扫厅前，
扫出那边系状元。

君伴皇姨多快乐，
丢我爹娘眼望穿，
松扫把，扫门楼，
从头扫出你因由。

落难谁人赎出你？
京中把赘[1]不回头，
无义才郎似竹梢，
生在深山尾摇摇。

不记当初谁人整，
深房小姐叹声娇，
开通六眼做齐整，
谁人修整得声娇。

无义才郎似支枪，
锈多用你声不扬，
不记当初修整你，
修光[2]便称你高强。

无义才郎似把刀，
无人理你锈生高，
不记当初磨利你，
此时便称你英豪。

无义才郎似盏灯，
无油黑暗似愁人，
谁人斟油挑起你，
光明就去照别人。

[1] 把赘：入赘。
[2] 光：光亮。

无义才郎似只舟，
狂风打烂在河头，
漂漂荡荡何方去？
谁人拖你上沙洲？

打尽几多钉共铁，
用了几多灰共油，
做得完来无点漏，
一篙撑去不回头。

无义才郎似只鸡，
不记当初人喂米，
当初谁人喂大你？
飞去别家屋内啼。

无义才郎似猫儿，
不记当初喂饭时，
喂得大来不捉鼠，
就起横心过隔壁。

无义才郎似菜心，
不记当初谁人淋，
淋得大来芽长大，
芽长大来起横心[1]。

珍珍扫地方才了，
隔壁文举皆知闻，
今朝扫地谁家女？
从头说出我根因[2]。

定系西京黄氏女，
否则谁知我来因，
算来必定珍珍姐，

谁人指引到来临。

五更三点皇登殿，
相爹引婿入朝行，
珍珍看见心中苦，
两眼珠泪落纷纷。

千山万水来到此，
夫君不见总闲文，
早知夫君不念我，
并无到来此方[3]行。

为夫受尽多少饿，
苦楚凄凉受艰辛，
迎春闻得上前禀，
珍珍小姐听言因。

遇着相公身有事，
睇他不是薄情人，
相公时常思念你，
闻叹娇妻手段能。

要得相公同相会，
做些茶果奉夫君，
相公吃了茶和果，
必然查问此由因。

珍珍闻得心欢喜，
二人做果好用心，
就把盆桃做两个，
珍珠装在果中心。

中间做出兰花朵，
交叉蝴蝶两边分，

[1] 横心：本指菜心往横里长，暗指歪心思。
[2] 根因：方言，即内情。
[3] 此方：这个地方。

一边做出金狮子，

一边做出玉麒麟。

珍珍做果方才了，

状元朝罢转回身，

文举回到书房内，

眼中流泪落纷纷。

今朝扫地谁家女？

从头扫出我原因[1]，

自思自想心中苦，

迎春送果到来临。

状元便问迎春姐，

今朝扫地是谁人？

又问此果何人做，

谁人手段好佳能？

入到温家将四载，

并无此果到来临，

迎春听罢将言说，

相公吃果便知真。

文举放口咬一下，

突然有物梗牙心[2]，

吐出台中[3]来细看，

丝绸包住是何因。

双手解开荷包袋，

取出珍珠一样新，

看见咬破分离号，

于今合起旧时痕。

原来正系亲妻子，

谁人指引到来临？

不知到来有几久，

被人瞒我不知闻。

害死温金不要紧，

害死妻房无路寻，

黄昏躲在墙脚下，

见妻一面也甘心。

就在墙脚静静听，

听妻声音好跟寻，

珍珍柴房空自叹，

若夫不认总无凭。

不念堂前滴血酒，

亦念高堂白发亲，

夫在京中将四载，

亦无念及你妻身。

状元听罢贤妻叹，

有如刀割痛归心，

将身步入柴房去，

叫声贤妻你知闻。

可怜贤妻受辛苦，

家内爹娘若何能？

我虽在京将四载，

无时不念我妻身。

珍珍听罢泪纷纷，

叫声夫君你知闻，

我亦离家将一载，

不知家中若何能。

状元听罢对妻说，

［1］ 原因：同前面的"根因"。

［2］ 梗牙心：方言，即磕着牙齿。

［3］ 台中：方言，即桌面上。

皇天不负善心人，
共你团圆三月半，
别妻离爹上京行。

高中状元得第一，
温金强迫招为婚，
温金恃她系皇姨，
亲身执本奏皇君。

皇帝为媒我不愿，
法场处斩不饶人，
好得陈爹来救我，
劝我下意赘结婚。

虽然入赘温金姐，
同床各自盖衣衾，
三纸家书信报你，
未知到家与不曾？

珍珍听罢双流泪，
并无书信寄归临，
夫伴皇姨多快乐，
无念双亲两老人。

状元开口将言说，
上有青天下有神，
贤妻既说无信转，
如何知道上京行？

珍珍开口将言说，
神仙托梦我知闻，
堂前拜别爹娘去，
琵琶背把上京行。

我在途中多辛苦，
山前遇着两郎神，

感得郎母来解救，
亲生儿子化灰尘。

相认母女同相伴，
不觉黄公庙丧身，
孤身冒险来到此，
扮成弹唱到来临。

将身步入温家府，
感得迎春姐好人，
可恨温金无道理，
琵琶打烂要回银。

满头落了青丝发，
抢净衣衫剥净裙，
安名叫做新来婢，
有如刀割痛归心。

讲话未完鸡已唱，
夫妻相念苦难分，
状元嘱咐贤妻听，
闲时切莫叹声音。

恐怕丫环偷听识[1]，
报给温金大毒人，
姐夫在朝为皇帝，
他爹宰相是大臣。

知道执本上朝奏，
我俩夫妻当泥尘，
贤妻一面欢心等，
我有良策海样深。

哄了温金赶走你，

[1] 偷听识：方言，即偷听到。

包公衙中告状文，
夫妻嘱咐方才了，
状元举步入朝行。

状元高立脱身计
珍珍告状把冤申

文举朝罢回温府，
下意[1]愁闷不开心，
温金迎接来夫主，
今朝好意转回身。

几久未曾归房内，
莫非想着为花心[2]，
今朝出朝回归转，
回来遇着本乡人。

我因问起家中事，
本乡人说不堪闻，
说我双亲身故去，
珍珍小姐改嫁人。

一心想着回家去，
又无依靠孤伶人，
温金听罢心欢喜，
状元你亦要知闻。

识破世间俗子女，
水性妇人两样心，
夫在京中守清节，

妻在家中嫁他人。

谁人学得高文举？
京中守节尽知闻，
无人学得温金姐，
百年好合不离分。

共君携手花园去，
交杯合盏乐天伦，
文举听得强忍气，
将计就计见机行。

出到花园便吩咐，
吩咐迎春办酒巡，
扫净石台就坐下，
丫环摆酒台中心。

温金眉飞又色舞，
举起金杯敬夫君，
饮了一杯无话讲，
二杯饮罢无知闻。

饮了三杯相言说，
小姐你亦要知慎[3]，
三伏暑天难饮酒，
叫个丫环来扇身。

温金听罢心欢喜，
就叫迎春到来临，
你回去叫新来婢，
使她拨扇[4]状元身。

迎春听罢忙前去，

[1] 下意：方言，指内心。
[2] 莫非想着为花心：这句当是指温金暗想高文举是不是想与她过夫妻生活。
[3] 慎：小心谨慎。
[4] 拨扇：方言，即打扇子。

便问珍珍说知闻，
珍珍听见心中苦，
含悲带闷上前行。

夫妻相见肝肠断，
今日得见我妻身，
虽在柴房相会过，
夜间不能见貌真。

今日得见贤妻面，
衣衫破烂不成人，
望见伤心难讲话，
强忍泪水思在心。

忧怕温金会识破，
又怕温金会害人，
状元心内生一计，
小姐听我说言陈。

入到你门将四载，
未曾见过此丫环，
或是你们买来婢，
未知要去几多银？

温金开口将言说，
夫君听我说言因，
她是街头弹唱妇，
果然唱得好声音。

赏些茶水给她吃，
又赠四两细碎银，
她见奴奴心性好，
愿做柴房使唤人。

在此柴房将两载，
未曾用过一厘银，

状元听罢将言答，
看来不像唱家人。

必是人家高贵女，
被人拐骗到来临，
或是途中逃难出，
寻些手艺过光阴。

日后被人寻到此，
说你隐藏他妇人，
若在朝中告起状，
羞辱朝中武共文。

今日若把她留住，
好比门前挖大坑，
快把此人赶出去，
免得日后费心神。

琵琶买把赔她转，
赏回四两细丝银，
你把横门[1]送她出，
免被别人来谈论。

温金听得将言说，
状元说话有来因[2]，
立即打发迎春去，
后门送出唱家人。

迎春听说忙领命，
送出珍珍姐一人，
夫人脱了灾和难，
万望带我出人伦。

[1] 横门：方言，即侧门。
[2] 来因：方言，即道理。

珍珍开口将言答，
我绝不是忘恩人，
你今转回府中去，
日后听闻我声音。

不唱珍珍来吩咐，
又唱状元他一人，
饮罢偷偷出相府，
即便寻着姐珍珍。

二人入到黄婆店，
店婆见问太夫人，
今日夫妻同相会，
未知何日得同群[1]？

状元意想写状纸，
又无纸笔带在身，
就将朝衣扯一块，
咬破指头血淋淋。

不写闲文和别语，
尽把因由写起身，
家住西京河南府，
洛阳城内姓高人。

姓高大年亲生父，
赵氏夫人系娘亲，
父母单生我一人，
安名文举长成人。

父在浙江为布政，
清官不贪半厘银，
满任归家身去世，
无钱殡葬二双亲。

将身卖入张家府，
火烧文契难临身，
张公送我入监去，
日夜吊打险归阴。

幸得黄爹来搭救，
将银赎出我一人，
将女招赘我为婿，
团圆三月上京奔。

得中状元居第一，
皇姨招赘迫为婚，
皇姨招赘我不愿，
法场处斩不饶人。

幸得陈爹来搭救，
顺从入赘姐温金，
入赘温金将四载，
只有同床不同食。

要寄家书不到屋，
关官杀死带文人，
书文不能神人怜，
神仙托梦我妻身。

我妻别了爹娘去，
背把琵琶上京行，
偶然撞入温家府，
温金隐瞒我妻身。

安名叫做新来婢，
受她折磨实难堪，
夫妻隔绝难相见，
几乎性命葬归阴。

幸她东厅来扫地，

[1] 得同群：方言，即在一起。

隔墙说出我来因[1]，

小生详细查准确，

柴房相会一时辰。

小生心内生一计，

哄她赶逐我妻身，

今朝把状来相告，

伏望青天把屈[2]伸。

状纸写完方才了，

立即递过我妻身，

明日就系三六九，

妻到包爷府内行。

嘱罢状元移步去，

直到包公府前行，

行到包公府门口，

吩咐一切把门人。

若有妇人来告状，

不得阻她半毫分，

状元移步归书馆，

又唱温金她一人。

眼前望见黄昏晚，

不见状元转回身，

温金朝夕心思想，

状元合口不同心[3]。

想差丫环去叫唤，

又怕变成失礼人，

不唱温金家中事，

且唱开封府内人。

明日就系三六九，

吩咐一班手下人，

倘有他人来告状，

不得勒索半毫分。

恐怕人家冤枉状，

速将状纸告知闻，

无须十家连一甲，

亦要五户连一邻。

有理无理照律办，

亦无饶恕半毫分，

生占人妻抄九族，

强奸幼女杀其身。

速将放告牌挂起，

各人告状乱纷纷，

店婆见得心欢喜，

连忙回报太夫人。

珍珍听罢心欢喜，

手拿血书走如云，

一程入到包爷府，

跪落丹墀地中心。

包爷开声来询问，

小姐因何到来临？

珍珍即便将言说，

包爷看状便知真。

包爷接状来观看，

一张血诉好惊人，

不知有理或无理，

亏你千山万水行。

[1] 来因：方言，同前文的"根因""原因"，指内情。
[2] 屈：方言，即冤。
[3] 合口不同心：指嘴巴应承，但心思不一。

夫人请你先回去，
等我审实报知闻，
立即退堂回衙内，
自思自想觉难分[1]。

包青天执法公办
高文举夫妇荣归

五更三点皇登殿，
包爹乘马入朝行，
入到金阶不下马，
又无下马口称臣。

君皇殿上开金口，
包卿何事闷沉沉？
许久不见包卿面，
因为何事不精神？

包爷执本马上奏，
君王殿上纳言陈，
昨日陈州遇冤事，
特来回报奏知闻。

途中有妇来告状，
被人生占她夫君，
生占人夫把妻害，
媒人贪财强迫婚。

小臣思量难决断，
望皇定夺若何能？
君王殿上开金口，

包卿听我说言陈。

生占人夫把妻害，
抄他九族挖山坟，
媒人贪财迫婚姻，
将他割耳又充军。

包爷登时跳下马，
二十四拜谢皇恩，
谢了皇恩辞朝去，
愁愁闷闷转回身。

回到衙内就吩咐，
黄婆速去验温金，
若是温金身有孕，
罪在文举状元身。

若然温金身无孕，
抄她九族挖山坟，
黄婆领命忙忙去，
发脚[2]如飞走如云。

将身步入温家府，
门官询问是何因，
黄婆开口将言说，
包爷差我到来临。

门官不敢多盘问，
放她入去见夫人，
夫人望见黄婆到，
婆婆好意到来临。

验婆开口将言说，
夫人听我说言因，

[1]　难分：指难以定夺。
[2]　发脚：指抬脚走路。

珍珍现已告准状，
差我验过姐玉身。

夫人听罢将言说，
房中去问姐温金，
验婆步入房中去，
小姐悠悠过日辰。

验婆开口将言说，
温金小姐听我陈，
前日一位弹唱妇，
为寻夫主上京行。

正系西京黄小姐，
状元正系她夫君，
昨日包爷告状准，
差我来验你玉身。

就把房门来关住，
验过是假还是真，
你招文举将四载，
是否怀有孕在身？

温金听得心中苦，
验婆包藏二三分，
便称白银三百两，
千祈包藏我们身。

验婆丢银不肯受，
包爷知道不饶人，
温金留住要吃饭，
插花利市一封银。

验婆即时回衙去，
禀过包爷他知闻，
现今温金身无孕，

颜容未损半毫分。

包爷闻得心中恼，
好个朝中宰相臣，
就差张龙和赵虎，
速去温家府押人。

温金知道事不好，
房中打扮没精神，
头上先梳龙凤髻，
银链环钗两边分。

轻轻擦过银水粉，
薄薄胭脂搭嘴唇，
头戴凤冠共玉佩，
身穿绸缎共绣裙。

身上扎条丝罗带，
纸皮放在肚中心，
张赵来到温家府，
马上动手就捉人。

锁住温家人四个，
封门捉净不饶人，
押下丹墀人四个，
街头叫喊乱纷纷。

温家押出法场去，
全家抄斩不饶人，
包爷又问温金姐，
身中有孕定未曾。

温金听得将言说，
果然有孕在我身，
包爷举眼来观看，
略些似有二三分。

大骂验婆无道理，
受人钱财害温金，
即叫公差来吩咐，
速将验婆治罪根。

验婆听得心中怒，
即时去抄温金身，
把她衣衫来剥下，
纸皮跌落地中心。

包爷大唱高声骂，
枉你朝中宰相臣，
知法因何又犯法，
决无饶你半毫分。

就把铜钟来烧烘，
罩住温金大毒人，
辰时罩到午时后，
骨头化灰肉化尘。

五更三点皇登殿，
包爷移步入朝行，
将身步入金阶去，
口中无语自思寻。

验得温金身无孕，
问皇定罪是谁人，
即时就向皇上奏，
温金罪恶尽说匀。

如今定罪由你定，
问皇割耳愿充军，
君皇听罢心中苦，
说与包卿你知闻。

朝上无皇国无主，

另行法律若何能？
包爷即便将言说，
我皇在上听言因。

罚你金砖三百只，
修造东京一座城，
罚皇银钱三万券，
留与荒月救良民。

君皇听罢心欢喜，
金银交与包大人，
包爷移步回衙去，
口中无语自思寻。

抄他九族不足算，
又叫公差挖山坟，
楼阁房屋尽收净，
鱼塘果园亦除根。

不唱温金被法办，
又唱文举姓高人，
便把白银一千两，
赠与包爷包大人。

包爷见了微微笑，
清官不受一厘银，
明朝执本上朝奏，
奏你归家奉双亲。

带你妻房来拜谢，
拜谢当今帝王君，
珍珍便对夫君说，
事有因由你要闻。

入到温家多辛苦，
多得迎春好心人，

感得迎春来救我，
不若娶做细夫人[1]。

状元答言真系好，
贤妻尽心来开恩，
状元就娶迎春姐，
俯伏金阶见帝君。

君王殿上开金口，
世上难逢清节人，
八人抬起珍珍姐，
四人抬住姐迎春。

状元听罢心欢喜，
二十四拜谢皇恩，
状元移步回转去，
又来拜谢包大人。

包爷开口将言说，
状元你听我言因，
明朝执本上朝奏，
奏你归家奉双亲。

君皇准奏回归去，
回家祭拜你祖坟，
君皇殿上开金口，
果然你是孝心人。

赐你诸侯剑一把，
奉旨回家养老人，
又赐白银十万两，
归家奉侍老双亲。

状元领了君王赐，

二十四拜谢皇恩，
状元心中多欢喜，
捡完行李就抽身。

文武官员齐相送，
连烧九炮出朝门，
状元心归急似箭，
只恨无翅往家飞。

一程回到黄公庙，
珍珍想起说由因，
幸得郎母解救我，
把他两子化灰尘。

今日寻夫回归日，
请来道士及僧人，
请来僧道十几个，
日夜念经超娘魂。

夫妻净身来拜祭，
大排斋祭我娘亲，
七七斋烛来做过，
报答娘亲的大恩。

又请地师来择地，
大龙大脉葬山坟，
一概丧事明白了，
夫妇三人才动身。

过州就有州官接，
过县就有县官迎，
状元回到河南府，
洛阳一城人来迎。

回到家中见父母，
低头拜谢老双亲，

[1] 细夫人：方言，即小夫人、妾。

双亲见得心欢喜，
几多欢喜笑在心。

多蒙皇天来开眼，
女婿今日步青云，
张公闻得心惊怕，
送银五百服罪身。

文举答言我不要，
按照法律不离分，
便叫公差捉住他，
拉出抄斩不饶人。

连请三日状元酒，
大摆筵席饮酒巡，
又拜四方天共地，
又转堂前谢灵神。

珍珍迎春皆团结，
夫妻和顺一家人，
敬老爱幼同心德，
生男育女春过春。

男儿长大朝廷去，
女儿长大太夫人，
谁人学得高文举，
京中清节有名人。

谁人学得珍珍姐，
不辞劳苦去寻君，
唱完这本高文举，
万古流传到如今。

流传地区：

平南县

资料本提供者：

梁碧堃（汉族）

搜集整理者：

朱日荣（汉族）、覃悦坤（汉族）

搜集地点：

平南县大安镇

时间：

2002 年

原载《广西民间叙事长诗集成》，韦守德、韦苏文主编，
广西民族出版社，2012 年 12 月。

附记

这首长诗唱的是高文举与妻珍珍的故事。高文举是西京河南府洛阳城人，父亲叫高大年，曾在浙江任布政，母亲姓赵，无兄弟姐妹。高文举自幼读书，聪明伶俐。高大年致仕后在家里养老，一家生活过得倒也安逸。高文举 16 岁那年，家里不慎失火，不仅所有的东西都被烧尽，父母也一起亡故。高文举无钱为父母办丧事，只好学董永卖身葬父母。张公见他是个孝子，便称了三百两银子给他。高文举埋葬了父母后，便到张公的当铺里干活。因他聪明伶俐，各种账目往来登记得清清楚楚，张公自然高兴。一天，店铺失火，高文举所记的账目统统付之一炬，张公怪罪，高文举身陷囹圄。街上有个黄员外，娶妻金氏，只生得一女，取名叫珍珍，黄员外视为掌上明珠。珍珍也 16 岁，她提出要嫁一个同命即八字与她一模一样的人。黄员外请了很多算命先生找与女儿同命的人，无奈终无所获。他于是只好到处施舍，以期能遇上一个与女儿同命的人。一天，黄员外到监狱里施舍，恰好访得高文举的八字与女儿一样，于是就把高文举从监狱里赎出来，并招其为婿。朝廷开科取士，高文举不顾珍珍的劝阻，辞别新婚的妻子和岳父母，赴京赶考，并一举高中状元。当朝宰相有个女儿叫温金，也正好 16 岁，他有意要招文举为婿，想法与女儿温金不谋而合。温金于是在文举游街的必经之地抛绣球招亲，并把绣球抛向文举。文举虽中绣球，但不愿娶温金。而皇帝正是温金的姐夫，温金于是上奏皇帝。皇帝要文举娶温金，但文举不从，皇帝于是要斩文举。陈史部给文举出主意，要其先答应娶温金，但同床不同衾，一面又让其妻珍珍去包公处告状，以摆脱温金。文举依其言，遂与温金结亲。之后，文举给珍珍写信，但均遭温金拦截。幸得太白星君托梦，珍珍始知文举被迫结亲之事，于是告别父母，买琵琶一路卖唱上京寻文举。历经千

辛万苦，珍珍终于到得京城。在京城，她偶遇温金的婢女迎春，迎春把珍珍领到温府卖唱。珍珍所唱激怒了温金，温金于是罚珍珍在温府为婢。扫地时，珍珍终于见到了丈夫文举，但又不敢相认，晚上两人才在柴房密会。文举写状纸让珍珍找包公告状。包公接到状纸，访明实情，把宰相全家抄斩，高文举与珍珍终于夫妻团圆。

这部作品明显受高明的《琵琶记》影响，但也有许多创新。它的抒情部分尤其真切感人。

今该长诗唱本搜集地鲜有《高文举》的传唱者。（过竹、黄毅）

韩云贞

（汉族）

一、云贞失棋

韩娇玩棋花园心，
王生紧看紧[1]精神，
久闻韩娇多美貌，
今日得见确系真。

远看韩娇貌惊人，
胜似仙女下凡尘，
若得此人成双对，
少活十年也甘心。

韩娇偷偷看王生，
两边脸颊泛红云，
慌忙来把棋子收，
车马两子落地坪。

王生入园捡棋子，
就把棋子藏在身，
我今捡有两棋子，
定要韩娇结成亲。

王生得棋如得宝，
手舞足蹈喜欢欣，
转到厅堂来收藏，
苦了小姐韩云贞。

韩娇即时来吩咐，
吩咐梅香出园寻，
梅香领命忙忙去，
来到花园四处寻。

四处花园寻不见，
急得梅香好伤心，
将身回转厅堂去，
来见姑娘韩云贞。

韩娇即时高声骂，
王生跟背[2]为何因？
寻得见来饶过你，
寻不见来打你身。

吓得梅香心惊怕，
都怪当时太粗心，
韩娇辞别回身转，
梅香不久到书房。

王生大喝高声骂，
你今到此乱调情，
若系外边人看到，
话我书房撩弄人。

外人知道无碍事，
爷娘知道罪难承，
梅香即进来跟问，
跟问王生棋事情。

我家小姐韩云贞，
失了车马棋子身，
若系[3]书生你捡到，

[1]　紧看紧：方言，即越看越。

[2]　跟背：方言，即跟在后面。

[3]　系：方言，即是。

送还把奴脱罪名。

王生答话连声应，
六百白银四百金，
梅香即时回报去，
回报姑娘韩云贞。

姑娘若要原物转[1]，
六百白银四百金，
韩娇听得双泪流，
王生好起这样心。

此物不是非凡宝，
君王赏赐我爷身，
若系君王来招宝，
又无宝物见王君。

恐怕君王来降罪，
误了我爷一世人，
左思右想无计较，
要取金银赎棋身。

拿出白银六百两，
又取柜中四百金，
四个丫鬟抬金去，
运金运银落书房。

王生即时来收起，
梅香四人唱道情[2]，
梅香指手高声骂，
贼人好起这样心。

姑娘打骂我难抵，

王生开口说言因，
梅香听得双流泪，
只骂王生不是人。

将吾金银来收起，
都无宝物把我身，
梅香听得双流泪，
两件都无一件成。

王生大喝高声骂，
梅香吵闹为何因？
大喝三声你不走，
叫人捆绑打你身。

我今四人对你死[3]，
等我姑娘到来寻，
书房死了四条命，
千条罪责你担承[4]。

王生即时思想起，
莫[5]来逆倒[6]罪上身，
将这金银来还转，
回禀姑娘韩云贞。

王家金银多多有，
珍珠玛瑙当泥尘，
千万黄金赎不出，
要与小姐结成亲。

[1]　要原物转：方言，即要回原物。
[2]　道情：中国曲艺的一种，以唱为主，以说为辅。

[3]　对你死：方言，即因你而死。
[4]　担承：方言，即承担、负责。
[5]　莫：方言，即不。
[6]　逆倒：方言，即遇到、遭遇。

二、花园盟婚

梅香听得王生说，
运金运银转回身，
丫鬟回转深房内，
回报姑娘韩云贞。

千万黄金佢[1]不爱，
就爱姑娘结成亲，
这个王生真奸巧，
几多刁难小奴身。

韩娇听得双流泪，
就骂王生不是人，
你爷做官管百姓，
为何你起不良心？

看见奴奴容貌好，
贪图失赖[2]结成亲，
自思自想无计较，
原有出处定安身。

一来招个才郎子，
二来赎转棋子身，
出去花园来相会，
等他书音好安心。

不如花园来起配[3]，
引托[4]梅香两个人，
两个梅香书院去，
禀报书生知信音。

等候七月初七夜，
三更时分会玉麟[5]，
同君花园发过誓，
成双成对也甘心。

梅香听得姑娘说，
两脚如飞走不停，
王生看见梅香到，
彬彬有礼笑相迎。

梅香即时来告禀，
相公在上你宽心，
我家姑娘来相约，
等候七月七日辰。

三更花园来许配，
免致相公挂在心，
王生听得多欢喜，
两脚双跳半天庭。

莫唱梅香回身转，
王生一心等良辰，
光阴易过日难等，
盼着七七到来临。

等到三更人睡尽，
王生偷偷出门庭，
今晚花园同发誓，
不知何日结成亲？

韩娇生得多美貌，
时时难舍花娇人，
纸笔墨砚都带去，
画娇人貌来看真。

[1] 佢：方言，即他。
[2] 失赖：方言，即耍赖。
[3] 来起配：方言，即来相配。
[4] 引托：引见托付。
[5] 玉麟：王生的名字。

两个棋子随身带，
不久行到花园林，
韩娇花园来等候，
等候书生王玉麟。

王生进入花园内，
韩娇作揖会玉麟，
今晚花园同相会，
小生有福配娇身。

韩娇回礼把言道：
天缘巧合一双人，
双双对天发过誓，
两人心愿结成亲。

韩娇提香烧三品，
告禀天地众神明：
日月三光来做主，
小奴名字韩云贞。

爷娘未曾来起配，
我今愿配王玉麟，
两人发誓同偕老，
永不变心改嫁人。

日后如若另改嫁，
五雷打死韩云贞。
玉麟把香烧三品，
告禀虚空过往神：

爷娘独生我自己，
小生名字王玉麟，
我今自幼攻书卷，
出往游园会娇身。

今晚花园同发誓，

两人发誓禀天神，
日后若丢韩妻子，
一十二世打单身。

韩娇玉手来牵起，
两人牵手笑吟吟，
两个棋子来交转[1]，
韩娇见棋喜欢欣。

王生又来将言说，
难舍韩娇个花人，
我今拿笔来画你，
画娇人貌定安心。

纸笔墨砚放在地，
园中妙画忙不停，
一身画来都一样，
俨然就系韩云贞。

将把花容来画好，
两人辞别转回身，
韩娇回转深房内，
转辗难眠想不停。

王生转到书房内，
画娇人貌做神明[2]，
面对娇人痴痴望，
从早到晚又天明。

朝夜[3]烧香来敬奉，
烧香报事[4]也甘心，
日里拿出书房挂，

[1] 交转：方言，即交回。
[2] 做神明：把韩云贞当作神。
[3] 朝夜：方言，即早和晚。
[4] 报事：方言，即惹上事。

夜辰[1]拿转[2]共床眠。

三、洪娇释梦

不觉星君就知道，
太白星君到来临，
太白星君来下凡，
呵骂凡间王玉麟。

正神正佛你不奉，
为何祀奉你妻身？
得罪天地众神明，
理当拆散你婚姻。

婚姻拆散三年久，
三年满期会[3]妻身，
一阵狂风书房内，
吹起韩娇半天庭。

吹到金銮殿上去，
君王龙眼来看真，
看她花容多美貌，
不知哪村哪舍人？

不知何州何县女？
天送此女做正宫，
就请天师来卜卦，
天师卜卦到来临。

天师卜卦将言说，
杭州府内姓韩人，
此人不是正宫女，
乃是状元妻子身。

君王听得心中想，
就要立时接正宫，
吩咐花轿来迎接，
太监宫娥一齐行。

君王圣旨先锋剑，
等齐兵马落船心，
不久船到杭州府，
兵马纷纷看不停。

莫唱君王来接亲，
回文又唱姓洪人，
不久八月中秋节，
洪娇来请韩云贞。

提起笔来磨浓墨，
就来写帖请同心[4]，
自思自想无计较，
请到贤姐赏月明。

一纸书信都写好，
吩咐梅香送帖人，
梅香送帖忙忙去，
去到韩家府内庭。

帖音交与韩娇姐，
韩娇看帖笑吟吟，
回转深房来打扮，
登时打扮就起身。

[1] 夜辰：方言，夜晚。
[2] 拿转：方言，拿回。
[3] 会：相会、相遇。
[4] 同心：方言，即知心。

不久去到洪家府，
洪娇来接大姐身，
接进厅堂茶相待，
梅香整酒[1]乱不停。

山珍海味都齐备，
两人饮酒笑吟吟，
一杯无言无语答，
二杯连饮不开声。

饮了三杯放下盏，
洪娇就问姐贤人，
那日失漏[2]宝棋子，
谁人捡到赎转身？

韩娇答言贤妹听，
王生捡到棋子身，
千万黄金赎不出，
硬要同我结成亲。

七月七日同相会，
两人发誓不离分，
愿配王生为夫妇，
永不变心改嫁人。

生在王家为夫妻，
死在王家做鬼神，
当在[3]花园亲口许，
许配才郎王玉麟。

发了誓来棋子转，
又画奴容转回身，

两人府内同饮酒，
留生起死[4]共条心。

杯杯敬奉韩娇姐，
韩娇饮醉在宫廷[5]，
登时掉下来扑倒[6]，
观音托梦到来临。

托有五梦韩娇姐，
一身冷汗湿衣裳，
韩娇即时醒眼看，
谁知系妹洪云生。

酒醉掉下来看倒[7]，
观音托梦到来临，
托有五梦真奇妙，
我今讲出你知音。

一梦梳头打烂镜，
二梦桃花落园林，
三梦黄蜂叮满身，
四梦红花落水心。

五梦鸳鸯失一只，
未知何日吉凶生？
洪娇即时来解梦，
从头一二解分明。

一梦梳头打烂镜，
就系[8]失了西番棋，
王生入园来捡到，

[1] 整酒：方言，即准备酒。
[2] 失漏：方言，即遗失。
[3] 当在：就在。

[4] 留生起死：方言，即同生共死。
[5] 宫廷：指洪家府。
[6] 扑倒：摔倒。
[7] 看倒：方言，即看到。
[8] 就系：方言，就是。

几多苦押[1]结成亲。

二梦桃花落园林，
就系花园把婚盟，
车马棋子来交转，
妙画奴容转书房。

三梦黄蜂叮满身，
必定朝中知事情，
姐姐生得容貌好，
又怕朝中接正宫。

朝中兵马到来处，
恰似黄蜂来叮人，
四梦红花落水心，
姐姐当初许玉麟。

朝上正宫你不做，
姐不变心改嫁人，
去离东西南北在，
柴棚烧死姐贤人。

五梦鸳鸯失一只，
同你姐妹各分离，
韩娇听得双流泪，
贤妹解梦姐听真。

若系朝中来等接，
奴奴自尽也甘心，
只说姐妹同偕老，
谁知分散一双人？

想起花园许配事，
时时刻刻念在心，

讲出千般愁不尽，
不免辞妹园回身。

讲出千般愁不尽，
道尽万般情难断，
即喊丫鬟跟在背[2]，
送我姐姐转回程。

四、火棚贞死

韩娇转到深房内，
愁愁闷闷不精神，
独对银灯愁点点，
一夜不眠把计生。

一包毒药来藏起，
对君自尽也甘心，
莫唱韩娇心苦闷，
牌风[3]圣旨到来临。

上岸起身[4]烧九炮，
乡村各处得惊人[5]，
离岸摆驾韩家府，
四面围住姓韩人。

韩府一家魂魄散，
圣旨到来有甚因？
牌风即时开金口，
要接韩娇做正宫。

[1]　苦押：方言，即苦、苦难。

[2]　跟在背：方言，即跟在后面。

[3]　牌风：当指带着圣旨主持迎接正宫皇后的官员。

[4]　起身：方言，即动身。

[5]　乡村各处得惊人：惊动了各处乡村。

韩爷夫妻心大恐，
登时跌落地中心，
宫娥尽介[1]行前去，
陪伴韩娇正宫娘。

韩娇深房猛挣扎，
牵手上轿落船心，
宫娥即时来搜过，
搜到毒药藏在身。

若是娘娘身尽死，
太监宫娥罪难当，
火烧九炮连天响，
登时解缆就开船。

韩爷夫妻多啼哭，
两老空空靠谁人？
家童即时来劝解，
枉费老爷当朝人。

姑娘朝中主皇后[2]，
老爷都系国丈人，
韩爷听得多欢喜，
家童劝解即宽心。

水路行程日多久，
不觉行来到京城，
韩娇进入金銮殿，
君王龙眼来看真。

看她韩娇真美貌，
一十三省都难寻，
大步官员来朝贺，

高灯龙烛就成亲。

韩娇开口高声骂，
骂声昏君不是人，
奴奴不愿同君配，
任你碎割也甘心。

君王听得心大怒，
可恶韩娇泼贱人！
朝上正宫你不做，
火棚烧死你贱身。

结起[3]火棚高九丈，
捆绑韩娇上火棚，
韩娇听得双泪流，
告禀将军众位人。

我今不从你捆绑，
情愿烧死也甘心，
只是难别两姐妹，
丢别才郎王玉麟。

文武百官尽啼哭，
满朝酒祭韩云贞，
韩娇即时来告禀，
多劳满朝祭酒人。

今日烦劳你众位，
看我冤枉是真情，
王爷听得双流泪，
就来细问娘子身。

问娇贵姓谁家女，
姓氏谁名对我言，

[1] 尽介：尽皆。
[2] 主皇后：当皇后。

[3] 结起：方言，即建起。

韩娇听得王爷问，
忙忙急急讲知音。

家住浙江杭州府，
小奴名叫韩云贞，
王爷听得双泪流，
都系邻舍女千金。

同你共村[1]离不远，
敬奉三杯礼应当，
韩娇答言愧不敢，
写封书信寄回身。

烦劳老爷带信转，
万代功劳似海深，
王爷答言韩氏女，
同你带信转家庭。

韩娇火棚来坐等，
又无纸笔写书音，
左思右想无计较，
将身扯破下补衿[2]。

十个指头牙咬破，
血水流来写书音，
告禀爷娘两老人，
莫念女儿韩云贞。

养育之恩无可报，
亏奴远隔不知音，
奴今不愿为皇后，
情愿火棚烧死身。

总爱双亲比纳福[3]，
女儿命短也甘心，
二转血书写信音，
奴奴书信拜才郎。

当初宝棋为媒主，
当初房内托梅香，
花园发誓禀天地，
亏奴今日两分张[4]。

天地神明不做主，
不愿许身配君王，
你妻朝中冤枉死，
不配君王火棚烧。

千年发誓万年迹[5]，
眼水双双流两行。
当初发誓同偕老，
谁知今日失鸳鸯？

日后京城高中转，
结发韩娇做妻房，
三转血书写信音，
拜上贤妹洪云生。

你姐正宫不愿做，
火棚烧死你姐身，
只说姐妹同偕老，
不知拆散一双人。

今世阳间无相会，
鬼门殿上有相逢，

[1] 共村：方言，即同村。
[2] 将身扯破下补衿：将裙子扯破。

[3] 总爱双亲比纳福：方言，即只要双亲有福享。
[4] 分张：方言，即分开。
[5] 千年发誓万年迹：千年的誓言万年还在。

你姐今日无可报，
妹你有福配郎君。

烦劳老爷带信转，
一路福星到家庭，
王爷双手来捡到，
脚下放火烧不停。

官兵放火乱纷纷，
烈火烧起半天门[1]，
九架柴棚烧八架，
惊动云头太白星。

就降云水火棚内，
满朝看见烧死人，
太白星君来降下，
狂风吹走韩云贞。

五、王爷训子

王爷看见泪水出，
打开书信看真情，
字字行行都看过，
看到书生王玉麟。

大胆奴才不是人，
苦押韩娇结成亲，
韩娇正宫不愿做，
边样[2]媳妇甘[3]贤贞。

早知都系韩媳妇，
当祭三杯礼本终[4]，
今把韩娇来做害，
千年罪责系玉麟。

眼看血书心火起，
不免辞官转家庭，
立即挂印辞官转，
归家教子系真情。

五更三点皇登殿，
就着朝衣见君王，
小臣在朝有几载，
福掌江山太安平[5]。

小臣奏本非闲事，
归家教子系真情，
君王听得王卿奏，
难舍朝中老忠臣。

封你原职回身转，
带凤归宫转家庭，
满朝文武来相送，
火烧九炮就起身。

一程转到王家府，
妻人来接丈夫身，
离别几年人貌改，
黑发改做白头人。

今日我爷辞官转，
厅堂来拜见父亲，
进入厅堂来下拜，

[1] 烈火烧起半天门：火很大，都快烧到了天门。
[2] 边样：方言，即怎么样。
[3] 甘：方言，即这么。
[4] 当祭三杯礼本终：按礼，儿媳妇死，家翁应该给她祭三杯酒。
[5] 太安平：太平、平安。

低头下拜老父亲。

王爷见子心火起，
靴尖一踢王玉麟，
妻子看见双流泪，
我夫为何甘伤心？

单生独子你踢死，
日后承香靠谁人？
王爷听得加添怒，
诈聋诈哑不应人。

玉麟本系不该死，
气子[1]悠悠又转阳，
王爷看到还转阳，
靴尖又踢玉麟身。

夫人看见泪水出，
夫妻年老靠谁人？
我今踢死贱骨头，
承香不要害人精。

玉麟即时来揽爷，
告禀亲生父母亲，
爷系青天母系地，
归官何有咁伤心？

爷把事由讲子听，
我被踢死也甘心，
不把真情来讲出，
儿死阴间眼不瞑。

王爷大喝高声骂，
可恶奴才王玉麟！

书房有书你不读，
花园撩弄韩云贞。

韩娇无奈来许配，
不敢重婚改嫁人，
韩娇正宫不愿做，
火棚烧死韩云贞。

你今害死贞节女，
千条罪责你担承，
玉麟听得双泪流，
告禀爷娘两双亲。

只说同她结夫妇，
谁知无福守她身？
我今害死韩云贞，
孩儿到老不娶亲。

王爷责骂来守孝，
三年守孝奉香灯，
玉麟回复答王爷，
再守六年也甘心。

王爷即时来超度，
超度引魂韩云贞，
王生楼中来守孝，
亲爷写帖乱无停。

二封书信都写尽，
交把[2]家童送信人，
家童带信忙忙去，
不久去到韩家庭。

韩爷接把血书看，

[1]　气子：方言，即气。

[2]　交把：交给。

二封血书看真情，

我女对君贞节死，

亏你青春少年人。

只说朝中为皇后，

谁知火棚烧死身，

家财万贯无用处，

当天超度我女身。

家人带信忙忙去，

洪娇看帖泪淋淋，

看到书中冤枉死，

不知我姐咁忠贞。

当初看棋同姐聊，

谁知拆散两离分？

今日姐姐冤枉死，

无魂无影[1]何处寻？

七月七日同相会，

鹊桥架搭会牛郎，

今日请师来超度，

结着姐姐今同心。

今日请师来超度，

引转魂魄上天庭，

超转度来引转魂[2]，

奴奴守孝我姐身。

六、逃离李家

只说火棚贞节死，

神仙挟[3]到此方停，

不知所在何地方，

上无亲来下无邻。

话说此地人姓李，

有个李爷李将军，

那天李爷去打猎，

远远听着有人音。

此方处处无人住，

这边怎会有人声？

李爷行前把眼看，

看见是个女佳人。

看这女人多美貌，

便问美女何方人？

奴奴住在杭州府，

奴奴名叫韩云贞。

婚姻匹配王家子，

名字就叫王玉麟，

当初花园亲口许，

永不重婚改嫁人。

朝中正宫我不做，

将奴火棚烧死身，

感谢神明来救我，

救出奴奴此方亭。

李爷看见多欢喜，

原来是个落难人，
夫妻两老无一子，
单生一女李月英。

我今收你为义女，
问你应承不应承？
韩娇听得忙下拜，
世代永记你恩情。

李爷听得多欢喜，
带上韩娇回家庭，
一程带回高堂上，
就喊妻人看真情。

山中打猎带一女，
你看称心不称心？
妻子看见多欢喜，
哪家失漏女千金？

看她美貌多伶俐，
礼义行踏遂人心[1]，
李爷就喊选吉日，
选过吉日拜过神。

李爷收你做义女，
名字安做[2]李日英，
韩娇高堂拜了祖，
转身又拜二双亲。

生身父母恩教[3]小，
养身父母恩教深，
月英日英两姐妹，

姐妹和顺过光阴。

收留韩娇得几日，
李爷便起不良心，
看她娇容多美貌，
便想同她结成亲。

就叫夫人来商议，
我今两老无子息，
后代承香靠谁人？
收留佳女传香烟。

我想同她结为亲，
日后必定生贵子，
接引香烟有后人，
夫人骂他无良心。

义女做妻丧天伦，
李爷即时开口说，
深房转喊韩云贞，
韩娇听得爷叫喊。

厅堂下拜爷爷身，
爷今好心收留我，
转姓安名李日英，
名唤日英人叫喊。

为何今日喊云贞？
李爷指手高声骂，
可骂奴婢下贱人，
当初收你做义女。

今日想你做妻身，
今日高堂对你讲，

[1] 礼义行踏遂人心：礼义周全让人满意。行踏：方言，即行动。
[2] 安做：方言，即叫做。
[3] 恩教：教养抚育的恩情。

0559

爱来转喊^[1]系真情，

你今喊我亲夫主。

我今喊你贤妻身，

韩娇听得哀哀哭，

我爷说话不分明，

好心收留做义女。

不敢忘恩半点心，

上有青天下有地，

拜过祖宗并神明，

将军即时连声应。

神宗^[2]无应神无灵，

我今接引^[3]无后代，

后代承香靠何人？

不保我来传后代。

祖公^[4]神明都不灵，

韩娇听得高声骂，

丧尽天良李将军，

朝上正宫我不做。

然何你做歪心人^[5]？

你今要我成亲日，

任你碎割也甘心，

李爷听得心大怒。

捉进监牢禁娇身，

有个同乡张巡检，

拜寿做酒^[6]好惊人，

即日寿诞行请帖。

写帖要请李将军，

家童送帖李家厅，

李爷接帖心不宁，

今日不去他府上。

又怕张爷怪我身，

今日夫君人请去，

趁着夫君人离开，

夫人偷放韩云贞。

即时吩咐丫鬟女，

快快放出牢中人，

丫鬟听得夫人命，

开监放走韩云贞。

七、山中被捉

今日不见韩娇姐，

妻身近前禀知音，

恐怕不是凡间女，

又怕神明来显身。

麻绳捆紧走得脱，

不是仙来也是神，

李爷听得暗思想，

恐怕都系神仙人。

看来祖公系有灵，

[1]　爱来转喊：方言，即突然想改变对韩云贞的称呼。

[2]　神宗：神仙和祖宗。

[3]　接引：指传宗接代、繁衍子嗣。

[4]　祖公：方言，即祖先。

[5]　歪心人：方言，即心术不正之人。

[6]　做酒：方言，指办酒席。

好得未曾[1]结成亲，
日月神明我有罪，
必定将军有难星。

行一塘[2]来过一塘，
韩女行到黄泥冈，
毛王吩咐众兄弟，
下山打劫正奔忙。

一营兄弟齐来看，
看来[3]一个女佳人，
捉拿韩娇转山林，
大王看见笑吟吟。

娶得娇妻人四个，
都无子息在身边，
喽啰赏银一千两，
要娶韩女做妻身。

韩娇听得双泪流，
就骂山贼没良心，
朝上正宫我不做，
为何做你山贼娘？

你今想我成亲日，
任你处斩也甘心，
一山兄弟齐来看，
毛王就打韩娇身。

一山兄弟齐来打，
棒捶棍打乱不停，
大王苦押韩娇姐，

棍棒是打大王身。

打得大王必惊怕，
此女可能系天神，
众山兄弟不可打，
快送韩娇出山门。

韩娇听得多欢喜，
两脚不沾地泥尘，
一路行来多凄凉，
上无亲来下无邻。

孤孤零零一路走，
越走越是心凄凉，
走投无路无所靠，
不如投江死归阴。

八、投江遇救

行出江边忙下拜，
告祝河伯水官神[4]，
今日江边投水死，
切莫浮起小奴身。

两脚跳落江中去，
惊动云头太白星，
先叫神明来护救，
众神各个尽知音。

河伯水官来听到，
一河水鬼救佳人，

[1] 好得未曾：方言，即好在未曾。
[2] 塘：方言，即程。
[3] 看来：看见来了。

[4] 水官神：水神、河神。

浮起韩娇水面上，
相似睡倒一般形[1]。

洪爷归家没多久，
皇上难舍老忠臣，
金牌去到杭州府，
洪爷迎接圣旨身。

门前大炮连天响，
祭江打叠[2]就进京，
水鬼看到官船到，
托起韩娇水面浮。

洪爷远远来看真，
看到水面有一人，
水面浮人快捞起，
快救船中问原因。

韩娇即时还阳转，
洪爷跟前细相问，
韩娇听得双流泪，
一番啼哭说原因。

洪爷听得泪水流，
双手牵转女千金，
我今就系洪宰相，
我女同你结拜盟。

同你结拜义姐妹，
小名安做洪云生，
闻你贞节火棚死，
灵牌安等[3]守你身。

信你韩娇火棚死，
谁知神仙救你身？
韩娇听得忙下拜，
四礼八拜义父身。

今日义父重相会，
花再重开月再明，
洪爷安慰女千金，
你今改做姓洪人。

洪爷的女乐呵呵，
韩娇有幸投家门，
只说洪爷亲生女，
义爷带等[4]整三年。

九、玉麟中榜

水路行程没多久，
义父带女赶行程，
满朝文武来等候，
接进殿上见君王。

君王看见龙眼喜，
寡人宠爱老忠臣，
官职高升洪宰相，
洪爷低头谢皇恩。

王生守老[5]三年满，
三年科考又来临，
水路行程没多久，

[1] 相似睡倒一般形：如同睡着了一般。

[2] 打叠：打点，指收拾行李。

[3] 安等：方言，即安放好。

[4] 带等：方言，即带。

[5] 守老：方言，即等待。

不觉行来到南京。

三月初八开场考，
各省才子进科场，
翰林宗师来监考，
九个提督府朝门[1]。

头场二场来取考，
三场考得好功名，
三百名中选三个，
另选高升三个人。

头名状元王玉麟，
二名榜眼姓陈人，
三名探花李家子，
三人同榜在朝廷。

头上封起乌纱帽，
身上着起[2]紫云袍，
敕赐金鞍马三匹，
三元及第去游春。

洪爷入殿忙俯伏，
三呼万岁见当今，
君王殿上开金口，
洪爷到殿有何因？

臣今奏本非闲事，
特奏新科状元身，
新科状元王玉麟，
小臣有女爱[3]招亲。

君王听得龙眼喜，
言念洪爷老忠臣，
新科状元你招赘，
寡人做主做媒人。

状元游街三日转，
回身下马转朝廷，
三人上朝把本奏，
望皇赐我转家庭。

君王殿上开金口，
丞相之女赐婚姻，
状元听得来跪奏，
君王听我说分明。

洪爷一女爱招赘，
我今不愿来招亲，
家有爷娘年又老，
父母年老靠谁人？

君王听得心大怒，
当朝逆旨罪上身，
你今不顺招婚事，
今朝处斩皇朝门。

十、夫妻团圆

洪爷听得开口说，
新科状元王玉麟，
我女朝中你招赘，
任[4]你带转回家庭。

[1]　九个提督府朝门：指九个提督也来参加组织考试。
[2]　着起：方言，即穿上。
[3]　爱：方言，即想。

[4]　任：方言，即任由。

若系你爷来埋怨，

千斤担子我担承，

状元听得洪爷说，

看不奈何^[1]来招亲。

就点高灯并龙烛，

敕赐状元就成亲，

四礼八拜天和地，

转身又拜岳父身。

今晚洞房来相会，

夫妻交拜一双人，

状元起眼^[2]来看真，

乃系前妻韩云贞。

只说洪爷亲生女，

不知招到前妻身，

韩娇即时回言道，

夫君听我说原因。

情愿火棚贞节死，

谁知神仙救我身，

后来无计投水死，

又遇洪爷义父亲。

义父救我带上京，

带上京来招你身，

今日夫妻重相会，

花再重开月再明。

[1] 看不奈何：方言，即无可奈何。

[2] 起眼：指抬头看。

流传地区：

　　贺州市

传唱者：

　　佚名

搜集整理者：

　　凌火金（汉族）

搜集地点：

　　贺州市八步区

时间：

　　1982—1983 年

原载《广西民间叙事长诗集成》，韦守德、韦苏文主编，广西民族出版社，2012 年 12 月。

附记

　　这首长诗主要流传于桂东贺州市汉族客家方言地区。

　　这是一个典型的才子佳人的故事。杭州府书生王玉麟看见漂亮的韩云贞在花园里下棋，顿时心生爱慕。云贞在收拾棋子回去时，因匆忙遗落了车和马两枚棋子，被王玉麟拾得。云贞向玉麟要棋子，玉麟趁机提出要和云贞结亲，云贞约玉麟七月初七在花园相会，两人在花园里私拜天地结了亲。玉麟因爱慕云贞，故当即给云贞画像，并挂在书房中烧香祷拜。玉麟的行为激怒了太白星君，他刮起一阵狂风，把画像刮进皇宫里，让皇帝看到。皇帝也惊叹于云贞的美貌，于是要强娶云贞为正宫娘娘。云贞不从，皇帝恼怒，要把云贞烧死。站在火棚上，云贞托王爷带血书回家给父母、玉麟和义妹洪云生。九架柴棚烧了八架，云贞眼看就要被熊熊大火吞噬，这时太白星君吹起一阵大风，将云贞救出，并送到山间。李将军进山打猎，正好遇上云贞，他将云贞带回家，先是把云贞收为义女，起名李日英。不久，李将军反悔，要收云贞为二房，云贞不从，被关了起来。趁李将军不在，李夫人悄悄放走了云贞。在逃亡中，云贞不幸又被山大王毛王抓住，毛王逼云贞作五房，云贞不从，毛王于是令喽啰们用乱棍打云贞。可这时出现了怪事，喽啰们打的明明是云贞，棍棒却打在了毛王的身上。毛王恐惧，于是放走云贞。云贞从山上逃出来，感慨自身的不幸，于是投江赴死。太白星君看见，令河伯水鬼把云贞浮在江面上。洪丞相省亲后回京，正好遇上并救起，遂认她做义女，改姓洪。玉麟知道云贞身死，为其守孝三年。三年后，朝廷开科取士，玉麟考中状元。洪丞相上奏皇帝，要招赘玉麟为婿。玉麟虽不愿意，但皇帝不允。洞房之夜，玉麟与云贞相见，才知道他娶的洪丞相之女竟是云贞。两个有情人终成眷属。

这首长诗叙述的虽是才子佳人的故事，但作品想象丰富，充满传奇色彩。

该长诗搜集地鲜有《韩云贞》的传唱者。（过竹、黄毅）

附录

一

著名歌师小传

广西是歌海，各地都有山歌能手。这里列传的歌师，仅是传承民间长诗且有作品收录在本卷的歌师。按年龄排序。

吴老年

吴老年（1880—1963.5.2），男，壮族，广西罗城县下里乡里乐村人。3 岁随父母迁宜山（今河池市宜州区），后拜泥水匠兼调子（即彩调）老艺人乔祖旺为师，日做泥水工，夜习调子戏。14 岁始饰《对子调》中的干妹子。1901 年，吴老年与潘老扭等调子艺人组建"同乐堂"调子戏班。吴老年调子戏中的生、旦、丑行行俱精，尤以演旦角刻画人物细腻见长。吴老年演过小生戏《毛国珍打铁》中的毛国珍、《白云楼》中的潘必正，演过小旦戏《王三打鸟》中的毛姑娘、《下南京》中的蓝三妹，演过小丑戏《蠢子接妻》中的蠢子、《瞎子闹店》中的瞎子、《浪子回头》中的浪子、《花子盘学》中的叫花子。70 多岁表演《王三打鸟》中的毛姑娘，仍生动传神。1950 年后，吴老年裹白布头巾、穿草鞋、腰缠彩带、拿戏扇、背渔鼓，在宜山县里 30 多个业余彩调剧团传艺。他曾到广西省（广西壮族自治区前身）文化干部学校彩调班和省彩调团任教。广西彩调团资深演员罗亮、傅锦华、唐继、王玉珍等，都随吴老年学艺。1954 年，吴老年被选为广西文联戏剧部副部长。1958 年加入中国戏剧家协会，并当选为中国戏剧家协会广西分会（广西戏剧家协会前身）副主席。在传承、发展广西彩调的同时，吴老年搜集并传承了大量的民歌，并将优秀的民歌融入彩调剧中。

黄忠福

黄忠福（1921.10— ），男，壮族，广西巴马瑶族自治县坡得村人，盲人歌师。10 岁双目失明，12 岁学歌，15 岁开始对歌，每对必赢。姜圩乡有个美丽的姑娘，唱三天三夜没有一句歌词是重复的，全乡没有人能赛过她。姑娘就提出挑战：有敢来对歌的，输了，赔我两亩好水田；赢了，我嫁给他！黄忠福骑马去应战。第一年对了三天三夜不分输赢；第二年又对了三天三夜，还是平局；第三年再唱了三天三夜，姑娘输了，心服口服地嫁给了黄忠福，成为终身伴侣，在巴马、东兰、都安等县（自治县）传为美谈。中华人民共和国成立后，黄忠福利用山歌，宣传党的方针政策，起到积极的作用。

梁碧堃

梁碧堃（1921—2007），女，汉族，广西容县罗江镇三岸村人，后嫁至平南县大安镇。少时曾读过 5 年私塾，20 世纪 50 年代初期上过 3 年工人夜校。年少即喜好民间文学，对叙事长诗尤为喜爱。读私塾时，即对容县、平南一带民间流行的歌、彩茶

戏有兴趣并开始收集，手抄记录，逐渐形成资料本加以保存。《苏英记》《高文举》等民间叙事长诗是她读私塾时，从容县、平南县一带流传的山歌、采茶戏的传唱中收集整理而成的，并形成了手抄本。她提供这些手抄本时，有多个破损处贴补填抄，故基本完整。老人提供手抄本时已 80 余岁，但对这些长诗还能熟唱如流。

吴贵元

吴贵元（1928.1— ），男，侗族，广西三江侗族自治县林溪乡林溪村皇朝新寨人。广西三江县文化馆干部，中国民间文艺家协会会员，侗族歌师。吴贵元生长在侗族民歌之家，其父亲是名老歌师，从小耳闻目睹、言传身教，特别是帮父亲抄写民歌，得到很好的民歌基础训练，14 岁跟班入行，十六七岁独当一面，上阵演唱，未满 20 岁便闻名四乡八寨。后凭歌才被三江侗族自治县文化馆破格录取为创作员，传播侗族文化。曾在运动中受到冲击，辞职回家务农，改革开放后重新恢复公职，为三江侗族自治县文化馆创作员，参与侗族民歌的搜集、翻译、整理、传播工作，作品收入《侗族民歌选》《侗族民间故事选》等书。与吴居敬、过伟合作创作大型侗族歌剧《秦娘梅》。

覃桂清

覃桂清（1929.4— ），男，壮族，广西武宣县人。1949 年 5 月参加粤桂边区游击队，1950 年在武宣县中学任教，1952 年任宜山专区人民电影院放映员，1954 年任宜山县（今河池市宜州区）文化馆创作员，1955 年任大苗山苗族自治县（今融水苗族自治县）文化馆创作员，1963 年任柳州地区文工团编剧，1965 年任忻城县文化馆创作员，1982 年任柳州地区民族歌舞团创作员，1989 年离休。中国民间文艺家协会会员、广西山歌学会首届副会长。出版有《哈迈》、《广西情歌》、《刘三姐歌韵歌例》、《广西歌圩山歌选》（广西人民出版社，1986 年版）、《刘三姐纵横谈》（广西民族出版社，1992 年版）、《广西忻城土司史话》（广西民族出版社，1990 年版）等著作。覃桂清根据《友蓉伴侬》改编同名苗戏，配苗歌曲调，由苗族演员排演，成为第一部"广西苗戏"，因此在融水获得苗族群众尊称"友蓉工作"（即做编写《友蓉伴侬》苗剧工作的同志）。覃桂清对广西苗族叙事长诗的传承功不可没。

黄勇刹

黄勇刹（1929.12.26—1984.12.27），男，壮族，广西百色市田阳区那塘村人。壮族诗人、民间文艺家。原名黄玉琛，曾用笔名泪眼、南风、新浪。曾任柳州市文联秘书长、《广西文艺》编辑、广西民间文艺研究会（广西民间文艺家协会前身）秘书

长、中国文联第四届委员、中国民间文艺研究会第三届及第四届理事、中国少数民族文学学会副理事长、中国歌谣学会副会长等职。壮族人民历来就有歌唱的习俗，歌圩活动造就了壮族民歌的海洋，黄勇刹的母亲黄妹亭就是一位有名的民间歌手，黄勇刹从幼年时代起就受到民歌的熏陶，这就使得他的诗歌创作带有浓郁的民歌风味。黄勇刹在学生时代酷爱新文艺，1949年参加革命后，曾任过民众运动工作队队员和小学教师，1956年起在广西高级法院南宁郊区法庭、柳州法院、柳州检察院等单位担任干事、审判员、审判组长、检察员；1958年的搜集民歌运动，唤起他对民歌的特殊爱好，除诗歌创作外，黄勇刹将毕生精力投入壮族民歌的搜集、翻译、整理和研究工作，发表出版民间长诗《唱离乱》（与黄耀光合作，壮族长诗《嘹歌》第五章）、《马骨胡之歌》（与韦文俊等合作，中国民间文艺出版社，1984年版）等，出版《歌海漫记》（广西人民出版社，1981年版）、《采风的脚印》（中国民间文艺出版社，1983年版）、《壮族歌谣概论》（广西民族出版社，1983年版）。三部著作对壮族民歌产生、发展规律和特色作了全面论述，具有一定的学术价值。黄勇刹是舞台歌剧《刘三姐》执笔者之一。黄勇刹熟用壮语，熟知壮歌，在壮族民歌采集中几乎全用壮文记录；在歌圩、歌会上，即席起歌，即兴编歌，被尊以"歌王"称谓。黄勇刹是集民歌采（采集）、编（编写）、研（研究）于一身的"歌王"。

苏维光

苏维光（1930— ），男，京族，广西东兴市人。中国民间文艺家协会会员。曾任中共防城各族自治县江平乡委员会副书记、防城各族自治县文化局副局长、防城各族自治县民族事务委员会副主任等职。一生致力于挖掘、整理、创作京族的传统文化艺术，并与人合作出版《京族民歌选》（广西民族出版社，1988年版）、《京族民间故事选》（中国民间文艺出版社，1984年版）、《京族文学史》（广西教育出版社，1993年版）、《京族风俗志》（中央民族学院出版社，1993年版）等9部著作，是京族有史以来第一个把口头文学变成书面文学的人。

覃承勤

覃承勤（1945.8—2015.10），男，壮族，广西大化瑶族自治县羌圩乡健康村那康屯人。1965年8月入伍，1973年转业到河池地区（今河池市）文化局，历任河池地区文化局文艺创作科科长、《河池日报》总编办主任，1984年12月调广西民族出版社，任汉文室主任。中国民间文艺家协会会员、广西民间文艺家协会理事、中国歌谣学会理事、广西山歌学会第二任会长。1974年，他从部队文工团转业到河池地区文化局后，开始致力于弘扬山歌文化。因为从小听着山歌长大，加上在部队文工团的培养，覃承勤转业到河池地区文化局后，更是如鱼得

水。他经常深入基层，收集歌王、老歌手的歌，还不时与他们切磋。细心的他还将不同的山歌进行分类，研究其韵词，并加以创新。久而久之，覃承勤不但对山歌的套路、内涵、情韵烂熟于心，还为山歌的传承发展提出了不少新的意见和建议。覃承勤长期从事山歌的搜集、整理、研究工作，搜集了3万多首山歌，整理发表200多首山歌，其中叙事长诗有《梅娟》《试心石》《美人山》《虾台和七子》等，编辑出版《右江革命歌谣》（广西民族出版社，1982年版）、《广西情歌对唱精选》（接力出版社，2000年版）、《广西歌王小传》（漓江出版社，1993年版）等。

吴永勋

吴永勋（1946—1993），男，侗族，广西三江侗族自治县八江乡平善村人。侗族琵琶歌师，小学教师。曾任政协广西壮族自治区第六届委员会委员。自幼受民间音乐陶冶，早年在马胖村从事教师工作，利用业余时间弹唱琵琶歌曲，是曲风独特、嗓音清柔、远近闻名的侗族琵琶歌手，曾自弹自唱琵琶歌七天七夜无重复，每到各地探访必引来众多乡邻邀请弹唱，时常彻夜不休。1960年以来，吴永勋搜集整理侗族"耶歌""琵琶歌"1000余首，为《侗族民间文学集成》翻译整理民间歌谣30余首；先后在报刊上发表《单身歌》《风雨桥》《十三岁少女抗婚歌》等10余首；创作《青石碑》《刘兰枝》等琵琶歌30余首。20世纪七八十年代，吴永勋手抱琵琶走遍广西、湖南、贵州三省（区）侗乡，他所弹唱的琵琶歌在80年代录成40余盒磁带，在湘、黔、桂三省（区）交界的侗乡广为流传，被侗乡人民尊称为好"桑嘎"，即编歌好、唱歌好、乐器弹奏好。1985年6月15日，《人民日报·海外版》刊登吴永勋弹唱侗族琵琶歌宽幅照片。

何承文

何承文（1947.5— ），男，壮族，广西平果市人。1970年毕业于广西农学院，分配到平果县工作，并开始接触民间文学，着手收集民歌。1985年调到广西群众艺术馆，任研究馆员，中国民间文艺家协会会员，搜集、翻译、整理有《壮族排歌选》（合作，广西人民出版社，1982年版，获广西第二届少数民族文学优秀作品奖）、《嘹歌·路歌（壮文版）》（合作，广西民族出版社，1985年版）、《嘹歌·建房歌（壮文版）》（合作，广西民族出版社，1985年版）、《嘹歌·日歌（壮文版）》（合作，广西民族出版社，1985年版）、《嘹歌·唱离乱（壮文版）》（合作，广西民族出版社，1985年版）、《嘹歌·三月歌（壮文版）》（广西民族出版社，1985年版）等，是壮族嘹歌的重要传唱者与发扬光大者。

吴浩

吴浩（1948—2017），男，侗族，广西三江侗族自治县独峒乡高定村人。中国社会科学院研究生院少数民族文学系研究生班毕业。副研究员，民间文艺家、侗族歌师。曾在文化、宣传、教育等部门工作，历任三江侗族自治县文工团长，县文化局副局长，县委宣传部副部长，八江乡党委书记，县文化局局长，广西柳州民族中专副校长、党委书记；曾任中国民间文艺家协会理事、广西民间文艺家协会第五及第六届主席团副主席、中国少数民族文学学会侗族文学分会副会长、广西侗学研究会会长；1998 年被评为广西首届中青年"德艺双馨文艺家"，1999 年被评为全国"德艺双馨文艺家"。20 世纪 70 年代中期开始进行民间文学搜集整理工作。80 年代，收集整理 10 多万字的民间故事、民间歌谣等民间文学作品，收入《侗族民歌选》（上海文艺出版社，1980 年版）、《侗族民间故事选》（上海文艺出版社，1982 年版）等书。1986 年 4 月参加中国、芬兰两国学者在广西三江县进行的侗族民间文学联合考察活动。此后，主要从事《侗族民间文学集成》的搜集整理编纂工作和文学创作。20 世纪 90 年代开始，主要从事民族民间文化理论研究工作。1991 年被评为"国家艺术科学重点科研项目中国民间文学集成编纂工作"先进工作者和优秀编辑，其 10 多万字的作品收入《中国歌谣集成·广西卷》《中国故事集成·广西卷》等书。著有《侗族歌谣研究》（与张泽忠合著，广西人民出版社，1991 年版，1992 年 12 月获第二届广西政府文艺创作"铜鼓奖"）、《广西傩文化探幽》（与李路阳合作，广西人民出版社，1993 年版，获中国民间文艺"山花奖"学术著作奖）、《侗族民间文化审美论》（与张泽忠等人合著，广西人民出版社，1994 年版，获 1993—1996 年广西社会科学研究优秀成果二等奖）、《没有国王的王国：侗款研究》（与邓敏文合著，中国社会科学出版社，1995 年版）、《中国侗族村寨文化》（主编，民族出版社，2004 年版）、《侗族款词》（上、下卷）（项目主编，广西民族出版社，2009 年版，获第三届中华优秀图书奖、第六届广西政府文艺创作"铜鼓奖"）、《侗族琵琶歌》（上、中、下卷）（主编，广西民族出版社，2012 年版，获中国政府图书奖三等奖）等。吴浩与吴永勋共同搜集、整理、编唱大量的侗族民歌（尤其是琵琶歌），受到侗乡民众欢迎。吴浩是为数不多的少数民族学者型歌师。

二

主要搜集整理者名录

覃绍宽

覃绍宽（1937.8—），男，壮族，广西田阳县人，历任广西百色地区田阳县文化局局长、田阳县县志办主任，广西民间文艺家协会会员、中国民间文艺家协会会员。

蒙光朝

蒙光朝（1923.8—），男，壮族，广西来宾市兴宾区人，二级编剧，历任来宾县县长、柳州地区文化局局长、中共柳州地委宣传部副部长兼文化局局长、广西民间文艺家协会副主席，中国民间文艺家协会会员。

韦文俊

韦文俊（1931.5—），男，壮族，广西来宾市兴宾区人，副编审，历任来宾县小学教师、校长，柳州地区文化局《百花》杂志副主编，来宾县文化馆馆长，来宾县文联秘书长，《三月三》杂志主编，广西民族出版社社长兼总编辑，中国民间文艺家协会会员。

罗宾

罗宾（1940.3—），男，壮族，广西马山县人，研究员，曾任合山县文联主席、南宁地区文联副主席、广西民族古籍整理办公室主任等职，中国民间文艺家协会会员。

侬易天

侬易天（1927—），男，壮族，广西龙州县人，曾任崇左县财粮股长、崇左县驮卢中学校长、广西文教局科员、龙州第一中学校长、广西民族学院教师、广西民间文学研究会常务理事兼秘书、广西新闻图片社编辑组副组长，中国民间文艺家协会会员。

覃悦坤

覃悦坤（1959.10—），男，汉族，广西平南县人，高级经济师，曾任中国民间文艺家协会理事、广西文联委员、广西民协常务副主席兼秘书长、中国民盟广西区委文化专业委员会副主任，中国民间文艺家协会会员。

苏胜兴

苏胜兴（1939.1—），男，瑶族，广西金秀瑶族自治县人，曾任金秀瑶族自治县文化局局长、县文联主席，中国民间文艺家协会会员。

杨焕典

杨焕典（1931.8—），男，纳西族，云南丽江人，教授，历任南宁师范学院（后更名广西师范学院，现为南宁师范大学）语言研究所所长、副院长、院长，政协广西壮族自治区委员会提案委员会副主任，广西语文学会会长，中国民间文艺家协会会员。

苏长仙

苏长仙（1936.7—），男，壮族，广西南宁市武鸣区人，编审，历任广西百色地区师专等校教师、《三月三》杂志理论编辑室主任、广西民族出版社副总编辑、广西民间文艺家协会副主席、壮族作家创作促进会会长，中国民间文艺家协会会员。

马永全

马永全（1952.8—），男，壮族，广西东兰县人，曾任东兰县文化馆副馆长，广西民间文艺家协会会员。

韦其麟

韦其麟（1935.1—），男，壮族，广西横州市人，教授，历任南宁师范学院（后更名广西师范学院，现为南宁师范大学）民族民间文化研究所所长、广西文联主席、中国作家协会第五及第六届副主席、广西第四及第七届政协委员、第六届全国政协委员，中国民间文艺家协会会员。

过伟

过伟（1928—2019），男，汉族，江苏无锡人，研究员，历任南宁师范学院（后更名广西师范学院，现为南宁师范大学）民族民间文化研究所副所长，广西民间文艺家协会副主席、名誉主席，广西民俗学会会长，中国民间文艺家协会会员。

方士杰

方士杰（1936.1— ），男，壮族，广西德保县人，副研究员，曾任广西文联广西民间文艺研究室副主任，中国民间文艺家协会会员。

何承文

何承文（1947.5— ），男，壮族，广西平果县人，广西群众艺术馆研究馆员，中国民间文艺家协会会员。

李尚杰

李尚杰（1956.3— ），男，汉族，广西大新县人，曾任南宁地区群众艺术馆馆长、广西民间文艺家协会副主席，中国民间文艺家协会会员。

周松龄

周松龄（1921.11— ），男，汉族，广西武宣县人，曾为武宣县文化馆干部，广西民间文艺家协会会员。

韦立青

韦立青（1933.12— ），男，壮族，广西武宣县人，曾为武宣县文化局干部，广西民间文艺家协会会员。

过竹

过竹（1964.6— ），男，苗族，广西三江侗族自治县人，研究员，广西社会科学院广西文艺评论基地副主任、广西民间文艺家协会副主席，中国民间文艺家协会会员。

蒙冠雄

蒙冠雄（1933.8— ），男，瑶族，广西都安瑶族自治县人，历任广西都安瑶族自治县七百弄区弄呈中心小学教导主任、县文化馆副馆长、县文联常务副主席、县政协专职副主席，中国民间文艺家协会会员。

蓝永红

蓝永红（1951— ），男，瑶族，广西都安瑶族自治县人，历任小学教师、中师函授辅导员、乡教育组长、都安县文联民间文艺工作者协会副主席，广西民间文艺家协会会员。

杨通山

杨通山（1947— ），男，侗族，广西三江侗族自治县人，曾任三江侗族自治县政协副主席、广西民间文艺家协会副主席，中国民间文艺家协会会员。

梁瑞光

梁瑞光（1937.8— ），男，汉族，广西罗城仫佬族自治县人，罗城仫佬族自治县文化馆干部，广西民间文艺家协会会员。

覃桂清

覃桂清（1929.4— ），男，壮族，广西武宣县人，历任武宣县中学教师、宜山专区人民电影院放映员、宜山县文化馆创作员、大苗山苗族自治县文化馆创作员、柳州地区文工团编剧、忻城县文化馆创作员、柳州地区民族歌舞团创作员，中国民间文艺家协会会员。

肖甘牛

肖甘牛（1905— ），男，汉族，曾任教于广西平乐中学、梧州中学、桂林中学、永福中学，1950年后先后任教于临桂中学、来宝中学、宜山高中，后为专业作家，曾为广西壮族自治区政协委员，中国民间文艺家协会会员。

蒋志雨

蒋志雨（1937.5— ），男，壮族，环江毛南族自治县文化馆干部，广西民间文艺家协会会员、中国民间文艺家协会会员。

韦志彪

韦志彪（1933.5— ），男，壮族，曾任河池地区（今河池市）文化局局长、广西民间文艺家协会副主席，中国民间文艺家协会会员。

谭贻生

谭贻生（1927.7— ），男，毛南族，广西环江毛南族自治县人，环江毛南族自治县下南乡党委干部，广西民间文艺家协会会员、中国民间文艺家协会会员。

苏维光

苏维光（1929.3— ），男，京族，广西东兴市人，历任防城各族自治县民族事务委员会副主任、县文化局副局长，中国民间文艺家协会会员。

王光荣

王光荣（1944.3— ），男，彝族，广西那坡县人，教授，历任广西那坡县县志办主任、南宁师范大学民族民间文化研究所所长、广西民间文艺家协会副主席、广西民俗学会会长、广西民族研究学会副会长，中国民间文艺家协会会员。

凌火金

凌火金（1938.11— ），男，汉族，广西贺州市八步区人，先后做过中学教师、企业管理干部，广西冶金勘探公司二零四队干部，曾担任《贺县志》副主编，广西民间文艺家协会会员、中国民间文艺家协会会员。

李肇隆

李肇隆（1934.11— ），男，瑶族，广西全州县人，曾任桂林地区《漓江日报》副总编、广西民间文艺家协会副主席，中国民间文艺家协会会员。

蒋太福

蒋太福（1938— ），男，瑶族，广西兴安县人，曾任桂林地区兴安师范学校校长助理，中国民间文艺家协会会员。

吴浩

吴浩（1948— ），男，侗族，广西三江侗族自治县人，曾任三江侗族自治县文化局局长、柳州民族中专党委书记、广西民间文艺家协会副主席，中国民间文艺家协会会员。

黄永邦

黄永邦（1942.9— ），男，壮族，广西田东县人，曾在广西乐业县文化局、田东县委宣传部、百色地区右江民族博物馆工作，中国民俗学会会员、广西民间文艺家协会会员。

姚源星

姚源星（1945.5— ），男，汉族，广西乐业县人，乐业县文化部门干部，广西民间文艺家协会会员。

杨荣杰

杨荣杰（1947.2— ），男，汉族，广西凌云县人，曾在凌云县委宣传部、西林县委宣传部、广西百色地区文联《右江文艺》杂志社、《北海广播电视报》报社工作。

蒙光迁

蒙光迁（1930.9— ），男，壮族，广西武宣县人，武宣县委宣传部退休干部，中国民间文艺家协会会员。

李文柱

李文柱（1934.5— ），男，瑶族，广西金秀瑶族自治县人，金秀瑶族自治县粮食局干部，广西民间文艺家协会会员。

蓝怀昌

蓝怀昌（1945— ），男，瑶族，文学创作一级，历任广州军区战士歌舞团创作员，广西河池地区文工团副团长，广西河池地区文化局局长，中共广西河池地委宣传部副部长，广西文化厅副厅长，广西文联主席、党组书记，中国民间文艺家协会会员。

苏虎棠

苏虎棠（1942.3— ），男，京族，广西东兴市人，曾在防城各族自治县企沙盐场、防城各族自治县文化局工作，中国民间文艺家协会会员。

莫振芳

莫振芳（1949.7— ），男，汉族，曾任小学校长、防城县民族事务委员会主任、东兴市边境经济开发区管委会副主任等职，中国民间文艺家协会会员。

刘戬

刘戬（1964— ），汉族，广西玉林市玉州区人，曾任中学教师、媒体记者，现为玉林市人大常委会副秘书长、玉林市第五届人民代表大会常务委员会代表资格审查委员会副主任。

农冠品

农冠品（1936.8— ），男，壮族，广西大新县人，研究员，历任中国民间文艺家协会副主席，广西壮族自治区文联副主席，广西民间文艺家协会主席、名誉主席，中国民间文艺家协会会员。

龙殿宝

龙殿宝（1946.9— ），男，仫佬族，罗城仫佬族自治县人，当过农民，做过教师，曾任罗城仫佬族自治县文化局副局长，县文联副主席，《河池日报》编委、副刊部主任，广西民间文艺家协会副主席，中国民间文艺家协会会员。

周东培

周东培（1933.9— ），男，侗族，广西三江侗族自治县人，曾任广西三江县文联主席，中国民间文艺家协会会员。

后记

《中国民间文学大系·长诗·广西卷》编纂历时 4 年。

2018 年 4 月 8—10 日，中国民间文学大系出版工程"民间长诗"专家组成立大会暨新时代民间长诗传承发展学术研讨会在云南省玉溪市通海县召开。来自中国民间文艺家协会、云南省文联和云南省民间文艺家协会、湖北省民间文艺家协会、贵州省民间文艺家协会、广西壮族自治区民间文艺家协会等单位的领导以及"民间长诗"专家组成员等共 50 人出席会议。会议确定"中国民间文学大系·长诗"的云南卷、湖北卷、贵州卷、广西卷为样板卷，并签订编纂合同。广西民间文艺家协会副主席、广西社会科学院文化研究所研究员过竹代表广西民间文艺家协会及作为项目责任人与中国民间文艺家协会签订广西卷的编纂合同。

2018 年 6 月 15 日，广西民间文艺家协会九届四次主席团（扩大）会议在南宁召开。会议传达了中办国办、中国文联、中国民协、广西文联有关文件、会议精神，总结了协会上半年工作并规划下半年工作重点，对编纂"中国民间文学大系·广西卷"系列的相关筹备工作进行了强调和部署。会上，与会人员重点讨论了"中国民间文学大系·广西卷"系列的编纂方案，就总体规划的制定、各分卷编委会主要负责人人选、民间长诗和民间故事两示范卷的编撰体例等事宜展开研讨。

2018 年 6 月 22 日，广西民协九届二次理事（扩大）会议暨"中国民间文学大系·广西卷"系列编纂工作座谈会在南宁市举行，广西民协主席团成员、理事会理事，全区各市文联负责民协工作的分管领导，以及部分民间文学专家学者近 60 人参加了此次会议。会议宣布"中国民间文学大系·广西卷"系列的编纂工作正式全面启动。成立了领导机构，首期聘任了 18 名专家委员会委员，在广泛调研的基础上进行广西卷顶层设计和统筹部署。

会后，《中国民间文学大系·长诗·广西卷》开始进入工作程序。主编过竹与副主编邵志忠、黄怡鹏、黄毅进行分工，过竹负责苗族部分的编校、注释和附记撰写，邵志忠、过竹负责壮族部分的编校、注释和附记撰写，黄怡鹏、过竹负责瑶族、侗族、京族部分的编校、注释和附记撰写，黄毅、过竹负责汉族、仫佬族、毛南族部分的编校、注释和附记撰写，全书由过竹负责统稿、通校和注释、附记的增补。

2019年1月29日，广西民协九届五次主席团（扩大）会暨中国民间文学大系出版工程广西示范卷编纂工作会在南宁召开。会议总结广西民协2018年工作，规划2019年工作，重点研讨、部署中国民间文学大系出版工程广西示范卷的编纂工作。在此次编纂工作座谈会上，过竹、黄桂秋分别作为长诗、故事广西卷的主编，介绍了各分卷的编纂计划和筹备情况；廖明君、陈金文两位编委会专家组成员，分别介绍了参与大系出版工程相关卷的审稿工作情况和其他省区的编纂经验，对广西卷的编纂工作提出指导性建议。

2019年11月29日，《中国民间文学大系·长诗·广西卷》《中国民间文学大系·故事·广西卷》审稿会在南宁召开。"长诗"专家组副组长、复旦大学教授郑土有，"长诗"专家组专家、中国社会科学院民族文学研究所研究员刘亚虎，分别对《中国民间文学大系·长诗·广西卷》改进方向提出意见建议。

会后，主编过竹与副主编邵志忠、黄怡鹏、黄毅多次召开碰头会，认真汲取审稿会上专家的意见建议，结合广西的实际，对《中国民间文学大系·长诗·广西卷》初选稿进行修订。过竹再次通读全稿，并做材料补充，按照"体例"进行调整，增补相关图片资料。修订稿于2020年10月20日完成，并提交"长诗"专家组征求意见。

2021年3月29—30日，中国民间文学大系出版工程实施项目编纂工作（华南片区）培训交流会在广东省深圳市召开。"长诗"专家组组长、中南民族大学向柏松教授对《中国民间文学大系·长诗·广西卷》提出中肯意见。

《中国民间文学大系·长诗·广西卷》编纂组根据向柏松教授的意见建议，结合《中国民间文学大系·长诗·广西卷》的实际作出修订。之后呈送"长诗"专家组审订。

2021年6月10日，"长诗"专家组审稿专家复旦大学郑土有教授、贵州民族大学郎雅娟副教授的审稿意见送达《中国民间文学大系·长诗·广西卷》编纂组。编纂组开会认真学习领会审稿专家的意见建议，结合《中国民间文学大系·长诗·广西卷》的实际工作，对文稿进行认真的修订。2021年8月20日完成修订工作，提交中国民间文学大系出版工程专家委员会。

2021 年 10 月 20 日，中国民间文学大系学术委员会副主任叶舒宪教授的审稿意见送达《中国民间文学大系·长诗·广西卷》编纂组。编纂组开会认真学习领会审稿专家的意见建议，结合《中国民间文学大系·长诗·广西卷》的实际情况，部分采纳审稿意见，对文稿进行认真修订，2021 年 12 月 17 日完成修订工作，提交中国民间文学大系出版工程领导小组办公室。

2022 年 10 月 8 日，根据出版社的校订意见完成校订工作。

《中国民间文学大系·长诗·广西卷》资料来源较广、篇幅较大、作品时间跨度较大，编纂力量及编纂时间相对有限，错误、遗漏之处在所难免，敬请读者批评指正。

《中国民间文学大系·长诗·广西卷》编委会

过竹

2022 年 11 月 12 日